HANS BRINCKMANN

Das entscheidungserhebliche Gesetz

Schriften zum Öffentlichen Recht

Band 114

Das entscheidungserhebliche Gesetz

Eine Untersuchung zur Normenkontrolle gemäß Art. 100 I GG

Von

Dr. Hans Brinckmann

DUNCKER & HUMBLOT / BERLIN

Gedruckt 1970 bei Alb. Sayffaerth, Berlin 61
Printed in Germany

Vorwort

Die Anregung zu dieser Arbeit, die der Rechts- und Staatswissenschaftlichen Fakultät der Universität Bonn im Wintersemester 1968/69 als Dissertation vorlag, gab Bundesverfassungsrichter a. D. Prof. Dr. Dr. Ernst Friesenhahn; ihm sei hier für das langjährige Interesse und für vielfältige Hinweise aufrichtig gedankt. Dem Korreferenten Prof. Dr. Jürgen Salzwedel bin ich für kritische Anregungen verpflichtet.

Herrn Ministerialrat a. D. Dr. Johannes Broermann verdanke ich die freundliche Aufnahme der Arbeit in die Reihe „Schriften zum öffentlichen Recht".

Buchschlag, im Oktober 1969

Hans Brinckmann

Inhalt

Teil II

Positiver Gesetzestext und verfassungswidrige Norm

Teil III

Entscheidungserhebliche Norm und Sachverhalt

Vorbemerkung

Das Grundgesetz hat bei dem Bundesverfassungsgericht eine Vielfalt von Verfahren konzentriert, für die einheitliche Grundsätze aufzustellen kaum möglich ist. Gemeinsam ist jedoch allen Verfahrensarten die einzigartige Position des Bundesverfassungsgerichtes gegenüber der Verfassung: an ein Grundgesetz gebunden, das unaufgelöste politische Gegensätze enthält und dessen Formulierung vielfältigen Auslegungen gegenüber offen ist, wird es gezwungen, sich den bindenden Gehalt des für seine Entscheidung notwendigen Prüfungsmaßstabes oftmals selbst zu erarbeiten. Seine Ansichten zum Inhalt des Grundgesetzes können aber trotz dieser relativen Ungebundenheit nicht vom einfachen Gesetzgeber und — soweit Art. 79 III GG und damit die Begriffe „Würde des Menschen" und „demokratischer und sozialer Bundesstaat" angesprochen sind — nicht einmal vom verfassungsändernden Gesetzgeber kontrolliert und korrigiert werden. Mit der Grundgesetzauslegung bestimmt das Bundesverfassungsgericht die Grenzen der legalen Evolution; es beeinflußt darüber hinaus Inhalt und Grenzen politischen Handelns innerhalb des vom Grundgesetz und von ihm selbst definierten legalen Spielraums. Politische Grundentscheidungen werden so aus dem Bereich der pluralistischen und demokratisch legitimierten politischen Willensbildung in den der juristischen Sachentscheidung verlagert auf ein Gremium, das politischer Verantwortung und Kontrolle nicht unterliegt und das bestenfalls mittelbar demokratisch legitimiert ist.

Einem Rechtsstaat, dessen Verfassung der Mehrheitsherrschaft materielle Grenzen setzen will, bleibt kaum ein anderer Weg, als die Einhaltung der Grenzen durch ein gerade von der Mehrheit unabhängiges Gremium kontrollieren zu lassen; das Ausmaß der mit der Kontrolle verbundenen Verlagerung von politischen Grundentscheidungen auf das Verfassungsgericht sollte jedoch politisch kontrollierbar sein, solange die verfassungsrechtliche Grenze der Mehrheitsherrschaft relativ unbestimmt ist. Daß eine ungehemmte Aktivität des Kontrollgremiums nicht dem Plan des Grundgesetzes entspricht, zeigt sich schon an dessen Einordnung in die Gerichtsbarkeit, also in den Bereich nur reaktiver Staatstätigkeit. Das Bundesverfassungsgericht kann wie jedes Gericht nur auf Antrag tätig werden und ist an den Inhalt des Antrages grundsätzlich gebunden.

Die Antragssituation ist jedoch in den einzelnen Verfahrensarten unterschiedlich: verfassungsrechtliche Streitigkeiten, in denen sich am politischen Prozeß maßgeblich beteiligte Gruppierungen gegenübertreten, entstehen aufgrund eines konkreten politischen Konfliktes, der es einer dieser Gruppen als notwendig erscheinen läßt, die Entscheidung aus dem politischen Raum heraus zu verlagern. Ebenso ist die Situation bei der abstrakten Normenkontrolle; sie war meist, wie die Praxis zeigt, in ihrer politischen Aufgabe eine Sonderform des Verfassungsstreites. In diesen Verfahren muß der jeweilige Antragsteller politisch verantworten, daß die Lösung des Konfliktes dem Verfassungsgericht übertragen wird: dem Bundesverfassungsgericht ist zwar der Schutz der Minderheit, der Opposition anvertraut; der Antrag richtet sich aber in der Regel zugleich gegen die von der demokratisch legitimierten Mehrheit getragene politische Entscheidung. Die Berufung der Opposition auf das Grundgesetz, also auf den der Mehrheitsentscheidung übergeordneten Verfassungsgeber ist zudem politisch nicht allzu tragfähig, weil aus dem Grundgesetz die Grenzen der Mehrheitsherrschaft nicht ohne weiteres und für alle überzeugend abgelesen werden können. Deshalb muß in diesen Verfahrensarten jeder Eingriff des Verfassungsgerichtes in den politischen Prozeß vom Antragsteller aus der konkreten Konfliktsituation des Einzelfalles gerechtfertigt werden und unterliegt damit einer politischen Kontrolle.

Im Gegensatz dazu liegt der Anrufung des Bundesverfassungsgerichtes durch ein Gericht nach Art. 100 I GG — und auch der Verfassungsbeschwerde — kein politischer Konflikt zugrunde; unbeeinflußt und unbeeinflußbar vom politischen Prozeß gelangen die Anträge an das Bundesverfassungsgericht, da der Entschluß zur Vorlage auf der individuellen und unabhängigen Erwägung eines einzelnen Gerichtes beruht; das vorlegende Gericht wird lediglich durch einen speziellen Sachverhalt veranlaßt, das Bundesverfassungsgericht anzurufen. Der Anstoß zur Kontrolle des demokratischen Gesetzgebers, zur verfassungsgerichtlichen Auslegung der Verfassung, und zu der damit verbundenen Verlagerung politischer Grundentscheidungen auf ein Gericht entzieht sich als interner Akt der Gerichtsbarkeit dem öffentlichen Räsonnement; das Ausmaß der Verlagerung aus dem politischen in den entdemokratisierten, fachlichen Bereich bleibt — abgesehen vom Annahmeverfahren bei Verfassungsbeschwerden — unkontrolliert.

Diese unterschiedliche Stellung der verfassungsrechtlichen Verfahren innerhalb des politischen Prozesses muß sich auf die verfassungsgerichtliche Entscheidungskompetenz auswirken. In den Verfassungsstreitigkeiten wird der Eingriff in den politischen Prozeß bewußt herbeigeführt. In dem Vorlageverfahren ist er nur insoweit Ziel des Verfahrens, als es um die vorgelegte, für verfassungswidrig gehaltene Norm geht;

diese — oft im Vordergrund der Betrachtung stehende — Entscheidungskompetenz über die Norm ist für den politischen Prozeß aber durchaus sekundär gegenüber den wesentlich weiterreichenden Wirkungen der verfassungsgerichtlichen Auslegung des Grundgesetzes.

Da der Umfang der Entscheidungskompetenzen des Bundesverfassungsgerichtes auch den Umfang der verfassungsrechtlichen Auslegung des Grundgesetzes bestimmt, sollte im Vorlageverfahren die Entscheidungskompetenz auf den Zweck des Vorlageverfahrens beschränkt werden: die Beantwortung der vom Ausgangsgericht vorgelegten Frage ist notwendiger, aber auch hinreichender Inhalt der Entscheidung nach Art. 100 I GG. Folgerungen aus dem Normenkontrollurteil sollten dem für die konkrete Sachentscheidung zuständigen Gericht überlassen bleiben, dessen Entscheidung nur für den Ausgangssachverhalt wirkt und das unter der Kontrolle des einfachen Gesetzgebers steht. Das Verfassungsgericht ist schon nach der Ausgestaltung seines Verfahrens kaum berufen, weiter als der unmittelbare Zweck des Verfahrens es erfordert, in die Tätigkeit anderer Staatsorgane und auch der übrigen Gerichtsbarkeit einzugreifen. Zudem scheinen bei ihm auch die demokratischen Elemente — Öffentlichkeit, Beteiligung der Betroffenen, Kontrolle durch Instanzenzug oder durch Laienrichter — weniger stark ausgeprägt als bei der übrigen Gerichtsbarkeit. Die bei der Normenkontrolle nach Art. 100 I GG auftretenden Probleme der verfassungskonformen Auslegung, des gesetzgeberischen Unterlassens und der Eingrenzung des Prüfungsgegenstandes werden im Verlauf dieser Arbeit daher im Blick auf die Verzahnung von Ausgangsverfahren und Normenkontrollverfahren behandelt.

Geht man von der unterschiedlichen Stellung und Aufgabe der einzelnen Verfahrensarten der Verfassungsgerichtsbarkeit im politischen Prozeß aus, so können die für eine Verfahrensart geltenden Regeln nicht ohne weiteres auf andere verfassungsgerichtliche Verfahren übertragen werden. Die vorliegende Arbeit beschränkt sich auf die Normenkontrolle nach Art. 100 I GG.

Teil I

Die Beziehung zwischen Verfassungsrecht und Gesetzesrecht

§ 1 Die Verfassungsnormen als Imperative oder als Rechtsgeltungsnormen

Das Grundgesetz (GG) setzt an drei Stellen voraus[1], daß Normen gegen den Komplex von Rechtsnormen, die das GG bilden, verstoßen können. Das bedeutet, daß es Verfassungsnormen gibt, die etwas über andere Normen aussagen, Bestimmungen über andere Normen enthalten.

Diese Verfassungsnormen können als an den Gesetzgeber gerichtete Imperative angesehen werden. Als solche schreiben sie dem Gesetzgeber vor, was er tun darf und was nicht. Sie sind damit Normen, die den Gesetzgebungsakt als Vorgang, also das Verhalten des Gesetzgebers betreffen.

Aber ebenso wie man den Gesetzgebungsakt von seinem möglichen Ergebnis, der Norm, abheben kann und üblicherweise abhebt, ebenso läßt sich das Verhalten des Gesetzgebers von dem Ergebnis seines Verhaltens trennen. So betrachtet sind diese Vorschriften des GG Rechtssätze, die Bedingungen, Voraussetzungen festlegen für die Existenz von Normen als Rechtsnormen[2]: sie können als Rechtsgeltungsnormen bezeichnet werden. Bleiben bei einem Gesetzgebungsakt diese rechtlichen Voraussetzungen unbeachtet, so bleibt zwar der Gesetzgebungsakt als Tatsache bestehen, aber diese Tatsache hat eine andere rechtliche Bedeutung.

Löst man sich bei der Betrachtung vom Akt der Gesetzgebung, so können die Rechtsgeltungsnormen als Mittel zur Auswahl von Rechtsnormen aus der Menge denkbarer Normen angesehen werden und bestimmen damit die unter der Herrschaft des GG geltenden Normen. Es ist bei einer derartigen Betrachtung sinnvoll, zwischen der Rechtsnorm selbst und einem Satz über diese Norm, dem Rechtsnormsatz, zu unter-

[1] In Art. 93 I Ziff. 2, Art. 100 I und Art. 123 I GG.

[2] Diesen Ausdruck gebraucht *Thoma*, in: HDStR II S. 139.

scheiden, ebenso wie man gemeinhin zwischen der Tatsache und dem Satz, der über diese Tatsache gesagt wird, unterscheidet[3]. Betrachtet man nun einen solchen Rechtsnormsatz, so ist zu untersuchen, ob die in dem Satz beschriebene Norm die Voraussetzungen der Rechtsgeltungsnormen des GG erfüllt[4]. Genügt die Norm den Rechtsgeltungsnormen, so hat die in dem Satz beschriebene Norm die Qualität der Rechtsnorm oder auch die Eigenschaft der Geltung; der Rechtsnormsatz ist wahr[5]. Erfüllt die Norm diese Voraussetzungen nicht, so kann man sagen, daß der Rechtsnormsatz falsch[6] ist oder daß der Rechtsnormsatz in der Rechtsordnung keine Referenz[7] hat.

Auf die Diskussion über den Geltungsgrund soll nicht eingegangen werden. Es wird hier nur die Voraussetzung gemacht, daß das GG gilt, aus welchem Grunde auch immer[8]; weiterhin soll betont werden, daß die Einhaltung der in der Verfassung vorgesehenen Rechtsgeltungsnormen nur als notwendige, nicht aber als hinreichende Voraussetzung für die Geltung einer Norm, also für die Existenz einer Norm als Rechtsnorm angesehen werden kann.

Faßt man die Verfassungsnormen lediglich als Imperative auf[9], so besagen sie nichts über die Rechtsfolgen ihrer Mißachtung[10], denn aus der Pflichtwidrigkeit eines Handelns folgt keineswegs zwingend, daß die Handlung ohne die intendierten rechtlichen Wirkungen bleibt[11].

---

[3] *Makkonen*, Zur Problematik der juridischen Entscheidung (1965) S. 52 ff., unterscheidet Rechtsnormsatz und Rechtsnorm. *Kelsen*, Festschr. Alfred Verdross (1960) S. 160, dagegen unterscheidet Rechtssatz und Rechtsnorm; vgl. hierzu *Walter*, Über den Widerspruch von Rechtsvorschriften (1955) S. 20 ff.

[4] Mit Norm ist hier ganz allgemein jeder Satz in der Form der Implikation gemeint: ein Tatbestand wird derart mit einer Folge verknüpft, daß er notwendige oder/und hinreichende Bedingung für den Eintritt der Folge ist; vgl. hierzu *Klug*, Juristische Logik 3. Aufl. (1966) S. 26, 45 f. Gehört eine solche Norm zu der Menge der Normen, die eine Rechtsordnung — in unserem Zusammenhang die durch das GG definierte Rechtsordnung — bilden, so wird sie eine Rechtsnorm genannt.

[5] Gemeint ist hier die „juristische Geltung" i. S. der Definitionen von *Klug*, Festschr. Nipperdey I (1965) S. 89. Zur Charakterisierung der Geltung als „Eigenschaft" vgl. *Schreiber*, Die Geltung von Rechtsnormen (1966) S. 41 ff.; zum Begriff der „Rechtsgeltungsnorm" vgl. *Ophüls*, NJW 1968, 1749 f. mit Nachw.

[6] *Kelsen* a. a. O. S. 159 f.

[7] *Makkonen* a. a. O. S. 56.

[8] Zur neueren allgemeinen Diskussion vgl. *Welzel*, Die Frage nach der Rechtsgeltung (1966); *Schreiber* a. a. O. passim.

[9] So z. B. *Henke*, Staat 3 (1964) S. 445; *Böckenförde*, Die sog. Nichtigkeit verfassungswidriger Gesetze (1966) passim.

[10] Folgerichtig so *Böckenförde* a. a. O. S. 56 mit Nachw.; vgl. auch die Literaturübersicht bei *Sigloch*, in: BVerfGG (1967) RdNr. 19 Anm. 3 zu § 80.

[11] Grundlegend hierzu *Rupp*, Grundfragen der heutigen Verwaltungsrechtslehre (1965) S. 72 ff. und Anm. 154 daselbst.

Der Verfassungstext der beiden entscheidenden Vorschriften legt die Auslegung als Imperative nahe: so sprechen sowohl Art. 1 III wie Art. 20 III GG von der Bindung der Gesetzgebung[12]. Daraus könnte man folgern, „die Tätigkeit des Gesetzgebers — nicht das Produkt ‚Gesetz' als solches — ist an die verfassungsmäßige Ordnung und die Grundrechte gebunden"[13]; danach kann der Tätigkeit des Gesetzgebers und dem Gesetz bei Mißachtung der Verfassungsnormen lediglich die Qualität „verfassungswidrig" zugeordnet werden. *Böckenförde* nimmt denn auch an, daß es eines weiteren Rechtssatzes bedürfe, wenn man den „Tatbestand" Verfassungswidrigkeit mit der „Rechtsfolge" der ipso-iure-Nichtigkeit verknüpfen wolle[14]; da er einen solchen Rechtssatz nicht finden kann, folgt für ihn aus der Verwerfungskompetenz des BVerfG gemäß Art. 100 I GG, daß die verfassungswidrigen Normen anfechtbare, vernichtbare, aber zunächst doch Rechtsnormen sind[15].

Diese These von der bloßen Vernichtbarkeit verfassungswidriger Normen wurde im Zusammenhang mit der Frage der Prüfungs- und Verwerfungskompetenz der Verwaltung eingehend diskutiert[16]: diese Diskussion hat insbesondere erbracht, daß aus Art. 100 I GG[17], aus dem Wortlaut der Art. 1 III und 20 III GG und den Verfahrensvorschriften des BVerfGG[18] keine entscheidenden Argumente herzuleiten sind. Auch die Äußerungen des BVerfG lassen keine eindeutigen Rückschlüsse zu[19].

---

[12] Auch Art. 79 GG stellt nach seinem Wortlaut auf das Verhalten des Gesetzgebers ab.

[13] So insbes. Hans *Schneider*, Festschr. Jahrreiss (1964) S. 391.

[14] a.a.O. S. 21 ff.; ähnlich *Hoffmann*, JZ 1961, 196 ff.

[15] a.a.O. S. 61 ff.

[16] Vgl. insbes. *Bachof*, AöR 87, 1 ff.; *Hoffmann*, JZ 1961, 193 ff.; *Scheuner*, BB 1960, 1253 ff. Weiterhin *Hall*, DÖV 1968, 641; *Kabisch*, Die Prüfung formeller Gesetze im Bereich der Exekutive (1967). Eine Übersicht über die Ansichten geben *Gross*, Inzidente Normenkontrolle durch die Exekutive (1967) passim, und *Wobst*, Verfassungswidrige Gesetze und Normenkontrolle (1967) S. 19 Anm. 2 ff., S. 124 ff.

Anlaß zu einer erneuten Diskussion waren die Bemühungen um eine Änderung von § 79 BVerfGG; s. hierzu Drucks. des BT V/3816; *Böckenförde*, ZRP 1969, 130 ff.; *Brinckmann*, BB 1969, 642 ff. mit Nachw.; *Friauf*, FR 1969, 184 ff., 319 ff.; *Preiser*, DVBl 1968, 545; *Puppe*, DVBl 1968, 873; *Schick*, JZ 1969, 371 ff. Für das GG und das BVerfGG wurde die These von der Vernichtbarkeit verfassungswidriger Normen erstmals eingehend begründet von *Windisch*, Die Gesetzeskraft der Entscheidungen des Bundesverfassungsgerichts (1956) S. 63 ff.

Zum österreichischen Recht s. *Novak*, Die Fehlerhaftigkeit von Gesetzen und Verordnungen (1967) S. 120 ff. mit Nachw.; zum schweizerischen Recht *Nef*, Mélanges Bridel (1968) S. 285 ff.

[17] Vgl. insbes. *Bachof*, AöR 87, 34 f.: Verwechslung von „Gesetzesgeltung und Verwerfungskompetenz". Eingehende Darstellung bei *Gross* a.a.O. S. 79 ff. und *Wobst* a.a.O. S. 39 ff.

[18] Hierzu insbes. *Böckenförde* a.a.O. S. 44 ff.

[19] Vgl. z. B. *Bachof*, AöR 87, 35; *Gross* a.a.O. S. 41 ff.; *Hoffmann*, JZ 1961, 197; *Wobst* a.a.O. S. 20 ff. Welche Ansicht die Bundesverfassungsrichter ver-

Daß positives Verfassungsrecht und die Praxis des BVerfG zu keiner klaren Entscheidung über die Frage der Behandlung verfassungswidriger Normen führen, zeigt, daß die Diskussion von unterschiedlichen Ansätzen ausgeht. Da die Frage nach der Geltung einer Norm eine Frage der Rechtsfindung ist, kann auch das Problem der verfassungswidrigen Norm — soll es im Zusammenhang mit der Rechtsfindung bleiben — nur mit Blick auf die Rechtsfindungslehre, insbesondere auf die Auslegungslehre, gelöst werden.

Unabhängig von diesem Zusammenhang vermag die These von der Vernichtbarkeit verfassungswidriger Normen schon deshalb nicht zu überzeugen, weil ihre beiden Hauptargumente nicht schlüssig sind. Die These wird primär mit der besonderen Entscheidungsbefugnis einer Normenkontrollinstanz begründet[20]; hiergegen ist aber einzuwenden, daß gerade das durch die Verfassung garantierte Normenkontrollverfahren zu dem entgegengesetzten Schluß führt: an eine bis zum konstitutiv wirkenden Normenkontrollurteil verbindliche Norm wäre auch die Normenkontrollinstanz gebunden, da erst die konstitutiv wirkende Entscheidung die anfechtbare Norm beseitigen könnte. Richtet sich die verfassungswidrige Norm gegen die Verfassungsgerichtsbarkeit selbst — etwa durch ein ausdrückliches Verbot der verfassungsgerichtlichen Prüfung einer Norm —, so ist die Normenkontrollinstanz völlig machtlos, da sie durch eben diese Norm an dem Normenkontrollverfahren selbst gehindert wird und keine Entscheidung erlassen kann, ohne gegen die bis zu dieser Entscheidung wirksame Norm zu verstoßen.

Die Lehre von der bloßen Anfechtbarkeit verfassungswidriger Normen führt also dazu, die Verfassungsgarantie der Normenkontrolle in Art. 93 I Ziff. 2 und 100 I GG aufzulösen, indem sie durch einfaches Gesetz beseitigt werden kann; denn es ist nicht ersichtlich, wie gerade das Gericht, das den konstitutiven Akt erläßt, an eine sonst verbindliche Norm nicht gebunden sein sollte[21]; die Geltung bis zur — durch das GG

---

treten, geht aus den Diskussionsbemerkungen von *Scheffler* und *Friesenhahn* hervor, in: Verfassungsgerichtsbarkeit in der Gegenwart (1962) S. 785, 787 f.

[20] So hängt nach *Kelsen*, Reine Rechtslehre 2. Aufl. (1960), die Wirksamkeit eines verfassungswidrigen Gesetzes lediglich von dem Bestehen einer Normenkontrollinstanz ab; vgl. einerseits S. 271, 275 und andererseits S. 278, 282; auch *Hauser*, Norm, Recht und Staat (1968) S. 76 ff.

[21] Daß dies keine logische Spitzfindigkeit ist, zeigt die Ausschaltung des österreichischen Verfassungsgerichtshofes im Jahre 1933 durch eine verfassungswidrige Verordnung, die den Gerichtshof an der Ladung der Richter hinderte. Der Gerichtshof wagte nicht, sich über diese Verordnung hinwegzusetzen, was *Spanner*, Die richterliche Prüfung von Gesetzen und Verordnungen (1951) S. 14 f., ausdrücklich billigt; kritisch *Kafka*, Der gesetzgebende Richterspruch (1967) S. 18 ff. Vgl. auch *Laufer*, Verfassungsgerichtsbarkeit und politischer Prozeß (1968) S. 158 f.; E 24, 33 (48). Es ist *Spanner*, a.a.O. S. 105 ff.,

besonders geregelten — Aufhebung kennt nach der Vernichtbarkeitsthese keine Ausnahme.

Bei der Annahme einer verfassungswidrigen Norm, die die Beeinträchtigung der Normenkontrolle selbst zum Ziel hat, zeigt sich, daß die These von der Vernichtbarkeit verfassungswidriger Normen letztlich zu einer Aufhebung der normativen Wirkung der Verfassung führt, deren Rechtserzeugungsnormen dann nur noch ein Sollen enthalten, das durch ein unbegrenztes Andersdürfen entwertet ist[22]; solange eine funktionsfähige Normenkontrolle vorhanden ist, kann durch Richterspruch die Verfassungsordnung wiederhergestellt werden; richtet sich aber die verfassungswidrige Norm gegen die Normenkontrolle selbst, dann erweist sich mit aller Deutlichkeit, daß es endgültig zwei Wege für die Erzeugung von verbindlichen Rechtssätzen gibt: „den durch die Verfassung direkt bestimmten und den vom Gesetzgebungsorgan selbst zu bestimmenden“[23].

Weiterhin soll die These von der Vernichtbarkeit der Rechtsklarheit dienen, indem der Tatsache des Gesetzgebungsaktes auch die Rechtsfolgen zugeordnet werden, die jeder Rechtsunterworfene zunächst mit ihr verknüpft: die Erzeugung von geltendem Recht. Die Lehre von der ipso-iure-Nichtigkeit gibt nicht die erwünschte Klarheit, sondern führt zu einer Ungewißheit über die Geltung von Normen, die nur mit Rückgriff auf die Rechtsgeltungsnormen der Verfassung geklärt werden kann. Es ist aber ein Fehlschluß anzunehmen, daß sich dieses Problem durch die Vernichtbarkeit grundlegend ändert: einmal muß auch die Erzeugung einer anfechtbaren, aber bis zur Aufhebung verbindlichen Norm an bestimmte Mindestvoraussetzungen geknüpft werden, um zwischen wirksamen, wenn auch anfechtbaren, und völlig unwirksamen Normen zu unterscheiden[24]; Rechtsgeltungsnorm dieser anfechtbaren Norm ist regelmäßig die Vorschrift, die einem bestimmten Staatsorgan die Aufhebungskompetenz zuordnet. Die dieser Rechtsgeltungsnorm

allerdings zuzugeben, daß ein derartiger Bruch der Verfassung im allgemeinen nicht durch eine Entscheidung des Verfassungsgerichts beseitigt werden kann: die Verfassungsgerichtsbarkeit ist auf „eine grundsätzliche Übereinstimmung über die letzten Grundlagen der bestehenden staatlichen Ordnung“ (a.a.O. S. 107 f.) angewiesen, soll sie überhaupt ihre Funktion erfüllen.

[22] *Kelsen* a.a.O. S. 278.

[23] *Kafka* a.a.O. S. 29 ff.; vgl. auch *von Olshausen*, JZ 1967, 117.

[24] Vgl. *von Olshausen*, JZ 1967, 117. *Kafka* a.a.O. S. 28, hat darauf aufmerksam gemacht, daß es auch *Kelsen* nicht gelungen ist, seine Unterscheidung zwischen dem wirksamen, aber anfechtbaren verfassungswidrigen Gesetz und dem gänzlich unbeachtlichen Nichtgesetz deutlich zu machen; kritisch auch *Hauser* a.a.O. S. 69 ff. Vgl. hierzu *Kelsen* a.a.O. S. 281 f. Der Versuch *Windischs* a.a.O. S. 47 ff., zwischen Gesetzes-Konstitutionsnormen und Gesetzes-Bewertungsnormen zu unterscheiden, kann aus dem GG nicht gerechtfertigt werden. Das gilt auch für die mehr materielle Differenzierung von *Kipp*, Gegenwartsprobleme des Rechts 1 (1950), S. 100 ff.

notwendigerweise zu entnehmende Abgrenzung zwischen anfechtbarer und absolut nichtiger Norm, für die selbst der Aufhebungsakt unnötig erscheint, ist nicht unbedingt evidenter als die zwischen einer verfassungsmäßigen und einer verfassungswidrigen Norm. Zum anderen kann auch nach der Vernichtbarkeitslehre die Norm nicht aufrechterhalten bleiben, sondern wird — ex tunc oder ex nunc — durch gerichtliche Entscheidung beseitigt. An dieser Folge kann der Rückgriff auf die Vermutung[25] der Verfassungsmäßigkeit von Gesetzgebungsakten, die bestimmte Qualitäten erfüllen, nichts ändern; denn die Vermutung als eine Bezugnahme auf faktische Gegebenheiten kann wohl rechtswidriges Handeln der Verwaltung entschuldigen, wenn sie sich auf unerkannt verfassungswidrige Gesetze beruft; für die Frage der juristischen Geltung von Rechtsnormen ist sie jedoch ohne Belang, weil diese Frage nicht aufgrund eines Seins, sondern nur aufgrund eines Sollens beantwortet werden kann. Auch die Lehre von der Vernichtbarkeit enttäuscht letztlich die Erwartungen in die Rechtswirkung eines Gesetzgebungsaktes; sie verschiebt lediglich das Problem der Rechtsklarheit. Es wäre erst dann überzeugend gelöst, wenn auch für Gesetzgebungsakte eine, je nach Art der faktischen Folgen gestaffelte Bestandskraft angenommen werden könnte[26]. So weit gehen aber selbst die profilierten Vertreter der Vernichtbarkeitsthese nicht.

Erst bei der Betrachtung des Verhältnisses von Rechtsgeltung und Auslegung wird sich zeigen, daß die generelle Annahme der Vernichtbarkeit verfassungswidriger Normen die Rechtsfindungsmethode verändern muß; insbesondere wird mit der — der Vernichtbarkeitsthese immanenten — Betonung des Gesetzgebungsaktes vernachlässigt, daß der Rechtserzeugungsprozeß nicht auf den Gesetzgebungsakt beschränkt ist, sondern damit erst beginnt. Die Normenkontrolle kann sich nicht darauf beschränken, lediglich den Gesetzgebungsakt auf seine Verfassungsmäßigkeit zu prüfen; vielmehr ist — unabhängig von dem Zeitpunkt ihrer behaupteten Erzeugung — eine Norm darauf zu untersuchen, ob ihre Verfassungsmäßigkeit als Voraussetzung ihrer Geltung im Zeitpunkt der Normenkontrollentscheidung gegeben ist. Das bedeutet die Berücksichtigung der Rechtsgeltungsnormen als Bedingung für jede Rechtsgeltung[27], also die Anerkennung der Lehre von der ipso-iure-Nichtigkeit[28].

---

[25] Zur Lehre von der Vermutung der Verfassungsmäßigkeit vgl. *Gross* a.a.O. S. 29 ff.; *Rupp* a.a.O. S. 56 f.; *Spanner*, AöR 91, 506 ff.; *Wobst* a.a.O. S. 94 ff., jeweils mit Nachw.

[26] Die Frist in § 93 II BVerfGG ist ein erster Schritt in diese Richtung, insbesondere dann, wenn die Frist unabhängig von der individuellen Betroffenheit läuft; vgl. hierzu *Friesenhahn*, in: Die Verfassungsgerichtsbarkeit in der Gegenwart (1962) S. 164 f., Anm. 263.

[27] Die weiteren notwendigen Bedingungen werden hier nicht diskutiert.

§ 2 Die Geltung als Bundesrechtsnorm

Die organisatorischen Vorschriften im siebten Abschnitt des GG bestimmen die Art und Weise der Setzung von Rechtsnormen durch die Organe des Bundes, deren Organisation im dritten und vierten Abschnitt näher bestimmt ist; sie legen die Zuständigkeit des Bundes[1] für die gesetzliche Regelung bestimmter Materien, seine Kompetenz zur Delegation von gesetzgeberischer Gewalt und die gehörige Form von Gesetzgebungsverfahren und Gesetz fest. Die Frage, ob, wann und wie eine Regelung getroffen wird, bleibt völlig offen[2].

Nach formeller Theorie ist die Rechtserzeugung lediglich durch diese organisatorischen Regelungen begrenzt, wobei inhaltliche Unvereinbarkeiten mit der Verfassung durch verfassungsändernde Mehrheiten beseitigt werden können[3]: eine genügende Mehrheit erübrigt in einem solchen System jede Frage nach dem materiellen Gehalt des Textes, nach der intendierten Norm.

Ein formeller Rechtsstaat konnte sich hiermit begnügen; die „Begrenzung der gesetzlichen Normierung" ergab sich im wesentlichen aus „dem rechtsstaatlichen, Individualmaßnahmen ausschließenden Gesetzesbegriff"[4]. Nachdem sich aber dieser klassische Gesetzesbegriff aufgelöst hatte, wurde es notwendig, materielle Maßstäbe zu schaffen[5]: so

---

Zum aktuellen Problem des Europäischen Gemeinschaftsrechts vgl. *Emrich*, Das Verhältnis des Rechts der Europäischen Gemeinschaften zum Recht der Bundesrepublik Deutschland (1969) mit Nachw.; zu Art. 25 GG als Rechtsgeltungsnorm vgl. BVerfGE 23, 288 (300).

[28] So auch die „deutsche Tradition", wie *Stern*, AöR 91, 250, es ausdrückt; Nachw. daselbst Anm. 102 und bei *Wobst* a.a.O. S. 19 Anm. 1.

[1] Im Sinne von Art. 70 II GG. Kompetenzbestimmungen sind im wesentlichen ebenfalls „formelle Bestimmungen"; vgl. *Imboden*, Festschr. Huber (1961) S. 148 und Anm. 4; *Hensel*, in: HDStR II S. 320; nach E 9, 305 (314) gehört zur Prüfung der förmlichen Vereinbarkeit auch die Kompetenzprüfung.

[2] Vgl. *Nawiasky*, Allg. Staatslehre III (1956) S. 105.

[3] Die Literatur zum fehlerhaften Gesetz und zur verfassungswidrigen Norm hat sich, soweit Differenzierungen versucht wurden, nahezu ausschließlich mit den formellen Mängeln befaßt; vgl. *Eckfelder*, Das fehlerhafte Gesetz (1953) S. 110 f. mit Nachw.; einzig *Kipp*, a.a.O. S. 100 ff., hebt unterschiedliche „inhaltliche Mängel" hervor. Weiterführend T. *Rupp*, Wesen und Bedeutung der rechtlichen Bindung der Gesetzgebung an das Grundgesetz (1966), inbes. S. 208 ff. Oft werden heute noch — in offenkundigem Gegensatz zur Praxis der Normenkontrolle — bei allgemeinen Erörterungen die Verfahrensfehler in den Vordergrund gestellt: typisch z. B. *Marcic*, Festschr. Leibholz II (1966) S. 505 und Anm. 85; er unterscheidet Kompetenz- und Verfahrensnormen und fügt hinzu, „in der Regel hat es damit sein Bewenden"; auch bei den Sachnormen, die er als dritte Kategorie anerkennt, soll „letztlich die Frage nach dem einwandfreien Verfahren den Ausschlag" geben.

[4] *Schmitt*, in: HDStR II S. 592 ff.

[5] Zur Entwicklung des Rechtsstaates vgl. etwa *Kägi*, Hundert Jahre Schweizerisches Recht (1952) S. 173 ff.; *Scheuner*, Hundert Jahre deutsches Rechtsleben II (1960) S. 230. Zur Kritik vgl. E. W. *Böckenförde*, Festschr. Arndt (1969) S. 72 ff.; *Forsthoff*, Staat 2 (1963) S. 348 ff.

enthält das GG formelle und materielle Kompetenznormen für den Gesetzgeber[6]. Die materiellen Normen können als „inhaltsbeschränkende Normen"[7] oder als „Richtsätze", „Verfassungsdirektiven"[8], aufgefaßt werden; die Bindung des Gesetzgebers wird dabei einmal von den möglichen, aber nicht erlaubten, zum anderen von den gebotenen Regelungen aus gesehen.

Lerche unterscheidet vier „Kategorien von Verfassungsdirektiven"[9]. Die erste der Kategorien, die der „durchgehenden formalen Richtsätze"[10], steht den organisatorischen Vorschriften am nächsten; zu nennen sind „die Gebote formaler Berechenbarkeit und Bestimmtheit, der Verhältnismäßigkeit, Erforderlichkeit und Zwecktauglichkeit, aber auch etwa das Gebot der nicht nur an einzelne Sachgebiete gebundenen Chancengleichheit"[11]; die Pflicht zu bundesfreundlichem Verhalten trifft Bund und Länder und kann als „Schranke ihrer Freiheit innerhalb ihrer Zuständigkeit begriffen werden"[12]. Alle diese formalen Richtsätze haben — wie auch der allgemeine Gleichheitsgrundsatz — einen akzessorischen[13], einen formalen Charakter: gleichgültig, welche Sachgebiete gesetzlich geregelt werden, immer hat der Gesetzgeber diese Richtsätze zu beachten; sie sind Ermessensgrenzen ... die die gesetzgeberische Bewegung stetig eingrenzen und begleiten"[14]. Aus dem ak-

---

[6] Siehe *Schmidt*, AöR 91, 55 f. mit Nachw.

[7] So z. B. *Imboden*, Bundesrecht bricht kantonales Recht (1940) S. 9.

[8] *Lerche*, AöR 90, 341 ff. Einen geschichtlichen und vergleichenden Überblick bietet *Contiades*, Verfassungsgesetzliche Staatsstrukturbestimmungen (1967); vgl. auch *Ritter*, Verfassungsrechtliche Gesetzgebungspflichten (1967) S. 3 ff., S. 42; zur Abgrenzung von Verfassungsauftrag und Verfassungsdirektive vgl. *Wienholtz*, Normative Verfassung und Gesetzgebung (1968) S. 40 ff., der „Aufgabe" und „Befugnis" des Gesetzgebers voneinander absetzt. Weitere Angaben unter § 15 Anm. 13.

[9] AöR 90, 341 ff., bes. 346. Vgl. hierzu auch die dritte der Verfassungsformen nach *Jahrreiss*, RStWi IV S. 221 f.

[10] *Wolff*, Gedächtnisschr. W. Jellinek (1955) S. 47, nennt die Grundsätze im Anschluß an *Heller* „Bauprinzipien des konkreten Rechtsinhalts".

[11] *Lerche*, AöR 90, 370; vgl. auch *Lerche*, Übermaß und Verfassungsrecht (1961) S. 55 ff., mit zahlreichen Rechtsprechungsnachw.

[12] E 8, 122 (138); vgl. auch *Lerche*, AöR 90, 369. Ein konkretes Beispiel bietet Art. 80 I 2 GG: die Kompetenz zur Delegation von Rechtsetzungsgewalt wird nicht materiell — etwa durch Angabe gewisser delegierbarer Materien —, sondern formal begrenzt; bei jeder Delegation sind die „formalen Richtsätze" des Art. 80 I 2 GG einzuhalten. Zur Interpretation von Art. 80 I 2 GG durch das BVerfG vgl. E 20, 257 (268 f.). Zum formalen Charakter von Art. 80 I GG vgl. *Vogel*, VVDStRL 24, 163 f., mit Hinweis auf BVerwGE 19, 48 (54).

[13] *Salzwedel*, Festschr. Jahrreiss (1964) S. 341 f.; *Lerche*, AöR 90, 370 f., und Übermaß und Verfassungsrecht (1961) S. 65 f., S. 316.

[14] *Lerche*, AöR 90, 370; Übermaß und Verfassungsrecht (1961) S. 65; vgl. auch *Jesch*, AöR 82, 211. Die begrenzende Funktion des Gleichheitssatzes wird z. B. bes. deutlich in E 19, 354 (367 f.); 21, 12 (26 f.); der Grundsatz der Verhältnismäßigkeit wird z. B. in E 21, 150 (155) und in E 21, 173 (180 f.) als „allgemeine Richtlinie" verwendet.

zessorischen Charakter folgt die Subsidiarität: ein Verstoß gegen formale Richtsätze kann nur dann vorliegen, wenn die fragliche Norm an sich verfassungsmäßig ist[15]. Diese Grundsätze „der dirigierenden Verfassung“[16] sind im wesentlichen ungeschriebenes Verfassungsrecht; sie finden ihren Rechtsgrund im Rechtsstaatsgebot[17].

Die Verfassungsdirektiven, die die anderen drei Kategorien bilden, sind nicht formaler Natur, sondern setzen materielle Ziele. Hier unterscheidet *Lerche* zwischen sachlichen Richtsätzen, die „eine in die Zeit hineinwirkende, sich kontinuierlich erprobende Linie, also eine Richtung“ festlegen[18], und Verfassungsbefehlen, „die den Gesetzgeber für eine einmalige Sache engagieren, die danach erledigt ist“[19]; als dritte Gruppe nennt er die „Aufträge zur Verfassungsbildung“[20], die sich von den Verfassungbefehlen im wesentlichen dadurch unterscheiden, daß sie weniger die Gesetzgebungsorgane in ihrer normalen Funktion als vornehmlich in ihrer Funktion als verfassungsändernde Gewalt ansprechen[21]. Sachliche Richtsätze finden sich an zahlreichen Stellen der Verfassung: versteht man die Grundrechte als Entscheidung des positiven Rechts für Präferenzen und als eine positiv-rechtliche Auswahl möglicher Ziele, so sind diese Zielvorstellungen auch und teilweise nur durch die Gesetzgebung zu verwirklichen[22]. Diese Betonung des „grund-

---

[15] *Salzwedel*, a.a.O. S. 342 f., hat diese Voraussetzungen für die Anwendungen des Gleichheitssatzes näher begründet; vgl. z. B. die Argumentation des BVerfG in E 2, 380 (403 f.); 9, 305 (315); 10, 285 (290); 21, 54 (67 f.); dazu auch *Badura*, AöR 92, 399 f.; kritisch *Zacher*, AöR 93, 341 ff. unter Betonung der sozialen Gleichheit.

[16] *Lerche*, AöR 90, 369.

[17] Vgl. hierzu *Kägi* a.a.O. passim, insbes. S. 231 f.; *Scheuner* a.a.O. S. 259; speziell für das Verbot des Übermaßes *Lerche*, Übermaß und Verfassungsrecht (1961) S. 53 ff.; *Wittig*, DÖV 1968, 817.

Aus der Rspr. des BVerfG: Vertrauensschutz und Rechtsstaat E 19, 119 (127); 19, 187 (195 f.); Rechtssicherheit und Einzelfallgerechtigkeit als Bestandteile des Rechtsstaatsprinzips E 19, 150 (166); zur Verhältnismäßigkeit E 19, 342 (347, 351) und Bestimmtheit E 21, 209 (215).

[18] *Lerche*, AöR 90, 347; zu diesen „Staatszweckbestimmungen“ vgl. auch *Achterberg*, Staat 8 (1969) S. 159 ff.; *Contiades* a.a.O. passim und *Ritter* a.a.O. S. 47 ff.

[19] a.a.O. S. 355.

[20] a.a.O. S. 364.

[21] a.a.O. S. 366.

[22] Vgl. allg. *Häberle*, Die Wesensgehaltgarantie des Art. 19 Abs. 2 GG (1962) S. 180 ff., S. 210: „Beides, Grundrechtsbegrenzung wie Grundrechtsausgestaltung, ist Erfüllung eines Verfassungsauftrages.“ Weiterhin K. *Hesse*, Grundzüge des Verfassungsrechts (1969) S. 121 f.; E. *Hesse*, Die Bindung des Gesetzgebers an das Grundrecht des Art. 2 I GG (1968) S. 37 ff., S. 90 ff.; *Müller*, FamRZ 1969, 5; *Scheuner*, VVDStRL 22, 55 ff.

Insbesondere die sozialen Grundrechte sind vom Gesetzgeber abhängig; vgl. hierzu *Tomandl*, Der Einbau sozialer Grundrechte in das positive Recht (1967) S. 9 ff.; *Zacher*, AöR 93, 341 ff. Zum Einfluß der Grundrechte auf die Gesellschaftspolitik als „Sekundäreffekt“ *Herzog*, Festschr. Hirsch (1969) S. 71 ff.

rechtlichen Mitgestaltungsauftrags"[23] soll aber nicht verschleiern, daß die Grundrechte auch die Funktion haben, den Gesetzgeber bei der Ausgestaltung und Eingrenzung der Grundrechte zu binden und zu beschränken; Beachtung des sachlichen Richtsatzes bedeutet Beachtung der Begrenzung dieses Richtsatzes. Eine Regelung ist dann verfassungswidrig, wenn sie der Zielvorstellung eines Richtsatzes — die auch in seiner Begrenzung liegen kann — zuwiderläuft und damit den Richtsatz mißachtet. Auch die zunächst als formelle Regeln betrachteten Kompetenzvorschriften enthalten inhaltliche Richtsätze[24]: nur so kann beispielsweise das Nebeneinander der allgemeinen Kompetenz zur Setzung von Wirtschaftsrecht (Art. 75 Ziff. 11 GG) und der besonderen Kompetenz zur Verhütung des Mißbrauchs wirtschaftlicher Macht (Art. 75 Ziff. 16 GG) verstanden werden.

Es ist Aufgabe des Gesetzgebers, die Konkurrenzen und Kollisionen, die zwischen sachlichen Richtsätzen und auch zwischen den Grundsätzen der „dirigierenden Verfassung" bestehen, aufzulösen: „Die programmatischen Normen der Verfassung fügen sich nur selten zu einer Einheit (die der Gesetzgeber dann bewußtzumachen hätte). Daher ist es Sache des Gesetzgebers, diese Einheit erst herzustellen[25]." Dies ist der

---

Zur Berufsfreiheit im Rahmen der Gesetze vgl. *Rupp*, AöR 92, 215 f., 225 f., 232.

Kritisch gegenüber einem derartigen Grundrechtsverständnis *Krüger*, Allgemeine Staatslehre (1964) S. 280 ff., und *Schmidt*, AöR 91, 58; hierzu *Ritter* a.a.O. S. 67 f.

Auch das BVerfG interpretierte nicht selten Grundrechte als sachliche Richtsätze; so sah es z. B. in der Verwirklichung der allg. Handlungsfreiheit in E 20, 150 (154 f.), der Pressefreiheit in E 20, 162 (175) und des Eigentums in E 20, 351 (355 f.); 21, 73 (83) eine Aufgabe des Gesetzgebers.

Ähnlich z. B. zu Art. 7 IV BVerwG, JZ 1968, 787; Art. 9 III E 19, 303 (321); zu Art. 21 E 20, 56 (100, 105, 107 f., 113); zu Art. 38 I 1 E 21, 200 (204 f.); zu Art. 38 I 2 E 16, 130 (136 ff.); zu Art. 101 I 2 E 21, 139 (LS, 145 f.); hierzu *Bettermann*, AöR 94, 289 ff., zu Art. 140 E 19, 206 (217 f.); zum Sozialstaatsprinzip E 21, 245 (251 f.); 22, 180 (204); hierzu *Zacher*, AöR 93, 341 ff., 362 f.

[23] *Rupp*, AöR 92, 215.

[24] Vgl. *Ehmke*, VVDStRL 20, 90, der hier auf den engen Grundrechts-Kompetenz-Zusammenhang aufmerksam macht; s. auch *Lerche*, AöR 90, 347, 355. So sieht das BVerfG etwa den Erlaß der VerwGO als Erfüllung der aus Art. 74 Ziff. 1, 72 II Ziff. 3 GG folgenden Aufgabe an: E 20, 238 (248 f.); zur Abgrenzung vgl. E 12, 354 (363). Besondere Bedeutung haben hier die „Sonderkompetenzen"; vgl. *Wienholtz* a.a.O. S. 28 ff. mit Nachw.

[25] *Lerche*, AöR 90, 349 f.; vgl. auch *Ehmke*, VVDStRL 20, 85 ff.; *Hennis*, Verfassung und Verfassungswirklichkeit (1968) S. 19 ff.; *Scheuner*, VVDStRL 22, 37 ff.; *Stein*, Lehrbuch des Staatsrechts (1968) S. 225 f.; speziell zur Sozialstaatsklausel und Wirtschaftsverfassung *Badura*, AöR 92, 384 ff. Zu den aus der Freiheit des Gesetzgebers folgenden Zuständigkeitsschranken des Normenkontrollgerichts liegt eine umfangreiche Literatur vor; vgl. *Maunz*, in: BVerfGG Vorbem. RdNr. 40 ff., mit Nachw.

Ebensowenig wie die Richtsätze des GG bilden generell die „der Rechtsordnung immanenten Prinzipien ... ein logisch widerspruchsloses System"; so wesentliche Inhalt der Gestaltungsfreiheit des Gesetzgebers im Rahmen der Verfassungsdirektiven. Die Freiheit des Gesetzgebers zeigt sich auch darin, daß das Gesetzesrecht keine tautologische Entfaltung von in der Verfassung enthaltenen materiellen Zielen ist; vielmehr finden sich für weite Regelungsbereiche — etwa des Privatrechts — keine inhaltlichen Richtsätze[26]; hier sind dem Gesetzgeber lediglich äußerste Grenzen gesetzt, etwa durch die Garantie des Privateigentums oder des Erbrechts schlechthin.

Weniger weit ist die Freiheit des Gesetzgebers bei der Erfüllung der „Verfassungsbefehle". Hierunter fallen im wesentlichen Richtsätze im staatsorganisatorischen Bereich[27] und Übergangsaufgaben der Gesetzgebung[28].

Die Direktiven haben mit den formellen Rechtsgeltungsregeln gemeinsam, daß sie sich als objektives Recht an den Bundesgesetzgeber wenden und seine zunächst unbegrenzte Zuständigkeit einschränken: dies geschieht durch das Gesetzgebungsverfahren lediglich in rein technischer Weise, durch die Kompetenzteilung zwischen Bund und Ländern mit Hilfe der Zuweisung von Sachbereichen, durch die Verfassungsdirektiven in einer inhaltsbegrenzenden Weise.

Diese Abhängigkeit der Rechtsgeltung nicht nur von formellen Vorschriften scheint dem rechtsstaatlichen Gesetzesbegriff und der inhaltlichen Gebundenheit des rechtsstaatlichen Gesetzgebers besonders ad-

---

Larenz, NJW 1965, 7; grundlegend hierzu *Engisch,* Die Einheit der Rechtsordnung (1935); mit besonderer Berücksichtigung der Wandlung programmierter Werte *Esser-Stein,* Werte und Wertewandel in der Gesetzesanwendung (1966).

[26] Dies darf daher nicht zu der These verleiten, das GG müsse wegen seiner Lückenhaftigkeit im Wege verfassungsrichterlicher Lückenausfüllung zu einem vollkommenen System ergänzt werden; durch Verfassungsrecht ist nur ein begrenzter Teil der Rechtsordnung geregelt. Vgl. hierzu K. *Hesse* a.a.O. S. 12, 15, 118; *Roellecke,* Politik und Verfassungsgerichtsbarkeit (1961) S. 144 ff.; *Rüfner,* Staat 7 (1968) S. 42 f.; *Spanner,* Die richterliche Prüfung von Gesetzen und Verordnungen (1951) S. 73 f., mit Nachw.

[27] Vgl. etwa Art. 36 II, 92, 95, 114 II GG.

[28] Beispiele sind etwa Art. 131 GG, E 16, 94 (117); der Auftrag zur Angleichung des Besatzungsrechtes, E 15, 337 (349 f.). Einen Verfassungsauftrag zur „negativen Gesetzgebung", zur Aufhebung von Gesetzen, sieht das BVerfG in Art. 125 in Verbindung mit Art. 72 II GG: ist aufgrund von Art. 125 GG früheres Recht Bundesrecht geworden, obwohl ein Bedürfnis für bundeseinheitliche Regelung nicht besteht, „muß vom Bundesgesetzgeber erwartet werden, daß er unter Aufhebung der bundeseinheitlichen Regelung diese Materien für eine Gesetzgebung durch die Länder wieder freigibt". Diesen Auftrag bezeichnete das BVerfG als „nobile officium", E 1, 283 (295). Vgl. auch zu Art. 134 IV GG E 15, 126 (133); zu Art. 29 GG E 13, 54 (97). Vgl. auch *Ritter* a.a.O. S. 83 ff., 109 ff.

äquat zu sein[29]. Die Betrachtung wäre aber einseitig, wollte man die materiellen Maßstäbe der Verfassung lediglich auf den Prozeß der Rechtserzeugung durch den Gesetzgeber selbst anwenden. Sie sind ebenso anwendbar auf die Vollendung dieser Rechtserzeugung durch den Richter, also auf Auslegung und Rechtsfortbildung[30]. Rechtserzeugung durch Gesetzgebung und Gesetzesauslegung kann als dynamischer Vorgang angesehen werden, der durch die Rechtsgeltungsnormen kontrolliert wird. Daneben ist eine statische Betrachtung möglich, die von dem Modell nebeneinanderstehender Normensysteme ausgeht und sie auf etwaige Kollisionen untersucht.

§ 3 Das Kollisionsmodell der Rangordnungslehre

Von dem statischen Modell nebeneinanderstehender Normensysteme geht die Rangordnungslehre aus[1]. Sie gliedert die Frage nach der formellen „Gültigkeit" bei der Untersuchung der Rechtsgeltung einer Norm aus, sie „setzt voraus, daß eine vor ihr Forum gezogene Norm alle Gültigkeitsvoraussetzungen erfüllt, insbesondere auch, daß das normsetzende Staatsorgan seine Zuständigkeit nicht überschritten hat"[2]. Die in diesem Sinne „gültigen" Normen werden mit den höherrangigen Verfassungsnormen verglichen; eine Normenkollision, ein Widerspruch von Rechtsnormen[3] ist gegeben, wenn ein identischer Sachverhalt von

---

[29] Vgl. *Jesch,* Gesetz und Verwaltung (1961) S. 25 und Anm. 72; *Hesse* a.a.O. S. 75 ff., 116 ff.

[30] *Marcic,* Verfassung und Verfassungsgericht (1963) S. 107, formuliert die Gegenposition: „Mit der Garantie der rechtlichen Tadellosigkeit des Zustandekommens einer Norm, des Verfahrens, ist allemal gleichzeitig die Garantie der Verfassungsmäßigkeit der Norminhalte verbunden, was niemand so umrißklar wieder und wieder hervorhebt wie Hans Kelsen." Damit wird diese Gegenposition aus der besonderen Auslegungslehre der Reinen Rechtslehre gerechtfertigt.

[1] Grundlegend *Hensel,* in: HDStR II S. 313 ff.

[2] So *Hensel* a.a.O. S. 313. *Bargou,* Untersuchungen zur Normenprüfung nach dem Bonner GG und dem BVerfGG (1954) S. 12, 17, folgert aus dieser Voraussetzung der Kollisionsprüfung, daß im Normenkontrollverfahren alle sonstigen Geltungsvoraussetzungen als Vorfrage geprüft werden müßten, weil sonst die Prüfung am GG als ranghöherer Norm nicht sinnvoll sei.

[3] Von einem Widerspruch von Rechtsnormen zu reden, ist höchst ungenau, wie *Walter,* Über den Widerspruch von Rechtsvorschriften (1955) S. 24 f., nachgewiesen hat: ein Widerspruch ist nur möglich zwischen Sätzen, die über Normen ausgesagt werden, nicht aber zwischen Normen selbst, da diese „Sollenstatsachen" sind, Tatsachen aber einander nicht widersprechen können; zudem muß man untersuchen, ob nicht der Begriff der vollständigen Rechtsnorm, von der man ausgeht, es unmöglich macht, einander widersprechende Rechtsnormen zu bilden. Legt man, wie *Walter* im Anschluß an *Kelsen,* als vollständige Norm eine Verknüpfung eines Tatbestandes mit einer Sanktion zugrunde, so wäre die dazu im Widerspruch stehende vollständige Norm eine Verknüpfung eines Tatbestandes gerade mit keiner Sanktion; das aber wäre gemäß der Definition keine vollständige Rechtsnorm. Unter dieser Voraus-

Normen verschiedener Rangstufe erfaßt und unterschiedlich geregelt wird. Der Normenwiderspruch löst sich dadurch, daß der Kollisionsfall unter den Derogationssatz „lex superior derogat legi inferiori" subsumiert wird[4].

Es ist leicht ersichtlich, daß im Rahmen der Rangordnungslehre nur ein Kompetenzbegriff brauchbar ist, der überhaupt Kollisionen zuläßt: nur dann, wenn man die materiellen Rechtsgeltungsnormen nicht als Zuständigkeitsschranken des Gesetzgebers auffaßt, kann es überhaupt zu zwei miteinander kollidierenden Normensystemen kommen. Nach der Rangordnungslehre genügt es also nicht, daß dem Gesetzgeber sachliche Grenzen gesetzt werden: erforderlich ist ein zusätzlicher Rechtssatz, der diese Grenzen wirksam werden läßt. Zwar drückt ein solcher Derogationssatz seiner ursprünglichen Funktion nach nur den Vorrang im Einzelfall, also den Anwendungsvorrang aus[5]; bei einer Kollision zwischen Gesetzes- und Verfassungsrecht wird aber die derogierte Norm auch ihrer „Geltungskraft beraubt", in ihrer „Existenz vernichtet", wie *Hensel* es ausdrückt[6].

Die Rangordnungslehre ist wenig überzeugend, weil sie unnötigerweise die einheitlich zu denkenden Voraussetzungen der juristischen Geltung in zwei Bereiche scheidet, den fragwürdigen Begriff der „Gültigkeit" schafft und damit den Anschein erweckt, als sei aufgrund eines formell unanfechtbaren Verfahrens bereits etwas rechtlich Relevantes geschaffen: „die Differenzierung ist indes weder logisch noch fruchtbar"[7].

Die Rangordnungslehre mit ihren Derogationsregeln ist zudem unvereinbar mit der Annahme der ipso-iure-Nichtigkeit; denn die Norm, bei deren Erzeugung die höherrangigen Normen nicht beachtet worden

---

setzung kann unter der Bezeichnung „Widerspruch von Rechtsnormen" nur noch ein Widerspruch von Rechtsnormteilen verstanden werden; vgl. hierzu *Walter* a.a.O. S. 70 ff.

[4] Diese Anwendung des Derogationssatzes wird nicht selten dazu benutzt, den Rechtsprechungscharakter der Normenkontrolle nachzuweisen: auch die Normenkontrolle enthält die Subsumtion eines Sachverhaltes — des Kollisionssachverhaltes — unter eine Norm — die Derogationsnorm —; vgl. *Fuss*, Festschr. Schack (1966) S. 13 f.

[5] So mit Recht *Henke*, Staat 3 (1964) S. 434 f.; dann bleibt aber unklar, warum in einem Kollisionsfall „das Gesetz nicht nur im Einzelfall unanwendbar, sondern im ganzen nichtig und unanwendbar" sein soll; aus dem Hinweis auf Art. 1 II, 20 III GG folgert *Henke*, a.a.O. S. 445, lediglich, „daß die Verfassung wie jedes einfache Gesetz für jeden konkreten Einzelfall unmittelbar gilt und daß im Konfliktfall die Verfassung dem einfachen Gesetz vorgeht". Nach *Henke* soll sich allein durch die Übertragung der Kollisionsprüfung auf das BVerfG der Anwendungsvorrang in einen Geltungsvorrang wandeln.

[6] a.a.O. S. 321.

[7] So *Ipsen*, Beiträge zum öffentlichen Recht (1950) S. 20.

sind, ist keine Rechtsnorm, erlangt keine Geltung und bedarf deshalb auch keiner Aufhebung durch Derogation[8]. Im übrigen kann von einer Unvereinbarkeit von Normen im Sinne der Rangordnungslehre sinnvollerweise nur dann gesprochen werden, wenn beide miteinander konkurrierenden Normen einen identischen Sachverhalt effektiv einer Regelung unterwerfen, also den Sachverhalt jeweils mit einer anderen Rechtsfolge verknüpfen. Die Subsumtion unter eine Verfassungsnorm ist zwar theoretisch nicht unmöglich[9], so daß Kollisionen immerhin denkbar sind; zahlreiche Verfassungsnormen sprechen aber keine Rechtsfolgen für konkrete Sachverhalte aus. Die Rangordnungslehre ist daher gar nicht in der Lage, alle für die Rechtsgeltung maßgeblichen materiellen Verfassungsnormen in ihr Schema einzuordnen: eine Prüfung der Rechtsgeltung kann etwa anhand der oben charakterisierten formalen Direktiven nicht durchgeführt werden.

Das BVerfG geht bei der Prüfung der Klarheit und Bestimmtheit von Normen[10] und bei der Prüfung am Maßstab der Rechtssicherheit[11], um nur zwei Beispiele zu nennen, auch nicht vom Kollisionsmodell aus; es verwendet vielmehr die Formel von den Anforderungen, „die aus rechtsstaatlichen Gründen an ein Gesetz zu stellen sind“[12]. Auch eine Gleichheitswidrigkeit läßt sich wegen des formalen Charakters des Art. 3 I GG nicht als Normenkollision darstellen; die „Ungleichheit der Behandlung“[13] führt zur Nichtigkeit der differenzierenden Regelung nicht etwa, weil sich aus Art. 3 I GG eine andere Rechtsfolge herleiten läßt, sondern weil die Verfassung bestimmte Differenzierungen in der Gesetzesstufe nicht gestattet.

Die Lehre von der Normenkollision oder Normenkonkurrenz scheitert somit an wesentlichen Fällen der Verfassungswidrigkeit[14]. Die Zer-

---

[8] Vgl. *Hauser*, Norm, Recht und Staat (1968) S. 69 ff., 76 f.

[9] Vgl. E 3, 225 (242). Vgl. hierzu auch das Beispiel von *Henke* a.a.O. S. 448; gerade dieses Beispiel — die Kollision von Art. 12 GG mit der Bedürfnisprüfung im Gewerberecht — zeigt deutlich, daß es gar nicht um die Konkurrenz von zwei auf den Sachverhalt anwendbaren Normen geht; wird die Bedürfnisprüfung als verfassungswidrig erkannt, so wird nicht etwa Art. 12 GG zur Entscheidung des Ausgangsfalls herangezogen; es entfällt lediglich eine Norm, die die Versagung des beantragten Verwaltungsaktes hätte stützen können.

[10] Z. B. E 1, 14 (45); 5, 25 (31 ff.); 13, 153 (161 f.); 17, 67 (82).

[11] Z. B. E 13, 261 (271) mit Nachw.

[12] E 5, 25 (31).

[13] Vgl. etwa E 18, 38 (46): „Der Vorlagebeschluß vergleicht mit Recht die Gruppe der — nach dem ÄndG von 1956 unbeschränkt versicherungspflichtigen — Angestellten und die — nur bis zur Jahresarbeitsverdienstgrenze der Angestelltenversicherung versicherungspflichtigen — anderen Angestellten. Zu fragen ist, ob sich für diese Differenzierung sachlich einleuchtende Gründe finden lassen.“ Hier ist kein Raum für eine Subsumtion des Sachverhaltes unter eine Verfassungsnorm.

[14] Vgl. *Walter* a.a.O. S. 70 ff., der besonders auf das durchaus vergleichbare

legung in einzelne Formen der Verfassungswidrigkeit, die auf methodisch völlig unterschiedlichen Wegen ans Licht gebracht werden, ist nicht begründet. Das Denken in widersprüchlichen Regelungen des Einzelfalles läßt zahlreiche Argumentationen des BVerfG unverständlich erscheinen; denn nur, wenn man von inhaltlichen Direktiven ausgeht, kann man dem BVerfG folgen, wenn es mit mehr oder weniger guter Erfüllung der sachlichen Richtsätze operiert und auch Normen anerkennt, die gerade noch den verfassungsrechtlichen Vorschriften entsprechen.

Ein Widerspruch dagegen kann nur entweder gegeben sein oder nicht.

§ 4 Die Geltung einer Landesnorm im Bundesstaat

Soll eine Norm als Rechtsnorm[1] eines Gliedstaates existieren und nicht nur als Bundesrechtsnorm in einem Gliedstaate, so muß sie den Geltungsbedingungen der Landesverfassung und denen des GG als Bundesverfassung genügen. Es ist für einen Bundesstaat zwar keineswegs selbstverständlich, daß die Bundesverfassung Geltungsbedingungen für Normen des Landes setzt[2], für das GG muß dies aber angenommen werden, da Art. 100 I GG von der Möglichkeit der Bundesrechtswidrigkeit von Landesrecht ausgeht.

Die Landesverfassungen enthalten Vorschriften über Gesetzgebungsverfahren; es fehlen jedoch Kompetenzvorschriften. Sind die Gliedstaaten Staaten mit eigener, aber gegenständlich beschränkter Hoheitsmacht[3], so muß diese gegenständliche Beschränkung der Hoheitsmacht auch Landesverfassungsrecht sein: der Landesgesetzgeber überschreitet seine Kompetenz, er verletzt nicht lediglich die Kompetenz des Bundesgesetzgebers. Die gegenständliche Beschränkung der Gesetzgebungskompetenz folgt schon deshalb nicht aus der Verfassungsurkunde der Länder, weil praktische Gründe dagegen sprechen: die übereinstimmende Teilung der Kompetenzen zwischen Bund und Gliedern kann

---

Verhältnis von Gesetz und Verordnung eingeht, das zumeist ebenfalls nicht mit der Kategorie des Widerspruchs zu erfassen ist; das Verhältnis Gesetz — Verfassung erschöpft sich jedoch nicht in der von *Walter* diskutierten Prüfung der „Deckung" des Gesetzes durch die Verfassung.

[1] Im Rahmen dieses Überblicks sollen nur die Rechtsordnungen des Bundes und der Länder betrachtet werden. Weitere Rechtskategorien im Bundesstaat definiert *Rudolf*, DÖV 1966, 73 ff.

[2] Abgesehen von den immer notwendigen Kompetenzvorschriften; vgl. *Imboden*, Bundesrecht bricht kantonales Recht (1940) S. 55.

[3] Vgl. E 1, 14 (34); *Maunz*, in: Maunz-Dürig, Grundgesetz RdNr. 11 zu Art. 20; *Herzog*, DÖV 1962, 84.

sinnvollerweise nur einheitlich, eben in der Bundesverfassung, erfolgen[4]. Daraus folgt aber nicht, daß die Kompetenzregelung lediglich Bundesverfassungsrecht ist[5].

Kompetenzwidriges Landesrecht ist also schon deswegen „ungültig" im Sinne der Rangordnungslehre, weil es gegen Rechtserzeugungsnormen des Landesverfassungsrechts verstößt[6]: infolge der lückenlosen und komplementären Kompetenzteilung[7] ist ein Verstoß eines „gültigen", d. h. kompetenzgemäßen Landesgesetzes gegen „sonstiges Bundesrecht" im Sinne von Art. 93 I Ziff. 2 GG oder eine „Unvereinbarkeit eines Landesgesetzes mit einem Bundesgesetz" im Sinne von Art. 100 I 2 GG nicht möglich[8].

---

[4] So *Usteri*, Theorie des Bundesstaates (1954) S. 231.

[5] E 1, 208 (232): „Landesverfassungsrecht und Teile des Bundesverfassungsrechts, beide Elemente zusammen machen erst die Verfassung der Gliedstaaten aus." Zustimmend *Maunz*, a.a.O. RdNr. 19 zu Art. 20 GG; vgl. auch *Usteri* a.a.O. S. 236; *Bachof-Jesch*, JbÖffR NF 6 (1957) S. 56.

[6] *Friesenhahn*, Zum Verhältnis von Bundes- und Landesverfassungsgerichtsbarkeit (1956) S. 60, nimmt an, daß ein Verstoß gegen die Kompetenz des Bundes nicht vom Landesverfassungsgericht nachgeprüft werden dürfe, also kein Verstoß gegen die Landesverfassung sei; vgl. auch *Friesenhahn*, in: HDStR II S. 540. *Herzog*, a.a.O. S. 87, spricht dagegen von einem Verstoß gegen die „insoweit inhaltsgleiche Landesverfassung".

[7] Vgl. insbes. *Mangold-Klein*, Das Bonner Grundgesetz 2. Aufl. (1964) Anm. III 5 f. zu Art. 31; auch *Maunz* a.a.O. RdNr. 5 zu Art. 20 GG. *Imboden*, a.a.O. S. 33 ff., und ihm folgend *Usteri*, a.a.O. S. 270 ff., leiten dies aus der Theorie des Bundesstaates her; ähnlich schon *Burckhardt*, Festgabe Fleiner (1927) S. 61 f. Nach *Bernhardt*, in: Kommentar zum Bonner Grundgesetz (1966) RdNr. 4, soll eine „trennscharfe" Kompetenzteilung nicht möglich sein; die daraus resultierenden Konflikte würden durch Art. 31 GG gelöst. Eine klare Lösung der Konflikte bietet jedoch auch Art. 70 I GG.

[8] *Widmer*, Normkonkurrenz und Kompetenzkonkurrenz im schweizerischen Bundesstaatsrecht (1966), nimmt einen Bereich „modaler Kompetenzen" des Bundes — etwa die Kompetenz zur Setzung von Privatrecht — an, in dem kompetenzgemäßes Bundesrecht kompetenzgemäßem kantonalen Recht — etwa öffentlichem Recht im gleichen Sachbereich — gegenüberstehen könnte; die Bundestreue ist dabei Schranke der Ausübung der Kompetenz und verhindert so Konflikte. Zu echten Normkollisionen kann es aber auch hier nicht kommen, da die verschiedenen Normmodi unterschiedliche Adressaten haben. *Sigloch*, in: BVerfGG RdNr. 155 zu § 80, ist der Meinung, es liege zwar immer auch ein Verstoß gegen Art. 31 GG und damit eine Grundgesetzwidrigkeit vor; zwischen Art. 31 GG und anderen Verfassungsnormen müsse aber im Rahmen des Art. 100 I GG ein Unterschied gemacht werden, obwohl die „Frage der Grundgesetzmäßigkeit schlechthin aufgeworfen" würde. Er folgert aus dem Wortlaut des Art. 100 I 2 GG („... Unvereinbarkeit ... mit einem Bundesgesetz ..."), aus praktischen Erwägungen (zu große Verantwortung für das BVerfG, wolle es „alle Aspekte des Bundesrechts" berücksichtigen) und einigen Tenorierungen des BVerfG, daß nur die Vereinbarkeit mit dem vom vorlegenden Gericht genannten Bundesgesetz geprüft werden müsse. Dies soll aber nur für Landesgesetze auf dem Gebiet der konkurrierenden Gesetzgebung gelten. In allen anderen Fällen ist nach *Sigloch* (vgl. RdNr. 122 zu § 80) Landesrecht nicht nach Art. 100 I 2 GG, sondern nach Art. 100 I 1 GG vorzulegen. Vgl. auch *Sigloch*, BayVBl 1966, 157.

Obwohl das BVerfG bisweilen von Unvereinbarkeit zwischen Bundes- und Landesgesetzen gesprochen hat[9], handelt es sich in allen diesen Fällen um Kompetenzfragen, also um Verletzung des GG. Bundesrecht[10] spielt jedoch eine bedeutende Rolle, weil sich die Kompetenz des Landes erst durch Auslegung von Gesetzesrecht[11] ermitteln läßt[12], wenn es sich um Rahmengesetzgebung[13], um konkurrierende Gesetzgebung[14] oder um eine Ermächtigung der Länder durch Bundesgesetz[15] handelt.

Die materiellen Rechtsgeltungsregeln, die in den jeweiligen Landesverfassungen aufgestellt sind, sollen hier nicht näher untersucht werden. Bedeutungsvoller in diesem Zusammenhang sind die materiellen Rechtsgeltungsbedingungen, die das GG auch für die Normen der Länder gesetzt hat.

Hier sind an erster Stelle die Grundrechte des GG zu nennen, die unzweifelhaft als Rechtsgeltungsnormen auch für die Länder anzusehen sind[16]. Daneben gibt Art. 28 I 1 GG einen inhaltlichen Richtsatz, dem die „verfassungsmäßige Ordnung in den Ländern" entsprechen soll; zu-

[9] Z. B. E 1, 283 (298); 21, 106 (117). Vgl. den Tenor von E 7, 29; 7, 120; 7, 244; 7, 330; 8, 240; 9, 185; 10, 141; 15, 80; 16, 254; 18, 159; 20, 238. In E 7, 342 (353) wird Art. 31 GG nur in negativer Hinsicht herangezogen.

[10] Zur Frage der Geltung vgl. E 7, 337 (387); zur Fortgeltung als Bundesrecht vgl. E 4, 219 (238); 7, 29 (38).

[11] Das gilt ebenso für Landesrecht, da auch hier nur durch Auslegung zu ermitteln ist, in welchen Sachbereich es gehört; dies wird besonders deutlich in E 10, 141 (176).

[12] Daß Gesetzesrecht bei der Frage einer Verletzung von Verfassungsnormen eine bedeutende Rolle spielt, ist im übrigen keine Besonderheit des Kompetenzkonfliktes oder auch nur der Prüfung von Landesnormen: eine Verletzung etwa des Gleichheitssatzes läßt sich nur durch Auslegung von Gesetzesrecht feststellen.

[13] Hier ist zu klären, ob Bundesrecht den Rahmen in zulässiger Weise abgesteckt hat und ob sich das Land innerhalb dieses Rahmens gehalten hat; vgl. hierzu E 4, 115 (122, 129); 7, 120 (127 f.) — hier wurde der Kompetenzstreit sogar durch verfassungskonforme Auslegung des Bundesgesetzes gelöst —; E 18, 159 (167); 18, 305 (309).

[14] In diesem Zusammenhang ist die Frage der Sperrwirkung des Bundesrechts zu klären; vgl. E 1, 283 (296); 7, 330 (340); 7, 342 (351 ff.); 7, 358 (366) — hier fehlt jede Erwähnung von Kompetenznormen, diese Entscheidung ist aber nur verständlich, wenn Art. 72 GG mit herangezogen wird —; E 8, 229 (235 f.) — hier ist die Prüfung der Sperrwirkung als Kompetenzproblem erörtert worden, ebenso in E 8, 240 (246 f.) —; 20, 238 (248 f.); 21, 106 (114 f.); die Qualifikation des Landesrechts als „günstigere Regelung" i. S. von § 63 III 2 G 131 spielte eine Rolle in E 15, 80 (93, 104); 15, 167 (187 f.); 16, 254 (270).

[15] Vgl. die Auslegung der bundesgesetzlichen Ermächtigung in E 9, 185 (193); 20, 238 (253 f.); 21, 106 (115 f.).

[16] Daß Art. 1 III GG auch die Länder meint, ist einhellige Meinung; vgl. *Dürig*, in: Maunz-Dürig, Grundgesetz RdNr. 10, Anm. 2 zu Art. 1 GG; *Vaulont*, Grundrechte und bundesstaatliches Homogenitätsprinzip (1968) S. 33 ff., 74 ff. mit Nachw.

gleich ist er der vollständigste Ausdruck des Rechtsstaatsgebotes der Bundesverfassung selbst, dessen Sinn es ist, die grundsätzliche verfassungsrechtliche Homogenität des Bundesstaates herbeizuführen und zu erhalten[17].

Diese Homogenität würde Art. 28 I 1 GG direkt herbeiführen, wenn sein Rechtsgehalt als bundesrechtlich gesetztes Landesverfassungsrecht anzusehen wäre. Der Wortlaut legt aber die Deutung nahe, daß es sich um einen Verfassungsauftrag an die Länder handelt[18]: Art. 28 I 1 GG „gilt nicht in den Ländern", sondern „für die Länder"[19].

Der rechtliche Gehalt des Art. 28 I 1 GG erschöpft sich aber nicht in dem Befehl an die Länder, er enthält auch eine bundesrechtliche Rechtsgeltungsnorm für Landesrecht[20]. Diese Auslegung wird zwar durch den Wortlaut nicht unmittelbar gestützt, ist aber vorzuziehen, weil sich auf diese Weise die Homogenität der Rechtsordnungen von Bund und Ländern von selbst verwirklicht, indem Recht, das dem bundesrechtlichen Rechtsstaatsgebot widerspricht, gar nicht erst zur Entstehung gelangt. Auch besteht kein Anlaß, den in Art. 28 I 1 GG enthaltenen sachlichen Richtsatz anders zu interpretieren als die an den Landesgesetzgeber gerichteten bundesverfassungsrechtlichen Grundrechte[21]. Mithin sind auch die in Art. 28 II GG für die Gemeinden gegebenen Richtsätze bundes-

---

[17] Vgl. hierzu E 1, 208 (236); *Stern*, in: Kommentar zum Bonner Grundgesetz (1964) Anm. 7 ff. zu Art. 28 GG mit Nachw.; *Werner*, Wesensmerkmale des Homogenitätsprinzips (1967) passim.

[18] Vgl. insbes. *Friesenhahn*, Zum Verhältnis von Bundes- und Landesverfassungsgerichtsbarkeit (1956) S. 50; *Stern* a.a.O. RdNr. 14 zu Art. 28 GG mit Nachw.; *Werner* a.a.O. S. 73 ff. Anderer Ansicht wohl *Maunz* a.a.O. RdNr. 41 zu Art. 28 GG: Art. 28 GG „schafft" Landesverfassungsrecht.

Da aber die „Grundsätze jeder freiheitlich-demokratischen Verfassung" entsprechend der Formulierung von Art. 21 I 1 GG „allen Landesverfassungen immanent" sind (*Friesenhahn* a.a.O. S. 51), ist die Streitfrage ohne wesentliche Bedeutung.

[19] E 1, 208 (236). *Leibholz-Rinck*, Grundgesetz für die Bundesrepublik Deutschland (1966) RdNr. 4 zu Art. 28 GG.

[20] So herrschende Meinung bereits zu Art. 17 WRV; vgl. *Wenzel*, in: HDStR I S. 618: „Widersprechende Bestimmungen des Landesrechts sind nichtig (Art. 13 RV)." Zum GG vgl. *Maunz* a.a.O. RdNr. 3, 39 zu Art. 28 GG; *Stern* a.a.O. RdNr. 16 ff., 203 f. zu Art. 28 GG; *Leibholz-Rinck* a.a.O. RdNr. 4 zu Art. 28 GG; *Werner* a.a.O. S. 75 f.; s. auch E 9, 268 (291). Eine Entscheidung gemäß Art. 100 I GG unter Anwendung von Art. 28 I 1 GG ist noch nicht ergangen.

Friesenhahn, in: HDStR II S. 540, vertrat schon zur WRV — später auch zu Art. 28 I 1 GG (vgl. Zum Verhältnis von Bundes- und Landesverfassungsgerichtsbarkeit S. 51) — eine abweichende Meinung, die er im wesentlichen damit begründete, daß gegen Art. 28 I 1 GG verstoßende Landesnormen keine Normenkonkurrenz herbeiführen können, weil unterschiedliche Adressaten gegeben sind.

[21] Auch der Absatz 3 des Art. 28 GG legt nahe, Rechtsstaatsgebot und Grundrechte in der Länderebene in gleicher Weise wirken zu lassen; vgl. die „dreifache Rahmennormierung" nach *Maunz* a.a.O. RdNr. 14 ff. zu Art. 28 GG.

rechtliche Rechtsgeltungsnormen für Landesrecht[22]. Dasselbe gilt von den Direktiven in Art. 21[23], 33 I—V[24], 34 Satz 3 und 19 IV GG[25].

Damit finden sich im GG neben Geltungsbedingungen für Bundesrecht auch Normen, die die Geltung von Landesrecht regeln, wobei jeweils im Einzelfall unterschieden werden kann, ob lediglich Bundesverfassungsrecht vorliegt oder neben Bundesverfassungsrecht auch bundesrechtlich gesetztes Landesverfassungsrecht[26].

Wie diese Übersicht zeigt, ist auch im Verhältnis von Bundesrecht zu Landesrecht das Kollisionsmodell bestenfalls geeignet, einen Teil der Fälle grundgesetzwidriger und damit bundesrechtswidriger Landesnormen zu erfassen.

Es bleibt noch zu erörtern, welche Funktion Art. 31 GG im Bereich der Geltungsproblematik zu erfüllen hat. Es ist bereits mehrfach nachgewiesen worden[27], daß angesichts der lückenlosen, alternativen und komplementären Kompetenzteilung[28] eigentliche Normenkollisionen von kompetenzmäßigem Recht nicht denkbar sind, da zumindest ein anderer Adressat gegeben ist[29]. Danach kann es nicht die Funktion von

---

[22] So die Rechtsprechung des BVerfG; zu Art. 28 I 2 GG vgl. E 3, 45 (49); 6, 104 (111); zu Art. 28 II GG E 7, 358 (364); 8, 332 (359); 17, 172 (179). Entsprechen die Landesverfassungen den Vorschriften des Art. 28 I und II GG, so liegt bei nicht entsprechendem Landesrecht sowohl ein Verstoß gegen Bundes- als auch gegen Landesverfassungsrecht vor, also eine konkurrierende Kompetenz von Bundes- und Landesverfassungsgerichtsbarkeit.

Friesenhahn, Zum Verhältnis von Bundes- und Landesverfassungsgerichtsbarkeit S. 82 f., hat gezeigt, daß die Funktion des Art. 142 GG darin liegt, eine solche konkurrierende Kompetenz auch für den Grundrechtsbereich zu schaffen; vgl. hierzu E 22, 267 (270 ff.).

[23] E 1, 208 (227): „Art. 21 GG gilt nicht nur für den Bereich des Bundes, sondern unmittelbar auch für die Länder; er ist also insoweit zugleich Bestandteil der Landesverfassung.“ Ebenso *Friesenhahn* a.a.O. S. 50.

[24] Vgl. *Maunz* a.a.O. RdNr. 18 zu Art. 28 GG; zu Art. 33 V GG vgl. E 15, 167 (198 ff.).

[25] Vgl. *Friesenhahn* a.a.O. S. 61.

[26] Da die Frage lediglich für die Kompetenz der Landesverfassungsgerichte von Bedeutung ist, soll sie hier nicht erörtert werden; im einzelnen hierzu *Friesenhahn* a.a.O. passim.

[27] Grundlegend hat *Imboden*, a.a.O. passim, bes. S. 52, 97 ff., auf die Unzulänglichkeit der Derogationsregeln hingewiesen; ähnlich schon *Burckhardt* a.a.O. S. 61 f. Zu Art. 31 GG und dem Meinungsstreit hierzu zwischen *Maunz-Dürig* und *Mangold-Klein* s. insbes. *Barbey*, DÖV 1960, 566 ff.

[28] Siehe oben Anm. 7.

[29] Etwa bei landesrechtlichen Bestimmungen, die Art. 28 I 2 oder Art. 33 I—V GG auf Landesebene durchführen. Gegen die Anwendung von Art. 31 GG auf derartige inhaltlich identische Regelungen eingehend *Friesenhahn* a.a.O. S. 52 f., 60 f. Wie *Friesenhahn*, a.a.O. S. 82 ff., gezeigt hat, kann auch der Sinn des Art. 142 GG nicht darin liegen, übereinstimmendes Bundes- und Landesrecht nebeneinander bestehen zu lassen; s. auch E 22, 267 (271). *Vaulont*, a.a.O. passim, insbes. S. 118 ff., vertritt die These, daß die Kompetenzteilung im Bundesstaat sich nicht auf die „klassischen Grundrechte“ beziehe.

Art. 31 GG sein, die Kollisionen von „gültigen" Bundes- und Landesnormen aufzulösen, weil solche gar nicht vorkommen. Art. 31 GG ist somit keine Konkurrenznorm, sondern dient dazu, bundesrechtliche Rechtsgeltungsnormen des GG für Landesrecht in den Ländern wirksam zu machen[30]; dies folgt nicht generell aus der bundesstaatlichen Organisation[31], kann aber für das GG auch aus anderen Bestimmungen — etwa Art. 1 III, 28 I GG — hergeleitet werden[32], so daß der Aussage „Bundesrecht bricht Landesrecht" keine selbständige Bedeutung mehr zukommt.

Die dargestellten Rechtsgeltungsnormen des GG, die für Bundes- wie für Landesrecht wirken, haben die Funktion, die Geltung von Normen, ihre Existenz als Rechtsnormen, zu bestimmen. Es hat zunächst den Anschein, als ließen sie lediglich die Alternative offen: entweder die Norm ist eine vollgültige Rechtsnorm oder sie ist keine Rechtsnorm. Daß eine solche Alternative zwingende Folge des Denkens in Normwidersprüchen ist, wurde oben bereits betont. Es wird aber zu überlegen sein, ob nicht eine Auffassung, die in einem Teil der Rechtsgeltungsnormen primär sachliche Richtsätze sieht, diesen Dualismus aufzulockern vermag.

§ 5 Der Dualismus der Rechtsgeltungslehre und seine Durchbrechung

Vergleicht man die Praxis des BVerfG mit der Rechtsgeltungslehre und ihrem Dualismus, so läßt sich nicht leugnen, daß zwischen Theorie und Praxis einige Diskrepanzen bestehen. So folgt nach der traditionellen Geltungslehre aus einem Verstoß gegen Art. 3 I GG ohne weiteres die Nichtigkeit der gegen Art. 3 I GG verstoßenden Norm[1]; ungeachtet dieses theoretisch eindeutigen Ergebnisses, dessen Basis auch vom BVerfG nirgends ausdrücklich in Frage gestellt wird, behauptet das BVerfG in der Praxis, zwischen zwei möglichen Entscheidungen wählen zu können: „Verstößt ... ein Gesetz durch Begünstigung bestimmter Personengruppen gegen Art. 3 GG, so kann das BVerfG entweder die begünstigende Vorschrift für nichtig erklären oder feststel-

[30] So vor allem *Maunz* a.a.O. RdNr. 21 a zu Art. 31 GG; vgl. auch *Sigloch*, in: BVerfGG RdNr. 155 zu § 80; *Werner*, a.a.O. S. 90, spricht von „negativer Homogenitätswirkung". Für die Fälle materieller Bundesrechtswidrigkeit vgl. auch *Imboden* a.a.O. S. 175.

[31] Vgl. *Herzog*, DÖV 1962, 87.

[32] So *Bernhardt* a.a.O. RdNr. 6.

[1] Dies betont *Salzwedel*, Festschr. Jahrreiss (1964) S. 343.

len, daß die Nichtberücksichtigung bestimmter Gruppen — also das Unterlassen des Gesetzgebers — verfassungswidrig ist[2]."

Diese Diskrepanz[3] zwischen Theorie und Praxis tritt allerdings nur in bestimmten Fallgruppen in Erscheinung, die sich damit aus dem allgemeinen Schema der Normenkontrollentscheidungen abheben[4]. Hierher gehören zunächst die Fälle der Reinigung der Rechtsordnung von den Relikten der Übergangsepoche[5]. Eine weitere Gruppe bilden die Fälle gleichheitswidriger Regelungen, die das BVerfG primär unter dem Aspekt der Unterlassung der angemessenen Regelung betrachtet[6]. Als dritte Fallgruppe kann schließlich die Prüfung grundlegender Organisationsgesetze angesehen werden[7]. Am auffälligsten zeigte sich die Diskrepanz zwischen Theorie und Praxis wohl in der Entscheidung über die Verfassungsbeschwerde gegen das Umsatzsteuergesetz[8], die sich auf die steuerliche Ungleichbehandlung einer verhältnismäßig kleinen Gruppe stützte.

Während bei der üblichen Normenkontrollentscheidung der Theorie entsprechend aus der Verfassungswidrigkeit der Norm deren Nichtigkeit folgt, unterließ das BVerfG in den angeführten Fällen den Ausspruch der Nichtigkeit, obwohl es die vorgelegten Normen nicht als unbeschränkt verfassungsmäßig ansah. Dabei täuscht die im Tenor verschiedentlich zum Ausdruck gekommene Feststellung der Vereinbarkeit der Norm mit dem GG über die in den Gründen enthaltene Einschränkung der Geltung eben dieser Norm hinweg. Dort wurde regelmäßig ein Verfassungsverstoß festgestellt, wenn auch nur selten die Verfassungswidrigkeit explizite ausgesprochen wurde[9]. Die Rechtfertigungsgründe, die das BVerfG für den Ausspruch der Vereinbarkeit im Tenor hervorhob, können indessen keinesfalls eine dauernde Aufrechterhaltung der gegen die Verfassung verstoßenden Norm begründen[10]; insbe-

---

[2] E 8, 28 (37).

[3] Hierauf haben insbes. *Hoffmann*, JZ 1961, 197 f., und *Böckenförde*, Die sogenannte Nichtigkeit verfassungswidriger Gesetze (1966) S. 74 ff., bes. S. 83 f., mit Recht hingewiesen.

[4] Vgl. auch die Gliederung der Fallgruppen bei *Böckenförde* a.a.O. S. 74 ff.

[5] Vgl. hierzu etwa E 4, 157 (168 ff.); 9, 63 (72); 12, 281 (294); 15, 337 (348); 18, 353 (365); 25, 167 (184 ff.).

[6] Vgl. hierzu etwa die Fälle E 13, 248; 14, 308; 15, 121; 18, 288; weitere Nachw. unten in § 13 Anm. 26 ff.

[7] Vgl. hierzu E 16, 130; auch die Übersicht bei *Majer*, Die Folgen verfassungswidriger Gesetze im öffentlichen Recht (1966) S. 45 ff.

[8] E 21, 12; hierzu *Böckenförde*, DÖV 1967, 157.

[9] So ausdrücklich in E 13, 248; 15, 337 (346); 18, 288 (296, 300).

[10] Etwa der Hinweis auf Bemühungen des Gesetzgebers in E 9, 63 (72); 18, 353 (366); 21, 12 (40); auf die politischen Schwierigkeiten, die einer verfassungsmäßigeren Regelung entgegenstehen, in E 15, 337 (349).

sondere sind die Hinweise auf eine zeitlich begrenzte Geltung[11] nur dann verständlich, wenn bereits zum Zeitpunkt der Entscheidung ein Verfassungsverstoß anzunehmen war, aus dem sich Folgerungen für die Rechtsgeltung ergaben.

Diese Praxis kann nur dann richtig sein, wenn es Normen gibt, die weder vollgültig noch schlechthin nichtig sind: gemäß der Praxis des BVerfG sind gewisse Normen zum Zeitpunkt der Normenkontrollentscheidung weder derart verfassungsmäßig, daß ihre unbeschränkte Geltung ausgesprochen werden kann, noch verstoßen sie derart gegen die Verfassung, daß ihre Nichtigkeit festzustellen ist. Damit repräsentiert diese Rechtsprechung eine Durchbrechung der Lehre von der ipso-iure-Nichtigkeit; sie ist aber nicht geeignet, die These von der Vernichtbarkeit ex nunc, der bloßen Anfechtbarkeit verfassungswidriger Normen zu stützen[12], da ja die Vernichtung der Norm ebenso vermieden wird wie die Feststellung der anfänglichen Nichtigkeit. Stattdessen kommt das BVerfG zum Ausspruch der Geltung, der durch die in den Gründen enthaltene Einschränkung erheblich entwertet wird.

Die beschränkte Geltung dieser, die sachlichen Richtsätze der Verfassung schlecht erfüllenden Normen kann nicht mit der Geltung von gesetzesvollziehenden Akten, die auf einer verfassungswidrigen Norm beruhen, begründet werden: der Grundsatz der anfänglichen Nichtigkeit sagt nichts über die an die Nichtigkeit geknüpften konkreten Rechtsfolgen aus. Die Gründe, auf die jeweils die rechtliche Beachtlichkeit von untergesetzlichen Akten zurückgeführt wird, sind vielfältiger Art und allesamt nicht geeignet, die Weitergeltung von verfassungswidrigen Normen zu rechtfertigen, da sie eben nur die Weitergeltung der auf derartigen Normen beruhenden untergesetzlichen Akte begründen[13].

Diese aus der Art des jeweiligen Hoheitsaktes folgende Begründung kann mithin nicht durch eine generelle Berufung auf den Rechtsschein

---

[11] So in E 9, 63 (72); 12, 281 (294); 15, 337 (350 ff.); 18, 353 (366); 21, 12 (39 ff.).

[12] So aber *Hoffmann,* JZ 1961, 197 f.; hierzu *Böckenförde,* ZRP 1969, 132.

[13] Aus der Rspr. bietet die Arbeit von *Majer,* a.a.O. passim, reiche Belege. Auch im Schrifttum werden die Rechtsfolgen der Verfassungswidrigkeit von Normen aus der jeweiligen Fehlertheorie entwickelt; vgl. zum Privatrecht *Dilcher,* AcP 163, 193 f.; zum öffentlichen Recht die Nachweise bei *Majer* a.a.O. passim; zu den Folgen eines fehlerhaften Wahlgesetzes s. *Maurer,* Die verfassungswidrige Bundestagswahl (1969) S. 31 ff. Daß die gesetzliche Regelung in § 79 BVerfGG sich durchaus im Rahmen der Lehre vom fehlerhaften Hoheitsakt hält, hat *Kneser,* AöR 89, 141 f., gezeigt. Vgl. hierzu auch die Diskussion um den Gesetzentwurf zur Änderung von § 79 BVerfGG; Nachw. oben § 1, Anm. 16.

verfassungswidriger Normen ersetzt werden[14], denn der Rechtsschein als allgemeiner Geltungsgrund impliziert letztlich die Annahme der Geltung der Norm selbst. Unterschiedliche Formen der Rechtsgeltung können mithin nicht danach bestimmt werden, welche Rechtsfolgen sich für Hoheitsakte, die auf nichtigen Normen beruhen, ergeben.

Die Rechtsgeltung kann auch nicht danach differenziert werden, ob die konkreten Folgen einer nichtigen Norm beseitigt werden können oder nicht, oder danach, ob überhaupt konkrete Folgen aufgrund der nichtigen Norm eingetreten sind. Eine Heilung der Nichtigkeit — quasi durch Erfüllung — liefe der Funktion der formellen und materiellen Rechtsgeltungsnormen entgegen, die eine Begrenzung der Normsetzungskompetenz zum Ziel haben[15].

Auch die Evidenz der Verfassungswidrigkeit ist kein geeignetes Mittel, in der Frage der Rechtsgeltung zu Differenzierungen zu gelangen. Die mit der generellen Einführung des Evidenzbegriffes verbundene Übertragung von Elementen der Lehre vom fehlerhaften Verwaltungsakt auf die Lehre vom fehlerhaften Gesetz verbietet sich schon wegen des grundlegenden Unterschiedes der Rechtswirkungen der Staatsaktstypen[16]; allenfalls könnte eine differenzierte Betrachtung dieser Rechtswirkungen eine Übertragung auf einzelne dem Verwaltungsakt nah verwandte Gesetzestypen rechtfertigen[17]. Das BVerfG hat zwar gelegentlich die Frage nach der Evidenz gestellt[18], hat aber mit Evidenz lediglich gemeint, „daß sich dem Richter die Verfassungswidrigkeit auch wirklich überzeugend erschließen müsse“, bevor er die Nichtigkeit des Gesetzes ausspricht[19].

---

[14] Mit Recht kritisch *Böckenförde,* Die sogenannte Nichtigkeit verfassungswidriger Gesetze (1966) S. 101 ff., mit Nachw.

[15] E 23, 98 (106). *Kipp,* Gegenwartsprobleme des Rechts, Bd. 1 (1950) S. 107, behauptet, „es wäre unlogisch, zwar den erwähnten Rechtsakten, nicht aber den Gesetzen, auf denen sie beruhen, Wirksamkeit zuzusprechen“. Ähnlich auch *Jerusalem,* Die Staatsgerichtsbarkeit (1930) S. 166; *Böckenförde,* DÖV 1967, 158; *Spanner,* Der Steuerbürger und das Bundesverfassungsgericht (1967) S. 47. Hiergegen insbes. *v. Olshausen,* JZ 1967, 119.

Rechtstheoretisch kann lediglich der umgekehrte Schluß vertreten werden, daß also eine Norm, die keinerlei faktische Wirkung hat, auch keine rechtliche Geltung beanspruchen kann; vgl. *Kelsen,* Reine Rechtslehre (1960) S. 215 ff.

[16] Daher kann auch der Versuch von *Windisch,* Die Gesetzeskraft der Entscheidungen des BVerfG (1956) S. 74 ff., die Rechtsgeltungslehre der Lehre vom fehlerhaften Verwaltungsakt und vom fehlerhaften Gerichtsurteil anzupassen, nicht überzeugen; ähnliche Versuche auch bei *Jerusalem* a.a.O. S. 165; *Kipp* a.a.O. S. 100 f.

[17] Vgl. die von *Böckenförde,* Die sogenannte Nichtigkeit verfassungswidriger Gesetze, S. 99 f., 125, angedeuteten Differenzierungen.

[18] Vgl. E 16, 130 (141 f.); 16, 147 (187); 21, 292 (305).

[19] *Rupp,* JuS 1963, 471; vgl. etwa E 6, 273 (281); 8, 1 (23).

Die Evidenz war in der Rechtsprechung des BVerfG dann von besonderer Bedeutung, wenn ein zunächst verfassungsmäßiges Gesetz durch Veränderung der tatsächlichen oder rechtlichen Gegebenheiten in den Verdacht geriet, verfassungswidrig geworden zu sein, und sich nun die Frage stellte, ab wann das Gesetz möglicherweise seine Geltung verloren hatte, von welchem Zeitpunkt an also die Verfassungswidrigkeit festzustellen war. Aus der Evidenz der veränderten Rechts- und Sachlage im Zeitpunkt der Entscheidung folgte zwingend der Ausspruch der Nichtigkeit in Verbindung mit der Feststellung des Beginnes der Nichtigkeit[20]; solange die Verfassungswidrigkeit nicht mit Sicherheit festzustellen ist, muß die Vereinbarkeit ausgesprochen werden. Die damit ausgesprochene Geltung ist aber keine begrenzte Geltung, also von den oben aufgezeigten Fällen zu unterscheiden.

Löst man die Diskussion der Verfassungswidrigkeit von dem Kollisionsmodell und betrachtet die materiellen Rechtsgeltungsnormen der Verfassung als eine mehr oder weniger ausgewogene Hervorhebung sachlicher Richtsätze, so wird offenbar, daß die Mißachtung eines sachlichen Richtsatzes durch eine Norm nicht ohne weiteres zu der Folgerung zwingt, daß diese Norm auch nichtig ist: an die Stelle des rigorosen Entweder-Oder tritt eine gleitende Skala ohne feste Übergänge. Entspricht eine Norm dem sachlichen Richtsatz nur schlecht, so verstößt sie zwar gegen diesen Richtsatz; würde aber der schlecht erfüllte Richtsatz durch das Fehlen der Norm stärker beeinträchtigt als durch die nur unvollkommene Erfüllung, so kann nicht unbedingt gesagt werden, daß bei Nichtigkeit der schlechterfüllenden Norm die Rechtsordnung insgesamt der Verfassung besser entspricht als bei Geltung[21]; Schlechterfüllung eines Verfassungsauftrages bedeutet zwar einen Verfassungsverstoß, kann aber dennoch positiver zu beurteilen sein als völlige Nichterfüllung, die bei Nichtigkeit der schlechterfüllenden Norm die notwendige Folge ist.

---

[20] Vgl. etwa das Urteil zum Werksfernverkehr in E 16, 147 (187 f.). In E 16, 130 war im Rahmen einer Wahlprüfungsbeschwerde festzustellen, ob das Wahlgesetz bereits zur Wahlzeit verfassungswidrig war; dies konnte nicht festgestellt werden (S. 141 ff.); zur Feststellung der späteren Nichtigkeit gab es jedoch im Rahmen des speziellen Verfahrens keinen Anlaß; hierzu *Klein*, Bundesverfassungsgericht und Staatsraison (1968) S. 12 f. mit Nachw.; *Maurer* a.a.O. S. 43 ff.; *Spanner*, a.a.O. S. 47, meint, aus der Anerkennung der späteren Verfassungswidrigkeit durch das BVerfG folge die Anerkennung der Lehre von der Vernichtbarkeit, weil „in diesen Fällen eine Nichtigerklärung mit Wirkung ex tunc von vorneherein nicht in Betracht kommen kann". Dabei wird aber übersehen, daß der Ausspruch der Nichtigkeit gleichwohl ex tunc erfolgt, zwar nicht bezogen auf den Zeitpunkt des Gesetzgebungsaktes, wohl aber auf den der Entstehung der Verfassungswidrigkeit; vgl. etwa E 21, 292 (305 f.).

[21] Hierauf weist *Rupp*, JuS 1963, 473, besonders hin. S. auch *Drath*, Weltanschauliche Hintergründe in der Rechtsprechung (1968) S. 126.

So geht das Kollisionsmodell davon aus, daß ein Verfassungsverstoß vorliegt, wenn widersprechende Regelungen getroffen werden[22]. Es setzt also voraus, daß in der Verfassung immer eine Regelung enthalten ist, zu der eine gesetzliche Norm in Widerspruch geraten kann. Etwa bei dem Auftrag der Verfassung, ein Art. 28 I GG entsprechendes Wahlverfahren gesetzlich vorzusehen, wird aber deutlich, daß bei Unwirksamkeit eines Wahlgesetzes die in diesem Gesetz vorgesehenen Regelungen durch Rückgriff auf die Verfassung nicht ersetzt werden können. Die Nichtigkeit führt also hier gar nicht dazu, die Rechtsordnung insgesamt der Verfassung gemäßer zu gestalten: die völlige Ungültigkeit bisheriger Wahlen verbunden mit der Unmöglichkeit sofortiger Neuwahlen ist eine Lage, die dem demokratischen Rechtsstaat noch weniger entspricht als an sich vermeidbare, einzelne Verfassungsverstöße bei einer Wahl. Daß die Verfassung für die Realisierung der sachlichen Richtsätze auf gesetzliche Normen angewiesen ist, gilt nicht nur für den Organisationsbereich; es gilt ebenso dort, wo übernommenes Recht den grundgesetzlichen Richtsätzen anzupassen ist, oder dort, wo der gleichheitswidrige Ausschluß einer Gruppe korrigiert werden muß.

Sah sich das BVerfG — entweder aus materiellen oder aus prozessualen Gründen — außerstande, die Regelung auszudehnen, so sah es sich auch nicht veranlaßt, die Nichtigkeit der in ihrer konkreten Ausgestaltung gegen den Gleichheitssatz verstoßenden Regelung festzustellen, weil diese Regelung in ihrem Grundgehalt durchaus bestimmten Richtsätzen der Verfassung entsprach, ja bisweilen sogar von der Verfassung geboten war. Die Annahme der vollständigen Nichtigkeit einer gleichheitswidrigen Regelung würde dazu führen, daß der Verfassungsauftrag insgesamt unerfüllt bliebe, da aus dem bloßen, vom Gesetzgeber noch nicht ausgestalteten Auftrag im allgemeinen keine Regelung entnommen werden kann. Damit würde aber der Richtsatz stärker beeinträchtigt als in der begrenzten Hinnahme einer ihn nur unvollkommen erfüllenden Norm[23].

Eine ähnliche Problematik ergibt sich bei Unterschiedlichkeit des Umfanges einzelner von einer Norm geregelter Sachbereiche. Werden bei einer Regelung die aus Art. 3 I GG folgenden Differenzierungsgebote oder -verbote verletzt, so müßte eine rigoristische Lehre auf der Nichtigkeit der ganzen Regelung bestehen, unabhängig davon, welchen sachlichen Umfang der gleichheitswidrig geregelte Bereich hat. Es kann sich dabei nicht selten ergeben, daß dieser Bereich unverhältnismäßig klein[24] ist und daß die Regelung der anderen Bereiche verfassungsrechtlich nicht zu beanstanden oder möglicherweise sogar gefordert ist.

---

[22] Hierzu siehe *Böckenförde* a.a.O. S. 129 f.

[23] Diese Konsequenz hat das BVerfG im Verfahren nach Art. 100 I GG vornehmlich mit prozessualen Mitteln vermieden, während es beim Verfassungsbeschwerdeverfahren von der Geltung gleichheitswidriger Regelungen ausging; vgl. die Nachw. unten § 13, Anm. 26, 31.

Auch die in dieser Arbeit näher erläuterte Auffassung der Unterlassungen des Gesetzgebers als „Lückenausfüllungsverbote" setzt die Geltung der gleichheitswidrigen Regelung voraus. Der Ausspruch des BVerfG beschränkt sich in diesen Fällen auf die Feststellung der Nichtigkeit des Ausschlusses und beseitigt damit die Sperre, die einer richterlichen Lückenausfüllung — orientiert zumeist an der unvollkommenen gesetzlichen Regelung — im Wege stand. Vgl. dazu unten § 13 ff.

[24] Siehe etwa die Argumentation des BVerfG in E 21, 12 (39); 21, 150 (159).

Die Einsicht, daß die Verfassung ihre materiellen Ziele in zahlreichen Fällen nicht selbst durchsetzen kann, sondern dazu der Hilfe gesetzlicher Normen bedarf, führt unmittelbar dazu, die begrenzte Geltung von Normen, die die Ziele der Verfassung nur unvollkommen erfüllen, solange anzuerkennen, bis sie durch solche, die der Verfassung voll entsprechen, abgelöst werden. Begrenzte Geltung bedeutet hier entweder, daß die unvollkommene Norm für einen gewissen Zeitraum ihre Geltung behält, um durch eine vollkommenere Regelung abgelöst zu werden, oder daß sie vervollkommnet werden kann, indem Gesetzgeber oder Richter sie zu einer vollständigen Regelung ergänzen.

Das Rechtsstaatsprinzip steht dieser begrenzten Geltung von schlechterfüllenden Normen nicht entgegen[25], wenn man bedenkt, daß die Verwirklichung der Verfassung ein fortlaufender Prozeß ist[26]. Auch vom Wortlaut der Art. 93 I Ziff. 2 und 100 I GG her bestehen gegen eine derartige dreifache Entscheidungsmöglichkeit des BVerfG keine Bedenken, wird dort doch lediglich davon gesprochen, daß das BVerfG „entscheidet". Das BVerfGG hat in § 78 und § 95 III den Inhalt der Entscheidung nur für die Feststellung der Nichtigkeit festgelegt. So ist das BVerfG nicht durch prozessuale Vorschriften daran gehindert, unter bestimmten Umständen eine begrenzte Geltung von Rechtsnormen aus-

---

[25] Vgl. dazu die Kontroverse, ob Art. 79 III GG die „Vernichtbarkeit" verfassungswidriger Gesetze generell verbietet: einerseits *Arndt*, BB 1960, 1352, andererseits *Scheuner*, BB 1960, 1255.

[26] E 9, 63 (72). Ein positiver Hinweis auf eine begrenzte Geltung findet sich in Art. 117 GG.

Zu den äußersten Grenzen der Geltung von schlechterfüllenden Normen, „den unverzichtbaren Grundprinzipien der Verfassung", vgl. E 4, 157 (168 ff.); 15, 337 (349); hierzu vgl. *Wittig*, Staat 8 (1969) S. 146 ff.. *Klein*, a.a.O. S. 30 ff., versteht mit dem BVerfG die Verfassung insgesamt „als verbindliches Programm ..., das, so schnell es irgend möglich und zu verantworten ist, in die Wirklichkeit umgesetzt werden muß" (vgl. S. 33). Ein Gesetz, das zwar eine einzelne Verfassungsnorm verletzt, dessen Existenz aber zur „Vermeidung schwerer Gefahren für den Bestand des Staats" (vgl. S. 38) notwendig ist, soll aber gleichwohl verfassungswidrig und nichtig sein und vom BVerfG nur über die Kompetenz von § 35 BVerfGG aufrecht erhalten werden können. Man sollte meinen, daß das „verbindliche Programm" der Verfassung insgesamt für die Frage der Verfassungswidrigkeit eines Gesetzes ebenso maßgebend ist wie eine einzelne Rechtsgeltungsnorm, und daß es Aufgabe der Verfassungsauslegung ist, zwischen Einzelsätzen und übergreifenden Direktiven, die beide in gleicher Weise normativen Rang als Rechtsgeltungsnormen haben, abzuwägen. Das BVerfG eliminiert daher nicht eine Rechtsgeltungsnorm (so aber *Klein* S. 30), wenn es „das staatserhaltende telos der Verfassung im ganzen gegen den dem Ausnahmefall nicht gewachsenen Sinn einzelner ihrer Normen" (vgl. S. 37) durchsetzt; es grenzt vielmehr den einen Normbereich gegen einen anderen ab. Kritisch zur Lösung *Kleins* auch *Knöpfle*, DVBl 1969, 442 ff. Auch der — von *Böckenförde*, ZRP 1969, 132, zitierte — Vorschlag des Plenums des BVerfG überzeugt nicht: die Fiktion der Geltung bis zu einem vom BVerfG zu bestimmenden Zeitpunkt ist eine echte Verlegenheitslösung, die das Problem des notwendigen, aber dennoch fragwürdigen Gesetzes lediglich umgeht; zur Geltungsfiktion vgl. *Brinckmann*, BB 1969, 642 f.

zusprechen, den traditionellen Dualismus der Geltungslehre damit zu durchbrechen und das Recht zugunsten eines verfassungsgemäßeren und praktikableren Systems fortzubilden.

Die Frage, wie aus der Verfassung, aus den Rechtsgeltungsnormen die jeweilige Entscheidung über die Geltung einer Norm hergeleitet werden kann, soll und kann hier nicht erörtert werden: die Qualität der verfassungsgerichtlichen Entscheidung hängt nicht primär davon ab, ob lediglich die Alternative Nichtigkeit — volle Geltung oder ob daneben eine dritte Möglichkeit, die begrenzte Geltung, besteht. In beiden Fällen liegt in der juristischen Entscheidung über die verfassungsrechtliche Frage ein großes Maß an Rechtsschöpfung durch den Richter, die durch die besondere Aufgabe der Verfassungsgerichtsbarkeit gerechtfertigt werden kann[27].

Es erscheint zweckmäßig, in der Entscheidungsformel die Zeitdauer der Geltung oder die Notwendigkeit und Richtung der Ergänzung festzulegen, um die Rechtslage klar zu entscheiden und um erneute Entscheidungen bei gleicher Rechts- und Sachlage überflüssig zu machen. Auch das österreichische Recht kennt den Ausspruch einer zeitlich begrenzten Geltung, doch bewirkt dieser Ausspruch, daß die Kassationswirkung der Entscheidung des österreichischen Verfassungsgerichtshofes hinausgeschoben wird; nach österreichischem Recht führt jeder Gesetzgebungsakt, der wenigstens äußerlich den formalen Vorschriften genügt, zur Erzeugung einer geltenden Norm, die im Falle eines Verstoßes gegen das Bundesverfassungsgesetz vom Verfassungsgerichtshof aufgehoben werden kann, wobei die Wirkung der aufhebenden Entscheidung bis zu einem Jahr hinausgeschoben werden kann[28]. Die Zeitgeltung, so wie sie der Praxis des BVerfG und dem GG entspricht, ist

---

[27] Vgl. hierzu insbes. *Ermacora*, Verfassungsrecht und Richterspruch (1960) passim; *Flume*, VerhDJT 46 (1967) S. K 26 f.; *Friesenhahn*, Festschrift Ambrosini (1969) unter II 3.; Referat von *Ridder* und Diskussion über „Richter und Verfassung" in: Verfassungsgerichtsbarkeit in der Gegenwart (1962) S. 824 ff.

[28] Vgl. Art. 140 III österr. Bundesverfassungsgesetz: „... die Aufhebung tritt am Tage der Kundmachung in Kraft, wenn nicht der Verfassungsgerichtshof für das Außerkrafttreten eine Frist bestimmt. Diese Frist darf ein Jahr nicht überschreiten." Vgl. hierzu *Novak*, Die Fehlerhaftigkeit von Gesetzen und Verordnungen (1967) S. 192 ff.

Zu beachten ist aber, daß das Prinzip „pro futuro" nur für Normenkontrollentscheidungen gilt, die formelle Gesetze betreffen; wird eine Verordnung für gesetzwidrig erklärt, so wirkt diese Entscheidung — jedenfalls für die Gerichte — rückwirkend, indem die Gerichte gemäß Art. 89 IV B.-VG. an „die Rechtsanschauung des Verfassungsgerichtshofes gebunden" sind; hierzu *Novak* a.a.O. S. 171 ff.; zur Kollision mit einer Fristsetzung daselbst S. 196 ff.

Vgl. auch die sehr flexible Lösung des jugoslawischen Rechts, dargestellt bei *Dimitrijewic*, ZaöRV Bd. 28 (1968) S. 180 ff.; und Art. 174 II EWGV.

Sandtner, BayVBl 1969, 232 ff., hält die Praktizierung eines dem österreichischen Recht entsprechenden Verfahrens durch das BVerfG schon nach dem geltenden Recht für zulässig.

dagegen eine in der Qualität der Norm angelegte Begrenzung der Geltung, die vom BVerfG lediglich festzustellen ist; sie ist daher auch nicht auf eine bestimmte Zeitdauer festgelegt, sondern folgt aus der jeweiligen Qualität der Schlechterfüllung. Das BVerfG handhabt die Geltungsdauer daher mit Recht pragmatisch, vom Einzelfall ausgehend.

Für die Zeitdauer der Geltung ist die begrenzt geltende Norm in gleicher Weise wirksam wie die vollgültige Norm, so daß auch der Anlaßfall, der zur Vorlage oder zur Verfassungsbeschwerde führte, der begrenzt weitergeltenden Norm unterliegt, soweit nicht eine sofortige Ergänzung durch den Richter des Ausgangsgerichtes nach der Entscheidung des Normenkontrollgerichtes möglich ist. Im Hinblick auf die Gründe, die zur Qualifikation einer Norm als begrenzt geltender Norm führen, hätte eine Differenzierung zwischen dem Ausgangsfall und den anderen, unter die Norm zu subsumierenden Fällen keine sachliche Relevanz[29]. Damit unterscheiden sich für den Ausgangsfall die Normenkontrollentscheidungen nach Art. 100 I GG nicht danach, ob es sich um Feststellung der vollen oder der begrenzten Geltung der vorgelegten Norm handelt.

Der Praxis des BVerfG und der darin liegenden Anerkennung einer begrenzten Geltung hat *Böckenförde* vorgeworfen, dies sei die „denkbar schlechteste Form der Übergangsregelung“[30]; das BVerfG habe als „Hüter der Verfassung“ die Verfassung möglichst wirksam zu sichern; diese Aufgabe erfülle es aber sinnvoller, wenn es im Bereich der „Wiedergutmachung und Folgenbeseitigung“ einen „Rahmen für eine Übergangsregelung abstecke“ und bei „gesetzesfreien Bereichen“ das, „was es für verfassungsrechtlich geboten hält, sofort durch eine Übergangsregelung zur Geltung“ bringe[31]. Mit dem Argument, daß jede Normenkontrolle einen Eingriff in die Prärogative des Gesetzgebers darstellt, läßt sich jedoch nicht rechtfertigen, daß das Normenkontrollgericht eine gänzlich neue, als generelle Norm anzusehende Übergangsregelung setzt[32]. Zwar hat der Richter nach Feststellung der Nichtigkeit den Aus-

---

[29] Bei der österreichischen Regelung wirkt die Vernichtung auf den Anlaßfall zurück, weil sonst die Inzidentkontrolle, die regelmäßig nur zur Vernichtung eines Gesetzes führt, niemals die Entscheidung eines Gerichtes beeinflussen könnte; vgl. *Novak* a.a.O. S. 126 ff., S. 136.

[30] *Böckenförde,* Die sogenannte Nichtigkeit verfassungswidriger Gesetze, S. 131, 137.

[31] Vgl. a.a.O. S. 134 ff.

[32] Schon die Übergangsregelung nach österreichischem Recht, wonach der Verfassungsgerichtshof bestimmen kann, welche früheren, durch die aufgehobene Norm derogierten Normen wieder in Kraft treten sollen (Art. 140 IV österr. Bundesverfassungsgesetz) begegnet erheblichen rechtspolitischen Bedenken; vgl. *Spanner,* Die richterliche Prüfung von Gesetzen und Verordnungen (1951) S. 80 f. Immerhin bezieht sich diese Kompetenz auf generelle Sätze, die bereits einmal vom Gesetzgeber sanktioniert waren; dagegen *Klein*

gangsfall auf der Grundlage einer anderen als der vorgelegten Norm zu entscheiden; doch liegt dies nicht daran, daß eine neue Norm gesetzt worden ist, sondern daß eine andere, bereits in der Rechtsordnung enthaltene Norm zur Anwendung gelangt. Die Setzung einer neuen Norm stellt dagegen einen Übergriff in den Funktionsbereich der Gesetzgebung dar, der durch die Aufgabe der Normenkontrolle nicht sachlich gefordert wird. Die Vollstreckung eines Normenkontrollurteils könnte einen solchen Übergriff nicht rechtfertigen, da es hierfür an verfassungsrechtlicher Zuständigkeit fehlt[33]. Daneben sprechen aber auch praktische Gründe gegen die vorgeschlagene Kompetenz: das BVerfG wäre als Institution überfordert, sollte es als partiell zuständiger Gesetzgeber generelle Regelungen für die Zukunft treffen. Die Hinweise, die das BVerfG für eine zukünftige Regelung gibt, beziehen sich nur auf die Frage der verfassungsrechtlichen Zulässigkeit bestimmter möglicher Ausgestaltungen[34]; sie sind keine verbindliche Festlegung der Rechtslage unter Beachtung der Nichtigkeit der geprüften Norm.

Die vom BVerfG anerkannte begrenzte Geltung von Normen, die materiellen Richtsätzen der Verfassung nicht voll entsprechen, kann in extremen Situationen einen empfindlichen Eingriff in die verfassungsrechtlich garantierte Rechtsstellung des einzelnen bedeuten. So wurde das Umsatzsteuergesetz unter anderem deswegen nicht für verfassungswidrig und nichtig befunden, weil der Kreis der Benachteiligten im Verhältnis zum gesamten Regelungsbereich des Gesetzes klein war. Ein Ausgleich wäre durch Modifikation des Besteuerungssystems durchaus möglich gewesen[35], ist aber nicht erfolgt. Es ist zu erwägen, ob nicht in Sonderfällen, in denen zu Lasten einer kleinen Gruppe eine gesetzliche Regelung zeitweise in Geltung bleibt, durch Anordnung des

---

a.a.O. S. 33 ff. Zur engeren Auslegung der Exekutionsbefugnisse vgl. auch *Schäffer*, Österr. Zs. f. öffentl. Recht Bd. XVIII (1968) S. 185 ff., 214 ff.

[33] Siehe *Herzog*, Der Staat 4 (1965) S. 40 ff.

[34] Etwa der Hinweis in E 20, 56 (113 ff.) auf die Zulässigkeit der Wahlfinanzierung. Dagegen erwies sich die freiwillige Sozialversicherung, die das BVerfG in E 18, 257 (273) — sogar im Tenor — vorgeschlagen hatte, als undurchführbar; vgl. hierzu *Neumann-Duesberg*, BB 1966, 1231. Zu den Schwierigkeiten, die sich aus dem Kirchensteuervorschlag in E 19, 268 (282) für glaubensverschiedene Ehen ergeben, vgl. *Fröhder*, FAZ Nr. 14 vom 17. 1. 1968; zur Problematik der Prozentsätze bei der Wahlkampffinanzierung aufgrund von E 24, 300 (342 ff.) vgl. FAZ Nr. 72 vom 26. 3. 1969, S. 2 und 3. Weit über das vom Ausgangsfall her notwendige Maß wurden in E 25, 167 (184) Vorschriften des Unehelichenrechts und in E 25, 236 (252 ff.) mögliche Regelungen für Dentisten diskutiert. Zur Feststellung der Verfassungsmäßigkeit der Aufhebung der Verjährung in dem Verfahren, das lediglich um die Verlängerung ging (E 25, 269 (LS 3, 292)), vgl. die Anm. von *Heidenhain*, JZ 1969, 508 f.

Daneben finden sich Änderungswünsche, die nicht zwingend aus der Verfassung begründet werden; vgl. etwa E 23, 50 (61).

[35] Vgl. E 21, 12 (35 f.) und die früheren Entscheidungen zur Umsatzsteuer in E 7, 282; 12, 341; 19, 64.

BVerfG nach § 35 BVerfGG eine Entschädigung nach Enteignungs- oder Aufopferungsgrundsätzen gewährt werden sollte[36].

§ 6 Geltung und Auslegung

„Bei der juristischen Auslegung geht es darum, mit welchem Inhalt eine rechtliche Regelung gelten soll[1].“ Die geltende Norm als rechtlich relevante Bedeutung eines Gesetzestextes ist dann ermittelt, wenn Klarheit darüber besteht, welche Sachverhalte unter den Tatbestand der Rechtsnorm subsumiert werden können und welche Rechtsfolge festgelegt ist[2]. Diese Klarheit ist nicht ohne weiteres gegeben, sondern muß durch Auslegung der Gesetzestexte gewonnen werden: das Ergebnis der Auslegung ist die geltende Norm.

Es ist evident, daß ein Text, je nachdem, welche Methode die Auslegung bestimmt, unterschiedliche Bedeutung hat. Für den Rechtsanwender ist nur die Bedeutung eines Textes relevant, die eine geltende Norm, eine Rechtsnorm ist. Eine andere Bedeutung mag sich aufdrängen; ist aber nicht festzustellen, daß diese Bedeutung eine Rechtsnorm ist, so ist sie rechtlich nicht relevant. Findet sich für einen Gesetzestext keine Bedeutung, die eine Rechtsnorm — oder einen Teil einer Rechtsnorm — darstellt, so ist der Text rechtlich ohne Bedeutung, er ist rechtlich sinnlos.

Der Vorgang der juristischen Auslegung braucht im einzelnen nicht auseinandergelegt zu werden; es kommt hier nur auf einen besonderen Aspekt an: die Verschränkung von Geltung und Auslegung. Das systematische Auslegungselement[3] beruht auf der Einordnung der einzelnen Rechtsnorm in den Zusammenhang eines engeren Rechtsbereiches und schließlich in den des vollständigen Systems aller Rechtsnormen einer Rechtsordnung; auf der Idee der Einheit der Rechtsordnung aufbauend werden Rechtsordnung und Einzelnorm in einem „hermeneutischen Zirkel“ verbunden[4]: das Einzelne ist nur verständlich aus dem Ganzen

[36] Hier wäre insbes. auf die zur Ausgleichspflicht bei legislativem Unrecht entwickelten Grundsätze zurückzugreifen; vgl. hierzu *Jaenicke*, Haftung des Staates für rechtswidriges Verhalten seiner Organe (1967) S. 124, mit Nachw.

[1] So *Flume*, Allgemeiner Teil des Bürgerlichen Rechts Bd. 2 (1965) S. 292.

[2] So *Schreiber*, Die Geltung von Rechtsnormen (1966) S. 156.

[3] Systematische Interpretation soll hier nicht bedeuten die „Auslegung des juristischen Einzelsatzes aus einem wissenschaftlich ausgearbeiteten System übergeordneter Allgemeinbegriffe“, wie *Coing*, Die juristischen Auslegungsmethoden und die Lehren der allgemeinen Hermeneutik (1959) S. 9, definiert; vgl. hierzu *Meier-Hayoz*, in: Berner Kommentar (1966) RdNr. 190 zu Art. 1 ZGB.

[4] Vgl. *Flume* a.a.O. S. 296.

und das Ganze nur aus dem Einzelnen[5]. Daher ist „die Zulässigkeit und Notwendigkeit systematischer Betrachtung ... kaum je ernsthaft bestritten worden“[6]. Das systematische Element steht dabei gleichwertig neben anderen Auslegungselementen — traditionell werden hier nach *Savigny* das grammatische, das logische und das historische Element genannt —; das systematische Element kommt nicht erst dann in Betracht, wenn anders ein Sinn nicht zu ermitteln ist: der Vorgang der Auslegung ist eine Einheit[7].

In der neueren Literatur wird das systematische Element unter dem etwas spezielleren Gesichtspunkt der verfassungskonformen Auslegung[8], der „vertikalen Normendurchdringung“[9], der „rechtskonformen Auslegung“ betrachtet: „Jede Rechtsnorm ... ist in Übereinstimmung mit den sachlich einschlägigen höherrangigen Normen auszulegen[10].“ Aber auch die höhere Norm ist nicht zu trennen von niederrangigem Recht: „Nur wenige Verfassungsbegriffe sind als solche inhaltlich völlig selbständig[11].“ In diese systematische Auslegung gehen alle oben als Rechtsgeltungsnormen bezeichneten materiellen Verfassungsdirektiven ein[12], bestimmen als objektives Verfassungsrecht die Bedeutung eines

[5] Vgl. *Coing* a.a.O. S. 14: „Ich glaube, dieser Satz bedarf keiner näheren Interpretation.“

[6] *Meier-Hayoz* a.a.O. RdNr. 188 zu Art. 1 ZGB; eingehend *Flume* a.a.O. S. 294; vgl. auch *Larenz*, Methodenlehre der Rechtswissenschaft 2. Aufl. (1969) S. 305 ff.; *Keller*, Die Kritik, Korrektur und Interpretation des Gesetzeswortlautes (1960) S. 102 ff., mit Nachw.

[7] Nachdrücklich *Flume* a.a.O. S. 294 Anm. 5.

[8] Eingehend *Bogs*, Die verfassungskonforme Auslegung von Gesetzen (1966) passim; vgl. bes. *Imboden*, Festschr. Huber (1961) S. 138 ff.; weiterhin *Cornelius*, Gesetzesauslegung und verfassungsmäßige Wertordnung (1968) S. 83 ff.; *Schmidt-Salzer*, DÖV 1969, 97. Die Übersicht, die *Spanner*, AöR 91, 506 ff., über die zur Begründung der verfassungskonformen Auslegung vertretenen Meinungen gibt, zeigt eine bemerkenswerte Übereinstimmung. Aus der neueren Rspr. vgl. E 21, 271 (281, 285); 21, 362 (372).

[9] *Burmeister*, Die Verfassungsorientierung der Gesetzesauslegung (1966) S. 26 ff., mit Nachw.

[10] *Obermayer*, NJW 1966, 1886; vgl. auch *Stein*, NJW 1964, 1750.

[11] So *Leisner*, Von der Verfassungsmäßigkeit der Gesetze zur Gesetzmäßigkeit der Verfassung (1964) S. 23; er weist S. 63 ff. auf die Gefahren einer kritiklosen Übernahme von „niederrangiger Begrifflichkeit“ in die Verfassung hin. Vgl. auch die Wechselwirkungstheorie des BVerfG in E 7, 198 (208 f.) und *Hesse*, Grundzüge des Verfassungsrechts 3. Aufl. (1969) S. 34.

[12] Vgl. hierzu *Scheuner*, Hundert Jahre deutsches Rechtsleben II (1960) S. 259 f., der die Interpretationsfunktion der Verfassung aus dem Prinzip des materiellen Rechtsstaats rechtfertigt. Eingehend *Bogs* a.a.O. S. 127 ff. Vgl. auch die Nachw. der umfangreichen Rspr. bei *Esser-Stein*, Werte und Wertewandel in der Gesetzesanwendung (1966) S. 65 Anm. 65, 67. *Scheuerle*, AcP 167 (1967) S. 330, 331 Ziff. 4, sieht dagegen in den Verfassungsnormen ein Gebot, „das der Richter befolgen (soll und daher befolgen) will“; die verfassungskonforme Auslegung ist danach „finale Interpretation“, wobei ein Auslegungsergebnis, dessen „kognitive Richtigkeit über jeden Zweifel erhaben ist, plötzlich durch ein Gebot verlassen wird, das von außen kommt“; ähnlich auch *Fuss*, Festschr. Schack (1966) S. 13.

Textes, also die geltende Norm mit. Hierbei tritt die logisch-begriffliche Komponente der systematischen Auslegung hinter dem Bestreben zurück, die den Verfassungsnormen zugrundeliegenden Wertungen, eben die formalen und sachlichen Richtsätze der Verfassung, in die Bedeutungsermittlung des einfachen Rechts einzubeziehen. Sie erweisen sich also im Rahmen der Auslegung als maßgebliche Rechtsgeltungsnormen, weil nur eine Norm, die den materiellen Rechtsgeltungsnormen entspricht, als Ergebnis einer richtigen Auslegung angesehen werden kann:

Die juristische Auslegung führt nur dann zum Erfolg, wenn alle Elemente eine übereinstimmende Bedeutung ergeben. Im Grenzfall legt jedes Auslegungselement dem Text eine Bedeutung bei, die von der Bedeutung, die die übrigen Elemente erbringen, abweicht. Nur der Bedeutungsbereich, der durch alle Auslegungselemente bestätigt wird, ist die rechtlich relevante Bedeutung. Die einzelnen Elemente dienen dabei der Bestätigung, der Abgrenzung oder der Ausschließung von Bedeutungsbereichen, die durch die anderen Elemente nahegelegt werden. Können die durch einzelne Elemente ermittelten Bedeutungen nicht zur Deckung gebracht werden, so läßt sich nicht behaupten, daß die Auslegung erfolgreich war, daß ein richtiges Auslegungsergebnis, also eine Rechtsnorm, erzielt wurde[13].

Damit ergibt sich für die Normenkontrolle eine Antinomie, die eine Folge der Sprachlichkeit, der Auslegungsbedürftigkeit von Texten ist: läßt der hermeneutische Zirkel sich nicht schließen, deckt sich die durch das systematische Element ermittelte Bedeutung nicht mit der durch die übrigen Elemente ermittelten Bedeutung oder läßt sich diese Bedeutung nicht systematisch bestätigen[14], so ist eine juristisch relevante Bedeutung gar nicht zu ermitteln; läßt sich eine Einheit von Teil und Ganzem nicht herstellen, so kann einem Text eine Bedeutung begründeterweise nicht beigelegt werden[15].

Setzen wir diese Antinomie mit der oben dargelegten Problematik der juristischen Geltung in Beziehung, so zeigt sich die notwendige Entsprechung: ebensowenig wie im Wege eines formell einwandfreien Gesetzgebungsaktes Rechtsnormen geschaffen werden, wenn diese Normen den Rechtsgeltungsnormen nicht entsprechen, ebensowenig kann bei richtiger Anwendung der richtigen Auslegungsmethode behauptet werden, die Bedeutung eines formell einwandfreien Textes sei eine Rechtsnorm, die gleichwohl inhaltlich den materiellen Rechtsgeltungsnormen nicht entspricht; denn die materiellen Rechtsgeltungs-

---

[13] Zur Möglichkeit eines richtigen Auslegungsergebnisses vgl. *Larenz*, Festskrift Olivecrona (1964) S. 394 ff.

[14] Zur unterschiedlichen Auslegungsfunktion vgl. unten § 9.

[15] Das hat seinen logischen Grund darin, daß aus einem System von Aussagen oder Sätzen, das einen Widerspruch enthält, jeder beliebige Satz hergeleitet werden kann. Auch die Rechtsordnung kann als ein solches System gedacht werden, das durch Rechtsnormsätze beschrieben wird. Vgl. hierzu *Walter*, Über den Widerspruch von Rechtsvorschriften (1955) S. 40 f.

normen bestimmen nicht nur die Erzeugung einer Rechtsnorm beim Gesetzgebungsverfahren, sondern auch die „Erzeugung" durch den Richter im Wege der Auslegung von Texten[16].

Geht man davon aus, daß die in einem Gesetzgebungsverfahren gesetzten Rechtsnormen nicht in jedem Falle evident sind, sondern erst durch Auslegung gewonnen werden müssen, so verlagert sich der Prozeß der Normengewinnung vom Gesetzgebungsakt auf den Auslegungsakt[17], wobei dem Gesetzgebungsakt lediglich — sofern man nicht einer rein subjektiven Auslegungsmethode folgt — die besondere Funktion zukommt, durch formelle Rechtsgeltungsnormen definierte, auslegungsfähige Texte bereitzustellen und dadurch den Vorgang der Rechtsgewinnung durch Beschränkung auf eben diese Texte zu binden[18]. Sollen die materiellen Rechtsgeltungsnormen dazu dienen, aus der Menge der denkbaren Normen die inhaltlich in gewisser Weise bestimmten Rechtsnormen auszuwählen, so müssen die Rechtsgeltungsnormen auch den Auslegungsvorgang bestimmen.

Eine Reduzierung der materiellen Rechtsgeltungsnormen auf bloße an den Gesetzgeber gerichtete Imperative, deren Mißachtung keinen Einfluß auf die Geltung der gesetzten Normen hat, würde voraussetzen, daß dem Auslegungsakt keine besondere Qualität zukommt, daß vielmehr die Rechtsgewinnung als bloßes „Nachdenken des Vorgedachten" angesehen werden kann. Von dieser naiv-positivistischen Vorstellung hat sich die heutige Auslegungs- und Rechtsfindungslehre entfernt, so daß auch die Normenkontrolle sich von dem Gedanken freimachen muß, sie könne von einer eindeutigen Beziehung zwischen Text und Norm, die vom Gesetzgebungsakt an bestanden habe, ausgehen.

Wer in Widerspruch dazu behaupten wollte, die Geltung verfassungswidriger Normen sei unbeschränkt, hat die Beweislast dafür, daß und wie diese Behauptung in die traditionelle Methode der Rechtsfindung eingefügt werden kann oder daß eine andere Methode die juristisch richtigere ist.

§ 7 Die Eingrenzung der Geltungsprüfung durch Art. 100 I GG

Als Normenkontrolle könnte schlechthin jede Prüfung eines Rechtsnormsatzes[1] auf seine Wahrheit hin verstanden werden: die Normen-

---

[16] Eingehend zum Zusammenhang von Geltung und Auslegung siehe *Larenz,* Das Problem der Rechtsgeltung (1929) S. 38 f.; vgl. auch *Ophüls,* NJW 1968, 1751; *Schreiber* a.a.O. S. 156 ff.; *Stern,* Gesetzesauslegung und Auslegungsgrundsätze des BVerfG (1956) S. 103 ff.

[17] Vgl. hierzu *Germann,* Festschr. Lewald (1953) S. 485, insbesondere 491.

[18] Dabei kann das Maß der Bindung in erheblichem Umfang durch die Gesetzestechnik und die Textfassung vorherbestimmt werden; vgl. dazu unten § 9.

[1] Vgl. oben § 1.

kontrolle ist dann — derart weit gefaßt — ein Verfahren, jede Norm, die in irgendeinem Zusammenhang ausgesprochen wird, darauf zu prüfen, ob sie eine Norm der jeweiligen Rechtsordnung, also eine Rechtsnorm ist, ob sie mithin den Bedingungen, die eine Rechtsordnung für die Geltung von Normen aufstellt, genügt. Eine derartige Normenkontrolle ist jeder Rechtsanwendung immanent, da immer gefragt werden muß, ob die zur Entscheidung herangezogene Norm eine Norm der Rechtsordnung, die die Entscheidungskompetenz verliehen hat, darstellt; denn ein rechtsanwendendes Organ ist nur befugt, aufgrund eben der Rechtsordnung, aus der es seine Kompetenz herleitet, rechtliche Entscheidungen zu treffen.

Es hat sich als praktikabelste Lösung herausgebildet, das Organ, das eine Norm anzuwenden hat, über den Rechtsnormcharakter der angewendeten Norm in weitem Umfang selbst entscheiden zu lassen[2]: der Richter entscheidet darüber, ob die Norm, die er anwenden will, aus der Rechtsordnung herleitbar ist oder nicht; seine positive Entscheidung drückt sich in der Anwendung der Norm aus[3].

Die Anweisungen, nach denen die Prüfung der Herleitbarkeit einer Norm oder der Wahrheit eines Rechtsnormsatzes erfolgen soll, sind selbst wieder Rechtsnormen, an den Rechtsanwender gerichtete Sollenssätze, die seine Rechtsanwendungskompetenz eingrenzen und bestimmen. Stellt man allerdings die Frage nach der Wahrheit von Rechtsnormsätzen, die Rechtsgeltungsnormen beschreiben, also nach den Geltungsbedingungen der Rechtsgeltungsnormen, so wird im Verlauf dieses Regresses notwendig die Grenze der Rechtsordnung überschritten und die letzte Rechtfertigung in einer Metasprache des Rechts gesucht werden müssen[4]. Zwar wird derjenige, der rechtliche Entscheidungen zu fällen oder staatliche Zwangsakte zu vollziehen hat, an dieser metajuristischen Frage nicht vorbei können[5]; es ist aber evident, daß sich die Entscheidung dieser Frage nicht institutionalisieren lassen wird, setzt doch die Institution die Geltung bereits voraus[6]. Die institutionalisierte Normenkontrolle kann daher nur einen Ausschnitt aus der Geltungsfrage lösen, wobei es eine Frage sinnvoller Kompetenzverteilung in einem Staatswesen ist, wie dieser Ausschnitt abgegrenzt wird.

---

[2] Vgl. hierzu den historischen Überblick bei *Meier-Hayoz,* Der Richter als Gesetzgeber (1951) S. 220 ff.

[3] Zur Herleitbarkeit von Rechtsnormen aus einer Rechtsordnung vgl. *Philipps,* ARSP LII (1966) S. 195 ff.

[4] Vgl. hierzu *Hruschka,* ARSP LIV (1968) S. 159 ff.

[5] Grundlegend hierzu *v. Hippel,* in: HDStR II S. 546 ff.

[6] Zur Zulässigkeit der Normenkontrolle anhand von überpositivem, dem Verfassungsrecht übergeordnet zu denkendem Recht vgl. *Ehmke,* VVDStRL 20, 79 ff.; *Grossart,* Richterliches Prüfungsrecht und Art. 100 Abs. 1 des Bonner Grundgesetzes (1959) S. 67 ff.; *Ipsen,* Beiträge zum öffentlichen Recht (1950) S. 28 f., 40 f.; *Sigloch,* in: BVerfGG RdNr. 45 zu § 80 mit Nachw.

Art. 100 I GG engt die Kompetenz zur Normenkontrolle durch das BVerfG gegenüber der oben gekennzeichneten umfassenden Normenkontrolle in mehrfacher Hinsicht ein: durch die Bezugnahme auf ein „Gesetz" und durch die Bezugnahme auf eine gerichtliche „Entscheidung" wird der Gegenstand der verfassungsrechtlichen Prüfung eingegrenzt; durch die Forderung einer besonderen Begründung der Vorlage nach Art. 100 I GG, nämlich der Überzeugung des vorlegenden Gerichts von der Verfassungswidrigkeit des vorgelegten Prüfungsgegenstandes, wird der Prüfungsmaßstab eingegrenzt. Diese letztere Eingrenzung führt dazu, daß im Verfahren nach Art. 100 I GG nur die im GG enthaltenen Rechtsgeltungsnormen als Maßstab der Geltungsprüfung herangezogen werden dürfen, während die Prüfung der übrigen Geltungsvoraussetzungen anderen Institutionen überlassen bleibt.

In der Praxis der Normenkontrolle durch das BVerfG sind die materiellen Rechtsgeltungsnormen des GG von überragender Bedeutung[7]; der formelle Ablauf des Gesetzgebungsverfahrens ist derart eingespielt und derartigen Selbstkontrollen unterworfen, daß Verstöße gegen die formellen Regeln des GG — abgesehen von den Kompetenzteilungsnormen und den Rechten des Bundesrates — nahezu ausgeschlossen sind. Im übrigen hat sich gezeigt, daß üblicherweise als formelle Regeln bezeichnete Rechtsgeltungsnormen, wie etwa die Regeln der Kompetenzteilung, in Wahrheit materielle Regeln sind[8]. Daher steht im Normenkontrollverfahren nach Art. 100 I GG nicht die Frage nach dem auslegungsfähigen, weil im richtigen Verfahren zustande gekommenen Text im Vordergrund, sondern die Frage nach der Verfassungsmäßigkeit von möglichen Textbedeutungen, von Normen.

Die Eingrenzung der Normenkontrollkompetenz nach Art. 100 I GG durch das Tatbestandsmerkmal „Gesetz" ist nicht schon dadurch geleistet, daß dieser Ausdruck inhaltlich präzisiert und im Sinne des formellen, nachkonstitutionellen Gesetzestextes verstanden wird; es muß vielmehr geklärt werden, in welcher Beziehung die vorgelegte Norm, von deren Verfassungswidrigkeit der Richter ausgeht, zu dem so bestimmten Text stehen muß, damit die Voraussetzungen des Art. 100 I GG erfüllt sind. Bei der Eingrenzung der Kompetenz durch das Merk-

---

[7] So konnte *Engler*, JbÖffR 15 (1966) S. 137, keine Entscheidung zu diesem Bereich nennen; lediglich der Unterschied zwischen erneuter Verabschiedung eines Gesetzes und bloßer Neubekanntmachung wurde diskutiert; vgl. E 14, 245 (250); *Schack*, DÖV 1964, 469.

[8] Zur Relativität der Unterscheidung zwischen formellen und materiellen Fehlern, insbes. im Bereich der Kompetenzteilungsnormen, vgl. auch *Novak*, Die Fehlerhaftigkeit von Gesetzen und Verordnungen (1967) S. 85 ff.

Hauser, Norm, Recht und Staat (1968) S. 81 f., legt dar, daß „die Idee einer völlig inhaltslosen Norm, die nur eine Erzeugungsregel enthält, nicht akzeptiert werden" kann.

mal der gerichtlichen Entscheidung ist zu fragen, ob und wie diese Entscheidung geeignet ist, den Gegenstand der verfassungsrechtlichen Prüfung von anderen Normen abzugrenzen.

Die Frage nach dem „entscheidungserheblichen Gesetz“ im Sinne von Art. 100 I GG ist die Frage danach, wie die verfassungsrechtlich zu prüfende Norm von oben durch den Gesetzestext und von unten durch die Ausgangsentscheidung und den zu entscheidenden Sachverhalt bestimmt wird. Ist eine Eingrenzung mit Hilfe dieser Kriterien gelungen, so können daraus die Grenzen der Wirkung der Normenkontrollentscheidung nach Art. 100 I GG bestimmt werden.

Teil II

Positiver Gesetzestext und verfassungswidrige Norm

§ 8 Die Praxis des BVerfG bei der Feststellung des Prüfungsgegenstandes

Wurde oben[1] behauptet, die Normenkontrolle müsse sich von der Vorstellung einer eindeutigen Beziehung zwischen Text und Norm freimachen, so stellt sich mit dieser Forderung die Frage, was das BVerfG im Verfahren der konkreten Normenkontrolle eigentlich zu prüfen hat — einen Text, eine Norm oder ein Konglomerat von beiden — und wie es zu diesem Gegenstand der verfassungsrechtlichen Prüfung gelangt. In der Praxis der Normenkontrollentscheidung steht der Text durchaus im Vordergrund — eben weil man (naiv) mit dem Text die Norm zu fassen glaubt; daß aber auf diese Weise nicht konsequent verfahren werden kann, zeigt sich in den Gründen der Entscheidung, die sich regelmäßig vom Text lösen müssen. Besonders problematisch wird die Beziehung zwischen Text und Norm bei unterschiedlicher Auslegung des Textes, den das vorlegende Gericht bezeichnet hat. Mit diesem Problem ist die Beantwortung der allgemeineren Frage, ob es überhaupt eine Vorlagepflicht und ein damit korrespondierendes Entscheidungsmonopol des BVerfG gibt, eng verknüpft. Beides setzt voraus, daß auch dann eine Bindung des Rechtsanwenders an eine bestimmte Textbedeutung besteht, wenn diese Bedeutung eine verfassungswidrige Norm ist.

Die Praxis des BVerfG sucht diese Schwierigkeiten auf eine nicht ganz konsequente Weise zu lösen:

Aus einzelnen Äußerungen läßt sich entnehmen, daß es dem BVerfG weniger um den Text als um die Norm geht: so genügt es, daß sich die Norm aus dem Zusammenhang der Vorlage ergibt, ohne daß es auf die ausdrückliche oder richtige Angabe einer Gesetzesstelle ankommt[2]. Das BVerfG hat

---

[1] § 6 nach Anm. 18.

[2] E 7, 183 (186): „Der Vorlagebeschluß (ist) dahin auszulegen, daß das vorlegende Gericht verfassungsrechtliche Bedenken gegen jede Norm hat, die einem Versorgungsamt gestattet, ein Sozialgericht um die eidliche Vernehmung von Zeugen zu ersuchen." Vgl. auch E 12, 281 (288); 15, 153 (159); 15, 268 (271); 16, 254 (267); 21, 391 (398 f.); E vom 16. 7. 1969 — 1 BvL 19/63 — unter C I 2; Abweisung der Vorlage als unzulässig wegen Unklarheit über die vor-

zwar oftmals eine bestimmte Textstelle als „Gegenstand der verfassungsrechtlichen Prüfung“[3] bezeichnet, doch ist das als Beschränkung der Vorlage auf eine bestimmte rechtliche Regelung zu verstehen im Gegensatz zur Prüfung einer allgemeinen Rechtsfrage[4]. Die Lösung von einer bestimmten Textstelle wurde auch durch die komplizierte Verweisungstechnik der Gesetze notwendig; so ließ das BVerfG in einem Leitsatz die Abkehr von einer zu engen Anknüpfung an den Text deutlich werden: „Eine Vorschrift, deren gesamter Rechtsgehalt sich nicht unmittelbar aus ihr selbst, sondern nur im Zusammenhang mit zahlreichen anderen Normen desselben Gesetzes bestimmen läßt, kann im Verfahren nach Art. 100 I GG grundsätzlich nur in ihrer Verbindung mit denjenigen gesetzlichen Bestimmungen zur Prüfung gestellt werden, die ihren für den konkreten Rechtsstreit maßgeblichen Teilinhalt ergeben[5].“

Die Betonung der Norm zeigt sich auch in der Art und Weise der verfassungsrechtlichen Prüfung: in der Rechtsprechung des BVerfG gab es bislang keinen Normenkontrollfall, der sich auf die bloße Verfahrensprüfung beschränkt; immer war die materielle Verfassungsmäßigkeit zu prüfen, also eine Norm, nicht aber ein schlichter Text als Ergebnis eines formell zweifelhaften Gesetzgebungsverfahrens.

Selbst bei einer rein formellen Prüfung ist aber das Ziel der Normenkontrolle die Beantwortung der Frage nach der Geltung einer Norm; was eine Rechtsnorm und damit Teil der Rechtsordnung sein kann, läßt sich nur inhaltlich feststellen, so daß die Frage nach dem Text immer dann unsinnig ist, wenn ihm kein möglicher Bestandteil der Rechtsordnung zugeordnet werden kann[6]. Schließlich ergibt sich der Vorrang der Norm für das Verfahren nach Art. 100 I GG auch daraus, daß die Entscheidungserheblichkeit Zulässigkeitsvoraussetzung ist; eine Entscheidung kann aber nur von einer Norm, nicht von einem Text abhängen.

Zeigt sich, daß die Norm als Sinngebilde der eigentliche Gegenstand der verfassungsrechtlichen Prüfung im Normenkontrollverfahren ist, so ist nun zu untersuchen, wie das BVerfG diese Norm auswählt. Diese

---

gelegte Norm: E 23, 146 (149 f.). Für die abstrakte Normenkontrolle vgl. E 6, 104 (110). Ähnlich auch die Rspr. zu Vertragsgesetzen mit der Unterscheidung zwischen Zustimmungsgesetz und Vertrag als dessen materiell-rechtlichem Gehalt, z. B. E 4, 157 (163).

[3] So z. B. E 4, 157 (163) zum Zustimmungsgesetz; E 9, 237 (238): § 26 a I 1 EStG, „die den Gegenstand der Normenkontrolle bildende Vorschrift“.

[4] Vgl. z. B. E 6, 55 (66 f.): „Gegenstand der verfassungsrechtlichen Prüfung ist nicht die Frage, ob abstrakt die Zusammenveranlagung mehrerer Personen überhaupt oder der Ehegatten im besonderen mit dem GG vereinbar ist; sondern es handelt sich darum, ob die Zusammenveranlagung von Ehegatten im Rahmen des Einkommensteuergesetzes 1951, das auf der *progressiven* Normalbesteuerung des *einzelnen* Steuerpflichtigen beruht, verfassungswidrig ist.“

[5] E 3, 208 (LS, 211).

[6] So mit Recht *Zacher*, DVBl 1955, 650 f., für die abstrakte Normenkontrolle.

Frage wurde das erste Mal in einer Entscheidung im 7. Bande aufgeworfen[7]. Der verfassungsrechtliche Streit ging um das Bundesgesetz, das die Errichtung der Bundesversicherungsanstalt für Angestellte und die Übernahme von Aufgaben und Personal der Landesversicherungsanstalten regelte, das sogenannte Errichtungsgesetz (ErrG).

Nach der Auslegung des vorlegenden Gerichts besagte § 18 I ErrG, daß diejenigen Angestellten der Landesversicherungsanstalt, die die jeweilige Aufsichtsbehörde dazu bestimmt hatte, zum Zeitpunkt des Übergangs der Aufgaben von der Landesversicherungsanstalt an die Bundesversicherungsanstalt kraft Gesetzes und ohne eigene Zustimmung in ein neues Arbeitsverhältnis zur Bundesversicherungsanstalt treten. Diese Norm war nach Ansicht des vorlegenden Gerichtes für die Entscheidung des Sachverhaltes erheblich.

Das BVerfG hielt die Vorlage für zulässig, indem es erklärte[8]: „Nach der Rechtsauffassung des vorlegenden Gerichts kommt es auf die Gültigkeit des § 18 I Errichtungsgesetz an, da das Arbeitsverhältnis zwischen den Parteien bei Gültigkeit der Vorschrift nicht fortbestehen könne. Ob diese Auslegung des § 18 I Errichtungsgesetz durch das vorlegende Gericht zutreffend ist, kann für die Prüfung der Zulässigkeit der Vorlage dahingestellt bleiben; denn jedenfalls ist sie nicht *offensichtlich* unrichtig."

Das BVerfG stützte sich mit seiner These, es habe im Zulässigkeitsverfahren die Richtigkeit der Auslegung nicht nachzuprüfen, auf eine frühere Entscheidung, in der es um das sogenannte Märzgesetz[9] ging:

Mit diesem Gesetz wurden Ansprüche auf Zahlung von Versorgungsbezügen, die über die in einer bestimmten Verordnung zuerkannten Bezüge hinausgingen, für die Zeit vor dem 1. 1. 1950 aberkannt. Der Kläger des Ausgangsverfahrens beanspruchte weitergehende Bezüge; das vorlegende Gericht hielt die Norm, die seine Ansprüche rückwirkend aberkannte, für verfassungswidrig.

Das BVerfG diskutierte in der Zulässigkeitsprüfung, ob die Vorlage etwa dann unzulässig ist, wenn der Ausgangskläger gar keine weitergehenden Ansprüche gehabt hat, die ihm durch das Märzgesetz abgeschnitten worden sind: habe der Kläger derartige Ansprüche, so könne sein Fall unter das Märzgesetz subsumiert werden; habe er sie nicht, so sei das Gesetz nicht entscheidungserheblich, weil sein Fall durch das Märzgesetz nicht geregelt würde.

Wie sich schon aus der Tatsache der Vorlage ergibt, vertrat das vorlegende Gericht die erste Ansicht; das BVerfG legte dar, es habe „bei der Prüfung der Zulässigkeit der Vorlage nicht zu untersuchen, ob die vom OLG zu den Inzidentfragen vertretenen Ansichten zutreffen"[10].

Betrachtet man den Fall des Märzgesetzes genau, so muß man allerdings bezweifeln, daß die Frage des Bestehens von Ansprüchen lediglich eine Inzidentfrage des Ausgangsverfahrens genannt werden kann; mußte doch das BVerfG in der Sachprüfung eben diese Frage nochmals aufrollen. Die gleiche

[7] E 7, 45.

[8] E 7, 45 (49) unter Berufung auf E 2, 181 (191 f.).

[9] E 2, 181 (190).

[10] E 2, 181 (191).

Frage wurde damit in der Zulässigkeitsprüfung als Inzidentfrage der Ausgangsentscheidung bezeichnet, in der Sachprüfung dagegen als „tragende Inzidentfrage" der verfassungsrechtlichen Prüfung[11].

Wenig später wurde der Grundsatz der Bindung an die Ansicht des vorlegenden Gerichtes in einem Fall bestätigt[12], in dem das Gericht seine Zuständigkeit angenommen hatte; diese Frage wurde im Verlauf der verfassungsrechtlichen Prüfung nicht mehr berührt, da sie hierfür unerheblich war[13]; hier handelte es sich um eine echte Inzidentfrage des Ausgangsverfahrens.

Als Begründung für die Bindung an Inzidententscheidungen wird angeführt, die „Freiheit des vorlegenden Gerichtes, in dem konkreten Rechtsstreit selbständig gemäß der seiner Überzeugung nach einschlägigen rechtlichen Gesichtspunkte zu urteilen", dürfe nicht über das Maß hinaus eingeschränkt werden, das sich aus Sinn und Zweck der Normenkontrolle, insbesondere der Bindung an Normenkontrollentscheidungen ergibt[14]. Weiterhin wurde die Bindung damit begründet, das BVerfG solle „nach Sinn und Zweck des Art. 100 I GG nur die vorgelegte Verfassungsfrage auf der Grundlage der Rechtsauffassung des vorlegenden Gerichtes entscheiden"[15].

Diese Lehre von der Bindung an Rechtsansichten, die für die Ausgangsentscheidung präjudiziell sind, übertrug das BVerfG ohne nähere Begründung auf die Behandlung der Auslegungsfrage im Bereich der Zulässigkeit.

Neben der grundlegenden Entscheidung E 7, 45 (49) sprach das BVerfG die Bindung an die Auslegung unter Berufung auf E 2, 181 (190 f.) auch in E 8, 210 (214); 9, 194 (197); 12, 45 (49); 14, 1 (5); 21, 329 (337) aus. Zur Begründung der Bindung wurde außerdem verwiesen auf E 2, 380 (389), die die Bindung an die Entscheidung des vorlegenden Gerichtes über dessen eigene Zuständigkeit ausspricht — so in E 9, 194 (197) — und auf E 7, 171 (175), wo die Subsumtion des Ausgangsfalles unter die vorgelegte Norm sich aus der Vorlage nicht erschließen ließ[16] — so in E 10, 372 (376).

Ein Ausspruch der Bindung an die Auslegung ohne begründende Hinweise findet sich in E 10, 251 (255); 12, 264 (268); 16, 246 (249); 18, 52 (58); 18, 70 (78 f.).

Eine abweichende Auslegung ohne Ausspruch der Bindung in der Zulässigkeitsprüfung nahm das BVerfG vor in E 2, 266; 10, 340; 12, 151; 17, 150; 22, 311 (318 f.); 25, 198 (204); E vom 7. 5. 1969 — 2 BvL 15/67 —; E 10, 1 (3) und E 22, 299 (308 f.) wiesen eine Vorlage als unzulässig zurück, weil die — vom BVerfG dem unklaren Vorlegungsbeschluß entnommene — Auslegung für offensichtlich unhaltbar angesehen wurde. In E 19, 282 (286 f.) — ebenso E 21,

---

[11] Vgl. E 2, 181 (191, 193). Daß es sich nicht um die Auslegung des Märzgesetzes, sondern um die anderer Texte drehte, wird unten § 19 bei Anm. 58 gezeigt.

[12] Zur Bindung des BVerfG und zur Differenzierung zwischen einzelnen Fallgruppen vgl. unten § 19.

[13] E 2, 380 (389).

[14] E 2, 181 (191 f.).

[15] E 2, 181 (192).

[16] Zur Nachprüfung der Subsumtion vgl. unten § 19 bei Anm. 22.

117 (124 ff.); 24, 268 (274 f.) — wies das BVerfG erstmals eine Vorlage wegen unrichtiger Auslegung als unzulässig zurück, wich hier also ohne Begründung von seiner ständigen Rechtsprechung ab[17]. In E 24, 170 (173) wies es die Vorlage einer durch analoge Anwendung gewonnenen Norm zurück mit der Begründung, es handele sich nicht um ein Gesetz.

Im Rahmen der Sachprüfung erklärte das BVerfG dagegen, es könne „die Verfassungsmäßigkeit einer Norm nicht auf der Grundlage einer unrichtigen Auslegung dieser Norm durch das vorlegende Gericht prüfen; denn es würde dann nicht über einen wirklich gegebenen, sondern über einen fiktiven rechtlichen Tatbestand entscheiden“[18]. Mit dieser Begründung legte das BVerfG ohne Rücksicht auf die vorher ausgesprochene Bindung den vom vorlegenden Gericht bezeichneten Text neu aus und prüfte die neugewonnene Norm. In diesen Auslegungsentscheidungen wurde regelmäßig die Vereinbarkeit der neugewonnenen und dann geprüften Norm mit dem GG festgestellt. Damit wurde aber über eine andere als die vorgelegte Norm entschieden: während im oben referierten Ausgangsfall die vom vorlegenden Gericht für verfassungswidrig gehaltene Norm den von der Zustimmung der Betroffenen unabhängigen gesetzlichen Übergang der Arbeitsverhältnisse anordnete, prüfte das BVerfG in der Sachprüfung eine Norm, die besagt, daß die Bundesanstalt als Arbeitgeber zum Vertragsschluß mit dem zu übernehmenden Angestellten gemäß § 18 I 1 ErrG verpflichtet sei; diese Norm wurde für verfassungsmäßig erklärt[19].

Begründet wird die Notwendigkeit eigener Auslegung in der Sachprüfung erstmals in E 7, 45 (50); 8, 210 (217) ergänzt diese Begründung; dabei verweist das BVerfG auf E 2, 181 (193), wo dargelegt wird, daß die für die Sachentscheidung notwendigen nichtverfassungsrechtlichen Vorfragen selbständig zu prüfen sind[20]. Auf diese Entscheidungen wird verwiesen in E 10, 340 (345); 17, 155 (163 f.); 18, 70 (80).

Ohne jede Begründung wird in der Sachprüfung eine durch selbständige Auslegung gewonnene, von der vorgelegten abweichende Norm geprüft in E 2, 266 (272 f., 278); 9, 194 (197); 10, 372 (376, 381); 12, 45 (60 f.); 12, 151 (166 f.); 12, 264 (268); 16, 246 (250). In E 17, 306 (311) wird der Grundsatz der selbständigen Auslegung wiederholt, dann aber der Auslegung des vorlegenden Gerichts

[17] Die in E 20, 312 (316) ausgesprochene Bindung an die Auslegung ist von den hier behandelten Fällen zu unterscheiden: dort bildete die Auslegung der Norm, die die Zuständigkeit des vorlegenden Gerichts begründete, eine Vorfrage, die in der Sachprüfung keine Rolle mehr spielte, weil es sich nicht um den in der Vorlage bezeichneten Text handelte. Auch die in E 22, 134 (146 ff.) vorgenommene Auslegung betraf nicht das vorgelegte Vertragsgesetz, sondern lediglich die Norm, die zur mittelbaren Entscheidungserheblichkeit erst führen sollte; vgl. hierzu unten § 19 bei Anm. 34.

[18] E 7, 45 (50).

[19] E 7, 45 (53): die Prüfung der Verfassungsmäßigkeit der neugewonnenen Norm beschränkt sich auf die Feststellung, daß sich ein Anhaltspunkt für die Unvereinbarkeit mit dem GG nicht findet.

[20] Vgl. auch E 2, 105 (109 ff.) und oben Anm. 10.

beigetreten. In allen anderen Fällen der Normenkontrolle wird die Auslegung nahezu selbstverständlich übernommen[21].

In der E vom 7. 5. 1969 — 2 BvL 15/67 — wird unter C I 1 und 2 der vorgelegte Text neu ausgelegt und im Ergebnis festgestellt, er erschöpfe „sich in der Klarstellung dieser schon durch Art. 3 Abs. 1 i. V. m. Art. 1 ÄndG getroffenen Regelung". Dennoch wird im Tenor über den vorgelegten — aber für bedeutungslos erklärten — Text entschieden, statt in den Tenor den klarstellenden und klargestellten Text aufzunehmen.

Im Gegensatz zur Praxis der selbständigen Auslegung hat das BVerfG in E 14, 1 (5) und 21, 329 in der Zulässigkeitsprüfung zwar eine andere Auslegung des Textes für möglich gehalten, ist aber in der Sachprüfung dieser Möglichkeit nicht nachgegangen, sondern hat den Text in der vorgelegten Bedeutung geprüft und die Nichtigkeit festgestellt.

Die in der Zulässigkeitsprüfung behauptete Bindung an die Auslegung, die das vorlegende Gericht einem Text gegeben hatte, wird damit bei der Sachprüfung außer Acht gelassen: die vorgelegte Norm, deren Vorlage ausdrücklich als zulässig angesehen wurde, wird in der Sachprüfung beiseite geschoben und an ihrer Stelle eine andere Norm zum Gegenstand der verfassungsrechtlichen Prüfung gemacht.

Ebensowenig wie dieses Ergebnis überzeugt die Begründung: die Bindung an präjudizielle Ansichten des vorlegenden Gerichtes — ihre Berechtigung hier einmal unterstellt[22] — ist eine echte Bindung an die Kognition des vorlegenden Gerichtes; eine nochmalige Entscheidung — etwa über die Zuständigkeit des vorlegenden Gerichts, über die richtige Beweiswürdigung im Ausgangsverfahren — soll nicht gefällt werden, damit das vom vorlegenden Gericht getroffene Erkenntnis nicht durch ein neues Erkenntnis beiseite geschoben wird[23]. Daher dürfen diese vom vorlegenden Gericht inzidenter entschiedenen Fragen, an die das BVerfG in der Zulässigkeitsprüfung gebunden ist, auch im Lauf der sachlichen Prüfung nicht noch einmal entschieden werden; dies entspricht für die präjudiziellen Fragen der Ausgangsentscheidung auch der Praxis des BVerfG. Als Parallele im allgemeinen Prozeßrecht kann hier die Bindung des Revisionsrichters an die tatsächlichen Feststellungen der unteren Instanz herangezogen werden.

Bei der Auslegungsfrage verfährt das BVerfG anders: es sieht sich nicht generell gebunden, es unterstellt vielmehr lediglich für die Zulässigkeitsprüfung die Ansicht des vorlegenden Gerichts als richtig, um sie dann als eigentliche Sachfrage zu prüfen. Als prozeßrechtliche Par-

---

[21] „Wenn das BVerfG in der Regel aller Fälle die vom vorlegenden Gericht vertretene Auslegung seiner Prüfung zugrunde legt, dann nur deshalb, weil es ihr folgen kann." (E 7, 45 (50)).

[22] Vgl. hierzu unten § 19 nach Anm. 17.

[23] Siehe hierzu *Bötticher*, Hundert Jahre deutsches Rechtsleben I (1960) S. 514.

allele könnte man hier etwa § 42 II VerwGO heranziehen: hier „genügt als Zulässigkeitsvoraussetzung sowohl für die Rechtswidrigkeit wie für die Betroffenheit eine diesbezügliche substantiierte Behauptung“[24], deren Richtigkeit nicht nachgeprüft wird, eben weil mit der Frage der Richtigkeit dieser Behauptung bereits die Sachfrage des Anfechtungsverfahrens beantwortet wäre.

Es handelt sich, je nachdem ob der Bindung in der Zulässigkeitsprüfung eine Bindung in der Sachprüfung folgt, um grundsätzlich unterschiedliche prozessuale Verfahrensweisen. Eine Verweisung auf die Kognitionsbindung kann daher die Bindung an die Auslegung lediglich im Zulässigkeitsbereich nicht zureichend begründen.

Ob die Bindung an die Auslegung des Textes, der vom vorlegenden Gericht als Sitz der für verfassungswidrig gehaltenen Norm bezeichnet worden ist, eine Zuständigkeitsbeschränkung des BVerfG durch Kognitionsbindung oder eine bloße Bindung an die Behauptung für die Zulässigkeitsprüfung darstellt, hängt davon ab, was der eigentliche Gegenstand der verfassungsrechtlichen Prüfung ist[25].

§ 9 Die Gewinnung einer verfassungswidrigen Norm aus einem Gesetzestext

Geht man von der Entscheidung aus, die das vorlegende Gericht zu fällen hat, so ist die Vorlage einer Norm zur Prüfung ihrer Verfassungsmäßigkeit nur dann sinnvoll, wenn das Gericht bei Verfassungsmäßigkeit der Norm eben diese Norm seiner Entscheidung zugrunde

---

[24] *Bachof*, Verfassungsrecht, Verwaltungsrecht, Verfahrensrecht Bd. 2 (1967) Nr. 240.

[25] In der Literatur ist die Behandlung der Auslegung im Rahmen des Normenkontrollverfahrens — abgesehen von den Schriften zur verfassungskonformen Auslegung — wenig erörtert. Eingehend stellt *Sigloch*, in: BVerfGG RdNr. 18 ff. zu § 81, die Praxis des BVerfG dar und billigt sie im wesentlichen. *Stern*, AöR 91, 234, streift diese Frage in seinem Bericht über die konkrete Normenkontrolle und bestätigt die Praxis des BVerfG, „weil die *richtige Auslegung* der zu kontrollierenden Norm in der Sache die materielle Seite, die Begründetheit der vorgetragenen Zweifel an der Gültigkeit der Norm betrifft“; kritisch aber gegenüber der völligen Auslegungsfreiheit daselbst S. 249 f. und in: Kommentar zum Bonner Grundgesetz (1967) RdNr. 136 f. zu Art. 100. *Spanner*, AöR 91, 525, geht auf das Problem näher ein unter dem Gesichtspunkt der Kompetenz, prüft also die Frage, ob eine Kognitionsbindung des BVerfG besteht; diese verneint er, „denn die Aufgabe des BVerfG besteht ja primär nicht in der Prüfung der Auslegung des vorlegenden Gerichts, sondern in der Prüfung der vorgelegten Norm“; er weist noch darauf hin, daß die Auslegung durch das BVerfG nicht unbedingt richtiger sein müsse als die des vorlegenden Gerichts und weist damit die Begründung des BVerfG, es müsse von der richtigen Auslegung ausgehen, zurück. Vgl. auch *Laufer*, Verfassungsgerichtsbarkeit und politischer Prozeß (1968) S. 365 ff.; weitere Nachw. bei *Burmeister*, DVBl 1969, 607.

legen muß, wenn es also durch die vorgelegte Norm an einer anderen Entscheidung gehindert ist: die vorgelegte Norm muß eine Sperre[1] für das Ausgangsgericht bilden, die zu beseitigen nur das BVerfG befugt ist. Der damit behauptete Zwang zur Vorlage kann nur dann bestehen, wenn die vorgelegte Norm das vorlegende Gericht deshalb bindet, weil sie ein Bestandteil der positiven Rechtsordnung ist. Ist die vorgelegte Norm keine Norm der positiven Rechtsordnung, so kann der Richter, der nur durch Rechtsnormen gebunden werden kann, die Norm unbeachtet lassen und sie verwerfen, ohne das BVerfG anzurufen.

Konfrontiert man diese Voraussetzungen einer Vorlagebindung — eine Bindung an Normen mit der Folge der Verpflichtung, sie dem BVerfG vorzulegen, wenn Bedenken gegenüber ihrer Verfassungsmäßigkeit bestehen — mit der oben aufgezeigten Antinomie bei der Ermittlung verfassungswidriger Normen im Wege der juristischen Auslegung, so ergibt sich ein Widerspruch: einerseits kann durch methodengerechte juristische Auslegung einem Gesetzestext keine verfassungswidrige Bedeutung beigelegt werden; andererseits kann eine Vorlagepflicht nur dann bestehen, wenn die vorgelegte Norm auch eine bindende Norm ist.

Da aber die Praxis zeigt, daß verfassungswidrige Normen dennoch als bindende Normen angesehen und deshalb vorgelegt werden, soll der Versuch gemacht werden, diesen Widerspruch auf seinen Kern zu reduzieren.

Zunächst kann eine Reihe von Fällen als unproblematisch ausgeschieden werden: auch wenn man sich bewußt bleibt, daß jeder Text auslegungsbedürftig ist, gibt es doch für den Juristen eine Reihe von Texten, deren Bedeutung evident ist; in dieser Isomorphiesituation[2] wird die Bedeutung des Textes ohne weitere Mühe aus der bloßen Kenntnis des juristischen Sprachgebrauches heraus erkannt.

Als Beispiel diene etwa § 32 V Ziff. 6 des Bundesversorgungsgesetzes[3], der das Wort „Kind“ in § 32 III folgendermaßen definiert: „Als Kinder i. S. des Absatzes 3 gelten: 1 ... 6. uneheliche Kinder, wenn sie nicht später als 302 Tage nach der Anerkennung der Folgen der Schädigung geboren sind.“ Steht das Anerkennungsdatum fest, so können die unehelichen Kinder klar in solche, die als Kinder im Sinne des Abs. 3 gelten, und solche, denen diese Eigen-

---

[1] Diese anschauliche Bezeichnung findet sich bei *Sigloch,* in: BVerfGG RdNr. 278 zu § 80.

[2] So *Makkonen,* Zur Problematik der juridischen Entscheidung (1965) S. 78: „Zwischen den gegebenen Tatsachen und den im Rechtssatz abgebildeten Tatsachen herrscht dann das Verhältnis des Abzubildenden zum Bilde.“ Zum Stand von Lehre und Rspr. vgl. *Voigt,* Entscheidungen gegen den klaren Wortlaut des Gesetzes (1967) S. 9 ff.

[3] BGBl I 1956, 469.

schaft nicht zukommt, geschieden werden[4]. Die Einbeziehung von Art. 6 V GG in den Prozeß der Bedeutungsermittlung führt nicht zu einer Änderung der aus § 32 III selbst hergeleiteten Begriffsabgrenzung. Aber das Auslegungsergebnis ist unbefriedigend, denn es fehlt die letzte Bestätigung seiner Richtigkeit, die nur aus der gelungenen Einpassung in die Gesamtheit der Rechtsordnung folgen kann; diese Einpassung scheitert daran, daß die zunächst klare Unterscheidung ihre Überzeugungskraft verliert, wenn man sie mit Art. 6 V GG konfrontiert. Art. 6 V GG gibt aber andererseits keine Handhabe, eine andere Bedeutung von § 32 V Ziff. 6 zu ermitteln.

Die Interpretationsfunktion der Rechtsgeltungsnormen der Verfassung erschöpft sich bei Isomorphiefällen also darin, die unter Anwendung anderer Elemente gewonnenen Bedeutungsbereiche nicht zu bestätigen, sondern nur zu verwerfen: dem Text kann nur die evidente Bedeutung beigelegt werden; an diese Bedeutung ist der Richter gebunden. Damit ist auch festgelegt, was der Richter dem BVerfG vorzulegen hat.

Eine Zwischenstellung könnte etwa folgende Situation anzeigen:

Weiß man, daß die Vorschrift „Der Steuerpflichtige und seine Kinder, für die ihm Freibeträge nach § 32 II Ziff. 1 zustehen, werden zusammen veranlagt, solange er und die Kinder unbeschränkt steuerpflichtig sind", eine des Einkommensteuergesetzes ist, so meint man erkennen zu können, welche Norm mit diesem Text ausgedrückt ist[5]. Zwar ist dieser Satz aus sich heraus auch nicht verständlich, es genügt aber, einen relativ kleinen Bereich des Rechts zu betrachten, den hermeneutischen Zirkel also in einer untergeordneten Ebene zu schlagen, um den Sinn vollständig und klar zu ermitteln: die Zusammenveranlagung führt infolge des Progressionstarifes zu einer höheren Belastung als die getrennte Veranlagung. Diesen Sinn kann aber die Textstelle unter Berücksichtigung von Art. 6 I GG nicht haben: Art. 6 I GG fordert, diejenigen, die in einer Familie zusammengeschlossen sind, nicht schlechter zu behandeln als Alleinstehende; Zusammenveranlagung kann daher nur bedeuten, daß zwar ein besonderes Veranlagungsverfahren für Familien vorgesehen ist, daß sich aber die Steuerbelastung dadurch nicht erhöht. Eine solche Auslegung ließe sich aber dem Einkommensteuerrecht nicht einpassen: „durch Auslegung des § 27 allein könnte eine organische Gesamtlösung nicht erzielt werden[6]."

Eine in jeder Hinsicht überzeugende Auslegung des § 27 EStG wird also dadurch verhindert, daß sich, welche Möglichkeiten man auch immer wählt, Unstimmigkeiten ergeben; keine Bedeutung kann als die richtige angesehen werden, da für keine eine vollständige Argumentationskette geboten werden kann. Damit ist aber auch nicht mehr bestimmbar, welche Norm dem BVerfG vorgelegt werden muß, die durch Auslegung von § 27 EStG in Verbindung mit Art. 6 I GG gewonnene oder die, die sich aus dem Einkommensteuerrecht ergibt.

Evident wird die Problematik in einem dritten Beispiel:

Nach dem Grundstücksverkehrsgesetz (GrdstVG)[7] ist u. a. ein Kaufvertrag über ein landwirtschaftliches Grundstück genehmigungspflichtig. Gemäß § 9 I

[4] E 17, 148 (149).

[5] Dies Beispiel ist entnommen E 18, 97 und betrifft § 27 EStG.

[6] E 18, 97 (111).

[7] BGBl I 1961, 1091.

Ziff. 1 GrdstVG darf die Genehmigung nur dann versagt werden, „wenn Tatsachen vorliegen, aus denen sich ergibt, daß ... die Veräußerung eine ungesunde Verteilung des Grund und Bodens bedeuten ... würde". Dabei ist gemäß Abs. 2 eine ungesunde Verteilung diejenige, die „Maßnahmen zur Verbesserung der Agrarstruktur widerspricht".

Nach ständiger Rechtsprechung des BGH führt ein Verkauf an einen Nichtlandwirt regelmäßig dann zu einer ungesunden Bodenverteilung, wenn „der Grundstückserwerb für den Käufer eine reine Kapitalanlage darstellt"[8]. Die Klasse der Grundstücksverkäufe mit der Folge ungesunder Bodenverteilung wird also im Wege der Auslegung unterteilt; eine Unterklasse ist der Verkauf an den Nichtlandwirt, der lediglich sein Kapital anlegen will. In einem solchen Fall ist also gemäß § 9 I Ziff. 1 GrdstVG die Genehmigung zu versagen[9]. Stellt man dabei fest, daß die generelle Versagung der Genehmigung für den Erwerb eines landwirtschaftlichen Grundstücks durch einen Nichtlandwirt lediglich zum Zwecke der Kapitalanlage das Eigentum in einem größeren Umfang bindet als es Art. 14 I 2 GG zuläßt, so verstößt die Norm, die in ständiger Rechtsprechung und Verwaltungspraxis aus § 9 I Ziff. 1 GrdstVG entnommen wurde, gegen das GG; die Nichtigkeit von § 9 I Ziff. 1 GrdstVG wäre insoweit festzustellen.

Im Rahmen einer VB wurde dem BVerfG ein Urteil des BGH, das auf der oben beschriebenen Auslegung beruhte, vorgelegt. Das BVerfG hätte die Aufgabe gehabt, die Verfassungsmäßigkeit der Norm zu prüfen; es schlug aber einen anderen Weg ein, der zu einem theoretisch völlig anderen Ergebnis führte[10]. Es stellte § 9 I Ziff. 1 GrdstVG zunächst in den Zusammenhang der im Gesetz überhaupt geregelten Verkäufe; dann zog es den ganzen Regelungsbereich der Landwirtschaft, u. a. den Grünen Plan, heran, um die Bedeutung des Textes zu ermitteln. Das so in einem engeren Zirkel erreichte Teilergebnis setzte es in Beziehung zu Art. 14 I 2 GG, wonach „gesetzliche Eigentumsbindungen ... von dem geregelten Sachbereich geboten sein" müssen: „Diese Grenze wäre überschritten, wenn der Erwerb von Grund und Boden deshalb schlechthin verboten wäre, weil es sich für den Erwerber um eine Kapitalanlage handelt ... Die Verfassung läßt somit die allgemeine Auslegung, daß jeder Grundstückserwerb zum Zwecke der Kapitalanlage eine ungesunde Bodenverteilung i. S. des § 9 I Ziff. 1 GrdstVG bedeute und bereits aus diesem Grunde verboten sei, nicht zu[11]."

Damit ist im Wege der systematischen Auslegung aus § 9 I Ziff. 1 GrdstVG die oben beschriebene Norm nicht zu ermitteln, vielmehr ergibt sich für § 9 I Ziff. 1 GrdstVG eine andere Norm. Eine Überprüfung dieser Norm an den Rechtsgeltungsnormen, insbesondere an Art. 14 I 2 GG, bringt das Ergebnis, daß diese Norm gilt, also eine Rechtsnorm ist, was nicht überraschen kann, weil Art. 14 I 2 GG bereits zur Bedeutungsfestlegung herangezogen wurde. Die vom BGH in ständiger Rechtsprechung angewendete Norm ist damit gar nicht als eine irgendwie relevante Norm in Betracht zu ziehen. Zwischen jener Norm und dem Text besteht rechtlich keine Beziehung; aus diesem Grun-

---

[8] BGH in LM Nr. 1 Bl. 2 zu § 9 GrdstVG; zum früheren Recht vgl. BGHZ 6, 35 (46 f.).

[9] Dabei sind noch § 9 VI und VII GrdstVG zu berücksichtigen.

[10] Als Beispiel dient hier die Argumentation des BVerfG E 21, 73 (78 ff.); vgl. auch die weiteren, am gleichen Tage ergangenen Entscheidungen zum GrdstVG E 21, 87; 92; 94; 99; 102.

[11] So das BVerfG E 21, 73 (86 f.).

de wird eine Falsifikation dieses Rechtsnormsatzes, den der BGH aufgestellt hat, gar nicht erwogen, obwohl es im Grunde um die Verfassungsmäßigkeit dieser Norm und der darauf gestützten Entscheidung des BGH ging. Eine Pflicht, diese Norm dem BVerfG vorzulegen, kann es also auch nicht geben, obwohl sie in zahlreichen Fällen Grundlage von Entscheidungen war.

Die drei Beispiele zeigen, daß die Beziehung zwischen Text und Norm mehr oder weniger unbestimmt bleibt, wenn die Norm verfassungswidrig ist; es zeigt sich dabei eine gleitende Skala von relativer Bestimmtheit bis zu völliger Unbestimmtheit; ein fester Maßstab scheint zu fehlen.

Fordert man für das Normenkontrollverfahren, daß der Richter eine methodisch einwandfrei ermittelte Norm vorlegt, so muß man ein Verfahren angeben können, das auch mit der Auslegungslehre in Einklang zu bringen ist. Gelänge der Nachweis, daß ein Text sozusagen an sich eine Bedeutung hat, wäre das Problem gelöst.

So geht *Eckardt* davon aus, daß auf der ersten Stufe der Auslegung der historische Wille des Gesetzgebers zu ermitteln ist[12]; darauf soll die Stufe der „primären Gesetzesergänzung und -berichtigung" folgen, und schließlich „kann auf einer dritten Stufe der Auslegung eine Anpassung des Gesetzes an die veränderten Zeitumstände notwendig werden"[13]. Ein in der ersten Stufe der Auslegung sich etwa ergebender Widerspruch zur Verfassung kann und muß ausgeräumt werden, „wenn sich nicht zweifelsfrei ermitteln läßt, ob der Gesetzgeber eine Norm in dem einen oder anderen Sinn verstanden hat"[14]; dagegen sei es nicht erlaubt, einen Verstoß gegen Verfassungsrecht dann zu berichtigen, „wenn vom historisch festgestellten Willen des Gesetzgebers abgewichen wird"[15]. Dies folgert *Eckardt* aus dem Zweck des Art. 100 I GG, dem Schutz der Würde des Gesetzgebers und der Monopolisierung des richterlichen Verwerfungsrechts beim BVerfG[16]. Damit ist ein theoretisch klares Kriterium[17] geschaffen, nach dem verfassungswidrige Normen als richtiges Auslegungsergebnis behauptet werden können: der historische Wille des Gesetzgebers, soweit er zum Ausdruck gekommen ist.

---

[12] *Eckardt,* Die verfassungskonforme Gesetzesauslegung (1964) S. 31.

[13] a.a.O. S. 33.

[14] a.a.O. S. 42; vgl. hierzu *Haak,* Normenkontrolle und verfassungskonforme Gesetzesauslegung des Richters (1963) S. 184 ff., der dieses subjektive Verständnis der verfassungskonformen Auslegung eingehend kritisiert.

[15] *Eckardt* a.a.O. S. 56.

[16] a.a.O. S. 56.

[17] Ähnlich, nur mit einer Differenzierung zwischen vor- und nachkonstitutionellem Recht *Bender,* MDR 1959, 446 f.; vgl. auch *Sigloch,* in: BVerfGG RdNr. 71 e zu § 80.

Die Lehre *Eckardts* ist jedoch nicht ganz überzeugend, weil er eine „Gesetzesberichtigung" — also eine Abweichung vom festgestellten historischen Sinn — sowohl bei „Anschauungs- oder Denkfehlern" als auch bei „Wertungsfehlern" zuläßt, die dem Gesetzgeber selbst unterlaufen („primäre Gesetzesberichtigung") oder die auf einen späteren „Wandel der tatsächlichen oder auch rechtlichen Verhältnisse" („sekundäre Gesetzesberichtigung") zurückzuführen sind[18]. Die Entscheidungsnorm ist dabei „aus den Zwecken oder Wertungen des Gesetzgebers" zu entnehmen[19]. Eine solche Gesetzesberichtigung soll aber gerade dann und nur dann nicht möglich sein, wenn sie, gleichgültig in welchem zeitlichen Abstand, von verfassungsrechtlichen Wertungen, also von objektivem Verfassungsrecht gefordert wird[20].

Eine andere Abgrenzung versucht *Haak;* er stellt heraus, „daß die — restriktive — verfassungskonforme Auslegung bei schrankenloser Ausweitung dieses Verfahrens die Normenkontrolle mit umschließen würde"[21]. Wolle man ein Normenverwerfungsmonopol annehmen, so könne nicht die im Wege der verfassungskonformen Auslegung — die auch *Haak* als eine umfassende systematische Auslegung auffaßt[22] — ermittelte Norm zum Gegenstand des Normenkontrollverfahrens gemacht werden, da sonst nicht „das Gesetz als solches der Normenkontrolle unterworfen (sein würde), sondern, soweit der objektive Einfluß des Verfassungsinhalts reicht, dieser selbst"[23]. Soll dies durchführbar sein, so muß ein „Gesetz als solches" in seinem Sinngehalt bekannt sein, denn auch nach *Haak* ist nicht der Text, sondern die Norm Gegenstand der Normenkontrolle[24].

Dazu bieten sich einmal die „möglichen Gehalte" eines Textes, die unter Verwendung etwa des grammatischen Auslegungselementes und historischer Betrachtungen gewonnen werden[25]; zum anderen läßt sich ein Bedeutungsbereich herausfinden, „der schon nach dem Text allein oder in Verbindung mit dem historischen Zweck eindeutig erscheint"[26]. Diesem „Normkern" stellt *Haak* die Möglichkeiten und Mehrdeutigkeiten gegenüber, den „Normrand", dessen nähere Umschreibung mit

---

[18] Vgl. *Eckardt* a.a.O. S. 32 f.

[19] a.a.O. S. 35.

[20] a.a.O. S. 55: „Eine besondere Art von Fehler darf allerdings nicht berichtigt werden: der Verstoß gegen höherrangige Rechtsnormen."

[21] *Haak* a.a.O. S. 270.

[22] a.a.O. S. 234.

[23] a.a.O. S. 235.

[24] a.a.O. S. 239 ff., 250 ff.

[25] a.a.O. S. 255.

[26] a.a.O. S. 268.

Hilfe der systematischen Auslegung zu erfolgen hätte[27]. Das systematische Auslegungselement ist also nach dieser Auffassung nicht ein Verfahren zur Bestimmung des Normkerns, sondern lediglich zur Bestimmung des Normrandes. Der Normkern soll im Normenkontrollverfahren an der Verfassung geprüft werden, nicht aber der Normrand[28].

Unterstellt man einmal, daß es einen mit Hilfe grammatischer und historischer Überlegungen feststellbaren eindeutigen Normkern gibt[29], so fragt sich doch, welche Relevanz dieses Bedeutungsgebilde eigentlich hat, das mit — auch nach Meinung *Haaks* — unzureichenden, weil unvollständigen Methoden ermittelt wurde. *Haak* bleibt den eigentlichen Beweis dafür schuldig, daß gerade dieser eindeutige Normkern „aus sich heraus Recht" und „die Rechtsordnung zu gestalten" in der Lage ist[30]. Warum andererseits der Normrand, dessen inhaltliche Festlegung sich „aus dem System, insbesondere aus den Grundrechtsbestimmungen des GG" ergibt, eine so andere Qualität haben soll, bleibt unklar[31]. Ein Blick auf das oben analysierte Beispiel aus dem Grundstücksverkehrsrecht zeigt im übrigen, daß die Frage, was eigentlich Normkern, was Normrand ist, je nach Standpunkt verschieden beantwortet werden muß: vom Standpunkt der systematischen Auslegung konstituiert sich der Normkern jedenfalls aus einem anderen Tatbestandsbereich als vom Standpunkt der Anwendung auf den konkreten Sachverhalt.

Burmeister folgt *Haak* darin, daß die mittels verfassungskonformer Auslegung ermittelte Bedeutung eines Textes nicht „Untersatz der Normengültigkeitsprüfung" sein darf, weil damit schon von der „als verfassungsmäßig erkannten Deutung" ausgegangen würde[32]. Daher sei

---

[27] a.a.O. S. 236, 258, 269.

[28] a.a.O. S. 270 f., 273.

[29] Will man im Bilde bleiben, so ist schon zu fragen, wie denn der Rand des Kernes bestimmt sein kann, wenn der äußere Rand so unbestimmt ist und erst bestimmt werden muß.

[30] a.a.O. S. 236. Mit ähnlicher Argumentation folgert *Fuss*, Festschr. Schack (1966) S. 16, aus der Bindung an das Gesetz und aus Art. 20 III GG, der Richter müsse „das betreffende Gesetz erst einmal allein aus sich heraus unter Anwendung aller normalen Interpretationsbehelfe" auslegen. Man wird aber kaum in Art. 20 III GG lediglich eine Bindung an das einfache Gesetz, nicht aber eine an das GG sehen können; die Berufung auf die Gesetzesbindung ist zudem wenig überzeugend, wenn es gerade um die Frage geht, was das Gesetz ist. Ebensowenig kann auch die auf dem so vieldeutigen Begriff der Gewaltenteilung aufbauende Argumentation *Stauders*, ZStaatsw. 123 (1967) S. 161, überzeugen, mit der er die Bindung an die subjektiven Motive des Gesetzgebers begründen will.

[31] Vgl. die ausführliche Kritik von *Bogs*, Die verfassungskonforme Auslegung von Gesetzen (1966) S. 28 f., vom Standpunkt der objektiven Auslegungslehre aus.

[32] *Burmeister*, Die Verfassungsorientierung der Gesetzesauslegung (1966) S. 119; vgl. auch DVBl 1969, 605 ff.

den „Verfassungsgerichten im Rahmen der Normenkontrolle von vornherein die Befugnis zum Rückgriff auf dieses Prinzip abzusprechen“[33]. *Burmeister* erkennt die „Interpretationsfunktion der Verfassung für niederrangiges Recht“ an[34]; sie soll aber nicht uneingeschränkt durchgreifen: ergibt sich bei der Anwendung einzelner Auslegungselemente eine Mehrdeutigkeit, decken sich also die mit Hilfe von verschiedenen Elementen aus einem Text gewonnenen Normen nicht und ist eine dieser Normen verfassungswidrig, so soll die Wahl der verfassungsmäßigen Deutungsmöglichkeit mit Hilfe der an sich als Auslegungselement zugelassenen „vertikalen Normendurchdringung“ nicht erlaubt sein[35].

Diesen merkwürdigen Bruch in dem Anwendungsbereich von Auslegungselementen begründet *Burmeister* damit, daß sonst eine Interpretationsmethode verabsolutiert würde[36] und daß die Höchstrangigkeit des GG die Vernichtung allen widersprechenden Rechts als „vornehmliche Konsequenz“ haben müsse[37]. Für die Rechtsfindung und Rechtsanwendung aber könnte es doch gleichgültig sein, ob eine verfassungswidrige Norm dadurch nicht zur Anwendung gelangt, daß man sie gar nicht erst als richtiges Auslegungsergebnis anerkennt, oder dadurch, daß ihre Verfassungswidrigkeit in dem besonderen Normenkontrollverfahren festgestellt wird. Aber auch die Argumentation, die sich auf die „absolute Vorrangstellung einer Interpretationsmethode“[38] stützt, kann nicht überzeugen: ein richtiges Interpretationsergebnis ist gefunden, wenn alle Auslegungselemente für eine bestimmte Bedeutung des Textes sprechen; die Kongruenz liegt dann nicht mehr vor,

---

[33] a.a.O. S. 118.

[34] a.a.O. S. 39 ff.

[35] Denn in den auf S. 75 gemeinten „Erkenntnismitteln“ kann ja diese „vertikale Normendurchdringung“ nicht schon enthalten sein: woher käme dann die Mehrdeutigkeit oder die verfassungswidrige Variante. Im übrigen ist es lediglich eine Frage der Reihenfolge bei der Anwendung der einzelnen Auslegungselemente, ob es zu einer Wahl zwischen mehreren Bedeutungsmöglichkeiten kommt. Wendet man im ersten Auslegungsschritt ein Element an, das zu einer Norm führt, die von den übrigen Auslegungselementen nur mehr bestätigt wird, so treten die Normen, die in das Blickfeld geraten wären, hätte man mit einem anderen Auslegungselement begonnen, gar nicht erst auf. Vgl. dazu oben § 6, insbes. nach Anm. 12, die Kritik von R. *Schneider*, DVBl 1968, 569, und von *Cornelius*, Gesetzesauslegung und verfassungsmäßige Wertordnung (1968) S. 75 ff. *Cornelius* kommt aber letztlich selbst zu dem von ihm kritisierten Ergebnis, indem er feststellt, „daß ein verfassungswidriges Gesetz in keinem Fall ‚verfassungskonform gemacht‘ werden“ dürfe (S. 108), ohne dabei zu erläutern, wie er überhaupt dieses verfassungswidrige Gesetz mittels der von ihm vorher geschilderten Auslegungsmethoden feststellen kann; unter dem gleichen Mangel leidet auch seine Abgrenzung zwischen verfassungskonformer Auslegung und Teilnichtigerklärung (vgl. S. 111 ff.).

[36] a.a.O. S. 63 ff.

[37] a.a.O. S. 76.

[38] a.a.O. S. 63.

wenn auch nur ein Element die Bedeutung nicht bestätigen kann[39]. Damit ergibt sich, daß jedes Auslegungselement gleich entscheidend ist, da jedes eine bestimmte Bedeutung auszuschließen vermag.

§ 10 Die behauptete Textbedeutung als Gegenstand der verfassungsrechtlichen Prüfung

Die in § 9 referierten und kritisierten Thesen gleichen sich darin, daß sie aus der Existenz einer verselbständigten Normenkontrollinstanz, aus einer aus Art. 100 I GG herausgelesenen Vorlagebindung und Vorlagepflicht, eine Rechtsfindungsmethode für die dem Art. 100 I GG unterworfenen Gerichte folgern, die den Richter in seinen Auslegungsmöglichkeiten beschränken.

In ihren methodischen Grundlagen sind diese Thesen von der Auslegungsbeschränkung des Richters vergleichbar mit der oben[1] dargestellten Lehre von der bloßen Anfechtbarkeit verfassungswidriger Normen. In beiden Fällen wird aus der bloßen Existenz einer selbständigen Normenkontrollinstanz gefolgert, daß eine Bindung des Richters bestehen müsse: entweder eine Bindung an das bis zur Aufhebung geltende verfassungswidrige Gesetz in der Form der allgemeinen Gesetzesbindung oder eine Bindung an eine spezielle, stark eingeschränkte Auslegungsmethode. Beiden Lösungswegen liegt mehr oder weniger deutlich die *Kelsen*sche These[2] zugrunde, daß die bloße Einrichtung eines Normenkontrollverfahrens bereits Einfluß auf die diesem Verfahren unterliegenden Sachbereiche haben müsse. Eine weniger formale Lehre wird es vorziehen, die materiellen Rechtsfragen zunächst unabhängig von einem gegebenen Verfahren zu entscheiden, um das Verfahren dann dem materiellen Recht anzupassen.

Hat man sich aber in der Rechtsfindungslehre einmal dafür entschieden, die Rechtsgeltungsnormen der Verfassung nicht lediglich als Kontrollnormen zu betrachten, so muß man auch für die Frage des Gegenstandes der verfassungsrechtlichen Prüfung die Konsequenz daraus ziehen und dem Richter die Freiheit lassen, die Verfassungsnormen bei der Rechtsfindung zu berücksichtigen. Daß sich in der Praxis der Richter durch Art. 100 I GG nicht daran gehindert sah und sieht, Verfassungsrecht in die Auslegung einzubeziehen, hat *Bogs*[3] in einer ausführlichen Übersicht gezeigt[4].

---

[39] Vgl. hierzu *Bogs* a.a.O. S. 29, auch S. 26 f., 88 f.

[1] Vgl. oben § 1.

[2] Vgl. oben § 1, Anm. 20.

[3] Die verfassungskonforme Auslegung von Gesetzen (1966) passim, insbesondere S. 34 ff. Die verfassungskonforme Auslegung im Normenkontrollver-

Die Verschränkung von Auslegung und Geltung bringt es mit sich, daß die juristische Argumentation gerade im Fall der verfassungswidrigen Norm versagt; die Folge ist, daß der objektive Nachweis, ein Text enthalte gerade diese — verfassungswidrige — Norm, unmöglich ist, gerade weil diese Norm verfassungswidrig ist. Die Folge ist weiterhin, daß es eine generelle Vorlagebindung des Richters nicht gibt, weil die juristische Auslegungsmethode ihn nicht zwingen kann, aus einem Text eine verfassungswidrige Norm zu entnehmen; vielmehr ist der Richter nicht nur nicht dazu gezwungen, sondern es ist ihm im Grunde nicht erlaubt, einen Text so auszulegen, daß das Auslegungsergebnis verfassungswidrig ist[5].

Der hier aufgezeigten Antinomie der verselbständigten Normenkontrolle[6] kann man nicht durch eine Berufung auf die Bindung an das Gesetz, auf Art. 20 III GG, entgehen: sowohl die Pflicht zur verfassungskonformen Auslegung und das entsprechende Verbot verfassungswidriger Auslegung als auch die Verpflichtung zur Vorlage eines verfassungswidrigen Auslegungsergebnisses sind Ausdruck der Gesetzesbindung, die gerade wegen der Auslegungsbedürftigkeit der Gesetzestexte keine naive Bindung im Sinne des Subsumtionsideals ist[7].

Die Verschränkung von Geltung und Auslegung muß im Grunde mit der verselbständigten Normenkontrolle kollidieren, denn diese setzt eine Beschränkung auf formelle Rechtsgeltungsnormen voraus: die selbständige Normenkontrolle kann nur dann ohne Reibung neben der Auslegungsfreiheit des Richters stehen, wenn die Rechtsgeltungsnormen lediglich Kontrollnormen sind, wenn also der Verfassung keinerlei Interpretationsfunktion zukommt. Erkennt man aber dem Richter das

---

fahren wird bei *Bogs*, a.a.O. S. 96 ff., allzu sehr unter dem Gesichtspunkt der Kassation behandelt, indem er die theoretische Folge der verfassungskonformen Auslegung — die Feststellung der „Geltungsweite eines Gesetzes" — einer praktischen — der Kassation — gegenüberstellt; vgl. auch S. 26. Was eigentlich „kassiert" wird, stellt *Bogs* nicht näher dar; seine Argumentation läuft aber darauf hinaus, daß seine Unterscheidung zwischen Theorie und Praxis diejenige zwischen juristischer und faktischer Geltung ist: das, was faktisch galt, muß kassiert werden.

[4] Dies wird in der Literatur zur verfassungskonformen Auslegung kaum bestritten; vgl. *Spanner*, AöR 91, 503 ff., 508 mit Nachw.; *Imboden*, Festschr. Huber (1961) S. 142 f.; a. A. neben den referierten Ansichten insbes. *Fuss*, Festschr. Schack (1966) S. 16; *Stauder*, ZStaatsw. 123 (1967) S. 161.

[5] *Michel*, JuS 1961, 275, spricht von einem „Verbot verfassungskonträrer Auslegung"; vgl. auch E 19, 1 (5); 22, 373 (377 f.); *Spanner*, AöR 91, 508; *Imboden* a.a.O. S. 143.

[6] Es ist das Verdienst von *Haak*, Normenkontrolle und verfassungskonforme Gesetzesauslegung des Richters (1963) passim, diese Antinomie aufgewiesen zu haben.

[7] Zur logischen Problematik der Gesetzesbindung überhaupt vgl. *Burckhardt*, Methode und System des Rechts (1936) S. 274 und Anm. 13 daselbst; ähnlich *Esser*, Festschr. Hippel (1967) S. 133.

Recht zu — und daran führt wohl kein Weg vorbei —, die Norm unter Einbeziehung der Verfassungsnormen aus der gesamten Rechtsordnung zu ermitteln, so entspricht diesem System nur die Inzidentkontrolle; die verselbständigte Normenkontrolle muß ein Fremdkörper bleiben.

Die Folgerung hieraus liegt auf der Hand: das Verfahren nach Art. 100 I GG muß dem Verfahren der inzidenten Normenkontrolle angeglichen werden, um reibungslos und effektiv zu funktionieren. Unter diesem Gesichtspunkt sollen im folgenden die drei prozessualen Verfahrensweisen, die für die Ermittlung des Gegenstandes der verfassungsrechtlichen Prüfung denkbar sind, einander gegenübergestellt werden.

Das BVerfG praktiziert ein zweispuriges Verfahren: es unterstellt für die Zulässigkeitsprüfung die vorgelegte Norm, ermittelt dann aber in der Sachprüfung selbst den Gegenstand der verfassungsrechtlichen Prüfung durch neue Auslegung des vom vorlegenden Gericht bezeichneten Textes. Daß die Begründung des BVerfG nicht trägt, wurde bereits dargelegt[8]. Das Verfahren überzeugt aber auch deshalb nicht, weil die Richtigkeit der Auslegung nur dann untersucht wird und werden kann, wenn sich der vom vorlegenden Gericht bezeichnete Text anders, und zwar verfassungsgemäß, auslegen läßt und wenn gleichzeitig die vorgelegte Norm verfassungswidrig ist; in allen übrigen Fällen bleibt die Frage des richtigen Gegenstandes der verfassungsrechtlichen Prüfung unerörtert.

Gegen diese Praxis spricht ein weiteres Argument: eine Norm darf nach Art. 100 I GG nur dann auf ihre Verfassungsmäßigkeit geprüft werden, wenn sie entscheidungserheblich ist. Bei der Vorlage bezeichnet das Ausgangsgericht einen bestimmten Text, aus dem es die vorgelegte und entscheidungserhebliche Norm entnommen hat. Daraus, daß das BVerfG in der Sachprüfung diesen Text neu und anders auslegt, folgt aber keineswegs, daß das Auslegungsergebnis des BVerfG, die neugewonnene Norm, für die Ausgangsentscheidung irgendwie erheblich sein muß.

Die Entscheidungen des BVerfG haben gezeigt, daß sich der Sachverhalt des Ausgangsverfahrens in einigen Fällen nicht mehr unter die neugewonnene Norm subsumieren ließ, weil nun die Tatbestandsumschreibung abweichend war[9]; in anderen Fällen war zwar der Ausgangssachverhalt unter den

---

[8] Siehe oben § 8.

[9] So in E 8, 210; 9, 194; 12, 264; 17, 155; 18, 70. Die von *Sigloch*, in: BVerfGG RdNr. 22 zu § 81 Anm. 6, geforderte Bindung an das Auslegungsergebnis kann nur in den Fällen einen Sinn haben, in denen überhaupt die Möglichkeit einer Subsumtion besteht; daher kann mit der Bindung des vorlegenden Gerichts die Entscheidung über das neue Auslegungsergebnis nicht gerechtfertigt werden.

Tatbestand zu bringen, die mit diesem Tatbestand verknüpfte Rechtsfolge wich aber von der ab, die das vorlegende Gericht als aus dem Gesetz folgend angenommen hatte[10]. Diese neue Rechtsfolge war zwar nicht selten die, die das vorlegende Gericht bei Nichtigkeit der vorgelegten Norm hatte aussprechen wollen; es wäre aber Aufgabe des vorlegenden Gerichtes, die für die Ausgangsentscheidung maßgebliche Rechtslage auf ihre Anwendbarkeit im Falle des Ausgangsverfahrens selbst zu untersuchen.

Dem vorlegenden Gericht wird also die gestellte Frage gar nicht beantwortet. Die Auswirkungen einer derartigen, von der Vorlage abweichenden Normenkontrollentscheidung auf das Ausgangsverfahren sind unklar. Stellt man überdies die Folge des praktizierten Verfahrens der Begründung für eben diese Praxis gegenüber, die sich darauf beruft, daß die Freiheit des vorlegenden Gerichts nicht eingeschränkt werden dürfe[11], so wird die Inkonsequenz offenbar, denn diese Freiheit wird gerade durch die autoritative Ersetzung des vom vorlegenden Gericht ermittelten Auslegungsergebnisses tangiert.

Ein zweiter prozessualer Weg wäre[12], im Rahmen der Zulässigkeitsprüfung regelmäßig die Auslegung des vorgelegten Textes zu überprüfen und die Vorlage immer dann als unzulässig abzuweisen, wenn die behauptete Auslegung sich als falsch erweist. Dieser Weg ist konsequent, da die allgemeine Verwerfungskompetenz des Richters durch Art. 100 I GG nur insoweit eingeschränkt ist, als es sich um formelles Gesetzesrecht handelt: weist man dem Richter also nach, daß die vorgelegte Norm aus dem formellen Gesetzestext nicht zwingend folgt, so kann er die vorgelegte Norm selbst verwerfen, also bei der Ausgangsentscheidung außer Anwendung lassen. Auf diese Weise würde das BVerfG die Zulässigkeit der Vorlage mit der Begründung ablehnen, daß eine Bindung des Richters gar nicht besteht, weil die vorgelegte Norm keine Norm des positiven Rechts ist.

Eine solche Auslegungsprüfung ist jedoch nur dann sinnvoll, wenn die vorgelegte Norm gegen die Verfassung verstößt; ist sie verfassungsmäßig, so würde die Auslegungsprüfung eine verfassungsgerichtliche Kontrolle der einfachen Gesetzesauslegung bedeuten, zu der das BVerfG nicht berufen ist[13]. Da die Auslegung dazu dienen soll, den Gegenstand der verfassungsrechtlichen Prüfung zu ermitteln, eine Auslegung aber nur

---

[10] So in E 2, 266; 7, 45; 10, 340; 10, 372; 12, 45; 12, 151; 16, 246; 22, 28; 22, 311; 25, 198.

[11] Vgl. oben § 8 bei Anm. 14.

[12] Diesen Weg ging das BVerfG in E 19, 282 (286 f.); 21, 117 (124 f.); 24, 268 (274 f.); vgl. auch E 10, 1 (3).

[13] Das ist auch st. Rspr. des BVerfG; vgl. z. B. E 21, 209 (216); E, NJW 1969, 1660; vgl. hierzu *Burmeister*, DVBl 1969, 605 ff. mit Nachw. In der E vom 7. 5. 1969 — 2 BvL 15/67 — ist es allerdings anders verfahren und hat, ohne daß ein verfassungsrechtlicher Anlaß bestand, einfaches Recht neu ausgelegt.

dann in den Aufgabenbereich des BVerfG fällt, wenn die vorgelegte Norm verfassungswidrig ist, müßte also ein Teil der Sachprüfung vor die Zulässigkeitsprüfung gezogen werden. Ist aber die vorgelegte Norm als verfassungswidrig erkannt, so kann die Richtigkeit der Auslegung nur beschränkt überprüft werden: nur in den Isomorphiefällen[14] kann mit einiger Berechtigung behauptet werden, die vorgelegte Norm sei richtiges Auslegungsergebnis; in allen anderen Fällen kann der Nachweis der juristisch richtigen Auslegung gar nicht erbracht werden.

Aus diesem Grunde müßte sich das BVerfG in der Zulässigkeitsprüfung darauf beschränken, lediglich die Unrichtigkeit der Auslegung durch das vorlegende Gericht nachzuweisen, da die Richtigkeit der Auslegung nicht nachgewiesen werden kann; das wiederum ist nur dann ein sinnvolles Verfahren, wenn das BVerfG dem Text eine verfassungsmäßige Bedeutung beilegen kann. Lediglich in einem solchen Fall könnte also die Vorlage als unzulässig abgewiesen werden: der Richter soll die Folgerungen aus seinen verfassungsrechtlichen Bedenken selbst ziehen.

Würde das BVerfG also eine Vorlage für unzulässig erklären, weil das vorlegende Gericht zu einer falschen Auslegung des Gesetzestextes gekommen ist, so wäre die Folge einer derartigen Praxis, daß der Richter, um unzulässige Vorlagen zu vermeiden, bei verfassungsrechtlichen Bedenken gegen eine übliche und herrschende Auslegung nach neuen Auslegungsmöglichkeiten suchen würde: die Rechtssicherheit wäre gefährdet.

Diese ganzen Schwierigkeiten umgeht der dritte prozessuale Weg, der die Bindung des BVerfG an die behauptete Auslegung, also die Bindung an die vorgelegte Norm voraussetzt. Diese Lösung erfüllt die erste Voraussetzung, nämlich die Anpassung der selbständigen Normenkontrolle an die Funktionsweise der Inzidentkontrolle: der Richter behauptet eine bindende Norm oder ein vorläufiges Auslegungsergebnis und prüft, ob die Bindung nicht wegen Unvereinbarkeit mit Verfassungsnormen entfällt oder ob die Auslegung nicht deshalb unrichtig ist, weil die Bestätigung durch die Verfassungsnormen fehlt. Normenprüfung und Normermittlung sind nicht zu trennen: ob man die verfassungsrechtliche Prüfung einer behaupteten Norm als Auslegungsprüfung oder als Normenkontrolle betrachtet, bleibt unerheblich. Damit wird die oben charakterisierte Antinomie nicht aufgehoben, sondern integriert, indem die Normenprüfung weder allein Auslegungsprüfung noch allein Kontrolle bindender Normen ist. Wesentlich für den Richter und für die Ausgangsentscheidung ist nur das Ergebnis der Prüfung,

---

[14] Siehe § 9 bei Anm. 2.

nämlich die Beantwortung der Frage nach der Vereinbarkeit der vorgelegten Norm mit dem GG.

Diese prozessuale Methode kann auch mit der Aufgabe der Normenkontrolle im Rahmen der Verfassungs- und Gesetzesbindung gerechtfertigt werden. Über Sinn und Zweck einer verselbständigten Normenkontrolle auf Vorlage eines Gerichtes besteht im wesentlichen Klarheit[15]: die verselbständigte Normenkontrolle soll primär Sicherung des formellen Rechtsstaatsgebotes[16], Sicherung des positiven Rechts gegenüber der Rechtsanwendung sein; sie soll verhindern, daß der Richter unter Berufung auf die Verfassung unterverfassungsrechtliche Normen beiseite schiebt und unmittelbar aus der Verfassung judiziert[17].

Nach Ansicht des BVerfG ist „wesentliche Aufgabe der Normenkontrolle nach Art. 100 I GG, die Autorität des Gesetzgebers zu wahren und zu verhüten, daß ein einzelnes Gericht sich über den Willen des Bundes- oder Landesgesetzgebers hinwegsetzt ... Entsprechend hat das BVerfG ... seine Entscheidungsbefugnis nach Art. 100 I GG als ein Feststellungsmonopol für die Fälle bezeichnet, in denen dem unter der Herrschaft des Grundgesetzes tätig gewordenen Gesetzgeber unterstellt wird, er habe durch seinen Gesetzgebungsakt das Grundgesetz verletzt"[18].

Diese Umschreibung kann schon deshalb nicht wörtlich genommen werden, weil sie dann in Widerspruch zu der eigenen Auslegungslehre des BVerfG geriete: das BVerfG vertritt die objektive Auslegungslehre[19]; über das in der Definition zum Ausdruck gekommene subjektive Element ist daher hinweg-

---

[15] *Friesenhahn*, in: Verfassungsgerichtsbarkeit in der Gegenwart (1962) S. 797.

[16] Hierzu näher *Maunz-Dürig*, Grundgesetz RdNr. 61 ff. zu Art. 20; *Friesenhahn*, ZSR NF 73 (1954) S. 133; vgl. auch *Herschel*, JZ 1967, 730 f.

[17] Der vom BVerfG bisweilen herausgestellte Schutz der Verfassung durch die Normenkontrolle (vgl. etwa E 1, 396 (LS, 407); 2, 213 (217); 2, 307 (311)) ist somit primär ein Schutz der Verfassung vor dem Richter; um die Verfassung vor dem Gesetzgeber zu schützen, hätte es keiner selbständigen Normenkontrolle bedurft; dafür wäre ein allgemeines richterliches Prüfungsrecht ausreichend gewesen.

[18] E 4, 331 (340); ebenso schon E 1, 184 (197 f.), bestätigt durch E 22, 373 (378 f.). In der Lehre wurde diese These des BVerfG nicht bestritten, vgl. etwa *Friesenhahn*, in: Verfassungsgerichtsbarkeit in der Gegenwart (1962) S. 136.

[19] Vgl. E 11, 126 (129 ff.). Vgl. hierzu *Stern*, Gesetzesauslegung und Auslegungsgrundsätze des BVerfG (1956) S. 267 ff. Gegenüber einer derart eindeutigen theoretischen Stellungnahme müssen Hinweise auf eine nicht ganz konsequente Anwendung dieser Theorie in der Praxis zurücktreten; vgl. etwa *Ehmke*, VVDStRL 20, S. 57 f.; *Müller*, JZ 1962, 471 ff.; *Stern* a.a.O. S. 299 ff. Daher sollen die oben zitierten Sätze zur Normenkontrolle mit der theoretischen Stellungnahme zur Auslegungsmethode konfrontiert werden. *Stauder*, ZStaatsw. 123 (1967) S. 148 ff., 175, vertritt die Ansicht, eine Normenkontrollentscheidung könne jedenfalls bei der Prüfung des Gleichheitssatzes nur unter Berücksichtigung der subjektiven Motive des Gesetzgebers gefällt werden; danach wäre die objektive Auslegungsmethode im Normenkontrollverfahren unanwendbar, weil eine Prüfung anhand des Gleichheitssatzes die Regel bildet.

zusehen; außerdem wurde oben bereits dargelegt, daß sich die Normenkontrolle nicht auf die Kontrolle des Gesetzgebungsaktes beschränken kann[20].

Übersetzt man den Satz des BVerfG in die Sprache der objektiven Theorie, so lautet er: wesentliche Aufgabe der Normenkontrolle nach Art. 100 I GG ist es, die Autorität des einfachen Rechtes zu wahren und zu verhüten, daß ein Gericht sich über die Bindung an das positive, einfache Recht hinwegsetzt; entsprechend hat das BVerfG ein Feststellungsmonopol für die Fälle, in denen einem nachkonstitutionellen Text unterstellt wird, er sei nicht dem förmlichen Gesetzgebungsverfahren entsprechend zustande gekommen oder die aus ihm entnommene Norm entspreche nicht den materiellen Rechtsgeltungsnormen des GG.

Damit konkretisiert sich der Zweck der verselbständigten Normenkontrolle dahin, die Rechtssicherheit zu schützen.

Rechtssicherheit[21] durch Gesetzesbindung ist aber nur dann gegeben, wenn ständiger Gerichtsgebrauch, allgemein übliche Auslegung eines Textes, unbestrittene Lehrmeinung, mit in Betracht gezogen werden. Es geht hier nicht um die eigentliche Bindung des Richters an Präjudizien, an Richterrecht und Gerichtsgebrauch, sondern um ihre unbestreitbare praktische Bedeutung für die Rechtssicherheit, für die Rechtsfindung im Einzelfalle[22]: „Was in ständiger, vielleicht seit Gesetzesentstehung nie ernsthaft umstrittener Praxis aus dem Wortlaut eines Gesetzes herausgelesen oder in ihn hineingelegt worden ist, muß gewiß als sein effektiver Inhalt bezeichnet werden. Diese Praxis ist das ‚law in action', das Gesetz in seinem Vollzugswert und seinem normativ wie soziologisch ‚geltenden' Inhalt[23]."

Entscheidet der Richter einen Fall, so entspricht es der Rechtssicherheit und dem formellen Rechtsstaatsgebot, wenn er den Text so auslegt, wie es der allgemeinen Meinung entspricht; er wird die in ständiger Rechtsprechung aus einem Text entwickelte Norm als das Gesetz ansehen, an das er gebunden ist[24]. Für diesen Richter bedeutet also

---

[20] Vgl. oben § 6.

[21] *Herschel*, JZ 1967, 727, hat die zahlreichen Aspekte der Rechtssicherheit entfaltet.

[22] Hierzu *Esser*, Festschr. Hippel (1967) S. 94 ff.; *Kriele*, Theorie der Rechtsgewinnung (1967) S. 251 ff. mit Nachw.; *Lüderitz*, AcP 168 (1968) S. 329 ff. mit Nachw.

[23] So *Esser* a.a.O. S. 113. Speziell zum Steuerrecht *Flume*, StbJb 1967/68, S. 90 f.

[24] Die oben § 8 bei Anm. 16 angeführten Vorlagen haben weitaus überwiegend eine in Rspr. und Praxis übliche Auslegung zum Inhalt: so E 2, 266; 8, 210 (214); 9, 194 (198); 12, 45 (61); 12, 151 (166); 14, 1 (5); 16, 246 (249); 25, 198 (209). Bei den Vorlagen zu E 7, 45; 10, 340; 12, 264 (267 f.); 18, 70; 21, 329 (341 f.); 22, 311 (320 ff.); 24, 268 hatte sich — soweit es insbesondere die zitierten Stellungnahmen erkennen lassen — keine zweifelsfreie Auslegungspraxis herausgebildet. Unzulängliche Auslegungsergebnisse lagen nur den Vorlagen E 10, 1; 21, 117 und 22, 299 zugrunde.

Gesetzesbindung praktisch nichts anderes als Bindung an eben diese herkömmliche Auslegung[25]. Ist es aber Sinn der konkreten Normenkontrolle, die Bindung an das Gesetz und damit die Rechtssicherheit zu wahren, so wird sie auch diese subjektive Seite der Gesetzesbindung honorieren müssen. Würde das BVerfG eine sachliche Entscheidung über eine als bindend angesehene Norm ablehnen, so wäre der Zweck der selbständigen Normenkontrolle nicht erreicht: um unzulässige Vorlagen zu vermeiden, wäre der Richter gezwungen, unter Berufung auf die Verfassung von einer als gesichert angesehenen Auslegung des Textes abzuweichen, also die „geltende" Norm zu verwerfen; dies liefe auf eine — in Teilbereichen wirksame — allgemeine Verwerfungspflicht hinaus, die gerade vermieden werden soll. Der Aufgabe, die Rechtssicherheit durch Bindung an positives Gesetzesrecht zu stärken, wird das BVerfG nur dann gerecht, wenn es das als bindende Norm akzeptiert und verfassungsrechtlich prüft, was ihm als bindende Norm vorgelegt wird.

Es kann nicht Aufgabe der verselbständigten Normenkontrolle sein, durch abweichende, bisweilen überraschende Auslegung von Texten gewissermaßen neue Normen zu schaffen, bei dieser Auslegung „vielfach bis an die äußersten Grenzen des Möglichen"[26] zu gehen, um lediglich die Feststellung der Nichtigkeit des angeführten Textes zu vermeiden und dabei die eigentliche Aufgabe, nämlich die Beantwortung der vorgelegten Frage nach der Verfassungsmäßigkeit der Norm, zu übergehen[27]. Die Bewältigung der durch eine Normenkontrollentscheidung klargestellten Rechtslage ist im übrigen immer Aufgabe der Gerichte, völlig unabhängig davon, ob eine andere Auslegung des bezeichneten Textes unmöglich, möglich oder gar notwendig ist. Für das Verfassungsgericht als Normenkontrollinstanz ist allein bedeutsam, daß die verfassungswidrige Norm vom vorlegenden Gericht nicht zur Grundlage der Entscheidung gemacht wird: der richtige und der Normenkontroll-

---

[25] Hält der Richter die feststehende Gesetzesauslegung für falsch und will den Text neu auslegen, so ist er daran ebensowenig durch die Vorlagepflicht des Art. 100 I GG wie durch Präjudizien gehindert. Eine Vorlage mit dem Ziel, eine Auslegung durch das BVerfG bestätigen zu lassen, wäre unzulässig, da ja das vorlegende Gericht die von ihm aus dem Text durch Auslegung gewonnene Norm nicht für verfassungswidrig hält; außerdem kann nur eine entscheidungserhebliche Norm vorgelegt werden, nicht aber zwei als Auslegungsergebnisse vorgeschlagene Normen zwecks Auswahl der richtigen Auslegung; vgl. dazu E 22, 373 (378).

[26] *Friesenhahn* a.a.O. S. 183 f.; vgl. auch *Laufer*, Verfassungsgerichtsbarkeit und politischer Prozeß (1968) S. 365 ff.

[27] In E 9, 194 (198); 12, 151 (166) und 25, 198 (205) stellte es immerhin in den Gründen die Verfassungswidrigkeit fest, bevor es den Text neu auslegte. In der E vom 7. 5. 1969 — 2 BvL 15/67 — stellte es in den Gründen die Verfassungsmäßigkeit beider Normen fest (B I 3).

instanz entsprechende Weg, dies zu verhindern, ist die bindende Feststellung der Nichtigkeit dieser Norm.

Durchaus sekundär ist die Frage nach dem Text: das erstrebte Ergebnis ist bereits erreicht, wenn aus der Normenkontrollentscheidung folgt, daß der Text jedenfalls in der vorgelegten Bedeutung nicht zur Grundlage einer Entscheidung gemacht werden darf. Ob dem Text eine Bedeutung zukommt und gegebenenfalls welche, ist für die Normenkontrollentscheidung wie für die Ausgangsentscheidung zunächst irrelevant; diese Frage taucht erst dann auf, wenn es darum geht, welche Wirkung die Normenkontrollentscheidung in Bezug auf den Text hat[28].

Alle diese Erwägungen führen dazu, die vom vorlegenden Gericht behaupteten Normen als den Gegenstand der verfassungsrechtlichen Prüfung anzusehen[29], das BVerfG also für die Prüfung der Verfassungsmäßigkeit und für die feststellende Entscheidung an die Auslegung des vorlegenden Gerichtes zu binden[30] und dadurch auf seine eigentliche Aufgabe, die Prüfung der Vereinbarkeit von Norm und Verfassung, zu beschränken[31]. Nur dann wird im Verfahren der konkreten Normenkontrolle die für die Rechtsfindung des Richters entscheidende Frage beantwortet, wobei die Beantwortung der Frage von dem Stadium der Rechtsfindung ausgeht, das der Richter bereits erreicht hat; danach wird die Entscheidung des Ausgangssachverhaltes wieder in die Hand des Richters zurückgegeben.

Die im Tenor ausgesprochene Feststellung der Nichtigkeit der vorgelegten und entscheidungserheblichen Norm beseitigt auch die Schwierigkeiten der gegenwärtigen Praxis, die daraus folgen, daß § 79 BVerfGG bei Verfassungswidrigkeit der entscheidungserheblichen Norm und ver-

---

[28] Vgl. dazu unten § 20 nach Anm. 35.

[29] So verfuhr das BVerfG in E 10, 251 (255); 14, 1 (5); 21, 329 (337) und 25, 198 (205 f.): obwohl es Zweifel an der Richtigkeit der Auslegung äußerte, prüfte es dennoch das behauptete Auslegungsergebnis; im 21. Bd. kam es sogar zur Feststellung der Nichtigkeit; die vom BVerwG in BVerwGE 13, 343 vorgeschlagene, unter Bezug auf Art. 3 I GG erweiterte Auslegung erschien dem BVerfG nicht als ausreichend, die verfassungsrechtlichen Bedenken auszuräumen.

[30] Vgl. hierzu *Ehmke*, VVDStRL 20, 75, der lediglich eine Bindung „an eine feststehende Gesetzesauslegung der oberen Bundesgerichte" fordert.
Stern, in: Kommentar zum Bonner Grundgesetz (1967) RdNr. 136 f., erwägt, ob „das BVerfG nicht auf eine Kontrolle dieser Auslegung nach verfassungsrechtlichen Maßstäben beschränkt bleiben müsse", während die „Fachauslegung" bei den Gerichten verbleiben solle.

[31] Sollte ein Gericht eine völlig unzulängliche Auslegung behaupten (vgl. oben Anm. 24), so bleibt es dem BVerfG immer möglich, eine Änderung oder Rücknahme der Vorlage anzuregen. Derartige Anregungen werden kraft der Autorität des BVerfG kaum ihre Wirkung verfehlen. Beharrt das Gericht auf seiner Auslegung, so sollte dies Anlaß genug sein, die Ansicht zu respektieren und eine Sachentscheidung zu treffen.

fassungsmäßiger Auslegungsmöglichkeit des vom vorlegenden Gericht bezeichneten Texts unanwendbar ist, weil lediglich eine positive Normenkontrollentscheidung ergangen ist[32].

Der hier vorgeschlagene Weg hat überdies den Vorteil, die in der Rechtswissenschaft nicht entschiedene und wohl auch kaum entscheidbare Frage nach der richtigen Auslegungsmethode auszuklammern: von einer subjektiven Theorie her ergäbe sich ein anderer Gegenstand der verfassungsrechtlichen Prüfung wie von einer objektiven Theorie aus, wenn man das „richtige" Auslegungsergebnis als Gegenstand der Prüfung fordert. Stellt man auf das vom vorlegenden Gericht behauptete Ergebnis ab, so hat die Methode der Auslegung keinen Einfluß auf die Zulässigkeit der Vorlage.

Die Bindung an die Auslegung des vorlegenden Gerichts berücksichtigt auch die Bedenken gegen die verfassungskonforme Auslegung, die mit der Forderung nach einer stärkeren Beachtung der subjektiven Motive des Gesetzgebers begründet werden[33], weil das BVerfG veranlaßt wird, auch einer subjektiven Auslegung des vorlegenden Gerichts zu folgen und über das Auslegungsergebnis sachlich zu entscheiden. Berücksichtigt das vorlegende Gericht nach Ansicht des BVerfG bei seiner Auslegung[34] den Willen des Gesetzgebers zu weitgehend, so sollte dies kein Grund sein, die sachliche Prüfung und gegebenenfalls die Feststellung der Nichtigkeit der vorgelegten Norm zu unterlassen. Seine eigene Auslegungsmethode kann das BVerfG dadurch genügend zur Geltung bringen, daß es in der Entscheidung dem Text eine andere Bedeutungsmöglichkeit zuerkennt, den Text also nur in Bezug auf die vorgelegte Bedeutung für nichtig erklärt.

Angesichts der Problematik eines jeden Auslegungsergebnisses erscheint daher die Praxis des BVerfG, eine bestimmte Auslegung von Gesetzestexten als allein maßgeblich hinzustellen, unangebracht und aus der Aufgabe des Vorlageverfahrens und der Normenkontrolle nicht begründbar: das Normenkontrollgericht hat nicht durch authentische Auslegung die ihm verfassungsgemäß scheinende Norm zu setzen, sondern die vorgelegte Norm daraufhin zu prüfen, ob sie den Rechtsgeltungsnormen des GG entspricht[35]. Für die verfassungskonforme

---

[32] Vgl. hierzu *Friesenhahn*, Festschrift Ambrosini (1969) unter II 5.

[33] Vgl. hierzu *Stauder*, ZStaatsw. 123 (1967) S. 160 f. mit Nachw.

[34] Hiermit soll den Gerichten in keiner Weise das Recht zu verfassungskonformer Auslegung bestritten werden; vgl. oben Anm. 25.

[35] *Seuffert* folgert, NJW 1969, 1370, aus der Stellung des BVerfG mit Recht, daß es „niemals an Stelle eines Gerichts unter dem Gesetz — über einfaches Recht — entscheiden" dürfe; daß es aber dennoch, wie *Seuffert* wenig später darlegte „Gesetze bindend auslegen" dürfe (S. 1372), was „nach richtiger An-

Auslegung ist daher im Bereich der Ermittlung des Gegenstandes der verfassungsrechtlichen Prüfung kein Raum. Im Normenkontrollverfahren spielt die Auslegung von Gesetzen aber auch dann eine Rolle, wenn die Verfassungswidrigkeit der vorgelegten Norm von der Auslegung einfachen Rechtes abhängt; hier, wie bei der Auslegung der Verfassung selbst, ist das BVerfG frei und nur an die von ihm als richtig angesehene Methode gebunden, so daß es in diesen Fällen auch dem Grundsatz der verfassungskonformen Auslegung folgen kann. Diesen Grundsatz wird es auch dann anwenden, wenn es dem Text, auf den sich das vorlegende Gericht stützt, eine andere Bedeutung zuerkennen, ihn also nicht vollständig in die Feststellung der Nichtigkeit einbeziehen will.

§ 11 Die Qualität der Texte

Der vom vorlegenden Gericht angezogene Text muß bestimmte Qualitäten aufweisen, um den Zulässigkeitsvoraussetzungen des Art. 100 I GG zu entsprechen: „Der Normenkontrolle durch das BVerfG nach Art. 100 I GG unterliegen nur Gesetze im formellen Sinne, einschließlich der im Gesetzgebungsnotstand gemäß Art. 81 erlassenen Gesetze[1].“ Damit sind grundsätzlich alle Rechtsverordnungen ausgeschlossen, also auch die Bundes- oder Landesrechtsverordnungen, die unmittelbar aufgrund von Verfassungsnormen ergehen[2], da ausschließlich formelle Kriterien für die Abgrenzung der Zuständigkeit des BVerfG herangezogen werden.

Formelle Landesgesetze im Sinne von Art. 100 I GG sind auch die Landesverfassungen; denn der Schutz, den Art. 100 I GG dem Landesgesetz gegenüber dem sich auf das GG berufenden Richter angedeihen läßt, gebührt ebenso der Landesverfassung[3].

Diese Beschränkung auf formelle Gesetze, die sich aus dem Wortlaut des Art. 100 I GG allein nicht zweifelsfrei herleiten läßt[4], folgert das

---

sicht einer Gesetzesänderung rechtlich gleichsteht“, läßt sich aus den Prämissen *Seufferts* schwerlich herleiten. Zur Auslegungskompetenz vgl. auch *Burmeister*, DVBl 1969, 605 mit Nachw.

[1] E 1, 184 (LS 1); st. Rspr., Bestätigung in E 19, 282 (288), bezüglich der Landesgesetze in E 17, 208 (210). Übersicht der Lehrmeinungen bei Herbert *Huber*, Die konkrete Normenkontrolle gemäß Art. 100 Abs. 1 GG in der Gerichtspraxis (1954) S. 30 ff., und bei *Rädle*, Die Beschränkung der Vorlagepflicht auf förmliche Gesetze (1964) S. 25 Anm. 2 und S. 28 Anm. 1. *Sigloch*, in: BVerfGG RdNr. 40 ff. zu § 80, stimmt der Rspr. im Ergebnis zu, lehnt aber die Begründung ab.

[2] Vgl. *Schäfer*, NJW 1954, 3 und Anm. 25; im Ergebnis ebenso *Sigloch*, in: BVerfGG RdNr. 50 zu § 80.

[3] Vgl. *Sigloch*, in: BVerfGG RdNr. 44 zu § 80.

[4] E 1, 184 (189 f., 197); *Rädle* a.a.O. S. 22 f.

BVerfG aus dem oben erörterten Zusammenhang von Gesetzesbindung und Normenkontrolle[5]. Mit dieser Auslegung des Art. 100 I GG ist jedoch die im 3. Bande geäußerte Ansicht des BVerfG unvereinbar, daß sich seine Prüfungszuständigkeit auch auf Bundesverfassungsnormen erstrecke. Daher beruft es sich an dieser Stelle auch nicht auf die Argumente, mit denen es die Begrenzung der Zuständigkeit auf formelle Gesetze begründet hatte, sondern folgert seine Zuständigkeit daraus, daß es widersprechende Gerichtsentscheidungen über Verfassungsnormen ausschließen müsse[6]. Mit dieser Begründung wird die Schutzfunktion von dem Gesetz auf die Verfassung selbst ausgedehnt. Wenig später hat das BVerfG es denn auch abgelehnt, aus solchen rechtspolitischen Erwägungen heraus seine Zuständigkeit zu erweitern[7].

Geht man von der Funktion der selbständigen Normenkontrolle, den formellen Rechtsstaat zu sichern, aus, so läßt sich eine Beschränkung auf das formelle Gesetz[8] nicht rechtfertigen: die Rechtssicherheit wird in gleicher Weise gefährdet, wenn der Richter anerkannte, aus Rechtsverordnungen hergeleitete Normen zugunsten der Verfassung beiseite schiebt[9]. Es erscheint daher sinnvoll, alles auf eine formelle Rechtsquelle zurückgeführte Recht — soweit es nicht zum Verfassungsrecht gehört — in den Bereich des Art. 100 I GG einzubeziehen.

Wird aus Art. 100 I GG entnommen, daß der Normenkontrolle nur formelle Gesetze unterliegen, so zeigt sich ein Zirkel; denn wenn die

[5] Vgl. oben § 10 bei Anm. 15.

[6] E 3, 225 (234). Auf die Frage, ob Gerichte überhaupt ein Prüfungsrecht gegenüber der Verfassung haben können, soll hier nicht eingegangen werden; vgl. *Ehmke*, VVDStRL 20, S. 78 f.; *Grosskreutz*, Normwidersprüche im Verfassungsrecht (1967) S. 92; Herbert *Huber* a.a.O. S. 44 ff.; *Sigloch*, in: BVerfGG RdNr. 45 zu § 80; *Stern*, in: Kommentar zum Bonner Grundgesetz (1967) RdNr. 65 zu Art. 100 mit Nachw.

[7] E 3, 368 (376 f.).

[8] Zu der Frage, ob eine derartige Auslegung von Art. 100 I GG auch für die Länder eine Vorlage von Rechtsverordnungen ausschließt, vgl. *Friesenhahn*, Hundert Jahre Verfassungsgerichtsbarkeit (1968) S. 111 f.; *Müller*, DVBl 1962, 158; 1963, 54; *Kalkbrenner*, DVBl 1962, 695 mit Nachw.

[9] Die Beschränkung auf formelle Gesetze hat zumeist Zustimmung gefunden, vgl. etwa *Friesenhahn*, in: Die Verfassungsgerichtsbarkeit in der Gegenwart (1962) S. 136. Die Kritik von *Rädle*, a.a.O. passim, stellt auf die gleichartige Situation der Verfassungsauslegung bei jeder Normenkontrolle ab; damit sieht er in Art. 100 I GG primär einen Schutz der Verfassung vor dem Richter. *Stern*, a.a.O. RdNr. 60 zu Art. 100, weist auf das Unbefriedigende der Beschränkung insbes. in Hinblick auf die wachsende Bedeutung der Rechtsverordnungen hin; vgl. auch *Hartz*, Gedenkschr. Spitaler (1965) S. 117; *Kalkbrenner*, DVBl 1962, 702; *Majer*, Die Folgen verfassungswidriger Gesetze im öffentlichen Recht (1966) S. 16 ff. Allerdings muß vor einer Erstreckung der Vorlagefähigkeit auf Rechtsverordnungen beachtet werden, daß die Frage der Deckung durch die Delegation, die wohl wesentlich häufiger zu Zweifeln Anlaß gibt als der Verstoß gegen Verfassungsnormen, nicht zur Vorlagefrage nach Art. 100 I GG gemacht werden kann; vgl. *Friesenhahn*, Hundert Jahre Verfassungsgerichtsbarkeit (1968) S. 109 ff.; *Ipsen*, DtVerw 1949, 487.

Zulässigkeit einer Vorlage bereits an bestimmte formelle Qualitäten geknüpft wird, so ist die sachliche Prüfung eben dieser Qualitäten nicht möglich. Man könnte die Meinung vertreten, daß die — schon unter der WRV unbestrittene — allgemeine Verwerfungskompetenz gegenüber formell fehlerhaften Gesetzen durch Art. 100 I GG nicht beschnitten werden sollte; eine solche Differenzierung ist aber weder praktisch bedeutsam noch theoretisch sinnvoll[10].

Die Äußerungen des BVerfG sind nicht ganz widerspruchsfrei. Aus dem Satz, „Eine Normenkontrolle setzt bestehendes Bundesrecht voraus“[11], könnte man schließen, daß als Gesetze im Sinne von Art. 100 I GG lediglich formell einwandfreie Gesetze anerkannt werden. Andererseits wurde ausgeführt: „Unter (sc. Bundes- oder Landes-) Recht im Sinne dieser Vorschriften (sc. Art. 93 I Ziff. 2 GG) sind zunächst alle formellen Gesetze zu verstehen, ohne Rücksicht darauf, ob sie Rechtssätze im Sinne des überkommenen Rechtssatzbegriffes enthalten oder nicht. Das gleiche muß für Rechtsverordnungen gelten. Auch hier genügt es für die Zulässigkeit des Normenkontrollverfahrens, daß die Vorschrift sich ihrer äußeren Form nach als Rechtsverordnung darstellt, d. h., daß sie von der erlassenden Stelle als ‚Verordnung‘ bezeichnet ist, eine Ermächtigung zu ihrem Erlaß angibt und in den für die Verkündung von Rechtsnormen bestimmten Publikationsblättern bekannt gemacht worden ist[12].“

Wenig vorher hatte das BVerfG im Gegensatz dazu festgestellt, daß eine „schon wegen fehlender Ermächtigung unwirksame Landesnorm“ eine Bundesnorm nicht verletzen könne, die Vorlage daher unzulässig sei[13]. Diese Bemerkung wurde durch das BVerfG in einer späteren Entscheidung dahin interpretiert, daß die Frage nach der Ermächtigung in das allgemeine Prüfungsrecht falle, aber dennoch als Vorfrage geprüft werden müsse[14]. Unter Berufung auf diese Entscheidung unterstellte später das BVerfG für die Zulässigkeitsprüfung die formelle Qualifikation des Textes durch das vorlegende Gericht, um dann in der Sachprüfung die formelle Qualität als Vorfrage zu prüfen[15].

Hieraus kann letztlich der Schluß gezogen werden, daß nach Ansicht des BVerfG unter den Gesetzesbegriff des Art. 100 I GG auch solche „Gesetze“ fallen, die nicht den formellen Vorschriften entsprechend ergangen sind. Für die Zulässigkeit der Vorlage genügt daher die Behauptung des Richters, der Text sei ein Gesetz. Doch ist offensichtlich

[10] Vgl. oben § 3.

[11] E 1, 396 (410); es handelte sich um eine Normenkontrolle gemäß Art. 93 I Ziff. 2 GG. Zur konkreten Normenkontrolle ähnlich unklar etwa E 18, 389 (391): „Ein förmliches Gesetz kann nur von den im GG bezeichneten Gesetzgebungsorganen und nur in dem dort geregelten förmlichen Gesetzgebungsverfahren ... erlassen werden ... In diesem Verfahren kann nur über die Verfassungsmäßigkeit förmlicher Gesetze entschieden werden.“

[12] E 2, 307 (312) unter Hinweis auf E 1, 396 (410); vgl. auch E 20, 56 (89 f.).

[13] E 1, 202 (206).

[14] E 2, 307 (321).

[15] E 8, 71 (75); vgl. auch E 9, 305 (311); 15, 1 (6, 9); zur konkreten Normenkontrolle E 8, 274 (290, 294).

nicht jede Äußerung eines staatlichen Organs, die nicht gemäß den formellen Gesetzgebungsvorschriften der Verfassung ergangen ist, ein zur Vorlage verpflichtendes Gesetz im Sinne des Art. 100 I GG[16].

Das BVerfG führte zwei Kriterien an: Verkündung unter Angabe der gesetzlichen Ermächtigung in einem „für die Verkündung von Rechtsnormen bestimmten" Blatt und Rechtsnorm dem Wesen nach[17]. Da das Wesen einer Rechtsnorm ungeklärt ist, erscheint auch dieses „Wesen" nicht geeignet, einen Rechtsschein zu begründen. Da das absolut nichtige Gesetz für jedermann unverbindlich ist, muß die Offenkundigkeit des Fehlers ausschlaggebend sein[18]; offenkundig ist in erster Linie eine Verletzung von Zuständigkeits- und Verfahrensvorschriften. Offenkundigkeit ist aber auch dann gegeben, wenn das zur Normsetzung berufene Staatsorgan erkennbar gar nicht einen Normsetzungsakt intendierte[19]. Neben die Offenkundigkeit tritt die Schwere des Fehlers; erst beide Kriterien zusammen bestimmen die Entscheidung im — sicher höchst seltenen — Einzelfall[20].

---

[16] *von Hippel,* Untersuchungen zum Problem des fehlerhaften Staatsakts 2. Aufl. (1960) S. 3, Anm. 7.

[17] E 8, 71 (74 f.): die vorgelegte Norm „ist auch ihrem Wesen nach eine Rechtsnorm, denn sie verpflichtet den Staatsbürger unmittelbar ... und droht für den Fall der Übertretung Ordnungstrafen an". In E 2, 307 (312), worauf sich das BVerfG in diesem Zusammenhang beruft, wurde allerdings gerade festgestellt, daß es unerheblich ist, ob der Text „Rechtssätze im Sinne des überkommenen Rechtssatzbegriffes" enthält. In E 1, 396 (410) heißt es: „Für das Normenkontrollverfahren ist es ohne Bedeutung, ob das zu prüfende Gesetz materielle Rechtssätze enthält. Auch ein Gesetz, das keine Rechte oder Pflichten für den Staatsbürger begründet, ist der Normenkontrolle nach Art. 93 I Ziff. 2 GG zugänglich." Für die konkrete Normenkontrolle dürfte nichts anderes gelten.

Friesenhahn, in: Verfassungsgerichtsbarkeit in der Gegenwart (1962) S. 134, fordert als Voraussetzung der Normenkontrolle: „Die Norm muß existent, d. h. verkündet, wenn auch noch nicht in Kraft getreten sein." Für die konkrete Normenkontrolle wäre aber dann zu fordern, daß die Norm auch in Kraft getreten ist, da sonst die Entscheidungserheblichkeit entfiele.

Nach *Sigloch,* in: BVerfGG RdNr. 29 ff. zu § 80, ist Grundvoraussetzung die ordnungsgemäße Verkündung; neben der Verkündung habe die Ausfertigung gemäß Art. 82 I 1 GG entscheidende Bedeutung; sei sie, wenn auch fehlerhaft, erfolgt, so seien Mängel des Zustandekommens im Sinne des Art. 78 GG immer dann unbeachtlich, wenn die Präsidenten von Bundestag oder Bundesrat eine ordnungsgemäße Beschlußfassung beurkundet haben oder die Beschlußfassung des Bundesrates von den beurkundenden Stellen nicht für notwendig gehalten wurde.

[18] *Kelsen,* VVDStRL 5, 46, meinte zum Abgrenzungsproblem, „nur die positive Rechtsordnung könnte sich dieser Aufgabe unterziehen, tut dies freilich in der Regel aber nicht; oder doch nicht bewußt oder präzis".

[19] Vgl. hierzu *Roellecke,* Der Begriff des positiven Gesetzes und das Grundgesetz (1969) S. 304 f.; *Winkler,* Die absolute Nichtigkeit von Verwaltungsakten (1960) S. 19 ff.; *Wolff,* Verwaltungsrecht I 6. Aufl. (1965) § 51 II, für die Lehre vom Nichtakt.

Vgl. auch BVerwGE 19, 48 (54): „... so hängt ihre Rechtsnatur (sc. der Beihilfegrundsätze) allein davon ab, was sie nach dem Willen der normsetzenden Stelle ist." Kritisch hierzu *Vogel,* VVDStRL 24, 164, Anm. 20 a, der darauf hinweist, daß das letztlich doch die Art der Publikation, also ein objektiver Umstand, entscheiden würde.

[20] Eingehend hierzu *Novak,* Die Fehlerhaftigkeit von Gesetzen und Verordnungen (1967) S. 19 ff.

Damit meint Art. 100 I GG nicht nur das formelle Gesetz, an das üblicherweise die Gesetzesbindung geknüpft wird. Mit dem Ausdruck „formelles Gesetz" soll sowohl das ordnungsgemäß zustande gekommene als auch das hier charakterisierte, pathologische Gesetz umfaßt werden, bei dem nur Rudimente des formellen Geltungsgrundes vorhanden sind.

Das BVerfG stützte sich auf die gleichen Grundsätze, mit denen es seine Zuständigkeit auf formelle Gesetze begrenzt hatte, als es die Begrenzung auf nachkonstitutionelle Gesetze aus Art. 100 I GG herleitete: „Diese Grundsätze führen ... notwendig zu dem Ergebnis, daß jedes Gericht selbständig die Rechtsfrage zu prüfen und zu entscheiden hat, ob die vor Inkrafttreten des GG erlassenen Gesetze mit dem GG vereinbar sind oder nicht[21]." Dies ist eine konsequente Folgerung aus der Beschränkung auf formelle Gesetze insoweit, als die Frage des formellen Geltungsgrundes nur vom GG her beantwortet werden kann: nur das Gesetz, das in dem vom GG vorgesehenen formellen Verfahren geschaffen wurde, kann als formelles Gesetz bezeichnet werden.

Der formelle Geltungsgrund ist ausschlaggebender Gesichtspunkt für die Differenzierung zwischen vor- und nachkonstitutionellen Normen: während bei nachkonstitutionellen Normen das ordnungsgemäße Gesetzgebungsverfahren die formelle Geltung begründet, beruht die Geltung vorkonstitutioneller Normen formell auf Art. 123 GG, also auf dem verfassungsgebenden Akt; Art. 123 GG setzt nicht das mit dem GG unvereinbare, vorkonstitutionelle Recht außer Kraft[22], sondern begründet die Weitergeltung des älteren Rechts, soweit es mit den materiellen Rechtsgeltungsnormen des GG in Einklang steht. Das vorkonstitutionelle Recht muß dabei als bis zum 23. 5. 1949 geltend gedacht werden[23], um dann kraft Art. 123 I GG auch unter dem GG weiterzugelten.

Gründet man die Differenzierung zwischen vor- und nachkonstitutionellem Gesetz auf die unterschiedliche formelle Geltung, so fügt sich dazu die objektive Lösung des Problems der Aufnahme vorkonstitutio-

---

[21] E 2, 124 (129).

[22] Vgl. *Burckhardt*, Methode und System des Rechts (1936) S. 135; *Kelsen*, Reine Rechtslehre 2. Aufl. (1960) S. 213. Mit dieser Deutung setzt man sich allerdings in Widerspruch zu der These von der Identität von Bundesrepublik und deutschem Reich, aus der die Weitergeltung alten Rechtes folgen soll; vgl. dazu *Holtkotten*, in: Kommentar zum Bonner Grundgesetz Anm. II 1 zu Art. 123 I; *von Mangoldt*, Das Bonner Grundgesetz (1953) S. 623; *Windisch*, Die Gesetzeskraft der Entscheidungen des Bundesverfassungsgerichts (1959) S. 97 ff., mit Nachw. Zum vergleichbaren Art. 178 WRV ebenso *Anschütz*, Die Verfassung des Deutschen Reiches 14. Aufl. (1933/1960) Anm. 2 zu Art. 178. Eine vermittelnde Stellung nimmt *Maunz*, in: Maunz-Dürig, Grundgesetz RdNr. 1 zu Art. 123, ein; ähnlich schon *Engisch*, Die Einheit der Rechtsordnung (1935) S. 24, auch S. 21 und Anm. 4 daselbst.

[23] *Maunz* a.a.O. RdNr. 9 zu Art. 123.

neller Texte in nachkonstitutionelle Gesetze: ein nachkonstitutionelles Gesetz ist immer dann gegeben, wenn die „Willensaufnahme" früheren Rechts durch „den im Gesetzesblatt verkündeten Beschluß erkennbar" ist[24], wenn also der in einem grundgesetzgemäßen Gesetzgebungsverfahren liegende Geltungsgrund gegeben ist; nur solche Gesetze sind als nachkonstitutionelle Gesetze vorlagefähig[25], deren formeller Geltungsgrund das Gesetzgebungsverfahren des GG ist[26]. Landesrecht ist dann formelles nachkonstitutionelles Recht, wenn es seinen formellen Geltungsgrund in einem vom GG als bundesstaatlicher Verfassung anerkannten Gesetzgebungsverfahren eines Landes hat. Dabei wird die gesetzgebende Gewalt der in Art. 23 GG genannten Länder gemäß Art. 70 GG vom Zeitpunkt des Inkrafttretens des GG an bundesverfassungsrechtlich anerkannt, soweit diese gesetzgebende Gewalt den Anforderungen des Art. 28 I GG genügt. Art. 122 I GG schob lediglich das Inkrafttreten der Kompetenzteilung[27] bis zum Zusammentritt des Bundestages auf, so daß die Kompetenz der Länder bis zu diesem Zeitpunkt umfassend war[28].

Aus der These, die Aufgabe der Normenkontrolle sei der Schutz des Gesetzgebers, folgerte das BVerfG, daß vorkonstitutionelle Normen schon deshalb nicht vorgelegt werden dürfen, weil die Verfassungswidrigkeit dieser Normen dem Bundesgesetzgeber nicht zum Vorwurf gemacht werden kann. Das BVerfG erkennt zwar an, daß Art und Weise der Normenprüfung sich nicht dadurch ändert, daß die zu prüfende

[24] So *Stern*, AöR 91, 244, mit einer ausführlichen Übersicht über Rspr. und Literatur; vgl. auch *Sigloch*, in: BVerfGG RdNr. 73 ff. zu § 80. Aus der Rechtsprechung insbes. E 11, 126 (129); 23, 272 (274). *Friesenhahn*, a.a.O. S. 137, betont mit Recht, daß dieses Problem entsprechend der objektiven Auslegungsmethode gelöst werden muß.

[25] Da diese Einschränkung der Zulässigkeit von Vorlagen mit der Zeit an Bedeutung verliert, soll über ihre sachliche Berechtigung nicht diskutiert werden; vgl. hierzu *Hartz*, Gedenkschrift Spitaler (1965) S. 117. Es ist auch kaum Kritik an der Einschränkung selbst geäußert worden, die Abgrenzungsmethode wurde jedoch angegriffen; vgl. *Roellecke* a.a.O. S. 29 ff.; *Stern*, AöR 91, 242 und in: Kommentar zum Bonner Grundgesetz (1967) RdNr. 85 bis 98 zu Art. 100; zur früheren Diskussion vgl. Herbert *Huber* a.a.O. S. 34 ff. mit Nachw. Die Unklarheit der Abgrenzungskriterien zwingt zu häufigen und recht subtilen Erwägungen; vgl. etwa E 23, 272 (274 f.); 23, 276 (284 f.); 25, 25 (26 f.). Zur Zweckmäßigkeit vgl. schon *Kelsen*, VVDStRL 5, 64. Zur praktischen Differenzierung zwischen Änderung, Ergänzung, Neufassung und Neubekanntmachung eingehend *Müller*, Handbuch der Gesetzgebungstechnik (1968) S. 231 ff.

[26] Von seinem Begriff des Gesetzes „als offenes Verfahren" kommt *Roellecke*, a.a.O. S. 304 f., zu einem vergleichbaren Ergebnis: Anspruch auf Verbindlichkeit und damit auch auf inhaltliche Kontrolle durch das BVerfG hat nur ein „Gewordenes", das von der „Autorität des freiheitlich-demokratischen Gesetzgebers" getragen wird.

[27] Vgl. hierzu *Maunz* a.a.O. RdNr. 7 zu Art. 122.

[28] Siehe E 16, 6 (16 ff.).

Norm vorkonstitutionell ist; dennoch soll allein aus dem Nacheinander der Rechtsetzungsakte folgen, daß es sich um „ein Problem der Kollision zwischen älterem und jüngerem Recht“ handelt, also um einen Fall der temporalen Derogation.

Abgesehen davon, daß mit dem Kollisionsbegriff nur ein Teil der grundgesetzwidrigen Fälle erfaßt werden kann[29], ist der temporale Derogationssatz grundsätzlich nur auf Normen der gleichen Rangstufe anwendbar[30]. Das folgt zwingend daraus, daß es eine Konkurrenz zwischen späterem und speziellerem Recht im Verhältnis von Verfassungsrecht zu Gesetzesrecht nicht geben kann: die unterverfassungsrechtlichen Normen sind gegenüber den Verfassungsnormen immer die spezielleren, müßten also immer die Anwendung der Verfassung verdrängen. Außerdem ist die temporale Derogationsregel eine Auslegungsregel[31], nicht aber eine Bestimmung über die Rechtsgeltung[32].

Im Verhältnis von Landesrecht zu Bundesrecht wäre eine Anwendung der temporalen Derogationsregel möglich, wenn jedes Landesrecht durch widersprechendes Bundesrecht außer Kraft gesetzt werden könnte; das setzt voraus, daß der Bundesgesetzgeber über Landesrecht zu verfügen berechtigt wäre. Der Bundesgesetzgeber hat jedoch lediglich unter den Voraussetzungen des Art. 72 GG das Recht, die Kompetenzteilung zu seinen Gunsten zu verschieben[33]; nimmt der Bundesgesetzgeber eine konkurrierende Kompetenz in Anspruch, so verliert das Landesrecht seine Geltung[34], weil es kompetenzwidrig wird, nicht aber, weil eine Kollision gegeben ist. Zu einer Kollision muß es vielmehr überhaupt nicht kommen[35]. Die Unanwendbarkeit der temporalen

---

[29] Vgl. oben § 3.

[30] Daß eine temporale Derogation nur für Normen gleichen Ranges in Betracht kommt, vertreten auch *Hensel*, in: HDStR II S. 314; *Quaritsch*, Das parlamentslose Parlamentsgesetz 2. Aufl. (1961) S. 13 f., 18; *Zeidler*, Anm. zu E 10, 124 in DÖV 1960, 25; BGHSt 4, 379 (381) mit Nachw. A. A. die herrschende Lehre zu Art. 123 I GG; vgl. *Hoffmann*, JZ 1961, 193 und Anm. 6. *Sigloch*, in: BVerfGG RdNr. 71 zu § 80, vertritt die Ansicht, beide Derogationssätze stünden „formal gleichberechtigt“ nebeneinander; für die Auslegung des Art. 100 I GG habe „der temporale Satz materiell das Übergewicht“.

[31] Die temporale Derogationsregel ist damit eine Regelung des Anwendungsvorranges, nicht aber des Geltungsvorranges. Zum Verständnis des Derogationssatzes als Auslegungsregel vgl. *Coing*, Die juristischen Auslegungsmethoden und die Lehren der allgemeinen Hermeneutik (1959) S. 8, und *Quaritsch* a.a.O. S. 18 ff., 59 ff.

[32] So ist es sinnlos, von temporaler Derogation zu sprechen, wenn das ältere Gesetz durch das neuere ausdrücklich aufgehoben wird.

[33] Vgl. oben § 4.

[34] So E 2, 232 (237).

[35] Etwa dann, wenn der Bund zwar ein Gebiet kodifiziert, einen in dem speziellen Landesgesetz geregelten Sachverhalt aber gerade nicht geregelt hat. Ähnlich beim sogenannten Sperrgesetz, das die Länder lediglich an einer

Derogationsregel folgt auch daraus, daß — ebenso wie im Verhältnis von Bundesrecht zu Landesrecht — die Frage nach der spezielleren Norm sinnlos ist[36].

In einer Entscheidung im 10. Bande hat das BVerfG[37] die Prüfung einer ursprünglich kompetenzgemäßen Landesnorm mit der Begründung abgelehnt, die Fälle der temporalen Derogation seien seiner Zuständigkeit generell entzogen; dabei berief es sich auf den Ausschluß vorkonstitutioneller Normen von der Vorlagepflicht. Eine konsequente Erstreckung dieser — auf einer subjektiven Deutung der Normenkontrolle beruhenden — „Vorwerfbarkeitstheorie"[38] müßte dazu führen, alle ursprünglich verfassungsmäßigen Normen, die später verfassungswidrig geworden sind, der allgemeinen richterlichen Verwerfungskompetenz anheimzustellen[39].

Daß eine solche Folgerung aus der These des BVerfG die Aufgabe der Normenkontrolle verkennt, liegt auf der Hand. Das BVerfG hat sich daher mit Recht in alle den Vorlageverfahren, in denen es um spätere Verfassungswidrigkeit ging, nicht an die im 10. Bande ausgesprochene Zuständigkeitsbegrenzung gehalten, sondern hat ohne weiteres die Zulässigkeit der Vorlagen angenommen, um dann die Nichtigkeit der Norm von einem bestimmten Zeitpunkt an festzustellen[40]. Damit hat es auch stillschweigend die Lehre von Vorrang und Anwendbarkeit der temporalen Derogationsregel für das Verhältnis von unterverfassungsrechtlichen Normen zum GG aufgegeben.

Dennoch wird man der Entscheidung im 10. Bande im Ergebnis zustimmen müssen: der Vorlagepflicht können nicht alle die Landesnormen unterliegen, die ihre Geltung infolge einer Kompetenzverschiebung verlieren. *Bachof*[41] hat mit Recht darauf verwiesen, daß sonst gerade die Landesnormen, die offensichtlich nicht mehr gelten, vorgelegt werden müßten. Im Unterschied zu den sonstigen Fällen späterer Verfas-

---

Regelung hindern soll, ohne eine eigene Regelung vorzunehmen; vgl. hierzu *Gruson*, Die Bedürfniskompetenz (1967) S. 70. Zur Aktualisierung der Bundeskompetenz auf der Gesetzesstufe vgl. *Imboden*, Bundesrecht bricht kantonales Recht (1940) S. 36; *Usteri*, Theorie des Bundesstaates (1954) S. 274 f.

[36] Hierzu vgl. auch *Quaritsch* a.a.O. S. 21 f.

[37] E 10, 124 (127 f.). Wie *Zeidler*, DÖV 1960, 25, zu Recht rügte, wurde nicht beachtet, daß das vorlegende Gericht das Landesgesetz wegen Verstoßes gegen Art. 14 GG für von Anfang an verfassungswidrig hielt. Es hat also — selbst nach der Konstruktion des BVerfG — gar nicht zu einer temporalen Kollision kommen können.

[38] So *Zeidler*, DÖV 1960, 23.

[39] So formuliert *Sigloch*, in: BVerfGG RdNr. 70 zu § 80: „Eine Vorlage ... ist nur dann zulässig ..., wenn die angeblich ungültige Norm erst unter der Herrschaft der höheren Norm, die sie vernichtet, ergangen ist."

[40] Vgl. z. B. E 12, 281 (288); 14, 76 (104); E 21, 292. Auch die gem. § 27 IV KgfEG ausgeschlossene Erstattung von Gebühren wurde erst nach Erlaß der VerwGO verfassungswidrig; E 14, 42 (51); 16, 231 (233).

[41] Vgl. DVBl 1951, 15.

sungswidrigkeit liegt hier eine formelle Aufhebung der Geltungsvoraussetzung, eben die Aufhebung der Kompetenz vor, was fälschlicherweise als temporale Derogation bezeichnet wird; mit der temporalen Derogation hat die Kompetenzverschiebung aber nur ihre Folge, nämlich die Nichtanwendbarkeit der betroffenen Normen, gemeinsam.

Aus der Aufgabe der verselbständigten Normenkontrolle, die Rechtssicherheit, das formelle Rechtsstaatsgebot zu wahren, kann man folgern, daß eine Vorlage entbehrlich ist, wenn die Geltungsvoraussetzung einer Norm, die zweifellos ursprünglich gegeben war, in formeller Weise beseitigt wurde; es ist Aufgabe des auslegenden Richters, die Reichweite der die Geltungsvoraussetzung beseitigenden Norm zu ermitteln[42].

Damit hat im Fall der ausdrücklichen Änderung von Rechtsgeltungsnormen jeder Richter die Verwerfungskompetenz. Eine Vorlage, die die spätere Verfassungswidrigkeit einer Norm mit der ausdrücklichen Änderung von Grundgesetznormen oder mit der Verschiebung der Kompetenzteilungsnormen auf der Gesetzesstufe infolge ausschließlicher Inanspruchnahme von konkurrierender Kompetenz durch den Bund begründet, ist unzulässig.

Den Bereich nur teilweiser Inanspruchnahme und den der Rahmengesetzgebung wird man dem BVerfG vorbehalten müssen, weil hier der Geltungsverlust von Landesnormen nicht offensichtlich ist[43]. Auch eine Vorlage, die eine spätere Verfassungswidrigkeit damit begründet, daß sich die maßgebenden Tatsachen verändert oder daß sich die Verfassungsnormen unabhängig von einer ausdrücklichen Verfassungsänderung gewandelt haben, ist zulässig; ebenso eine Vorlage, die die spätere Verfassungswidrigkeit mit einer Änderung der unterverfassungsrechtlichen Normen begründet.

---

[42] Eine Änderung der nur das Gesetzgebungsverfahren betreffenden Rechtsgeltungsnormen beseitigt die Geltung früher gesetzter Rechtsnormen nicht; vgl. *Hauser*, Norm, Recht und Staat (1968) S. 76 f.

[43] Die Vorlage in E 25, 142 betraf ein Landesgesetz, das zwar nach Erlaß des Bundes-Rahmengesetzes, aber vor Ablauf der dort festgelegten Anpassungsfrist erlassen worden war. Das BVerfG stellte auf den Zeitpunkt des Erlasses des Bundesgesetzes ab, nicht aber auf den Zeitpunkt, zu dem die Kompetenzverschiebung für das Land wirksam wird, und konnte so über die Vorlage entscheiden, ohne von E 10, 124 abweichen zu müssen.

Teil III

Entscheidungserhebliche Norm und Sachverhalt

§ 12 Vorfragen der Zulässigkeit

Das BVerfG vertritt die Ansicht, vorlageberechtigte Gerichte seien nicht nur diejenigen Spruchstellen, „deren Spruchtätigkeit ... der Rechtsweggarantie des Artikels 19 IV GG genügt", sondern alle, die „sachlich unabhängig, in einem formal gültigen Gesetz mit den Aufgaben eines Gerichtes betraut und als Gerichte bezeichnet sind"[1]. Es soll im Rahmen der Zulässigkeitsprüfung nicht untersucht werden, ob das formelle Gericht den materiellen Anforderungen des GG genügt[2]; daher wird auch die aktuelle Tätigkeit des Gerichtes nach rein formellen Gesichtspunkten in rechtsprechende und verwaltende Tätigkeit unterschieden[3].

Nur eine Norm, von der eine Gerichtsentscheidung abhängt, darf im Verfahren nach Art. 100 I GG auf ihre Verfassungsmäßigkeit geprüft werden. Welche Entscheidungen des Gerichtes zur Vorlage berechtigen, ist problematisch, da ein Gericht im Verlauf eines Verfahrens zahlreiche Einzelentscheidungen trifft, auf denen schließlich seine Endentscheidung aufbaut.

---

[1] E 6, 55 (63); Bestätigung in E 7, 1 (5).

[2] So mit Recht *Sigloch*, in: BVerfGG RdNr. 17 b und RdNr. 176, 180 zu § 80, der im Gegensatz zum BVerfG zwischen dem Gerichtsbegriff des Art. 100 I GG — hier materieller Begriff — und dem des § 80 BVerfGG — hier formeller Begriff — unterscheidet; vgl. auch *Klein*, DÖV 1957, 569 f.; *Stern*, in: Kommentar zum Bonner Grundgesetz (1967) RdNr. 43 ff. zu Art. 100. *Günter*, Das richterliche Prüfungsrecht nach Art. 100 I des Grundgesetzes und sein Prüfungsmaßstab (1964) S. 23 ff., will lediglich auf den materiellen Begriff abstellen und kommt zu einem eigenen Prüfungsrecht der rein formellen Gerichte, wodurch letztlich eine Zuständigkeit des BVerfG nach Art. 93 I Ziff. 2 GG begründet wäre.

[3] E 20, 309 (312) zeigt die rein formale Argumentation: die Vorlage ist unzulässig, weil die in Rede stehende Tätigkeit des Amtsrichters in einer Vorschrift geregelt ist, „die von der Vollstreckungsbehörde handelt. Der aufgrund dieser Ermächtigung mit den entsprechenden Aufgaben betraute Amtsrichter wird damit zur Vollstreckungsbehörde." Vgl. auch BFH, BStBl III 1954, 123, zur Erstattung von Gutachten; *Sigloch*, in: BVerfGG RdNr. 167 ff. zu § 80; ebenso *Günter* a.a.O. S. 28, was aber mit seiner in Anm. 2 referierten Ansicht nicht ganz zusammenpaßt.

Jede dieser Einzelentscheidungen ergeht unter Anwendung von Rechtsnormen; die Frage der Verfassungsmäßigkeit einer Norm kann also völlig unabhängig vom Stadium des Prozesses und von der Bedeutung der Entscheidung im Rahmen dieses Prozesses auftreten.

Jede Einzelentscheidung wird das Gericht nur dann fällen, wenn sie für den Prozeßverlauf und für die Endentscheidung notwendig erscheint; ob sie aber tatsächlich für die Endentscheidung erheblich war, ergibt sich erst nach Abschluß des Prozesses; zum Zeitpunkt der Entscheidung ist jede Beurteilung der Erheblichkeit dieser Entscheidung für die Endentscheidung hypothetisch. So erscheint es wenig sinnvoll, Entscheidungserheblichkeit jeder Rechtsanwendung in Beziehung auf die Endentscheidung zu verlangen; „vielmehr entspricht es dem Wortlaut und Sinn des Art. 100 I GG, daß ein Gericht auch dann das BVerfG anrufen muß, wenn es irgendeine Entscheidung über sein Tätigwerden zu treffen hat und es hierbei auf die Gültigkeit eines (nachkonstitutionellen) Gesetzes ankommt, das das Gericht für verfassungswidrig hält[4]." Damit fällt jeder Rechtsanwendungsakt des Gerichtes im Verlaufe des Verfahrens unter den Begriff der „Entscheidung" im Sinne des Art. 100 I GG[5]. Bei diesem Rechtsanwendungsakt muß das Gericht frei sein; es fällt daher keine Entscheidung im Sinne von Art. 100 I GG[6], wenn es durch prozessuale Bindungsvorschriften an einer unabhängigen Rechtsanwendung gehindert ist. Der Vorlagebeschluß muß in der Besetzung

---

[4] E 7, 183 (186); vgl. *Schlitzberger,* NJW 63, 1903; Sigloch, in: BVerfGG RdNr. 218 zu § 80; demgegenüber versteht *Pohle,* Anm. zu E 11, 330 in JZ 1961, 376, unter Entscheidung einen „besonders schwerwiegenden Eingriff in die Rechte oder rechtlich anzuerkennenden Interessen eines Beteiligten"; *Stern,* AöR 91, 228: „jede ein gerichtliches Verfahren ganz oder in einem in der Prozeßordnung verselbständigten Verfahrensteil beendende Gerichtshandlung"; sehr eng *Menger,* VerwArch Bd. 51 (1960) S. 78, mit der Begrenzung auf die Entscheidung über den Streitgegenstand des Hauptverfahrens.

[5] Eine Übersicht über die Entscheidungsmöglichkeiten gibt *Sigloch,* in: BVerfGG RdNr. 220 ff. zu § 80; vgl. auch E 24, 155 (165) mit Nachw. So ist auch die Entscheidung darüber, ob eine bestimmte Norm anwendbar ist oder ob ihr eine andere derogiert, eine Entscheidung; vgl. E 22, 134, wo es darum ging, ob Recht der Europäischen Wirtschaftsgemeinschaft innerdeutschem Recht vorgeht.

[6] So E 12, 67 (72): „Das richterliche Prüfungsrecht in bezug auf diese Norm steht jedoch dem Amtsgericht nicht zu, weil es sie nicht anzuwenden hat. Seine Befugnis zur selbständigen Prüfung und Entscheidung ... ist ... eingeschränkt." Vgl. auch E 2, 406 (409 f.); mißverständlich E 6, 222 (236) bei der Diskussion der Bindung durch §§ 121, 138 GVG: „Denn kein Gericht, das eine Rechtsnorm, die für die ihm obliegende Entscheidung zur Sache erheblich ist, für verfassungswidrig hält, kann durch ein einfaches Gesetz von seiner verfassungsrechtlichen Pflicht zur Anrufung des Bundesverfassungsgerichts entbunden werden." Dagegen auf S. 142: „Das Gericht, an welches das Verfahren zurückverwiesen wird, hat insoweit nicht mehr zu entscheiden." Vgl. auch E 18, 274 (280). *Stern,* AöR 91, 230, meint unter Berufung auf die angeführten Entscheidungen, in diesen Fällen bestehe keine Entscheidungserheblichkeit.

des Gerichtes ergehen, die für die jeweilige Entscheidung vorgesehen ist[7].

Von der Frage nach der Entscheidung ist die nach dem zulässigen Zeitpunkt der Vorlage zu trennen: eine Entscheidung, die das Ausgangsverfahren lediglich auf eine mögliche Anwendung der verfassungswidrigen Norm hinführen soll, berechtigt noch nicht zur Vorlage[8]. So ist ein Beweisbeschluß, der erst die Grundlage für die Anwendung der Norm schaffen soll, noch keine Entscheidung im Sinne des Art. 100 I GG[9], obwohl vor Anordnung der Beweisaufnahme die Anwendung der Norm zu erwägen ist. Der richtige Zeitpunkt für den Vorlagebeschluß des Gerichtes ist dann gekommen, wenn „feststeht, daß seine Entscheidung wirklich davon abhängt, ob jenes Gesetz nichtig ist oder nicht"[10]. Entfällt später die Notwendigkeit der Entscheidung[11], so wird die ursprünglich zulässige Vorlage unzulässig, da die Voraussetzungen des Art. 100 I GG zur Zeit der Normenkontrollentscheidung vorliegen müssen.

§ 13 Die Entscheidungsalternative

Nur die Norm, auf die es bei einer Entscheidung im Sinne von Art. 100 I GG „ankommt", kann dem BVerfG zur Normenkontrolle vorgelegt werden. Jede Entscheidung als Rechtsanwendungsakt beruht auf einer Subsumtion; entscheidungserheblich[1] ist die Norm, die den Obersatz der Subsumtion bildet.

---

[7] E 22, 311 (316); 24, 155 (165). Zu allgemein E 19, 71 (72): „Den Beschluß ... kann ein Strafgericht, jedenfalls nach Eröffnung des Hauptverfahrens, nur in der gleichen Besetzung fassen, in der es auch das Urteil und die mit der Urteilsfindung zusammenhängenden Entscheidungen getroffen hätte." Ähnlich E 1, 80 (81); 2, 266 (270); 16, 305; 21, 148 (149). Etwas widersprüchlich *Stern*, AöR 91, 236, der einmal von der Besetzung ausgeht, die für das Urteil vorgeschrieben ist, einige Zeilen weiter unten auf die spezielle Entscheidung und die dafür vorgeschriebene Besetzung abstellt; vgl. auch E 8, 248 (253). Für die spätere Begründung genügt die Unterschrift des Vorsitzenden; E 9, 20 (27).

[8] Vgl. *Pohle*, Anm. zu E 11, 330 in JZ 1961, 379; E 9, 137 (143); 13, 178 (180).

[9] E 11, 330 (334 f.). Das BVerfG drückt sich allerdings auf S. 336 mißverständlich aus: „Die ... Anordnung des Zivilrichters, daß bestimmte Beweise zu erheben seien ... ist keine ‚Entscheidung' i. S. des Art. 100 I GG." Daß dieser Satz nicht wörtlich zu nehmen ist, übersieht *Stern*, AöR 91, 229. Vgl. auch E 25, 269 (276); *Pohle*, JZ 1961, 376; *Schlitzberger*, NJW 1963, 1903; *Zimmer*, NJW 1960, 1893.

[10] Pohle, JZ 1961, 376. Zum Sonderfall des Revisionsgerichts s. E 24, 119 (133).

[11] Vgl. E 7, 59; 14, 140 (142). Unzulässigkeit kann auch dann gegeben sein, wenn das vorlegende Gericht den richtigen Zeitpunkt verpaßt, also das später für verfassungswidrig gehaltene Gesetz bereits angewendet hat; vgl. E 10, 1 (3).

[1] Der Begriff der Entscheidungserheblichkeit wird vom BVerfG in gleicher Bedeutung wie die Rechtsbegriffe in Art. 100 I GG — „bei der Entscheidung

Wird diese Norm durch eine andere ersetzt, also der Obersatz der Subsumtion verändert, so ändert sich in der Regel auch der Schlußsatz; in diesem Fall hat die Entscheidung einen anderen Inhalt[2]. Gelegentlich aber ändert sich trotz Änderung des Obersatzes der Schlußsatz nicht — wenn z. B. ein Unzulässigkeitsgrund an die Stelle eines anderen tritt —; in diesem Fall hat die Entscheidung den gleichen Inhalt, aber eine andere Begründung, weil sie auf einer anderen Norm beruht.

Die Norm als Obersatz der Subsumtion bestimmt als entscheidungserhebliche Norm Inhalt und Begründung der Entscheidung. Die Entscheidungserheblichkeit einer Norm folgt daraus, daß die Entscheidung über den Ausgangssachverhalt entweder einen anderen Inhalt oder eine andere Begründung hat, wenn die vorgelegte Norm nicht angewendet wird[3].

In der Situation des Vorlagebeschlusses hat das Ausgangsgericht zwischen zwei Obersätzen zu wählen, es steht vor einer Entscheidungsalternative. Die eine Entscheidung muß aus der vorgelegten Norm folgen; die alternative Entscheidung ergibt sich aus der Rechtsordnung, die ohne die vorgelegte Norm gedacht wird. Beseitigt das BVerfG durch eine Normenkontrollentscheidung für das Ausgangsgericht die vorgelegte Norm, so entfällt die Sperre, die das vorlegende Gericht an der Wahl der Alternativentscheidung gehindert hat.

---

ankommt" — und in § 80 II 1 BVerfGG — „abhängig" — gebraucht, wie sich z. B. eindeutig aus E 10, 258 (261) ergibt: „... für die von ihm zu treffende Entscheidung erheblich ist (Art. 100 I 1 GG, § 80 II 1 BVerfGG)." Erstmals wurde, zusammen mit den gesetzlichen Ausdrücken, der Terminus „entscheidungserheblich" wohl in E 2, 181 (190) gebraucht; vgl. auch die Übersicht bei *Stern*, AöR 91, 230.

[2] Dies wurde in E 13, 97 (103) als Regelfall der Entscheidungserheblichkeit angesehen.

[3] So E 19, 330 (336); vgl. auch E 18, 353 (360); 18, 257 (263) — mit abwegigem Hinweis auf E 16, 286 (293) — und E 22, 106 (109). Erstmals in dieser Richtung E 13, 97 (103 f.) — „scheinbar gleiches Ergebnis" —. Ähnlich schon E 7, 358 (363) — unzulässig statt möglicherweise unbegründet —; 9, 137 (143) — jedenfalls unbegründet, statt sachliche Prüfung mit unbestimmtem Ergebnis. Lediglich auf den Inhalt der Entscheidung wird in 7, 171 (174) — „zu einem anderen Ergebnis" — und 9, 250 (254) abgestellt; zu eng auch 10, 258 (261); 11, 310 (317); 13, 129 (132); 18, 305 (308); 25, 332 (335 f.). In E 10, 340 (344) „hielt das vorlegende Gericht ein Amnestiegesetz für gleichheitswidrig; bei Vernichtung dieses Gesetzes hätte es den Ausgangsbeklagten aber auch nicht amnestieren können. Zwar habe das LG sich nicht ausdrücklich darüber ausgesprochen ... Aus dem Zusammenhang der Gründe" soll sich jedoch die Entscheidungserheblichkeit ergeben, die nur in einer anderen Begründung gefunden werden kann.

Nach E 17, 210 (215 f.); 23, 74 (78) ist auch die Aussetzung des Verfahrens bis zur Entscheidung des Gesetzgebers eine genügende Alternative.

Das BVerwG, JR 1966, 433, hielt eine Vorlage einer von ihm für grundgesetzwidrig angesehenen Norm deswegen für nicht notwendig, weil die Klage jedenfalls unbegründet war. Zu einem ähnlichen Urteil des BFH s. die Kritik von *Spanner*, FR 1968, 426.

Das Normenkontrollgericht hat nur die als Sperre wirkende Norm zu prüfen; es hat keinen Einfluß auf die Entscheidung zu nehmen, die das Ausgangsgericht aufgrund der in der Normenkontrollentscheidung festgestellten Rechtslage fällt.

Die Situation der Entscheidungsalternative ist mit der Behauptung der Verfassungswidrigkeit eng verknüpft: eine Norm ist dann entscheidungserheblich, wenn sie — gäbe es Vorlagerecht oder richterliche Verwerfungskompetenz nicht — den Richter kraft der Bindungswirkung des positiven Rechtes zu einer verfassungswidrigen Entscheidung zwingen würde. Dies ist auf zweierlei Weise möglich: entweder zwingt die Norm den Richter, den Sachverhalt einer von ihm für verfassungswidrig gehaltenen Regelung zu unterwerfen, oder sie zwingt ihn, die von ihm als allein verfassungsgemäß angesehene Rechtsfolge nicht auszusprechen.

Diese beiden Fälle lassen sich zwar danach unterscheiden, daß die Verfassungswidrigkeit im ersten Fall in der Regelung selbst liegt, im zweiten Fall in dem Ausschluß von einer bestimmten Regelung; die Grenzen zwischen den beiden Fällen verwischen sich aber, denn auch im ersten Fall sieht der Richter in der Alternativentscheidung eine verfassungsmäßige Entscheidung, an deren Ausspruch ihn die vorgelegte Norm hindert, indem sie den Sachverhalt einer anderen, ausdrücklich angeordneten Regelung unterwirft; umgekehrt ist im Falle des Ausschlusses von der verfassungsmäßigen Regelung der Ausgangssachverhalt durch die vorgelegte Norm verfassungswidrig geregelt.

Entfällt die vorgelegte Norm durch die Feststellung der Nichtigkeit für die Entscheidung des Ausgangssachverhaltes, so kann sich die Situation verschiedenartig darstellen:

Einmal ist es möglich, daß der Richter durch Auslegung der Gesetze keine andere Norm findet, die den Sachverhalt regelt. In diesem Fall beruht die Alternativentscheidung darauf, daß der vermeintlich geregelte Bereich in den rechtsfreien Raum fällt, indem etwa eine Erlaubnis der Behörde nicht notwendig ist, eine Steuerpflicht entfällt, eine strafbare Handlung nicht vorliegt. Dieser Typ der Entscheidungsalternative orientiert sich an der Funktion der Rechtsgeltungsnormen als Abwehrnormen; in dieser Sicht sind gesetzliche Regelungen deshalb verfassungswidrig, weil sie in grundsätzlich rechtsfrei zu denkende Bereiche eingegriffen haben. Der verfassungsrechtliche Vorwurf besteht darin, daß eine Regelung in einem Sachbereich getroffen wurde, der überhaupt nicht hätte geregelt werden dürfen. Nach Feststellung der Nichtigkeit spricht das Ausgangsgericht aus, daß der Sachverhalt zu dem großen Bereich gehört, der außerhalb des Eingriffsbereiches der Rechtsordnung liegt, außerhalb des Erlaubnisvorbehaltes, außerhalb der Steuerpflicht, außerhalb der strafbaren Handlungen.

Andererseits kann die Alternativentscheidung den Sachverhalt auch — statt der Regelung durch die vorgelegte, aber verfassungswidrige Norm — einer anderen bestimmten Regelung unterwerfen. Dabei beruht die Alternativentscheidung entweder auf einer ausdrücklichen gesetzlichen Regelung oder auf einer Regelung durch richterliche Lückenausfüllung im Einzelfall. Das negative Normenkontrollurteil eröffnet dem Richter die Möglichkeit, den Sachverhalt mit einer ganz bestimmten anderen Rechtsfolge zu verknüpfen, den Sachverhalt unter eine Norm zu subsumieren, unter die er ohne das negative Normenkontrollurteil nicht hätte subsumiert werden dürfen. Hier wird also der Sachverhalt nach Fortfall der sperrenden Norm durch die Normenkontrollentscheidung einer anderen Norm unterworfen. Diese Form der Entscheidungsalternative orientiert sich an der Funktion der Rechtsgeltungsnormen als inhaltliche Richtsätze; die vorgelegte Norm ist deshalb verfassungswidrig, weil sie den Richter gerade daran hindert, die von ihm als verfassungsmäßig angesehene Norm anzuwenden.

Es wurde bereits darauf hingewiesen, daß es sich nicht eigentlich um grundlegend unterschiedliche Fallgruppen handelt, sondern eher um eine — an der primären Funktion der Rechtsgeltungsnormen orientierte — unterschiedliche Sicht und unterschiedliche Betonung der im wesentlichen gleichen Erscheinung: ebenso wie man in den materiellen Rechtsgeltungsnormen sowohl Verbote bestimmter Regelungen als auch inhaltliche Direktiven sehen kann, kann man in der Normenkontrolle sowohl ein Verfahren zur Verhinderung von bestimmten Entscheidungen als auch ein Verfahren zur Ermöglichung anderer Entscheidungen sehen. Da keiner der beiden Funktionen der Rechtsgeltungsnormen der absolute Vorrang zukommen kann, sie vielmehr einander ergänzen und überschneiden, kann auch im Verfahren der konkreten Normenkontrolle der Blick nicht einseitig auf den Abwehrcharakter der Rechtsgeltungsnormen gerichtet sein; beide Funktionen müssen im Normenkontrollverfahren in gleicher Weise berücksichtigt werden.

Die Normenkontrolle durch das BVerfG scheint in den Fällen des Ausschlusses von der verfassungsmäßigen Regelung die Aufgabe des positiven Rechtes in diesem Zusammenhang nicht genügend zu berücksichtigen, sondern geht allzu einseitig von der formalen, mehr oder weniger zufälligen Gestaltung des Gesetzesrechtes aus. Dies wird besonders deutlich in der grundlegenden Entscheidung des BVerfG zum Unterlassungsproblem[4]:

Durch § 6 I des sogenannten Änderungsgesetzes vom 6. 12. 1951 wurden unter anderem die Versorgungsbezüge der „am 1. 10. 1951 vorhandenen Ruhestandsbeamten, Wartestandsbeamten und sonstigen Versorgungsempfänger, deren Versorgung auf einem Bundesbeamtenverhältnis beruht oder für die die Versorgungsausgaben durch das zweite Überleitungsgesetz ... vom Bund übernommen worden sind", mit Wirkung vom 1. 10. 1951 erhöht[5]. Das Vorlagegericht hielt § 6 I insoweit für verfassungswidrig, als „die vertriebenen

---

[4] E 8, 28 ff.

[5] E 8, 28 (29).

Ruhestandsbeamten von der im Gesetz vom 6. 12. 1951 gewährten zwanzigprozentigen Gehaltszulage ausgeschlossen" sind[6]. Zu diesem Personenkreis gehörte der Ausgangskläger. Für den Fall, daß das BVerfG die Vorlage für begründet erklären würde, wollte das Vorlagegericht den Ausgangskläger durch „ergänzende Gesetzesauslegung" in die Gehaltserhöhung miteinbeziehen[7].

Das BVerfG wies die Vorlage als unzulässig ab und gab hierfür eine dreifache Begründung:

Die vom Vorlagegericht als möglich angesehene „ergänzende Gesetzesauslegung" sei „verfassungsrechtlich unhaltbar"; sie sei insbesondere als verfassungskonforme Auslegung nicht zulässig, da sie dem „klaren Gesetzeswortlaut einen geradezu entgegengesetzten Sinn" geben würde[8]. Die vom Vorlagegericht vorgeschlagene analoge Anwendung wird jedoch von diesem Argument des BVerfG gar nicht getroffen, da nicht § 6 I anders ausgelegt, sondern lediglich zur Lückenausfüllung herangezogen werden sollte.

Aber auch diese Lückenausfüllung hielt das BVerfG für unzulässig, weil ein Versorgungsanspruch grundsätzlich nur nach Maßgabe eines Gesetzes bestehe: dem Richter sei es verwehrt, einem Beamten über die gesetzliche Bestimmung hinaus im Einzelfall Gehalt oder Ruhegehalt zuzusprechen[9]. Im Ausgangsverfahren wollte das vorlegende Gericht dem Kläger jedoch lediglich einen in der Höhe bereits gesetzlich festgelegten Versorgungsanspruch durch analoge Anwendung des Änderungsgesetzes zubilligen[10], und es begründete dies damit, daß das Änderungsgesetz seiner — unter Einbeziehung von Verfassungsrecht ermittelten — Bedeutung nach auch den Ausgangskläger mit umfaßt, also im Grunde das maßgebliche Gesetz ist, aus dem sich der Versorgungsanspruch ergibt. Die Begründung des BVerfG umging also die eigentliche Frage nach der maßgeblichen gesetzlichen Bestimmung.

---

[6] E 8, 28 (31 f.).

[7] E 8, 28 (32).

[8] E 8, 28 (34).

[9] E 8, 28 (35). Diese These hatte das BVerfG in der Verfassungsbeschwerdeentscheidung E 8, 1 näher begründet; die Beschwerdeführer hatten gerügt, „daß ihre eigene Versorgung seit dem 1. 10. 1951 nicht mehr der Verpflichtung des Staates zu einer angemessenen Alimentation entsprochen habe" (8, 1 (11)), daß also ihre Versorgung der in Art. 33 V GG enthaltenen „unmittelbaren objektiven Gewährleistung des angemessenen Lebensunterhaltes" (8, 1 (17)) nicht entsprach. Es wurde von den Beschwerdeführern, wie das BVerfG selbst feststellte, „etwas grundsätzlich anderes begehrt als bloße Gleichbehandlung"; vielmehr sollte aus Art. 33 V GG ein bestimmter Versorgungsanspruch hergeleitet werden, also ein genereller Anspruch einer ganzen Gruppe auf eine gesetzlich nicht fixierte Versorgung. Einen ziffernmäßig bestimmten Versorgungsanspruch konnte das BVerfG jedoch aus Art. 33 V GG nicht herleiten; trotzdem hielt es die Verfassungsbeschwerde für begründet.

[10] Zur Relevanz dieses Unterschiedes und zum Gesetzesvorbehalt im Besoldungsrecht vgl. *Ule*, Anm. zu BVerwGE 18, 293 in DVBl 1965, 326; *Bachof*, Verfassungsrecht, Verwaltungsrecht, Verfahrensrecht II (1967) Nr. 10 S. 17, Nr. 17 S. 22, Nr. 40 S. 44, Nr. 77 S. 85; *Cornelius-Schneider*, DVBl 1966, 130 f. Das BVerwG, E 18, 293 ff., lehnte unter Berufung auf das BVerfG die analoge Anwendung des Versorgungsanspruches einer Beamtenwitwe auf einen im wesentlichen von der beamteten Ehefrau unterhaltenen Witwer ab; eine Vorlage kam hier nicht in Betracht, da es sich um vorkonstitutionelles Recht handelte.

Als drittes Argument führte das BVerfG schließlich an, die Vorlage sei deshalb unzulässig, weil der Tatbestand des § 6 I Änderungsgesetz nicht derartig durch eine Teilnichtigkeit verändert werden könne, daß er dann „auch die nicht berücksichtigten Personenkreise miterfaßt“[11]. „Eine auf Art. 3 GG gestützte Entscheidung des BVerfG muß die Gestaltungsfreiheit des Gesetzgebers nach Möglichkeit wahren[12].“ Eine Erweiterung des Tatbestandes durch Feststellung der Nichtigkeit einzelner Tatbestandselemente sei „nur dann zulässig, wenn das BVerfG mit Sicherheit annehmen kann, daß der Gesetzgeber bei Beachtung des Art. 3 GG die verbleibende Fassung gewählt, also das Gesetz auf alle nach Art. 3 GG zu berücksichtigenden Gruppen unverändert erstreckt haben würde“.

Nach dieser dritten Argumentation des BVerfG wäre eine Normenkontrolle nur dann zulässig, wenn die Alternativentscheidung zwangsläufig aus der Verfassung folgt; hiernach käme es nicht primär darauf an, daß eine Entscheidung aufgrund der vorgelegten Norm verfassungswidrig ist, sondern darauf, daß die Alternativentscheidung nicht nur verfassungsmäßig, sondern vielmehr von der Verfassung eindeutig geboten ist. Daß diese Erwägung nicht in die Zulässigkeitsprüfung gehört, ist evident, folgt doch aus der Feststellung, daß die Alternativentscheidung von der Verfassung zwingend geboten ist, notwendig die Verfassungswidrigkeit der Entscheidung aufgrund der vorgelegten Norm und damit die Verfassungswidrigkeit dieser Norm selbst[13]: die Begründetheit wäre Zulässigkeitsvoraussetzung.

Damit wird aber der eigentliche Gegenstand der verfassungsrechtlichen Prüfung, die vorgelegte Norm, die nach Ansicht des Ausgangsgerichtes zu einer verfassungswidrigen Entscheidung zwingt, beiseite geschoben. Das BVerfG ging zwar in diesem Zusammenhang nur von den Fällen aus, in denen durch die Feststellung der Nichtigkeit faktisch „der Kreis der Anspruchsberechtigten und zugleich ein Teil der bisher nach dem Gesetz gegebenen Ansprüche erweitert“ wird[14], aber es erkennt selbst an anderer Stelle an, daß die besondere Behandlung von Fällen gesetzlicher Begünstigung nicht durchführbar ist, weil sich Begünstigung und Belastung kaum sachlich unterscheiden lassen[15]. Darauf abzustellen, wie der Text des Gesetzes ausgestaltet ist, ob als Ausnahme von einer Regel, als einseitige Regelung, ob im gleichen Satz die Ausnahme niedergelegt ist oder in verschiedenen Gesetzestexten, ist allzu formal; eine derartige Methode würde auch verkennen, daß erst die Norm, also ein Auslegungsergebnis, Gegenstand der Prüfung sein kann, ihre gesetzestechnische Darstellung daher unmaßgeblich ist[16].

---

[11] E 8, 28 (36).
[12] E 8, 28 (37); vgl. auch E 8, 1 (10); 21, 329 (337 f.) mit Nachw.
[13] So muß das BVerfG auch in E 21, 329 (338) zur Begründung der Zulässigkeit auf die in der Sachprüfung gebrachten Argumente verweisen.
[14] E 21, 329 (354).
[15] E 8, 28 (36); E 17, 1 (23 f.).
[16] Hierauf will offenbar R. *Schneider*, AöR 89, 49 f., primär abstellen.

Die These des BVerfG, daß die Normenkontrolle in den Fällen des Ausschlusses von einer Regelung nur dann zulässig sein soll, wenn die Einbeziehung verfassungsrechtlich zwingend geboten ist, wird in sich auch nicht überzeugend begründet: so läßt sich aus Art. 3 I GG keinesfalls folgern, daß der Gesetzgeber mit Sicherheit eine bestimmte Fassung gewählt haben würde; gerade der Gleichheitssatz ist wegen seines formalen Charakters für eine derartige Argumentation ungeeignet[17].

Das BVerfG mußte daher auch regelmäßig die Gesetzeslage berücksichtigen, um eine Entscheidung über die Bindung des Gesetzgebers fällen zu können: so konnte die beamtenrechtliche Witwerversorgung in einem bestimmten Umfang als verfassungsrechtlich geboten erscheinen, weil gesetzlich eine Witwenversorgung bestand, für die Differenzierung zwischen Witwer und Witwe im Beamtenrecht aber kein sachlicher Gesichtspunkt ersichtlich war. Dagegen war die Witwerversorgung in der Form, wie sie das BVerfG letztlich für zwingend geboten hielt, in keiner Weise unmittelbar aus der Verfassung herzuleiten: die Gestaltungsfreiheit des Gesetzgebers war durchaus nicht dahin eingeschränkt, eine völlig andere oder eine im Detail andere Versorgung aller Hinterbliebenen der Beamten gesetzlich festzulegen[18]; lediglich im Hinblick auf die bestehende Witwenversorgung war der Gesetzgeber auch für die Witwerversorgung gebunden.

Eine inhaltliche Aussage darüber, wie eine Regelung, die verfassungsrechtlich geboten erscheint, konkret auszugestalten ist, wird in aller Regel nur dann möglich sein, wenn der Gesetzgeber den inhaltlich wenig konkreten sachlichen Richtsatz der Verfassung bereits ausgestaltet hat[19]. Bei dieser Ausgestaltung hat er sachgerecht zu verfah-

---

17 Vgl. *Ipsen,* in: Die Grundrechte II, S. 156 f.; *Rüpke,* Gesetzgeberisches Ermessen und richterliches Prüfungsrecht in der Rechtsprechung des Bundesverfassungsgerichts zum Gleichheitssatz (1961) passim, insbes. S. 106 ff.; *Salzwedel,* Festschr. Jahrreiss (1964) S. 343; *Stauder,* ZStaatsw. 123 (1967) S. 148 ff. Vgl. auch oben § 2.

18 E 21, 329 (343 f.).

19 Diese sichere Feststellung hat das BVerfG in den Entscheidungen 6, 273 (280 f.); 17, 148 (152 f.); 21, 329 (338, 343); 22, 163 (174 f.) treffen können.

In ihrer Argumentation berücksichtigen diese Entscheidungen, die eine Pflicht des Gesetzgebers zu einer bestimmten Regelung bejahen, die vom Gesetzgeber in gleichheitswidriger Weise getroffene Regelung, also die bestehende Rechtsordnung, wobei ohne Begründung vorausgesetzt wird, daß die gleichheitswidrige Regelung geltendes Recht geworden ist; vgl. dazu oben § 5. Nach Ansicht des BVerfG dürfte sich aber die verfassungsrechtliche Pflicht zu einer bestimmten Regelung gerade nicht aus der gleichheitswidrigen Regelung ergeben, denn es wird darauf abgestellt, daß der Gesetzgeber die ganze Regelung hätte überhaupt nicht zu treffen brauchen; so E 8, 1 (10). Im übrigen sind mehrere Möglichkeiten in aller Regel nicht mehr denkbar, wenn die bestehende Regelung als Datum angesehen wird: die beanstandete Ungleichbehandlung durch Ausschluß kann unter dieser Voraussetzung nur durch Einbeziehung beseitigt werden.

In allen Entscheidungen wurde im Gegensatz zur theoretischen Ansicht die sichere Feststellung der Berechtigung der Tatbestandserstreckung nicht aus Art. 3 I GG, sondern aus dem Gebot der Chancengleichheit für politische ren; die Ausgestaltung an sich unterliegt aber weiter seiner Verfügungsgewalt, ohne letztlich Verfassungsrecht zu werden.

Auch die eng damit zusammenhängende Argumentation, in die Freiheit des Gesetzgebers dürfe nicht eingegriffen werden, kann nicht überzeugen. Das BVerfG hat als Grundlage der Normenkontrollentscheidung die Rechtsordnung so zu nehmen, wie sie im Augenblick des Normenkontrollverfahrens besteht, und zu prüfen, ob die vorgelegte Norm unter Berücksichtigung der Rechtsordnung, so wie sie im Augenblick der Entscheidung gilt, verfassungsmäßig ist. Es ist für die Entscheidung des BVerfG irrelevant, daß eine andere Rechtsordnung gelten könnte: so hätte im Beispielsfall eine Besoldungserhöhung in der vorgenommenen Form möglicherweise unterbleiben können; die Rechtsordnung wurde jedoch durch das Gesetz, das bestimmten Gruppen eine bessere Besoldung brachte, geändert. Ist aber der verfassungswidrige Ausschluß eines Sachverhaltes von einer bestimmten Regelung gerade der Vorwurf, der dem Gesetz gemacht wird, so kann eine verfassungsgerichtliche Entscheidung über diesen Vorwurf — auch im Verfahren der Normenkontrolle — wohl kaum mit der Begründung abgelehnt werden, daß der Gesetzgeber von der Regelung überhaupt hätte absehen können.

Im übrigen wird der Gesetzgeber durch ein Normenkontrollurteil weder für die Vergangenheit noch für die Zukunft daran gehindert, die gesamte Materie neu zu ordnen[20]. Die verfassungsgerichtliche Entscheidung verbietet dem Gesetzgeber lediglich, die verfassungswidrige Regelung zu wiederholen, wobei namentlich in Fällen der Gleichheitswidrigkeit der Verfassungsverstoß schon durch Änderung einfachen Rechtes beseitigt werden kann. Auch wenn man in Betracht zieht, daß die Normenkontrollentscheidung faktisch eine Regelung verändert, so wird damit nicht in die Freiheit des Gesetzgebers eingegriffen: die Entscheidung ergeht doch gerade deshalb, weil der Gesetzgeber die in An-

---

Parteien, aus Art. 6 V GG, aus Art. 33 V GG oder aus der sachlichen Umgrenzung der Ermächtigungsnorm (vgl. E 22, 163 (175)), also aus materiellen Richtsätzen entnommen.

Seiner Theorie entsprechend verfuhr das BVerfG lediglich in E 18, 288 (301 f.), indem es hier die Pflicht des Gesetzgebers zur Gleichbehandlung aussprach.

In E 13, 248 (261) wurde die Vermutung, welche Regelung durch den Verordnungsgeber getroffen worden wäre, auf die Ermächtigung gestützt.

[20] So mit Recht R. *Schneider*, AöR 89, 45. Eingehend bestätigen E 22, 349 (361 f.) und E 23, 1 (10 f.) die Lehre von der Bedeutung der gesetzgeberischen Freiheit, während das BVerfG später in E 25, 167 (181) die Durchsetzung von Art. 6 V GG durch die Rechtsprechung billigte, dabei aber betonte, „dem Gesetzgeber steht es jederzeit frei, die Erfüllung des zunächst an ihn gerichteten Verfassungsauftrags wieder an sich zu ziehen und nach seinen Vorstellungen zu verwirklichen“.

spruch genommene Freiheit nicht hatte; die Entscheidung ist also schon allein deswegen gerechtfertigt, weil der Gesetzgeber sein Gesetzgebungsrecht mißbraucht hat, indem er eine verfassungswidrige Regelung erlassen hatte.

Die Rechtsprechung zum Problem des Ausschlusses von einer Regelung ist aber insbesondere deshalb nicht haltbar, weil sich sachliche Gesichtspunkte nicht finden lassen, die eine genaue Abgrenzung zwischen der bloßen Beseitigung einer verfassungswidrigen Regelung und der Unterwerfung des Sachverhaltes unter eine andere Regelung ermöglichen. Nur in den seltensten Fällen ist die Entscheidung über die Nichtgeltung einer Norm ohne Einfluß auf die Menge der übrigen Normen einer Rechtsordnung, indem der vermeintlich geregelte Sachverhalt — wie verfassungsgerichtlich festgestellt — keiner positiv-rechtlichen Regelung unterliegt. In aller Regel wird zumindest ein Teil der Sachverhalte, die durch die später als nichtig erkannte Norm geregelt schienen, infolge der Feststellung der verfassungsmäßigen Rechtsordnung durch andere Normen geregelt, die damit faktisch ihren Regelungsbereich für die aktuelle Rechtsanwendung ändern; andere Sachverhalte werden durch richterliche Lückenausfüllung geregelt.

Das BVerfG hat die Fälle des Ausschlusses von einer Regelung aus einem weiteren Grunde als problematisch angesehen: das Normenkontrollverfahren sei ungeeignet, weil die erstrebte Alternativentscheidung nur dann erreicht werden könne, wenn die vorgelegte Norm verändert wird; werde die vorgelegte Norm schlechthin für nichtig erklärt, so fehle jede Grundlage für die erstrebte Alternativentscheidung.

So erhielten gemäß einer Übergangsregelung in § 25 I des Gesetzes über eine Altershilfe für Landwirte ältere Landwirte, die ihren Hof nach einer bestimmten Zeit übergaben, nur dann Altersgeld, wenn sie für die Altershilfe beitragspflichtig gewesen waren; die Beitragspflicht bestand nicht für sozialversicherte Landwirte. Diesen Ausschluß der sozialversicherten Landwirte aus der Übergangsregelung hielt das vorlegende Gericht für verfassungswidrig und legte daher die Übergangsregelung dem BVerfG vor. Das BVerfG verwarf die Vorlage als unzulässig, indem es erklärte: „a) Ist die Bestimmung mit dem Gleichheitssatz vereinbar, so ist die Klage auf jeden Fall abzuweisen. b) Ist die Bestimmung dagegen nichtig, so fehlt es ebenfalls an einer Rechtsgrundlage, aufgrund deren das Sozialgericht der Klage stattgeben könnte[21]."

Diese Argumentation zeigt, daß das BVerfG die vorgelegte Bestimmung nur als eine einheitliche Norm betrachten will, über die als Ganzes entschieden werden muß. Da aber diese Bestimmung, so wie sie vom BVerfG aufgefaßt wird, den Ausgangssachverhalt nicht regelt, kann sie auch nicht entscheidungserheblich, ihre Vorlage also nicht zulässig sein.

---

[21] E 15, 121 (125).

Zusätzlich wird vom BVerfG betont, daß die vom vorlegenden Gericht erstrebte Alternativentscheidung verfassungsrechtlich nicht zwingend geboten sei; auch daran scheitere die Vorlage[22].

Die erste Begründung der Unzulässigkeit — Fehlen der Entscheidungserheblichkeit — erlaubt es allerdings kaum, die Vorlage für zulässig zu halten, auch dann nicht, wenn die vom vorlegenden Gericht erstrebte Alternativregelung als einzig verfassungsmäßige Regelung anzusehen ist; denn durch eine solche Überlegung kann die zunächst für nicht erheblich gehaltene Bestimmung die notwendige Entscheidungserheblichkeit nicht gewinnen.

Schon diese Widersprüchlichkeit der doppelten Begründung der Unzulässigkeit läßt Zweifel daran aufkommen, daß die Problematik des gesetzgeberischen Unterlassens gelöst werden kann, indem man entweder die Normenkontrolle für unzulässig hält, weil gar kein Gegenstand der verfassungsrechtlichen Prüfung gegeben ist[23], oder indem man als Gegenstand gerade die Unterlassung des Gesetzgebers oder — objektiv gewendet — das Schweigen des positiven Rechts betrachtet[24].

Das Problem der Entscheidungserheblichkeit hat das BVerfG später, ohne ausdrücklich von der referierten Entscheidung abzurücken, umgangen, indem es die Möglichkeit der Aussetzung des Verfahrens — also das Vermeiden einer Entscheidung — bis zum Erlaß einer entscheidungserheblichen Norm durch den Gesetzgeber als Entscheidungsalternative genügen ließ. Damit wurde entweder die vom vorlegenden Gericht vermißte Norm zum Gegenstand des Normenkontrollverfahrens gemacht oder die Norm, die das vorlegende Gericht an einer verfassungsgemäßen Entscheidung hinderte, ohne daß durch eine negative Normenkontrollentscheidung der Weg zu einer verfassungsgemäßen Ausgangsentscheidung frei geworden wäre[25].

---

[22] Vgl. E 15, 121 (126). In E 25, 314 (321) wird die Vorlage einer vergleichbaren Norm des gleichen Gesetzes ohne weiteres für zulässig gehalten.

[23] So insbes. *Friesenhahn,* in: Verfassungsgerichtsbarkeit in der Gegenwart (1962) S. 149. Auch *Stern,* in: Kommentar zum Bonner Grundgesetz (1967) RdNr. 100 zu Art. 100 mit Nachw. In Festschrift Ambrosini (1969) unter I 4. a. E. erwägt *Friesenhahn* mit Blick auf die Komplikationen, die sich aus der Zulässigkeit von Verfassungsbeschwerden ergeben, die ausdehnende Interpretation von Art. 100 I GG.

[24] So R. *Schneider,* AöR 89, 24 ff., insbes. 50 f.; vgl. auch *Knauss,* Der Entscheidungsanspruch bei der abstrakten Rechtskontrolle des Bundesverfassungsgerichts (1964) S. 54 ff.; *Ritter,* Verfassungsrechtliche Gesetzgebungspflichten (1967) S. 165 f.; R. *Schneider,* DVBl 1966, 133; *Schweda,* Nicht erfüllte Aufträge des Verfassungsgebers (1968) S. 129 f.; *Stahler,* Verfassungsgerichtliche Nachprüfung gesetzgeberischen Unterlassens (1966) passim.

[25] Vgl. E 17, 210 (215 f.); 23, 74 (80); 23, 135 (142); 24, 220 (224). Bemerkenswert ist, daß alle diese Verfahren positiv ausgingen, so daß in der Praxis keine Unzuträglichkeiten entstanden; gleichzeitig vermied das BVerfG die unbefriedigende Abweisung wegen Unzulässigkeit, zu der es in den referierten Entscheidungen E 8, 28 und 15, 121 gekommen war. Zum Unterlassen als Prüfungsgegenstand im Normenkontrollverfahren nach Art. 100 I GG vgl. auch unten § 15 Anm. 14.

Ansatz für die Lösung des Problems, was in den sogenannten Unterlassungsfällen als Prüfungsgegenstand anzusehen ist, soll die Tatsache bilden, daß die Ausgangsgerichte in den Fällen des Ausschlusses von einer Regelung jeweils eine bestimmte Vorschrift vorlegen; diese regelt zwar den Ausgangssachverhalt nicht ausdrücklich, wird aber dennoch von den vorlegenden Gerichten offensichtlich für entscheidungserheblich gehalten. Es wird näher zu untersuchen sein, welche Struktur die Normen haben, die die Gerichte veranlassen, dem BVerfG Bestimmungen, die ihrem Wortlaut nach den Ausgangsfall gerade nicht regeln, vorzulegen.

Die Unklarheit über den eigentlichen Gegenstand der Vorlage und die in sich widersprüchliche Begründung der Prozeßabweisung mancher Vorlagen, letztlich wohl auch das Unbehagen über die unbefriedigenden Folgen dieser Rechtsprechung führten denn auch dazu, daß das BVerfG sich nicht konsequent an die im 8. Bande ausgesprochenen Grundsätze halten konnte und gehalten hat. Zwar wurden einige Vorlagen mit der dort entwickelten Begründung zurückgewiesen[26]; in zahlreichen anderen Verfahren hat das BVerfG aber die vorgelegte Norm, die sachlich — und teilweise sogar nach der Formulierung des Textes — als Ausnahme von einer generellen Regelung anzusehen war, für nichtig erkannt: so wurden durch Normenkontrollentscheidungen zahlreiche Gruppen, die zunächst ausgeschlossen schienen, in die Sozialversicherung und die Kriegsopferversorgung miteinbezogen[27]; auch auf anderen Rechtsgebieten wurde durch Feststellung der Nichtigkeit einer Norm die Entscheidung des Ausgangssachverhaltes in anderer Richtung ermöglicht[28]. Zumindest aber wurde die Zulässigkeit der Vorlagen in solchen Fällen nicht anhand der im 8. Bande entwickelten Kriterien

---

[26] So wurden als unzulässig zurückgewiesen die Vorlagen E 7, 171 (174); 9, 250 (255); 14, 308 (311); 15, 121 (125); 23, 146 (149 f.) jeweils mit der zusätzlichen Begründung, die Entscheidungserheblichkeit sei nicht gegeben. Zulässig und damit auch begründet waren die in Anm. 19 zitierten Vorlagen.

In E 7, 171 war die sachwidrige Ausübung einer Verordnungsermächtigung im Streit; vgl. hierzu auch E 13, 248 (254 f.).

[27] Zur Sozialversicherung siehe E 17, 1; 18, 257. Zur Arbeitslosenversicherung E 18, 366; 20, 374; 20, 379. Zum Bundesversorgungsgesetz E 17, 38; 17, 62; 17, 148. Kritische Darstellung der inkonsequenten Rspr. bei *Majer*, Die Folgen verfassungswidriger Gesetze im öffentlichen Recht (1966) S. 139 ff. Zu Unrecht beruft sich das BVerwG in seinem, die Rspr. des BVerfG zum Unterlassungsproblem kritisierenden Vorlagebeschluß, DVBl 1969, 462 f., auf E 18, 38; dort wurde gerade die Einbeziehung für verfassungswidrig erklärt; vgl. E 18, 38 (45).

[28] Vgl. E 4, 219 — Gewährung eines Anspruchs auf Unterbringung im öffentlichen Dienst durch Streichen einer ausschließenden Klausel —; E 13, 31 — Einbeziehung bestimmter Gruppen in die Entschädigungsleistung —; 22, 163 (167, 175) — Ausschluß vom Kindergeld, wobei die Erweiterung lediglich damit gerechtfertigt wird, daß der Gesetzgeber „in Kenntnis des Verfassungsverstoßes“ diesen nicht begangen hätte —.

geprüft[29] — selbst dort nicht, wo auf die Grundsätze der referierten Entscheidung verwiesen wurde; vielmehr wurde in aller Regel erst in der Sachprüfung die Gebotenheit der Tatbestandserstreckung festgestellt[30]; dies ist nicht zu beanstanden, denn die Verfassungswidrigkeit einer Regelung kann sachlich auch dadurch festgestellt werden, daß eine andere Regelung als zwingend geboten betrachtet wird.

In diesen Entscheidungen[31], die sachlich von der ursprünglichen Rechtsprechung abrücken[32], ohne sie eigentlich zu widerrufen, bleibt

---

[29] E 9, 20 (28 f.) — Erweiterung des Anspruchs auf Arbeitslosenunterstützung —; 9, 201 (205 f.) — Kriegsopferversorgung auch für nach der Verschollenheit des Vaters geborene Kinder —; 11, 64 (67) — Ausschluß der Miterben des überlebenden Ehegatten von der Hausratsentschädigung nach dem LAG —; 14, 34 (37) — Ausschluß von der günstigeren Steuerklasse; im sachlich gleichliegenden Fall E 9, 250 wurde die Vorlage für unzulässig gehalten —; 14, 288 (292); 14, 306 (307) — Ausschluß von der Selbstversicherung —; 15, 105 (111) — Einbeziehung in günstigere Verjährungsvorschriften —; 17, 210 (216) — Gewährung von Prämien für Wohnungsbau —; 22, 28; 22, 100 — Einbeziehung in den Kreis der Anspruchsberechtigten nach dem Kindergeldgesetz —; 22, 387 (406) — Einbeziehung in die Versorgung nach G 131 —; 23, 74 (80) — Einbeziehung in Vermögenssteuerbegünstigung —; 23, 135 (143) — Einbeziehung in die gesetzliche Krankenversicherung —; 24, 220 (224) — Berechtigung zur Weiterversicherung —; 25, 314 (321) — Gewährung von Altersgeld —.

In allen diesen Fällen wurde die Vorlage als zulässig angesehen, ohne daß Bezug genommen wurde auf die Grundsätze im 8. Bande; die Vorlagen waren unbegründet, weil der Ausschluß von der angestrebten Regelung nicht verfassungswidrig war.

[30] Vgl. etwa E 22, 163 (166, 174 f.).

[31] Auch im Rahmen der Verfassungsbeschwerde wurden Normenkontrollentscheidungen gefällt, die den Anwendungsbereich von gesetzlichen Regelungen ausdehnen. Zwar erkennt das BVerfG die Zulässigkeit von Verfassungsbeschwerden unmittelbar gegen gesetzgeberisches Unterlassen an — vgl. die Bestätigung der Rspr. in E 22, 349 (363 ff.) —, ging aber dennoch oftmals den Weg der Tatbestandserstreckung, indem es die Nichtigkeit von einschränkenden Textteilen aussprach.

Auf der Lehre von der Zulässigkeit einer Verfassungsbeschwerde gegen verfassungswidriges gesetzgeberisches Unterlassen beruhen etwa die zuerkennenden Entscheidungen in E 8, 1; 15, 46; 23, 1; 25, 101; 25, 236 und die ablehnenden Entscheidungen in E 1, 97 (105) — Verfassungsauftrag nur an den Gesetzgeber —; E 6, 257 (264, 267) — Verfassungsauftrag richtig erfüllt —; E 11, 255 (262); 12, 139 (142); 22, 349 — kein Verfassungsauftrag anzunehmen —; E 13, 284 (287) — kein Unterlassen, sondern Regelung, daher Fristversäumnis —. Ein Sonderproblem bilden Verfassungsbeschwerden unmittelbar gegen Normen; vgl. in diesem Zusammenhang die Richterbesoldungsentscheidungen vom 4. 6. 1969, NJW 1969, 1803 ff.

Auf dem Wege der Nichtigkeitsfeststellung wurde dagegen der verfassungswidrige Ausschluß beseitigt in den Entscheidungen E 6, 273 — Einbeziehung von gewissen Spenden in die Regelung der steuerlichen Abzugsfähigkeit —; 16, 94 — Einbeziehung in die Versorgung nach G 131 —; 17, 122 — Gewährung der Kapitalentschädigung im Wiedergutmachungsrecht —; 17, 148 — Ausgleichsrente auch für nachgeborene uneheliche Kinder nach dem BVersG —; 24, 75 — Gewährung von Rückerstattungsleistung bei Fristversäumnis —.

Zu dieser Rspr. s. *Krohn*, BB 1968, 1072 mit Nachw.

[32] Es kann daher der Feststellung *Laufers*, Verfassungsgerichtsbarkeit und politischer Prozeß (1968) S. 372 ff., das BVerfG habe seine anfängliche Zurück-

die Frage der Entscheidungserheblichkeit unerörtert; es wird nicht geklärt, welche Norm Gegenstand der verfassungsrechtlichen Prüfung ist, über welche Norm eigentlich entschieden wird. Denn das BVerfG ist von seiner These nicht abgerückt, daß im Normenkontrollverfahren eine Norm nicht verändert werden darf, daß also in einem Tatbestand, der kumulative Voraussetzungen der Rechtsfolge enthält, nicht eine einzelne dieser Voraussetzungen für nichtig erklärt werden darf. Von dieser These soll auch hier ausgegangen werden: nichtig kann nur die ganze Norm als Verknüpfung des möglicherweise mehrgliedrigen Tatbestandes mit der Rechtsfolge sein; jede Veränderung des Tatbestandes läuft auf eine Normsetzung hinaus. Das BVerfG als Gericht hat im Normenkontrollverfahren nur die Kompetenz, die Verfassungsmäßigkeit von Normen nachzuprüfen. Es hat nicht die Kompetenz, generelle Normen, die geltendes Recht sein könnten oder sogar — von den Richtsätzen der Verfassung aus gesehen — sein müßten, als generelle Sätze zu setzen. Eine derartige Normsetzungsbefugnis besteht also selbst dann nicht, wenn die Norm vom Gesetzgeber hätte gesetzt werden müssen. Auch in diesem Falle hat das BVerfG im Verfahren nach Art. 100 I GG nur die Kompetenz, die Nichtigkeit der vorgelegten und entscheidungserheblichen Norm festzustellen.

§ 14 Die Formulierungstypen des positiven Rechts

Um die Struktur der Norm, die Gegenstand der verfassungsrechtlichen Prüfung ist, näher zu erläutern, sollen an einem Beispiel die grundsätzlichen Möglichkeiten der Gesetzgebungstechnik und die unterschiedliche Funktion von positiven Normen nebeneinander gestellt werden. Der folgende Fall aus dem Sozialrecht wird hier nicht wegen seiner materiellen Bedeutung gewählt, sondern nur deshalb, weil dieses Beispiel aus der Rechtsprechung des BVerfG sich durch eine typische Gesetzesformulierung auszeichnet.

„Nach dem Gesetz über Arbeitsvermittlung und Arbeitslosenversicherung (AVAVG) nehmen im Grundsatz alle krankenversicherungspflichtigen Arbeitnehmer (ArbN) auch an der Arbeitslosenversicherung teil (§ 56 I); gewisse Arbeitnehmergruppen schließt das Gesetz jedoch trotz ihrer Krankenversicherungspflicht von dieser Teilhabe aus[1].“ So werden unter anderem gemäß § 65 I, II AVAVG die bei bestimmten Familienangehörigen beschäftigten ArbN nicht der Arbeitslosenversicherung (AV) unterworfen.

---

haltung konsequent fortgesetzt, nicht zugestimmt werden; *Laufer* orientiert sich dabei zu sehr an den Fällen, die das BVerfG selbst als solche des gesetzgeberischen Unterlassens bezeichnet.

[1] E 20, 379; vgl. auch E 18, 366 (368); 20, 374. Die Teilnahme an der Arbeitslosenversicherung gibt es nur in der Form der Versicherungspflicht, eine freiwillige Versicherung ist ausgeschlossen.

Diese Regelung kann gesetzestechnisch auf recht verschiedene Weise zum Ausdruck gebracht werden; bei der Darstellung der Formulierungstypen wird der Einfachheit halber auf das Tatbestandsmerkmal der Krankenversicherungspflicht und auf die übrigen Ausnahmen von der Versicherungspflicht verzichtet und der Tatbestand mit „familienfremd“ und „familienangehörig“ gekennzeichnet.

Typ I: a) Der bei einem familienfremden ArbG beschäftigte ArbN unterliegt der AV.
b) Der bei einem familienangehörigen ArbG beschäftigte ArbN ist versicherungsfrei.

Typ II: a) Jeder ArbN unterliegt der AV.
b) Ist der ArbN jedoch bei einem familienangehörigen ArbG beschäftigt, so ist er versicherungsfrei.

Typ III: Jeder ArbN, abgesehen von dem bei einem familienangehörigen ArbG beschäftigten, unterliegt der AV.

Typ IV: Nur der bei einem familienfremden ArbG beschäftigte ArbN unterliegt der AV.

Typ V: Der bei einem familienfremden ArbG beschäftigte ArbN unterliegt der AV.

Wird nun die Differenzierung zwischen den beiden Klassen von ArbN als gleichheitswidrig und damit als verfassungswidrig angesehen, die Bereitstellung einer sozialen AV aber als durchaus verfassungsgemäß — insbesondere als Ausdruck des Sozialstaatsprinzipes —, so stellt die beschriebene Regelung einen Fall der Schlechterfüllung[2] dar. Die rigoristische Folgerung aus dem Verstoß gegen Art. 3 I GG wäre die Feststellung der Nichtigkeit der gleichheitswidrigen Regelung insgesamt, also Nichtigkeit der Anordnung einer Versicherungspflicht überhaupt, solange diese nicht dem Gleichheitsgebot entspricht. Daß diese Folgerung die Funktion der materiellen Rechtsgeltungsnormen als inhaltliche Richtsätze[3] verkennt, zeigt sich daran, daß durch Wegfall der AV überhaupt die Verfassungsdirektive des Sozialstaates mißachtet wird, die materiellen Richtsätze der Verfassung insgesamt also stärker beeinträchtigt werden als durch die Bereitstellung einer dem Gleichheitsgebot nicht völlig entsprechenden AV. Der Gleichheitsverstoß bei der Verwirklichung des Sozialstaates führt also nicht dazu, daß die Regelung des AVAVG schlechthin für nichtig zu halten ist; vielmehr

---

[2] Vgl. dazu oben § 5.

[3] Vgl. oben § 2. Daß überhaupt vom BVerfG für die Fälle der nur teilweisen Erfüllung einer Verfassungsdirektive die Denkfigur des gesetzgeberischen Unterlassens benutzt werden kann, setzt bereits eine Durchbrechung des Dualismus der Rechtsgeltungslehre voraus. Nach traditioneller Auffassung müßte in allen oben (§ 13 Anm. 26 ff.) referierten Entscheidungen von der völligen Nichtigkeit ausgegangen werden; die Frage des BVerfG nach der von der Verfassung zwingend gebotenen Ergänzung wäre abwegig.

muß man davon ausgehen, daß die schlechterfüllende Gesamtregelung eine begrenzt geltende, ergänzungsbedürftige Regelung darstellt.

Nach der Textfassung, die dem BVerfG zur verfassungsgerichtlichen Prüfung vorgelegt wurde, kann man den Ausschluß der bei familienangehörigen ArbG beschäftigten ArbN aus der AVAVG als einen Fall evidenter Textbedeutung bezeichnen: es ist jedermann klar — dies zeigt auch die ständige Verwaltungspraxis —, welche Personen durch die in § 65 I, II AVAVG enthaltene Regelung ausgeschlossen sind. Die Formulierung des AVAVG entspricht dem Typ II: durch Streichen der Norm II b bliebe die generelle Regel allein bestehen; für eine Subsumtion auch der bei einem familienangehörigen ArbG beschäftigten ArbN unter die Versicherungspflicht bestünden (scheinbar, wie sich noch zeigen wird) keine Schwierigkeiten[4].

Soll das BVerfG im Normenkontrollverfahren überhaupt die Fälle unzureichender Erfüllung eines inhaltlichen Richtsatzes kontrollieren können — und dies wird man angesichts der großen Bedeutung der Richtsätze im Rahmen der Verfassung wohl voraussetzen müssen —, so darf diese Zuständigkeit nicht von der Formulierung des Textes abhängen. Die oben referierte Praxis des BVerfG hat aber den Anschein, als käme eine Zulässigkeit nur für Typ II, in seltenen Fällen auch für Typ III in Betracht, während bei Typ I und IV eine Normenkontrolle grundsätzlich ausgeschlossen scheint.

Um die Formulierungstypen näher zu diskutieren, sollen zwecks Abkürzung die ArbN schlechthin mit dem Sigel Z codiert werden, die Unterklasse der bei einem familienangehörigen ArbG beschäftigten ArbN mit X, die bei einem familienfremden ArbG beschäftigten ArbN mit Y, die Rechtsfolge der Versicherungspflicht mit p, die der Versicherungsfreiheit mit q. Mit diesem Code lassen sich die fünf Formulierungstypen folgendermaßen übersetzen:

Typ I: a) wenn Y dann p b) wenn X dann q

Typ II: a) wenn Z dann p b) wenn aber X dann q

Typ III: wenn Z, außer X, dann p

Typ IV: nur wenn Y dann p

Typ V: wenn Y dann p

---

[4] Wie aber der Tenor beider Entscheidungen E 18, 366; 20, 379 zeigt, beschritt das BVerfG diesen gefahrlos scheinenden Weg nicht, sondern stellte die Nichtigkeit nur insoweit fest, als § 65 AVAVG diese Klasse von ArbN schlechthin von der Teilhabe an der Versicherung ausschloß, weil es die Möglichkeit freiwilliger Versicherung für ausreichend ansah. Der Gesetzgeber zog allerdings die Konsequenz, § 65 AVAVG im 7. Änderungsgesetz zum AVAVG (BGBl I 1967, 266) ersatzlos zu streichen.

Weiterhin soll der zu entscheidende Sachverhalt mit x, y, z bezeichnet werden, je nachdem ob dieser unter den Tatbestand X, Y, Z subsumiert werden kann.

In den fünf Varianten taucht der Tatbestand X dreimal auf; zweimal wird ihm die besondere Rechtsfolge q zugeordnet. Eine Zuordnung zur Rechtsfolge p könnte man im Fall II durch Streichen der Norm II b, im Fall III durch Streichen der Ausnahmeklausel erreichen. Das Streichen der Norm I b würde unmittelbar keine Subsumtionsmöglichkeit der Sachverhalte x bringen; die Varianten IV und V widersetzen sich überhaupt jeder formalen Korrektur.

Man wird aber unter dem Aspekt des Ausschlusses des Tatbestandes X von der Rechtsfolge p kaum sagen können, daß zwischen den ersten vier Varianten ein sachlicher Unterschied besteht: alle schließen die vom vorlegenden Gericht als verfassungsmäßig angesehene Verknüpfung von x mit p aus, die Varianten I, II, III direkt, die Variante IV indirekt. Im Falle V ist zunächst keine genaue Aussage zu machen.

Als Arbeitshypothese, deren Rechtfertigung die spätere Darlegung ergeben soll, wird als Voraussetzung[5] eines Normenkontrollverfahrens nach Art. 100 I GG angenommen, daß das Ausgangsgericht eine Norm vorlegt; die bloße Behauptung des Gerichtes, es könne die als verfassungsmäßig angesehene Entscheidung über den Ausgangssachverhalt nicht treffen, genügt dann nicht. Damit hängt die Zulässigkeit der Normenkontrolle davon ab, ob in allen Varianten eine verfassungswidrige Norm vorhanden ist, unter die der Sachverhalt x subsumiert werden kann; die Zulässigkeit hängt weiterhin davon ab, ob nach Feststellung der Nichtigkeit dieser Norm durch das Normenkontrollurteil dem Gericht eine verfassungsmäßige Entscheidung, nämlich die Zuweisung der Rechtsfolge p zu dem Sachverhalt x möglich ist; denn nur dann liegt eine Entscheidungsalternative vor.

Es geht also darum, ob eine als Sperre wirkende Norm vorhanden ist und wie diese sperrende Norm wirkt, die das Gericht hindert, den Sachverhalt x mit der Rechtsfolge p zu verknüpfen. Aufgabe des Normenkontrollverfahrens ist es dann, diese Sperre zu beseitigen.

Die erste Voraussetzung, nämlich eine Norm, unter die der Sachverhalt x subsumiert werden kann, ist für Typ I und II ohne weiteres gegeben, indem I b und II b den Sachverhalt x mit der Rechtsfolge q verknüpfen; damit wird der Sachverhalt durch positives Recht gere-

---

[5] Diese Voraussetzung wird von den oben in § 13 Anm. 24 genannten Autoren bestritten, indem einer analogen Anwendung der Vorschriften über die konkrete Normenkontrolle auf Fälle des gesetzgeberischen Unterlassens das Wort geredet wird. Vgl. zur Aufgabe des Verfahrens noch Art. 100 I GG oben § 10 bei Anm. 17 und unten § 15 Anm. 14.

gelt. Auch Typ III nennt den Tatbestand X; die Regelung des Sachverhaltes x ist aber auf den ersten Blick lediglich negativ, insofern als gerade die Verknüpfung von x mit p ausgeschlossen wird. Die Varianten IV und V nennen den Tatbestand X überhaupt nicht; eine Subsumtion des Sachverhaltes x ist nicht ohne weiteres möglich.

Die negative Zuordnung durch Typ III läßt sich in einer bestimmten Norm ausdrücken: wenn X dann nicht p. Da generell alle Rechtsfolgen in einem Alternativverhältnis stehen[6], ist damit gleichzeitig die Verknüpfung von X mit einer bestimmten Rechtsfolge ausgesprochen. Was Variante III ausdrücklich enthält, ist in IV durch den Zusatz „nur" verdeckt enthalten: der durch den Zusatz mögliche Schluß „von der Verschiedenheit der Voraussetzungen auf die Verschiedenheit der Rechtsfolgen"[7] ist als argumentum e contrario in der juristischen Argumentationstechnik geläufig[8]: mit Hilfe dieses Argumentes wird aus der Formulierung IV die gleiche Folgerung für den Sachverhalt x gezogen, die aus III ohne weiteres zu ziehen ist, nämlich die negative Zuordnung zu p und damit die alternativ positive Zuordnung von x zu q.

Das juristische Problem des argumentum e contrario liegt darin, ob einem bestimmten Text die ausschließliche Zuordnung einer Rechtsfolge zu dem dort ausgesprochenen Tatbestand entnommen werden darf[9], denn im allgemeinen ist es unzulässig, vom Fehlen des Grundes auf das Fehlen der Folge zu schließen[10]. Diese Frage läßt sich logisch nicht entscheiden[11]; es ist vielmehr Aufgabe der Auslegung, aus dem Gesetzestext zu ermitteln, ob eine Formulierung vom Typ IV, also eine ausschließliche Zuordnung verbunden mit der im argumentum e contrario ausgedrückten negativen Zuordnung des ausgeschlossenen Tatbestandes, oder ob eine Formulierung vom Typ V vorliegt. Bei dieser Auslegung ist die ganze Rechtsordnung zu berücksichtigen, so daß auch hier eine verfassungskonforme Auslegung geboten ist. So folgerte die frühere Auslegung[12] aus den prozessualen Vorschriften über das Armenrecht, daß es

[6] Etwa: p entspricht „mit Zuchthaus bestraft", nicht p entspricht „Straffreiheit"; p entspricht „Besteuerung", nicht p entspricht „Steuerfreiheit"; anders etwa: p entspricht „Versicherungspflicht", nicht p bedeutet entweder „Versicherungsmöglichkeit" oder „Ausschluß von der Sozialversicherung"; in solchen Fällen ergibt sich aber aus dem engeren Regelungszusammenhang eine eindeutige Alternative, im Spezialfall also der Ausschluß von der Sozialversicherung.

[7] *Engisch*, Einführung in das juristische Denken 3. Aufl. (1964) S. 144.

[8] *Larenz*, Methodenlehre der Rechtswissenschaft 2. Aufl. (1969) S. 368 f. und Anm. 2 daselbst; *Canaris*, Die Feststellung von Lücken im Gesetz (1964) S. 45.

[9] *Meier-Hayoz*, Der Richter als Gesetzgeber (1951) S. 70 ff., hat eingehend begründet, daß das argumentum e contrario als Auslegungsergebnis, nicht aber als Lückenausfüllung anzusehen ist; ebenso schon *Anschütz*, VerwArch Bd. 14 (1906) S. 317.

[10] Eingehend *Engisch*, Logische Studien zur Gesetzesanwendung 2. Aufl. (1960) S. 8 ff.

[11] Vgl. *Heller*, Logik und Axiologie der analogen Rechtsanwendung (1961) S. 87 f., 132 ff.; *Klug*, Festschr. Nipperdey II (1965) S. 88.

[12] Vgl. E 2, 336 (340).

in den nicht ausdrücklich geregelten Fällen nicht bewilligt werden darf; es wurde aus den Texten ein argumentum e contrario entnommen. Das BVerfG legte die Texte dagegen unter Berücksichtigung des Sozialstaatsprinzips neu aus und sah in den Texten eine Norm vom Typ V, also gerade keine ausschließliche Zuordnung, keinen positiv-rechtlichen Ausschluß vom Armenrecht; diese Auslegung ermöglicht eine Lückenausfüllung. *Spanner*[13] deutet diese Argumentation derart, daß „die frühere auf dem argumentum e contrario im Hinblick auf § 379 III StPO beruhende Auslegung durch Art. 3 GG derogiert worden sei ...".

Für die Diskussion der Formulierungstypen wird angenommen, daß die Textbedeutung evident ist; damit ist klargestellt, daß in dem einen Falle der Text die Formulierung IV, im anderen Falle die Formulierung V enthält.

Die Auslegung der ersten vier Formulierungstypen ergibt also, daß alle Typen in gleicher Weise eine Zuordnung des Tatbestandes Y zur Rechtsfolge p und eine Zuordnung des Tatbestandes X zur Rechtsfolge q enthalten. Die Typen II, III und IV führen, wenn man die Auslegungsergebnisse formuliert, zu Typ I. Dabei ist die Norm I b — wenn X dann q — unter Berücksichtigung des alternativen Verhältnisses der Rechtsfolgen gleichbedeutend mit der Norm: wenn X dann nicht p. Daher kann diese Norm auch als ein Verbot des positiven Rechtes bezeichnet werden, den Tatbestand X mit der Rechtsfolge p zu verknüpfen, weil sie die Funktion hat, nur die Fälle y mit p, die Fälle x aber gerade nicht mit p zu verknüpfen.

Für das Ausgangsbeispiel ist dies offensichtlich. Die Norm „bei familienangehörigen ArbG beschäftigte ArbN sind versicherungsfrei" heißt auch „bei familienangehörigen ArbG beschäftigte ArbN dürfen nicht in die soziale AV einbezogen werden". Der Richter wird also durch diese Norm gehindert, den Einschluß eines bei einem familienangehörigen ArbG beschäftigten ArbN in die AV auszusprechen.

Aus Typ V kann eine solche Norm nicht entnommen werden, da hier durch Auslegung der Texte und unter Berücksichtigung des ganzen AVAVG für die nur bei familienangehörigen ArbG beschäftigten ArbN keine Regelung zu entnehmen ist. Anhand von Typ V kann also untersucht werden, ob die zweite Zulässigkeitsvoraussetzung der Normenkontrolle — die Möglichkeit des vorlegenden Gerichts, nach Feststellung der Nichtigkeit der vorgelegten Norm anders zu entscheiden —, ob also die Entscheidungsalternative gegeben ist; denn denkt man sich das Lückenausfüllungsverbot in den Fällen I bis IV fort, so bleibt die Formulierung I a; diese aber ist identisch mit der Norm von Typ V.

---

[13] Vgl. AöR 91, 518 und Anm. 79.

§ 15 Die Verfassungsdirektiven und das Schweigen des positiven Rechts

Findet sich im positiven Recht lediglich die Formulierung vom Typ V — wenn Y dann p —, so enthält es keine Regelung für den Sachverhalt x, den das vorlegende Gericht zu entscheiden hat. Bei einem solchen Schweigen des positiven Rechts ist durch Analyse der Rechtsordnung insgesamt festzustellen, welche rechtlichen Folgerungen für die Entscheidung des Sachverhaltes x zu ziehen sind.

So kann die Analyse ergeben, daß andere Rechtsnormen den Sachverhalt zwar nicht regeln, aber seine Regelung gebieten: damit ist eine Lücke des Gesetzes aufgedeckt. „Eine Lücke ist eine planwidrige Unvollständigkeit innerhalb des positiven Rechts (d. h. des Gesetzes im Rahmen seines möglichen Wortsinnes und des Gewohnheitsrechts) gemessen am Maßstab der gesamten geltenden Rechtsordnung. Oder: Eine Lücke liegt vor, wenn das Gesetz innerhalb der Grenzen seines möglichen Wortsinnes, auch des Gewohnheitsrechts, eine Regelung nicht enthält, obwohl die Rechtsordnung in ihrer Gesamtheit eine solche fordert[1].“

Läßt sich dagegen bei der Analyse der Rechtsordnung lediglich feststellen, daß die Regelung zweckmäßig oder erwünscht wäre, so liegt in dem Schweigen des positiven Rechts ein rechtspolitischer Fehler[2].

Es kann sich aber auch zeigen, daß eine Regelung aus besonderen rechtlichen Erwägungen heraus nicht vorgenommen wurde, sich daher für eine Verknüpfung des zu entscheidenden Sachverhaltes mit einer bestimmten Rechtsfolge auch kein rechtlicher Gesichtspunkt finden läßt. Damit ist durch das Schweigen des positiven Rechts der Sachverhalt in den rechtsleeren Raum verwiesen, in einen Bereich also, in dem rechtliche Verknüpfungen gerade nicht vorgenommen werden sollen[3]. Ein allgemeiner negativer Grundsatz, der bei Schweigen des Gesetzes zu gelten hat, kann nicht anerkannt werden[4]; die Annahme eines sol-

---

[1] *Canaris,* Die Feststellung von Lücken im Gesetz (1964) S. 39, mit Nachw. und ausführlicher Begründung; ähnlich der Begriff bei *Larenz,* Methodenlehre der Rechtswissenschaft 2. Aufl. (1969) S. 350 ff., und *Meier-Hayoz,* in: Berner Kommentar (1966) RdNr. 251 ff. zu Art. 1 ZGB. *Klug,* Festschr. Nipperdey II (1965) S. 71 ff., bringt eine Übersicht über die verschiedenen gebräuchlichen Lückenbegriffe.

[2] Terminologie von *Engisch,* Festschr. Sauer (1949) S. 93 f.: Oberbegriff „Mangel“, Unterbegriffe „Lücke“ und „Fehler“. *Meier-Hayoz,* a.a.O. RdNr. 275 ff., 295, unterscheidet unechte und echte Lücken.

[3] Zur Definition des rechtsleeren Raumes vgl. *Engisch* a.a.O. S. 100; *Canaris* a.a.O. S. 40 f.; *Philipps,* ARSP LII (1966) S. 204 f., mit Nachw.

[4] So die Theorie von *Zitelmann,* Lücken im Recht (1903) S. 17 ff. Von anderen Voraussetzungen aus wird die Lehre vom negativen Satz von *Kelsen,* Reine Rechtslehre 2. Aufl. (1960) S. 251, anerkannt; vgl. *Klug* a.a.O. S. 86 f.

chen Grundsatzes würde auf die Annahme der Lückenlosigkeit der Rechtsordnung hinauslaufen[5].

Die Entscheidung, die der Richter über den Sachverhalt x zu fällen hat, ist davon abhängig, wie er das Schweigen des positiven Rechtes qualifiziert: liegt eine Lücke vor, so hat der Richter die Möglichkeit und die Pflicht, die Lücke auszufüllen und für den Sachverhalt die Rechtsfolge auszusprechen, die er aus der positiven Rechtsordnung entnimmt[6].

Eine Besonderheit der hier zu diskutierenden Fälle liegt darin, daß der Richter die Lückenhaftigkeit des positiven Rechtes aus Wertungen der Verfassung, aus materiellen Verfassungsdirektiven folgert. Für den Beispielsfall der AVAVG[7] wäre zu untersuchen, ob der Richter im Falle einer Formulierung von Typ V befugt ist, den Gleichheitsverstoß zu beseitigen und die Aufnahme in die soziale Arbeitslosenversicherung auszusprechen, die im Hinblick auf das durch die Einrichtung einer Sozialversicherung — und speziell einer Arbeitslosenversicherung — konkretisierte Sozialstaatsgebot als die verfassungsmäßige Rechtsfolge anzusehen ist. Voraussetzung für diesen Weg zu einer verfassungsmäßigen Entscheidung ist, daß der Richter die Kompetenz hat, die Lücke im Gesetz auszufüllen.

Die Kompetenz des Richters, auch in Fällen des sogenannten gesetzgeberischen Unterlassens die Lücke des positiven Rechtes auszufüllen, könnte zweifelhaft sein, da es zunächst den Anschein hat, dieser Fall unterscheide sich grundlegend von den in der Rechtsfindungsmethode

---

Gegen diese Theorie insbes. *Engisch* a.a.O. S. 94 ff.; *Larenz* a.a.O. S. 356; *Canaris* a.a.O. S. 49 ff.

[5] Das Dogma von der Lückenlosigkeit ist historisch und rechtsvergleichend gesehen eine eng begrenzte Erscheinung; vgl. *Meier-Hayoz,* Der Richter als Gesetzgeber (1951) S. 216 und Anm. 3. Zur Ablehnung dieses Dogmas vgl. *Canaris* a.a.O. S. 172 ff.; *Klug* a.a.O. S. 75 f.

Die Lückenlosigkeit soll aber nach *Obermayer,* NJW 1966, 1886, „Arbeitsziel" der rechtswissenschaftlichen Systembildung sein; damit wird Lückenlosigkeit als Zustand der Rechtsordnung nach Ausfüllung aller Lücken für denkbar gehalten; vgl. hierzu *Meier-Hayoz,* in: Berner Kommentar (1966) RdNr. 290 zu Art. 1 ZGB.

[6] Historischer Überblick bei *Meier-Hayoz,* Der Richter als Gesetzgeber (1951) S. 223, und *Kriele,* Theorie der Rechtsgewinnung (1967) S. 60 ff., mit Nachw.; vgl. auch *Menger,* Moderner Staat und Rechtsprechung (1968) passim, insbes. S. 19 ff.; H. P. *Schneider,* Richterrecht, Gesetzesrecht und Verfassungsrecht (1969) passim; *Larenz* a.a.O. S. 345 ff. und NJW 1965, 2; *Stein,* NJW 1964, 1748. Gesetzliche Bestimmungen finden sich in § 137 GVG, § 45 II 2 ArbGerG; bes. ausgeprägt Art. 1 ZGB. Aus der Rspr. etwa E 3, 225 (243 f.); 19, 166 (177); BGHZ 3, 315; BSG 6, 211.

A. A. insbes. *Giacometti,* Allgemeine Lehren des rechtsstaatlichen Verwaltungsrechts Bd. 1 (1960) S. 208, Anm. 32, von einem extrem rechtsstaatlichen Standpunkt aus.

[7] Vgl. oben § 13.

anerkannten Fällen der Lückenausfüllung. So geht die Literatur zum Unterlassungsproblem im wesentlichen an den Erörterungen des Lükkenproblems vorbei[8]; das gleiche gilt umgekehrt von der Literatur zum Lückenproblem[9]. Dies ist aber weniger auf eine grundsätzliche Verschiedenheit der Fallgruppen als auf die Beschränkung methodischer Untersuchungen auf bestimmte Rechtsgebiete — Privatrecht, Strafrecht, Verfassungsrecht — zurückzuführen[10].

Es gibt keinen Grund, den Verfassungsnormen eine aus der gesamten Rechtsordnung derart herausgehobene Stellung zuzuerkennen, daß aus ihnen weder eine Entscheidung über das Bestehen noch über die Ausfüllung einer Lücke hergeleitet werden kann. Will man überhaupt die Verfassungsnormen und die darin ausgesprochenen Wertungen bei der Rechtsfindung berücksichtigen — woran letztlich niemand zweifelt[11] —, kann man sie nicht auf dem Gebiet der Lückenausfüllung unberücksichtigt lassen. Auslegung und Lückenausfüllung, insbesondere auf dem Wege der Analogie, beruhen auf dem gleichen Grundgedanken, daß nämlich der Einzelfall mit Blick auf die ganze positive Rechtsordnung zu entscheiden ist; beide Methoden der Rechtsfindung lassen sich zudem nicht exakt voneinander abgrenzen, so daß auch eine Abgrenzung des jeweils erlaubten Materials wenig sinnvoll erscheint. Geht die Auslegung von der gesamten Rechtsordnung unter Einschluß der Verfassungsnormen aus, so kann für Lückenfeststellung und Lückenausfül-

---

[8] Bezeichnend ist hierfür die Argumentation des BVerfG in 22, 349 (360) (vgl. auch E 25, 236 (246)), die die Zulässigkeit einer Verfassungsbeschwerde gegen einen verfassungswidrigen Ausschluß nochmals eingehend begründet: es werden die — an sich besetzten — Ausdrücke „Lücke", „Schweigen" verwendet, ohne daß die Lückenausfüllungskompetenz des Richters überhaupt diskutiert wird. Es ist zwar zweifellos richtig, daß das BVerfG nicht zur Lückenausfüllung berufen ist; das liegt aber darin begründet, daß das BVerfG nicht über den Sachverhalt zu entscheiden hat. Aus dem Fehlen der Kompetenz des BVerfG folgt deshalb keineswegs, daß lediglich der Gesetzgeber die Kompetenz hat; daher ist der Hinweis auf die Gewaltenteilung, deren mangelnde Relevanz für das Lückenproblem schon häufig herausgestellt wurde, auch hier nicht geeignet, die Probleme sachgerecht und systemgerecht zu lösen.

Bei *Schumann*, AöR 88, 332 f., 338, findet sich der nicht näher begründete Hinweis, es liege in den Fällen gesetzgeberischen Unterlassens ein mit den herkömmlichen Interpretationsmethoden nicht zu beseitigender rechtspolitischer Fehler vor. Zu dem Problem der Lückenausfüllung im Beamtenbesoldungsrecht vgl. die in § 13 Anm. 10 genannten Autoren; vgl. neben dem dort genannten Urteil des BVerwG auch BVerwGE 22, 264.

Wie hier T. *Rupp*, Wesen und Bedeutung der rechtlichen Bindung der Gesetzgebung an das Grundgesetz (1966) S. 282 ff.

[9] So erwähnt *Canaris* in seinem der Lückenproblematik gewidmeten Buch diese in der Rspr. des BVerfG keineswegs seltenen Fälle überhaupt nicht.

[10] Vgl. *Thoma*, in: HDStR II S. 235 f.; *Baring*, JJb. 6 (1965/66) S. 28 ff.; *Jesch*, Gesetz und Verwaltung (1961) S. 33 f.; vgl. auch die Literaturübersicht bei *Meier-Hayoz*, in: Berner Kommentar RdNr. 49 ff. zu Art. 1 ZGB.

[11] Vgl. hierzu oben § 6.

lung nichts anderes gelten[12]. Ist also eine bestimmte Regelung des Sachverhaltes aus verfassungsrechtlichen Gründen geboten, so liegt ebenso eine Lücke des Gesetzes vor, wie dann, wenn die Regelung aus Gründen geboten ist, die etwa aus der gesetzlichen Regelung der Leistungsstörungen im Schuldrecht folgen. Wird dies akzeptiert, so ist das Problem des gesetzgeberischen Unterlassens noch nicht gelöst, aber immerhin eingegrenzt: die richterliche Kompetenz zur Lückenausfüllung hängt damit auch in diesem Bereich davon ab, ob die entscheidende Voraussetzung der Kompetenz, eben die Lücke im Gesetz, vorhanden ist.

Man kann von einem Unterlassen des Gesetzgebers im Hinblick auf einen Verfassungsauftrag[13] sprechen und dabei lediglich die Beziehung zwischen Verfassung und Gesetzgeber in Betracht ziehen. Diese Betrachtungsweise stellt nicht darauf ab, ob das Unterlassen in der Ebene der Rechtsanwendung rechtlich relevant wird. Der Verfassungsgerichtsbarkeit, die in den Verfahren der Normenkontrolle und der Verfassungsbeschwerde die Rechtsanwendung zu kontrollieren hat, ist diese allgemeine Kontrolle der Aktivität des Gesetzgebers schon deswegen

---

[12] Vgl. hierzu E 3, 225 (243 ff.) und oben § 6. *Larenz*, a.a.O. S. 354, weist ausdrücklich darauf hin, daß bei Lückenfeststellung „auch objektive Rechtszwecke und Grundsätze, die für die gesamte Rechtsordnung Geltung haben", heranzuziehen sind. Ohne auf Art. 3 GG ausdrücklich einzugehen, sieht er in der Nichtregelung eine Lücke: „Wenn das Gesetz ... einen Sachverhalt A in einer bestimmten Weise geregelt hat und diesem Sachverhalt der Sachverhalt B in solcher Weise gleicht, daß für die rechtliche Wertung offenbar kein Unterschied zu machen ist, dann fordert es der jeder Rechtsordnung immanente Gleichheitsgrundsatz, Gleichartiges gleich zu behandeln, B ebenso zu regeln wie A." Dies muß wegen des größeren Gewichtes verfassungsrechtlicher Argumente um so eher gelten, wenn die objektiven Rechtszwecke und Grundsätze Verfassungsdirektiven sind und wenn das Differenzierungsverbot auf Art. 3 GG gestützt wird.

[13] Zum Verfassungsauftrag und zum Unterlassungsproblem vgl. insbes. *Contiades*, Verfassungsgesetzliche Staatsstrukturbestimmungen (1967); *Denninger*, JZ 1966, 767 f.; *Ermacora*, DÖV 1960, 561 ff.; *Kalkbrenner*, DÖV 1963, 41 ff.; *Knauss*, Der Entscheidungsausspruch bei der abstrakten Rechtskontrolle des Bundesverfassungsgerichts (1964) passim, insbes. S. 39 ff.; *Laufer*, Verfassungsgerichtsbarkeit und politischer Prozeß (1968) S. 371 ff.; *Lechner*, NJW 1955, 1817 f.; *Lerche*, AöR 90, 341 ff.; *Ritter*, Verfassungsrechtliche Gesetzgebungspflichten (1967); T. *Rupp*, Wesen und Bedeutung der rechtlichen Bindung des Gesetzgebers an das GG (1966) S. 191 ff., 282 ff.; R. *Schneider*, AöR 89, 24 ff. und DVBl 1966, 133; *Schumann*, AöR 88, 331 ff.; *Schweda*, Nicht erfüllte Aufträge des Verfassungsgebers an den Gesetzgeber (1968); *Seiwerth*, Die Zulässigkeit der Verfassungsbeschwerde gegenüber Grundrechtsverletzungen des Gesetzgebers durch Unterlassen (1962); *Seufert*, Die nicht erfüllten Gesetzgebungsgebote des Grundgesetzes und ihre verfassungsgerichtliche Durchsetzung (1969); *Sommer*, Die verfassungsgerichtliche Nachprüfung von Unterlassungen des Gesetzgebers (1960); *Stahler*, Verfassungsgerichtliche Nachprüfung gesetzgeberischen Unterlassens (1966); *Störmer*, Das nicht erlassene Ausführungsgesetz (1968); *Thierfelder*, Verwaltungspraxis 1965, S. 13 ff.; *Tomandl*, Der Einbau sozialer Grundrechte in das positive Recht (1967) S. 36 ff.; *Wienholtz*, Normative Verfassung und Gesetzgebung (1968); *Zacher*, AöR 93, 345 ff.

fremd, weil keiner der Verfahrensbeteiligten berechtigt ist, als „Hüter der Gesamtverfassung“ aufzutreten[14]. Ist aber weder eine Kontrolle noch eine Sanktion bei Nichterfüllung solcher Aufträge, die nur im Bereich zwischen Gesetzgeber und Verfassung relevant sind, gegeben, so ist es nicht sinnvoll, die Nichterfüllung dieser Aufträge und damit den Zustand des einfachen Rechts als verfassungswidrig zu bezeichnen; eine Argumentation unter rechtspolitischen, verfassungspolitischen Gesichtspunkten erscheint angemessener. Derartige, nur auf den Gesetzgeber bezogene Verfassungsaufträge sind nicht geeignet, als Rechtsgeltungsnormen zu dienen und Material für die Rechtsfindung zu liefern: sie scheiden bei der Diskussion des Lückenproblems und des gesetzgeberischen Unterlassens, soweit es für die Normenkontrolle relevant sein kann, aus.

Darüber hinaus folgt aus der Qualifikation einer Verfassungsdirektive als Auftrag an den Gesetzgeber, daß für die Rechtsfindung im allgemeinen die Unterlassung des Gesetzgebers nicht als planwidriges Schweigen der Rechtsordnung zu deuten ist: es ist gerade der Plan der Verfassung, daß nur der Gesetzgeber bestimmte Sachverhalte regeln soll. Konsequenterweise muß in diesen Fällen der Zustand vor Erfüllung des Auftrages als verfassungsmäßig bezeichnet werden, so daß auch hier keine Lücke im Hinblick auf Verfassungsrecht besteht[15]. Aus dem bloßen Schweigen des Gesetzgebers kann keine Kompetenzübertragung an den Richter gefolgert werden[16]. Dies rechtfertigt sich schon daraus, daß im allgemeinen nur der Gesetzgeber die Kollision der materiellen Verfassungsrichtsätze auflösen kann.

---

[14] Vgl. hierzu das Neugliederungsurteil E 13, 54 (71 ff., 79). Daher überzeugt die Lösung R. *Schneiders*, AöR 89, 49 ff. und DVBl 1966, 134 f., nicht; er hält eine Vorlage in Fällen gesetzgeberischen Unterlassens auch dann für begründet, wenn ein Mangel des positiven Rechts, den der Richter nicht zu beseitigen vermag, vorliegt; denn das Ergebnis des Normenkontrollverfahrens, das *Schneider* selbst als bloße „Hilfestellung“ für den Gesetzgeber ansieht, kann für die Rechtsanwendung keine Wirkung haben; das Normenkontrollverfahren wäre damit ohne jede Funktion für das Ausgangsverfahren, obwohl es doch als ein verselbständigter Teil eines gerichtlichen Verfahrens konzipiert ist. Einem gerichtlichen Verfahren ist aber der Zwang zur Entscheidung immanent, so daß ein Zwischenverfahren, das das Ausgangsgericht letztlich an der Entscheidung hindert, dem Prozeßrecht nicht entspricht. Vgl. auch die Kritik bei *Stern*, in: Kommentar zum Grundgesetz (1967) RdNr. 100 zu Art. 100. Ebensowenig entspricht es dem Prozeßrecht, daß eine Verfassungsbeschwerdeentscheidung zwar Urteile aufhebt, aber keinen Weg zu einer neuen Entscheidung weist, wie etwa E 22, 349; 25, 236. Vgl. hierzu allgemein *Schumann*, ZZP 81 (1968) S. 79 ff.

[15] E 25, 167 (184); vgl. auch H. *Huber*, ZSR NF Bd. 54 (1955) S. 202: „Die zwar tadelnswerte Untätigkeit ist dann nämlich nicht Verfassungsverletzung in einem herkömmlichen und faßbaren positivistischen Sinn.“

[16] Vgl. *Flume*, Verh. d. 46. DJT (1967) S. K 23.

Die Verfassungsdirektiven, die inhaltlichen Richtsätze, sind damit für die Feststellung und Ausfüllung von Lücken im positiven Recht nur beschränkt verwendbar. Es genügt nicht allein der rechtliche Nachweis, daß eine an den Gesetzgeber gerichtete Verfassungsdirektive besteht; es muß vielmehr zusätzlich nachgewiesen werden, daß die Nichterfüllung der Verfassungsdirektive zu einem verfassungswidrigen Zustand geführt hat, daß also der Gesetzgeber es versäumt hat, einen Auftrag in der von der Verfassung sinngemäß vorausgesetzten Zeit zu erfüllen: die Erfüllung eines Auftrages muß also zumindest überfällig sein[17], um das Argument der Planwidrigkeit begründen zu können.

Aber auch in diesen Fällen läßt sich eine Kompetenz des Richters zur Lückenausfüllung nur dann annehmen, wenn die zur Lückenausfüllung dienende Norm aus dem positiven Recht ableitbar ist: es muß für das zur Entscheidung berufene Gericht feststellbar sein, ob der zu entscheidende konkrete Sachverhalt in den Bereich des Auftrages fällt und in welcher Art und Weise der Sachverhalt gemäß der Verfassung zu regeln ist[18]. Solange diese Feststellung nicht möglich ist, ist der Zustand des positiven Rechts, den der Richter seiner Entscheidung zugrunde legen muß, nicht verfassungswidrig; denn die Qualifikation der Entscheidung eines Einzelfalls als verfassungswidrig setzt voraus, daß die verfassungsmäßige Entscheidung dieses Falles gedacht werden kann: die Höhe der Alimentation eines Beamten kann nur dann als verfassungswidrig qualifiziert werden, wenn Klarheit darüber besteht, von welchem Betrage an die Alimentation verfassungsgemäß ist[19]. Das

---

[17] E 1, 97 (105): der Gesetzgeber hat die Pflicht zu „sozialer Aktivität" aufgrund des Sozialstaatsgebotes. „Aber nur wenn der Gesetzgeber diese Pflicht willkürlich, d. h. ohne sachlichen Grund versäumte, könnte möglicherweise dem einzelnen hieraus ein mit der Verfassungsbeschwerde verfolgbarer Anspruch erwachsen." Eingehend E 25, 167 (175 f., 185 ff.); dazu die Anm. von *Dieckmann*, FamRZ 1969, 297 ff., und *Simitis*, JZ 1969, 278 ff.; zu Art. 6 V GG vgl. weiterhin BGH, NJW 1968, 1789; OLG Frankfurt, NJW 1968, 2400. Vgl. auch die Rspr. über den befristeten Auftrag zur Angleichung des Besatzungsrechts in E 15, 337 (349 f.) mit Nachw.

Der von *Kalkbrenner*, DÖV 1963, 50, und *Lerche*, AöR 90, 366 und Anm. 93, diskutierte Funktionswandel von Verfassungsbestimmungen, „die nach Ablauf der dem Gesetzgeber eingeräumten angemessenen Frist selbst zu aktuellen Rechtsnormen mit derogativer Kraft, also unmittelbar vollziehbar würden", führt gerade nicht zu einer Lücke, da nach dieser Konstruktion Verfassungsrecht als unmittelbar anwendbares Recht, nicht aber lediglich als „richtungweisende Klausel" dienen soll. Dabei wird aber wohl in den meisten Fällen die Möglichkeit überschätzt, einen konkreten Einzelfall unter eine Verfassungsnorm zu subsumieren.

[18] Vgl. E 12, 139 (142) unter Berufung auf E 1, 97 (100 f.) und 2, 237 (244) — in diesen beiden Entscheidungen wurde die Unzulässigkeit einer Verfassungsbeschwerde bei gesetzgeberischem Unterlassen angenommen — und auf E 6, 257 (264) — hier trat der Umschwung der Rechtsprechung ein —. Vgl. auch E 8, 1 (9); 11, 255 (261); 13, 284 (287); 25, 167 (182 f.).

[19] Aus den Verfassungsdirektiven können sich keine unausfüllbaren Lücken

bedeutet aber, daß eine verfassungswidrige Lücke nur dann besteht, wenn die vermißte gesetzliche Regelung „auf der Grundlage einer richtungweisenden Klausel" ersetzt werden kann[20]. Danach scheiden — selbst bei Versäumnis der aus der Verfassung zu entnehmenden Frist — für die Feststellung der Verfassungswidrigkeit, für Lückenfeststellung und -ausfüllung alle diejenigen Verfassungsaufträge aus, bei denen die Verfassung dem Gesetzgeber die Art und Weise der Regelung überlassen hat[21]: das Schweigen des Gesetzes entspricht dem Plan des GG. Ist hingegen die Richtung der Aktivität des Gesetzgebers weitgehend beschränkt, so kann die Art und Weise der Regelung aus der Verfassung entnommen werden, womit die Ausfüllung der verfassungswidrigen Lücke durch den Richter möglich ist. Bei Ausführung eines Verfassungsauftrags unter Verletzung formaler Richtsätze — insbesondere der Diskriminierungsverbote — kann die Lücke meist nicht aus der Verfassung ausgefüllt werden, sondern nur aus dem Gesetzesrecht: da aus der Verletzung eines Diskriminierungsverbotes nicht die Konsequenz der Nichtigkeit der verfassungswidrig diskriminierenden Regelung insgesamt gezogen werden muß, ist die unvollständige gesetzliche Regelung für den zur Lückenausfüllung berufenen Richter als „richtungweisend" vorgegeben.

---

ergeben; derartige Lücken können — auch im Verhältnis zu einfachem Recht — nur im Bereich rein technischer Regelungen auftreten; vgl. *Larenz*, Methodenlehre der Rechtswissenschaft 2. Aufl. (1969) S. 381 f.

[20] Vgl. E 3, 225 (243); Bestätigung in E 25, 167 (181 f.). Als ausdrückliche Ausnahme von der Zulässigkeit der Lückenausfüllung ist die Zuerkennung einer Enteignungsentschädigung gem. Art. 14 III 2, 3 GG anzusehen, obwohl hier an sich eine richterliche Lückenausfüllung möglich wäre; vgl. E 4, 219 (LS 2, 232 ff.). Konsequenterweise wird dann die Enteignungsregel insgesamt als nichtig angesehen; das vorlegende Gericht wird nicht etwa angewiesen, bis zur Entscheidung des Gesetzgebers zu warten.

Geradezu in sein Gegenteil würde Art. 101 I 2 GG verkehrt, wenn eine Lückenausfüllungskompetenz des zuständigen Richters bei fehlender gesetzlicher Bestimmung angenommen wird. Eine vom BVerfG ausdrücklich in ständiger Rspr. anerkannte Kompetenz zur Ausfüllung von Lücken, die auf Verfassungsrecht beruhen, ist die Zuerkennung rechtlichen Gehörs. Es hat für die Erfüllung des Auftrags in Art. 103 I GG in ständiger Rspr. „unmittelbar aus Art. 103 I GG Anhörungspflichten hergeleitet, wenn die einschlägige Verfahrensordnung das durch die Verfassung gewährleistete Minimum an rechtlichem Gehör nur unzureichend gewährleistet"; vgl. E 21, 132 (137) mit Nachw.; BGH, JZ 1968, 595. Zur Lückenausfüllung durch Art. 13 II GG vgl. BVerwG, DÖV 1968, 246 (247 f.) und *Knemeyer*, DÖV 1968, 790.

[21] Insbes. also alle Verfassungsaufträge, die aus einer etwaigen „allgemeinen Gesetzgebungspflicht" gefolgert werden, vgl. hierzu *Ritter* a.a.O. S. 30 ff. mit Nachw., oder solche, die wie etwa Art. 21 III GG, verfassungsorganisatorische oder die technische Regelungen zum Ziel haben; vgl. *Lerche*, AöR 90, 366, Anm. 93; aber auch die Verfassungsaufträge, die i. S. von *Denninger*, JZ 1966, 771, einen Plan enthalten für „die aktive Umgestaltung eines Wirklichkeitsbereiches auf ein vielleicht fernes Endziel hin ... Ihre eigentliche Funktion liegt in dem Postulat einer neuen Ordnung."

E 25, 167 (172 ff., 182) diskutiert anhand von Art. 6 V GG das Problem der „Aktualisierung" von Verfassungsdirektiven: Voraussetzung sei „a) daß die Verfassungsnorm einen hinreichend klaren positiven Rechtsgehalt hat, um ohne unerträgliche Gefährdung der Rechtssicherheit als unmittelbar anwendbare Generalklausel zu fungieren, b) daß die angemessene Frist für den Erlaß des Anpassungsgesetzes abgelaufen ist." Hier wird, wie sich aus den anschließenden Darlegungen ergibt, der Begriff „Generalklausel" in einer von der üblichen Terminologie abweichenden Bedeutung verwendet: der zur Sachentscheidung berufene Richter soll anhand einer „positiven richtungweisenden Wertentscheidung" (S. 182) jeweils im Einzelfall „über die Weitergeltung der bisherigen Rechtsvorschriften und gegebenenfalls die Ausfüllung der entstandenen Lücken" (S. 183) befinden, und zwar anhand der „erprobten Mittel der Interpretation und rechtsschöpferischen Lückenfüllung" (S. 183). Nach Fristablauf hat also die Rechtsprechung nicht eine Generalklausel — etwa im Sinne von § 242 BGB — auszufüllen und anzuwenden, sondern sich an der Ausgestaltung der Rechtsstellung des ehelichen Kindes zu orientieren unter Berücksichtigung der „verschiedenen Ausgangslagen"; denn der Auftrag, für uneheliche Kinder „‚die gleichen Bedingungen' wie für eheliche Kinder zu schaffen", setzt voraus, daß für die ehelichen Kinder durch die Rechtsordnung festgelegte Bedingungen bereits geschaffen sind. „Aktualisierung" von Art. 6 V GG heißt also: Verfassungswidrigkeit der Normen, die ungleiche Bedingungen schaffen; Pflicht des Rechtsanwenders, die so entstandenen Lücken mit Blick auf das Recht der ehelichen Kinder so auszufüllen, daß „gleiche Bedingungen" bestehen.

Der Überblick über die Entscheidungen des BVerfG für die Fälle des Ausschlusses von einer Regelung hatte gezeigt[22], daß die unvollständige Erfüllung von Verfassungsdirektiven durch den Gesetzgeber bei weitem im Vordergrund der Verfassungsrechtsprechung steht. Durch die Normen, die inhaltliche Richtsätze teilweise realisieren, sind die Wertungen der Verfassungsnormen und die in den Verfassungsnormen ausgesprochenen Richtsätze in einer bestimmten Weise konkretisiert[23]. Wenn sich der Gesetzgeber durch diese Konkretisierungen auch nicht für dauernd bindet, so ist er doch, solange er in einem Bereich an einer bestimmten Konkretisierung festhält, an deren sachgerechte Ausgestaltung gebunden. So ergibt sich etwa aus der materiellen Direktive des Sozialstaatsgebotes nicht der unmittelbare Auftrag an den Gesetzgeber, ein konkretes System der Sozialversicherung, also auch eine soziale

[22] Für die Normenkontrolle vgl. insbes. die in § 13 Anm. 19 angeführten Fälle; vgl. weiterhin § 13 Anm. 27 und 28; für die Verfassungsbeschwerde vgl. Anm. 31.

[23] Dies gilt auch für gesetzgeberische Tätigkeit in Bereichen, die nur vage oder überhaupt nicht von inhaltlichen Richtsätzen des GG bestimmt sind. Hier kann die Verletzung formaler Direktiven nur aus der unzureichenden gesetzlichen Regelung gefolgert werden; wäre diese — eben wegen Verletzung formaler Direktiven — verfassungswidrig und nichtig, so gäbe es in diesem Bereich auch kein verfassungswidriges Unterlassen: im Bereich des allgemeinen Gleichheitssatzes wird also die Geltung der gleichheitswidrigen Regelung vorausgesetzt, wenn man von einem verfassungswidrigen Unterlassen spricht; vgl. dazu oben § 5.

Arbeitslosenversicherung, zu schaffen. Ist aber eine Arbeitslosenversicherung durch Gesetz geschaffen, dann ist der Gesetzgeber, obwohl er zunächst frei war, bei der Ausgestaltung der Arbeitslosenversicherung nicht mehr unabhängig[24].

Ist das Schweigen des positiven Rechtes planwidrig und läßt sich aus der Rechtsordnung unter Einschluß des Verfassungsrechtes die verfassungsmäßige Regelung entnehmen, dann ist die Nichtregelung eines Sachverhaltes auch im Falle des verfassungswidrigen Unterlassens eine Lücke des Gesetzes. Die planwidrige Nichtregelung eines Sachverhaltes verstößt in der Regel nur gegen Wertungen des einfachen Rechtes; im Falle des verfassungswidrigen Schweigens verstößt die Lücke jedoch gegen Verfassungsrecht. Für die Kompetenz des Richters, die Lücke auszufüllen, macht dies keinen Unterschied: ebenso wie der Richter die Kompetenz hat, das positive Recht bei einer rechtswidrigen Nichtregelung zu ergänzen, ebenso hat er auch das Recht zur Gesetzesergänzung bei verfassungswidriger Nichtregelung. Der Unterschied zeigt sich nur darin, daß eine richterliche Entscheidung, die die Pflicht zur Lückenausfüllung mißachtet, im ersteren Falle lediglich als rechtswidrig, im letzteren aber als verfassungswidrig zu qualifizieren ist.

Indem das BVerfG Verfassungsbeschwerden gegen Gerichtsentscheidungen in Unterlassungsfällen als begründet ansah, hat es die Lückenausfüllungskompetenz implizite bestätigt[25]. Es hat Gerichtsurteile wegen Grundrechtsverletzung aufgehoben, weil der Sachverhalt nicht so geregelt worden war, wie er gemäß Verfassungsrecht hätte geregelt werden müssen: die gerichtlichen Entscheidungen entsprachen nicht der Verfassung. Da es aber undenkbar ist, daß gerichtliche Entscheidungen nur so gefällt werden können, daß sie gegen geltendes Recht und gegen die Verfassung verstoßen, kann eine Entscheidung nur dann als rechtswidrig und als verfassungswidrig qualifiziert werden, wenn die Rechtsordnung auch die Möglichkeit zu einer rechtmäßigen und verfassungsmäßigen Entscheidung bietet[26]. Verfassungswidrige Entscheidungen

---

[24] Vgl. hierzu E 8, 1 (26 f.): Art. 131 GG verpflichtete den Gesetzgeber nicht, die Beamtenbesoldung zum Vorbild zu nehmen; „nachdem der Gesetzgeber jedoch im G 131 den Unterhalt der Ruhegehaltsempfänger auf einer Grundlage, die sich aus Art. 33 V GG im Rahmen des Art. 131 GG ergab, angemessen festgesetzt hatte, war er für die Zukunft durch Art. 33 V GG verfassungsrechtlich gebunden, diesen Unterhalt in der jeweils angemessenen Höhe weiterzugewähren."

[25] Angaben in § 13 Anm. 31. Vgl. hierzu die in Anm. 13 genannten Autoren, insbes. *Schumann*, AöR 88, 331 ff. In E 22, 349 (362) erklärt das BVerfG dagegen, daß die Feststellung der Verfassungswidrigkeit des Ausschlusses gerade „keine Rechtsgrundlage für den im Ausgangsverfahren geltend gemachten Anspruch" gebe, die Gerichte müssen vielmehr „ihr Verfahren aussetzen, bis der Gesetzgeber tätig geworden" ist.

[26] Nach *Schneider*, AöR 89, 50 f., folgt daher die Notwendigkeit einer Normenkontrolle gegen gesetzgeberisches Unterlassen aus der Zulassung einer

können aber bei gesetzgeberischen Unterlassungen nur dadurch zustande kommen, daß der Richter die aus Verfassungsrecht folgende Lücke nicht dem Verfassungsrecht entsprechend ausgefüllt hat.

In einem Verfassungsbeschwerdeverfahren[27] ging es darum, ob der Beschwerdeführer zu dem durch Art. 131 GG umschriebenen Regelungsbereich gehörte. Das G 131 berücksichtigte in der Anlage A zu § 2 G 131 die Stiftung, bei der der Beschwerdeführer beschäftigt war, nicht, hätte sie aber, wie das BVerfG ausführlich darlegt[28], berücksichtigen müssen. Das Recht des Beschwerdeführers aus Art. 131 GG wurde dadurch verletzt, daß das BAG den Anspruch des Ausgangsklägers auf Versorgung aufgrund von Art. 131 GG nicht anerkannte[29]; das BVerfG hob das Urteil des BAG wegen Verstoßes gegen Art. 131 und 3 I GG auf. Damit erkannte das BVerfG ein eigenes Recht des Beschwerdeführers an.

Diese aufgrund von Art. 131 GG bestehende Rechtsposition könnte durch eine verfassungswidrige Norm beeinträchtigt werden; dann würde auch der Richter, der über den Sachverhalt zu entscheiden hat — zwar auf verfassungswidrige Weise, aber immerhin aufgrund der Bindung an das einfache Gesetz — in diese, durch die Verfassung gegebene Rechtsposition eingreifen. Solange ein solches, die Rechtsposition des Beschwerdeführers beeinträchtigendes Gesetz nicht besteht, bleibt aber die verfassungsrechtliche Rechtsposition unangetastet, die der Richter dann auch anzuerkennen hat, weil keine vermeintlich bindende positiv-rechtliche Norm ihn daran hindert.

Die Argumentation des BVerfG, nur durch Rechtsetzung könne der Ausgangskläger „in den Genuß der ihm nach dem Grundgesetz zustehenden Versorgung gelangen“[30], erscheint nicht einleuchtend: wenn dem Kläger ein bestimmter Anspruch auf Versorgung aus dem GG zusteht, so kann die Realisierung dieses Anspruchs nicht von unterverfassungsrechtlichen Normen abhängen; denn werden Normen der Gesetzesstufe als unabdingbare Voraussetzung für die Geltendmachung eines Anspruches angesehen, dann kann nicht ohne diese Normen bereits ein solcher Anspruch bestehen. Erkennt das BVerfG eine solche aus der Verfassung folgende Rechtsposition an, so muß diese folgerichtig auch vom Richter anerkannt werden, der eben bei Fehlen eines einfachen, den Anspruch begründenden Gesetzes aus der Verfassung als der anspruchsbegründenden Norm selbst zu judizieren, also die Lücke durch richterliche Rechtsfindung auszufüllen hat, falls der Sachverhalt nicht unmittelbar unter die Verfassungsnorm subsumiert werden kann.

Eine Mißachtung der verfassungsrechtlichen Rechtsposition durch Ablehnung des Anspruches macht die Entscheidung verfassungswidrig. Im konkreten Falle war die Lückenausfüllung auch durch Analogie zu G 131 ohne weiteres möglich; bezeichnenderweise sind die Instanzgerichte den Weg auch

---

Verfassungsbeschwerde gegen Entscheidungen, die auf dieser Unterlassung beruhen; zu diesem Problem vgl. auch *Schumann*, AöR 88, 335 f.; *Rupp*, JuS 1968, 167 und oben Anm. 14.

[27] E 15, 46.

[28] E 15, 46 (61 ff.).

[29] Das BAG war allerdings der Ansicht (vgl. E 15, 46 (57)), daß die Stiftung nicht unter Art. 131 GG zu rechnen sei, wies daher folgerichtig die Klage mangels gesetzlichen und verfassungsrechtlichen Anspruchs ab.

[30] E 15, 46 (76).

ohne Bedenken gegangen[31]; das BAG ist ihnen nur deswegen nicht gefolgt, weil es gerade die verfassungsrechtliche Stellung des Beschwerdeführers nicht anerkannte. Das BVerfG hätte also ohne weiteres auf die früheren Entscheidungen verweisen können, die dem Beschwerdeführer das zubilligten, was er aufgrund des Art. 131 GG beanspruchte und zu beanspruchen hatte.

Bedenken gegen diese Schlußfolgerung können sich möglicherweise daraus ergeben, daß die Freiheit des Richters, bestimmte Entscheidungen auch unabhängig von ausdrücklichen, positiv-rechtlichen Regelungen zu treffen, also praeter legem zu judizieren, nicht in allen Gebieten des Rechtes gleich zu sein scheint. So folgt für das öffentliche Recht eine besondere Situation der Rechtsfindung aus der Forderung nach der „Gesetzmäßigkeit der Verwaltung". Diese Formel enthält einmal die Forderung, daß „das Gesetz die Schranke der Verwaltung" ist[32]. Für die Rechtsfindung ist der zweite Bestandteil entscheidend: der Vorbehalt des Gesetzes, die „Gesetzmäßigkeit der Verwaltung im positiven Sinne"[33], bedeutet, daß die dem Vorbehalt unterliegenden Sachbereiche „rechtmäßig entweder nur durch Gesetz oder durch untergesetzliche Staatsakte auf der Basis einer gesetzlichen Ermächtigung"[34] geregelt werden können. Eine besondere Ausprägung hat der Vorbehalt des Gesetzes für das Gebiet des materiellen Strafrechts in der Regel des Art. 103 II GG „nulla poena sine lege" gefunden[35].

Der Schluß vom Gesetzesvorbehalt auf ein generelles Verbot der Lückenausfüllung würde bedeuten, daß die Anwendung einer Rechtsnorm durch ihren Wortlaut begrenzt wäre: nur unter den Tatbestandsbereich dürfte subsumiert werden, der dem Wortlaut entspricht, nicht aber auch unter den, der durch die Teleologie der Regelung, insbesondere unter Berücksichtigung der Verfassungsdirektiven, umschrieben ist.

---

[31] E 15, 46 (57) referiert die Entscheidung: „Bei richtiger Auslegung des § 2 G 131 bestünde Veranlassung, die Stiftung als ‚sonstige Einrichtung' in die Anlage A aufzunehmen. Daß dies bisher nicht geschehen sei, könne aber den bei der allein sinngemäßen ausdehnenden Auslegung des § 1 G 131 bereits Berechtigten nicht zum Nachteil gereichen." Die Vorinstanzen sahen also in der kasuistischen Aufzählung der Anlage A zu § 2 G 131 kein Lückenausfüllungsverbot, also keine Norm des Typs IV, sondern eine des Typs V. Eine derartige Auslegung eines Textes, der durch seine Formulierung eher als ausschließliche Zuweisung, also als Verbot der Lückenausfüllung anzusehen ist, kann als verfassungskonforme, der Verfassungsdirektive des Art. 131 GG entsprechende Auslegung gerechtfertigt werden.

[32] So *Giacometti*, Allgemeine Lehren des rechtsstaatlichen Verwaltungsrechts I (1960) S. 247.

[33] So *Wolff*, Verwaltungsrecht I 6. Aufl. (1965) § 30 III a.

[34] *Jesch*, Gesetz und Verwaltung (1961) S. 30.

[35] Dieser Satz ist als eine der Wurzeln des Gesetzesvorbehaltes anzusehen; vgl. *Jesch* a.a.O. S. 102 ff. und *Grünwald*, ZStrW 76 (1964) S. 1 mit Nachw.

Dieser Zusammenhang zwischen Lehre vom Vorbehalt des Gesetzes und Rechtsfindung wird in der Verwaltungsrechtslehre zwar gesehen, aber kaum unter Berücksichtigung der Methodenlehre behandelt[36]. Lediglich andeutungsweise verweist etwa *Jesch* auf die strafrechtliche Lehre vom Analogieverbot: „Die Grenzen der Auslegung und Anwendung einer Ermächtigungsnorm für die Exekutive werden daher durch die gleichen Regeln bestimmt, wie sie in der Strafrechtsdogmatik entwickelt worden sind. Eine feste Doktrin besteht insoweit freilich nicht, so daß die Verweisung auf das Strafrecht auch nur die Probleme aufzeigen kann[37].“ Aber schon im Strafrecht kann von einer Beschränkung auf die wort-juristische Methode keine Rede sein[38]. *Sax* hat eingehend nachgewiesen, daß ein generelles Lückenausfüllungsverbot auf ein Interpretationsverbot hinausläuft und schon deshalb undurchführbar ist[39]. Der Satz vom Vorbehalt des Gesetzes und seine spezielle strafrechtliche Ausprägung im Satz „nulla poena sine lege“[40] kann daher nicht den Sinn eines generellen Verbotes der Lückenausfüllung im Vorbehaltsbereich haben[41].

Dennoch ist der Vorbehalt des Gesetzes im Zusammenhang des Lückenproblems nicht bedeutungslos. Sein systematischer Standort ist dort, wo es um die Frage geht, ob das Schweigen des Gesetzes planwidrig ist oder nicht, ob ein rechtspolitischer Fehler, den nur der Gesetzgeber beseitigen darf, oder

---

[36] Daß der ganze Bereich des öffentlichen Rechts dem Gesetzesvorbehalt unterworfen ist, vertritt insbes. *Jesch* a.a.O. S. 204 f. Übersicht über den Stand der Diskussion bei *Selmer*, JuS 1968, 489. Zur gegenteiligen Meinung vgl. *Peters*, Festschr. Huber (1961) S. 206 ff. Berichte und Diskussion zum Thema „Gesetzgeber und Verwaltung“, in VVDStRL 24 (1966), zeigen deutlich, daß der Bereich Rechtsprechung nicht allzu aktuell ist.

[37] *Jesch* a.a.O. S. 33 f. Bezeichnenderweise findet sich als einzige Literaturangabe der Hinweis auf *Sax*, wo doch *Sax* gerade die Möglichkeit eines allgemeinen Analogieverbotes überhaupt leugnet, sich im übrigen mit den speziellen Fragen der Strafrechtslehre nicht auseinandersetzt, seine Ansicht vielmehr mit allgemeinen methodischen Überlegungen begründet. Eine auch für die schweizer Doktrin extreme Auffassung vertritt *Giacometti* a.a.O. S. 206 f., der aus dem Gewaltenteilungsprinzip ein generelles Lückenausfüllungsverbot herleitet; folgerichtig sieht er in Art. 1 ZGB eine „verfassungswidrige Gesetzesdelegation an den Zivilrichter“. Zur älteren deutschen Lehre vgl. insbes. *Anschütz*, VerwArch 14 (1906) S. 325 ff.

[38] Man denke etwa an die Strafbarkeit der unechten Unterlassungsdelikte. Im Verwaltungsrecht zeigt die große Bedeutung der unbestimmten (Rechts- oder) Gesetzesbegriffe und des — oft von den Gerichten erst initiierten — Gewohnheitsrechts, daß aus dem Gesetzesvorbehalt kein Lückenausfüllungsverbot folgen kann. Vgl. *Bachof*, Verfassungsrecht, Verwaltungsrecht, Verfahrensrecht Bd. I (1966) S. 243, und *Wolff*, Verwaltungsrecht I (1965) § 31 I c.

[39] Das strafrechtliche „Analogieverbot“ (1953) passim.

[40] Vgl. E 4, 352 (357 f.); auf den speziell strafrechtlichen Gehalt des Art. 103 II GG soll hier nicht eingegangen werden; vgl. hierzu *Sax*, in: Grundrechte Bd. III 2, S. 998 ff.

[41] Zur Grenzziehung vgl. E 15, 226 (233 f.). Zum Bereich des Steuerrechts vgl. *Flume*, StbJb 1964/65, S. 56 ff., insbes. S. 68 ff.; zum Verwaltungsrecht *Haueisen*, Festschr. Jantz (1968) S. 193 ff.

ob eine Lücke vorliegt, deren Ausfüllung grundsätzlich dem Rechtsanwender obliegt[42]. So ist bei der Untersuchung der Frage, ob die Rechtsordnung eine Regelung des Sachverhaltes fordert, davon auszugehen, daß die dem Gesetzesvorbehalt unterliegenden Sachbereiche als nur begrenzt geregelte Bereiche anzusehen sind[43]. Diese jeweils begrenzte Teilrechtsordnung enthält aber innerhalb ihrer Grenzen Planwidrigkeiten, Lücken, Unterlassungen des Gesetzgebers, die ausfüllungsbedürftig sind und deren Ausfüllung generell nicht verboten ist[44].

Die einzelnen Rechtsbereiche unterscheiden sich also nicht danach, daß der Richter etwa im Privatrecht eine weitergehende Kompetenz hätte als im öffentlichen Recht; der Unterschied liegt vielmehr darin, daß im Bereich des Gesetzesvorbehaltes für den Richter ebenso wie für die Verwaltung die Planwidrigkeit des Schweigens unter besonderen Aspekten, die sich aus der Eigenart eben dieses Rechtsbereiches ergeben, zu prüfen ist. Wird aber das Schweigen als planwidrig oder sogar als verfassungswidrig qualifiziert, so besteht hier wie dort die Kompetenz, die Lücke des positiven Rechtes auszufüllen.

Auf die Lückenausfüllung selbst kann hier nicht eingegangen werden. Die Aufgabe der Rechtsfindung im Bereich des gesetzgeberischen Unterlassens, das zu einer Planwidrigkeit, zu einer gegen die Verfassung verstoßenden Lücke im positiven Recht geführt hat, liegt ihrer Qualität nach auf der gleichen Ebene wie die Einbeziehung von Verfassungsnormen in die Auslegung und wie die Prüfung von Normen anhand der Rechtsgeltungsnormen der Verfassung. Es ist auch hier Aufgabe der Verfassungsauslegung — insbesondere der Auslegung von Verfassungsaufträgen —, die richterliche Kompetenz sinnvoll auf das zu begrenzen, was der Richter zu leisten vermag: in aller Regel läßt die völlige Nichterfüllung von Verfassungsdirektiven die Rechtsordnung nicht verfassungswidrig werden; das Schweigen des positiven Rechtes ist somit im allgemeinen auch nicht verfassungswidrig, denn nur wenige Verfassungsdirektiven sind derart konkretisiert, daß allein durch die dauernde Unterlassung ihrer Erfüllung eine planwidrige Lücke entsteht. In den Fällen der Schlechterfüllung von inhaltlichen Richtsätzen ist dagegen in aller Regel die Anlehnung an gesetzliche Ausgestaltun-

---

[42] In diesem eingeschränkten Sinne kann man mit *Meier-Hayoz*, in: Berner Kommentar RdNr. 269, 51 f., 59 zu Art. 1 ZGB, auch von der Geltung negativer Grundsätze in Straf- und Verwaltungsrechtsbereichen sprechen.

[43] Aus Art. 103 II GG folgt daher zwingend, daß strafrechtlich relevante Verfassungsaufträge nur durch Gesetz, nicht aber durch den Richter ausgefüllt werden können; vgl. etwa Art. 26 I GG und seine Erfüllung durch das achte Strafrechtsänderungsgesetz vom 15. 6. 1969.

[44] Als solche begrenzt geregelten Bereiche sind im Strafrecht etwa die Wertverletzungstypen entwickelt worden, vgl. *Sax* a.a.O. S. 1008 ff. Vgl. auch *Flume*, StbJb 1967/68, S. 63 ff.

gen möglich: im Verfahren der Analogie[45] orientiert sich der Richter bei der Rechtsfindung an den Regelungen des geformten Rechts[46]. Er wendet diese Regelungen des positiven Rechtes auch dort an, wo sie entsprechend ihrer — auch im Hinblick auf Verfassungsrecht — ermittelten Teleologie anzuwenden sind. Die richterliche Lückenausfüllung ist damit in den richtig eingegrenzten Fällen des gesetzgeberischen Unterlassens eine legitime Aufgabe der Rechtsprechung.

§ 16 Das Lückenausfüllungsverbot im Normenkontrollverfahren

Die Rechtsordnung ist in verfassungswidriger Weise unvollständig; da positives Recht den Richter nicht bindet, ist er berechtigt und verpflichtet, die Lücke auszufüllen und die der Verfassung entsprechende Rechtsfolge auszusprechen. Aus der Zulässigkeit der Lückenausfüllung ergibt sich, daß eine Vorlage bei bloßer Nichtregelung eines Sachverhaltes überflüssig und unzulässig ist, da keinerlei Sperre in Form einer aus dem positiven Recht zu entnehmenden Norm den Richter hindert, die von ihm als verfassungsgemäß erkannte Rechtsfolge auszusprechen.

Wird dieses Ergebnis auf die in § 14 entwickelten Formulierungstypen angewendet, so folgt daraus, daß für Typ V eine Vorlage nicht zulässig ist, wenn der Ausgangssachverhalt zu dem durch die Norm nicht geregelten Bereich gehört, da in diesem Falle die Rechtsordnung gerade keine positive Regelung des Sachverhaltes enthält, die Gegenstand einer verfassungsrechtlichen Prüfung sein kann. Da der Richter befugt ist, die Lücke auszufüllen, ist der Weg zu einer verfassungsgemäßen Entscheidung frei, so daß es auch nicht sinnvoll und notwendig erscheint, eine verfassungsgerichtliche Kontrolle der bloßen Unterlassung des Gesetzgebers in Analogie zur Vorlage nach Art. 100 I GG einzuführen[1].

In den Formulierungsfällen I bis IV ist dagegen dem Richter die Lückenfeststellung und damit die Lückenausfüllung verbaut, indem das positive Recht gerade nicht schweigt, sondern den Sachverhalt entweder ausdrücklich einer anderen Rechtsfolge zuordnet (Typ I und II) oder die Zuordnung zu der allein als verfassungsgemäß erscheinenden Rechtsfolge ausdrücklich (Typ III) oder implizite über einen Umkehr-

---

[45] Zur Analogie vgl. insbes. *Heller*, Logik und Axiologie der analogen Rechtsanwendung (1961) S. 130 ff.; *Sax* a.a.O. S. 131 ff.

[46] Vgl. hierzu *Flume*, Verh. d. 46. DJT (1967) S. K 1 ff.; *Larenz* a.a.O. S. 359 ff.; *Meier-Hayoz* a.a.O. RdNr. 344 f. zu Art. 1 ZGB.

[1] Damit ist nicht entschieden, ob ein verfassungsgerichtliches Verfahren, das einen weniger speziellen Zweck innerhalb der Rechtsprechung hat, eine allgemeinere Kontrolle gesetzgeberischer Aktivität zum Gegenstand haben könnte und sollte.

schluß (Typ IV) ausschließt. Die ausschließende Norm ist die positivrechtliche Sperre, über die das BVerfG im Normenkontrollverfahren zu judizieren hat. Dabei kommt es auf die jeweilige Formulierung des Gesetzes in keiner Weise an; das Ergebnis des Normenkontrollurteils kann und muß mithin nicht in einer Streichung von Textteilen bestehen, die nur bei den Normtypen II und III sinnvoll, bei Typ IV dagegen undenkbar wäre. Es kommt auch nicht auf die zufällige gesetzliche Formulierung in Form von Ausnahme und Regel, von Begünstigung und Ausschluß von der Begünstigung, von Belastung und Privilegierung an. Es geht vielmehr um die sachliche Frage, ob eine bestimmte Rechtsfolge für einen bestimmten Sachverhalt bei einer gegebenen Gesetzeslage verfassungsrechtlich geboten ist und ob das positive Recht eine solche Zuordnung verbietet. Die Normen von Typ III und IV wirken dabei nicht als positiv regelnde Normen, sondern als bloße Verbote des positiven Rechtes, eine bestimmte Rechtsfolge auszusprechen. Man kann sie als Lückenausfüllungsverbote bezeichnen, weil sie die Funktion haben, die Lückenausfüllung zu verhindern, indem sie den Richter positiv-rechtlich binden.

Angewendet auf den Ausgangsfall der sozialen Arbeitslosenversicherung (AV) bedeutet das, daß eine Normenkontrolle im Falle der Formulierung V nicht möglich ist, da das positive Recht die AV der bei familienangehörigen ArbG beschäftigten ArbN nicht geregelt hat. In den Fällen I bis IV wird positiv-rechtlich zwischen den beiden Klassen von ArbN differenziert; nur die Technik der Differenzierung ist unterschiedlich. Würde man versuchen, die Differenzierung durch Streichen eines Textteiles zu beseitigen, so bliebe im Falle I eine Lücke des positiven Rechtes, während in den Fällen II und III die Differenzierung einfach dadurch beseitigt werden könnte, daß die Ausnahmeklausel gestrichen würde. In derartigen Fällen hielt das BVerfG die Normenkontrolle für zulässig, denn nach Streichung des Textes ist eine Subsumtion des ausgeschlossenen Tatbestandes unter die verbleibende Regel ohne weiteres möglich. Man sollte sich aber darüber klar sein, daß auch in diesem Falle durch die Feststellung der Nichtigkeit der Ausnahmeklausel eine Lücke im Gesetz aufgezeigt wird, denn — jedenfalls vom Plan des Gesetzes her gesehen — wird lediglich die eine Klasse von ArbN, eben die der bei familienfremden ArbG beschäftigten, der AV unterworfen: durch Feststellung der Nichtigkeit der Ausnahmeklausel für X kann nicht die Regelung für Z minus X = Y zur Regelung für Z werden, sondern es bleibt als Regelung des positiven Rechtes trotz Nichtigkeit der Regelung von X lediglich die Regelung von Y bestehen. Für das Normenkontrollverfahren muß also Typ II, III und IV in Typ I überführt werden, der auch formal darstellt, was positivrechtlich geregelt ist. Würde nun im Normenkontrollverfahren die Nichtigkeit der Norm I b festgestellt, so bliebe die Norm I a. Diese aber ist identisch mit der Norm V.

Die Feststellung der Nichtigkeit des Ausschlusses der bei familienangehörigen ArbG beschäftigten ArbN von der AV hat also nicht die Wirkung, daß damit die Geltung der allgemeinen Regel — alle ArbN unterliegen der AV — festgestellt ist, sondern die, daß das positive Recht über diese ArbNklasse schweigt: die Feststellung der Nichtigkeit beschränkt sich darauf, die Nichtigkeit eben der Norm, die die ArbN als versicherungsfrei bezeichnet, festzustellen; die Feststellung der Nichtigkeit kann nicht bewirken, daß auch diese ArbN nun der — mehr oder weniger zufällig so formulierten — Regelvorschrift unterliegen; diese vermeintliche Regelvorschrift regelt vielmehr auch weiterhin nur den Bereich, den sie regeln sollte.

Durch die Feststellung der Nichtigkeit einer Ausnahmeklausel ist der Tatbestand dieser Ausnahmeklausel nicht automatisch der Regel unterworfen: es ist Aufgabe des zur Sachentscheidung berufenen Richters, die durch die Feststellung der Nichtigkeit offensichtlich gewordene Lücke so auszufüllen, wie es der Rechtsordnung insgesamt entspricht.

Mit seiner Rechtsprechung will das BVerfG die Freiheit des Gesetzgebers wahren und nur dann, wenn „mit Sicherheit davon ausgegangen werden" kann, daß der Gesetzgeber eine bestimmte Regelung getroffen hätte, eine inhaltlich bestimmte Regelung festlegen[2]. Diese Feststellung kann nur in seltenen Fällen berechtigt sein, weil das Ergebnis der Normenkontrollentscheidung eine generelle, eine unbestimmte Menge von Einzelfällen umfassende Regelung darstellt: durch die sogenannte Teilnichtigerklärung entsteht eine neue Norm, die so und nicht anders angewendet werden muß; die Rechtsordnung wird in einer bestimmten Weise festgelegt. Das BVerfG ist zudem durch die notwendige, aber von der Sache her nicht zu rechtfertigende Voraussetzung eingeschränkt, daß der Text so formuliert sein muß, daß ein Textteil gestrichen werden kann[3]. Beseitigt das BVerfG aber durch Ausspruch der Nichtigkeit des Lückenausfüllungsverbotes lediglich die Sperre, die den vorlegenden Richter behinderte, so bleibt die Rechtsordnung offen: der Richter füllt die Lücke für den Einzelfall und unter Berücksichtigung des Einzelfalles aus; seine Entscheidung wirkt — abgesehen von der möglichen Bildung einer ständigen Rechtsprechung — nur für den Einzelfall. Es wird also die Festlegung vermieden, die das BVerfG vermeiden will und die vermieden werden muß.

Das vorlegende Gericht wird in den Stand gesetzt, in allen Fällen der verfassungswidrigen Unvollkommenheit einer Regelung eine der Verfassung gemäße Entscheidung zu fällen; es behält die Aufgabe, den für den konkreten Sachverhalt maßgeblichen Obersatz zu finden. Das Normenkontrollgericht bleibt darauf beschränkt, die entscheidungserhebliche Norm auf ihre Übereinstimmung mit den Rechtsgeltungsnormen des GG zu prüfen.

---

[2] Vgl. oben § 13 nach Anm. 19.

[3] Vgl. E 21, 329 (354): „Daß ... der Kreis der Antragsberechtigten und zugleich ein Teil der bisher nach dem Gesetz gegebenen Ansprüche erweitert werden, ist lediglich eine Folge davon, daß die in der umfassenden Regelung der Witwerversorgung *positiv* normierte gesetzliche Einschränkung zum Wegfall kommt."

Nach den Voraussetzungen des Beispielsfalles, nach denen die Differenzierung zwischen den beiden Klassen von ArbN sachlich nicht zu rechtfertigen, der Ausschluß der einen Klasse aus der AV im Hinblick auf das Sozialstaatsprinzip also verfassungswidrig ist, führt die Ausfüllung der durch Feststellung der Nichtigkeit der Ausnahmevorschrift offensichtlich gewordenen Lücke des positiven Rechtes dazu, auf die bei familienangehörigen ArbG beschäftigten ArbN die positiv-rechtliche Regelung anzuwenden, die für die bei familienfremden ArbG beschäftigten ArbN getroffen worden ist, die Lücke also auf dem Wege der Analogie auszufüllen. Die Zulässigkeit des Analogieschlusses für die Lückenausfüllung ist unabhängig davon, welche Formulierung im Text steht; auch wird der Analogieschluß nicht dadurch sachlich überflüssig, daß die Feststellung der Nichtigkeit einer Ausnahmeklausel scheinbar eine allgemeine Regelung belassen hat.

Auf diesem Wege werden im wesentlichen die äußerlichen Unterschiede zwischen den Formulierungstypen ausgeglichen und ein von der Formulierung unabhängiger Gegenstand der verfassungsrechtlichen Prüfung im Normenkontrollverfahren behandelt: nämlich die Norm, die den Richter des Ausgangsverfahrens zum Ausspruch einer verfassungswidrigen Rechtsfolge zwingt und ihn dadurch hindert, den Sachverhalt der von ihm als verfassungsmäßig angesehenen Regelung zu unterwerfen[4].

Nun ist es nicht immer zweifelsfrei, ob aus dem Gesetzestext Normentyp IV oder V entnommen werden muß, ob also für den Ausgangssachverhalt ein Lückenausfüllungsverbot besteht oder ob das Gesetz schweigt. Allgemeine Regeln lassen sich darüber nicht aufstellen; lediglich besondere Formulierungstypen, wie enumerative Aufzählung von Tatbeständen, klare Kasuistik, Gebrauch von nichtausfüllungsbedürftigen Formeln, lassen die Herleitung einer das argumentum e contrario tragenden Norm angebracht erscheinen[5]. Auch im Bereich des Gesetzesvorbehaltes kann nur im Einzelfall durch Auslegung entschieden werden, ob in der Formulierung des Textes ein Lückenausfüllungsverbot zu sehen ist, obwohl hier von der typisch begrenzten Teilrechtsordnung aus gesehen ein Lückenausfüllungsverbot wesentlich näher liegt als die Annahme einer ausfüllungsfähigen Lücke. Mit Recht geht daher im Verwaltungsrecht der Richter davon aus, daß in der Regel keine Lücke vorliegt, daß eine analoge Anwendung also nur in Sonderfällen in Betracht zu ziehen ist. Denn der Richter ist auch dann an die positive Regelung gebunden, wenn zwar die analoge Anwendung einer Regelung auf den zu entscheidenden Sachverhalt durchaus sinnvoll ist und

---

[4] Ein überzeugendes Beispiel bietet der Vorlagebeschluß des BVerwG, DVBl 1969, 462 ff.

[5] Vgl. hierzu *Canaris*, Die Feststellung von Lücken im Gesetz (1964) S. 183; *Engisch*, Einführung in das juristische Denken 3. Aufl. (1964) S. 146; *Heller*, Logik und Axiologie der analogen Rechtsanwendung (1961) S. 80 f.; *Larenz*, Methodenlehre der Rechtswissenschaft 2. Aufl. (1969) S. 357 f.

der Teleologie des einfachen Rechtes entspräche, aber durch die klare Formulierung des Gesetzes ausgeschlossen sein soll: Lückenausfüllungsverbote, die Wertungen des einfachen Rechts widersprechen, sind nicht verfassungswidrig; eine Vorlage wäre daher unbegründet.

Ob aus dem Text ein Lückenausfüllungsverbot zu entnehmen ist, ist eine Frage der Auslegung, die dem vorlegenden Richter obliegt; an das Ergebnis dieser Auslegung ist das BVerfG gebunden[6], weil es über die vorgelegte Norm zu entscheiden hat. Das BVerfG ist — für die Zulässigkeitsprüfung — auch an die Behauptung gebunden, eine bestimmte Rechtsfolge sei für den Tatbestand als durch die Verfassung geboten anzusehen; denn dies ist die eigentliche Begründung für die Behauptung, das vorgelegte Lückenausfüllungsverbot sei verfassungswidrig. Die Behauptung der Verfassungswidrigkeit muß, da es die eigentliche Sachfrage ist, im Rahmen der Zulässigkeitsprüfung unterstellt werden. Zeigt sich in der Sachprüfung, daß die vom vorlegenden Gericht als allein verfassungsmäßig angesehene Rechtsfolge nicht von der Verfassung gefordert wird, so ist die Vorlage unbegründet, es sei denn, die normierte Rechtsfolge ist aus einem anderen Grunde verfassungswidrig. Teilt das BVerfG die Ansicht des vorlegenden Gerichtes, so stellt es die Nichtigkeit des Lückenausfüllungsverbotes fest, womit die als Sperre wirkende Norm entfällt und das vorlegende Gericht auf dem Wege der Lückenausfüllung die verfassungsmäßige Entscheidung treffen kann[7].

In den hier diskutierten problematischen Fällen will der Richter gerade die Rechtsfolge aussprechen, von der der Ausgangssachverhalt in verfassungswidriger Weise ausgeschlossen ist, während in den weniger problematischen Fällen der Richter den Ausgangssachverhalt dem rechtsfreien Raum zuweisen will. Die Normen, die den Richter an dem Ausspruch der von der Verfassung gebotenen Rechtsfolge hindern, können als verfassungswidrige Lückenausfüllungsverbote den verfassungswidrigen Regelungsgeboten gegenübergestellt werden. Es soll hier aber nochmals betont werden, daß eine klare Grenze zwischen beiden Fällen nicht gezogen zu werden braucht: in beiden Fällen ist Ziel des Normenkontrollverfahrens die Beseitigung der Sperre, an die sich das vorlegende Gericht gebunden sieht.

Für das Normenkontrollverfahren sind damit relevante Fälle des gesetzgeberischen Unterlassens nur die, in denen gerade kein Unterlassen im Sinne eines Schweigens des Gesetzes vorliegt; es sind vielmehr die Fälle, in denen infolge einer den Richter bindenden gesetzlichen Nor-

---

[6] Vgl. oben § 11.

[7] Zur Formulierung des Tenors vgl. unten § 20 bei Anm. 19.

mierung der Ausspruch der verfassungsrechtlich gebotenen Rechtsfolge im Wege der Lückenausfüllung unmöglich ist. Äußert sich die gesetzgeberische Unterlassung in einem Schweigen des positiven Gesetzesrechtes, so kann auf dem Wege der Lückenausfüllung vom Richter die verfassungsrechtlich gebotene Rechtsfolge selbständig ausgesprochen werden; für eine Normenkontrollentscheidung ist keine Gelegenheit, da der Richter durch kein formelles nachkonstitutionelles Gesetz an dem Ausspruch der von dem GG gebotenen Rechtsfolge gehindert ist.

§ 17 Die Eingrenzung der Vorlagefrage auf die entscheidungserhebliche Norm

In nahezu jeder Normenkontrollentscheidung hat sich das BVerfG bemüht, eine sachgerechte Eingrenzung des Prüfungsgegenstandes vorzunehmen und im Rahmen der Zulässigkeitsprüfung aus der Vorlagefrage die Norm herauszuschälen, die der Sachprüfung unterworfen werden soll. Die Ausgangsgerichte begnügten sich häufig damit, einen Paragraphen oder einen ganzen Komplex von Regelungen vorzulegen, ohne die eigentlich entscheidungserhebliche Norm von anderen Normen abzugrenzen. Da die Gliederung der Gesetzestexte nicht mit der Gliederung der Rechtsordnung in Normen identisch ist, die Abgrenzung des Tatbestandes der einzelnen Norm aber aus den Texten entnommen werden muß, bedeutet Eingrenzung der Vorlagefrage auf die entscheidungserhebliche Norm eine Zerlegung der Texte in der Weise, daß ihnen nicht mehr ein Normenkomplex, sondern nur eine Norm entspricht: eben die und nur die entscheidungserhebliche Norm.

So löst das BVerfG häufig aus einer Aufzählung von alternativen Tatbestandsbegriffen, die mit der gleichen Rechtsfolge verknüpft sind, grammatisch trennbare Teile heraus[1]. Es grenzt aber auch dort die zur Prüfung gestellte Frage ein, wo eine grammatische Trennung nicht möglich ist:

Das Ausgangsgericht hatte in der Vorlage die Frage gestellt, „ob § 77 Abs. 1 ... G 131 mit dem Grundgesetz vereinbar ist"[2]. Diese Vorlagefrage wird vom BVerfG zunächst auf Satz 1 des § 77 I — „Den unter Art. 131 des Grundgesetzes fallenden Personen stehen außer den Ansprüchen nach diesem Gesetz Ansprüche ... nicht zu" — eingeschränkt; aus diesem Text war die Entscheidung des Ausgangssachverhaltes zu entnehmen. Aber weil damit eine

[1] Dies wurde als Eingrenzung behandelt in E 4, 219 (227); 4, 331 (343); 5, 71 (75); 8, 274 (290 ff.); 10, 55 (58); 10, 118 (120); 10, 340 (344); 12, 67 (71); 14, 76 (87); 14, 245 (248); 14, 288 (290); 15, 313 (318); 18, 52 (58); 19, 226 (235); 20, 374 (376); 22, 241 (274); 25, 142 (148); 25, 269 (277); E, NJW 1969, 1620. Eingrenzung ohne Begründung in 12, 144; vgl. hierzu 11, 30.

[2] E 3, 208 (209, 211).

sehr umfassende Regelung Gegenstand der verfassungsrechtlichen Prüfung geworden wäre, erachtete das BVerfG eine weitere Einschränkung für notwendig; denn würde die angeführte Vorschrift in ihrem gesamten Bedeutungsgehalt geprüft, so liefe dies auf eine Prüfung aller im G 131 ausgesprochenen Normen hinaus; bei der „vom Einzelfall ausgehenden Normenkontrolle" muß auf den „für den konkreten Rechtsstreit maßgeblichen Teilinhalt" zurückgegangen werden: „Aus diesen Gründen muß die in der Vorlage gestellte Rechtsfrage genauer dahin bestimmt werden, daß § 77 I 1 G 131 nur insoweit verfassungsrechtlich zu prüfen ist, als er in Verbindung mit §§ 63, 5 II, 37 I die Rechtsverhältnisse der im Lande Rheinland-Pfalz auf Lebenszeit angestellten Gemeindebeamten betrifft, die nach dem 8. 5. 1945 aus politischen Gründen nicht mehr beschäftigt worden sind."

Aus der Klasse der „unter Art. 131 des GG fallenden Personen" des § 77 I 1 G 131 wird damit zunächst durch Verweisung auf § 63[3], § 5 II und § 37 I G 131[4] eine Teilklasse herausgehoben. Diese Teilklasse wird anschließend weiter eingeengt: auf Gemeindebeamte, die im Gebiet von Rheinland-Pfalz beschäftigt waren[5]. Für diese letzte Einschränkung könnte als aus dem G 131 folgende Berechtigung § 63 III angeführt werden, der günstigere landesrechtliche Vorschriften aufrecht erhält[6], also einen rechtlich beachtlichen Unterschied zwischen den einzelnen Ländern voraussetzt. Die Eingrenzung auf solche Gemeindebeamte, die „aus politischen Gründen nicht mehr beschäftigt worden sind", wird vom BVerfG nicht begründet.

Das BVerfG engt hier den relativ abstrakten Tatbestandsbegriff teilweise dadurch ein, daß es die Normen, auf die er verweist, an seine Stelle setzt[7], teilweise aber auch dadurch, daß es aus den speziellen Tatbestandsbegriffen Zwischensätze folgert, die in positiven Regelungen selbst nicht zum Ausdruck gekommen sind. Damit legt es der verfassungsrechtlichen Prüfung eine Norm zugrunde, deren Tatbestandsumschreibung auch dann nicht im positiven Gesetz enthalten ist, wenn in den gesetzlichen Oberbegriff die Verweisungen, also die gesetzlich definierten Gruppen der „unter Art. 131 GG fallenden Personen", eingesetzt werden[8].

---

[3] § 63 G 131 (BGBl I, 1951, 307) sieht die entsprechende Anwendung bestimmter Vorschriften des G 131 auf Beamte vor, die bei jetzt im Bundesgebiet gelegenen Gemeinden beschäftigt waren.

[4] In § 5 II G 131 werden der Begriff des Beamten zur Wiederverwendung und in § 37 I G 131 der Anspruch von Beamten zur Wiederverwendung auf Übergangsgeld und dessen Voraussetzungen festgelegt.

[5] In § 63 G 131 sind aber die Gemeinden im Bundesgebiet generell gemeint.

[6] Vgl. rheinland-pfälzisches Rechtsstellungsgesetz vom 23. 3. 1949.

[7] Derartige Fälle finden sich in E 7, 129 (138); 13, 21 (26); 14, 34 (37); 14, 263 (273); 14, 312 (316); 15, 167 (183); 15, 328 (330); 16, 254 (267); 17, 280 (283); 19, 330 (336); 21, 117 (127); 21, 329 (339); 22, 163 (166 f.); 22, 241 (247); 24, 220 (224 f.). In E 11, 168 (178) ergab sich eine positiv-rechtliche Untergliederung des Tatbestandes nicht aus dem Gesetz, sondern nur aus der aufgrund dieses Gesetzes ergangenen Durchführungsverordnung. In diesen Bereich gehört auch die sachliche Einschränkung bei der Prüfung von Vertragsgesetzen durch Verweisung auf einzelne Regelungen des Vertrages: E 12, 281 (288); 18, 353 (361). Nachträgliche Eingrenzung in E 22, 387 (405).

[8] Ähnlich dem referierten Fall E 3, 187 (196); vgl. auch E 22, 100 (106). Eine Einschränkung über die gesetzliche Begriffsgliederung hinaus findet sich auch

Neben dieser, auf einer Begriffsteilung beruhenden Methode wurde der Tatbestand bisweilen auch zeitlich eingegrenzt, was immer dann nahe lag, wenn die Anwendung einer Norm sich auf die Zeit vor der Verkündung erstreckte. Die gesetzliche Regelung wurde so angesehen, als seien in ihr zwei Normen enthalten: die eine regelt die Sachverhalte, die bei normalem Inkrafttreten gemäß Art. 82 II GG zu subsumieren wären, die andere diejenigen, die kraft Rückwirkung zu subsumieren sind[9]. Aber auch ohne Anhaltspunkt in einer positiv-rechtlichen Rückwirkungsvorschrift kam das BVerfG gelegentlich zu einer zeitlichen Differenzierung[10].

Im Gegensatz zu diesen Bestrebungen, den Gegenstand der verfassungsrechtlichen Prüfung einzuengen, stehen die Fälle, in denen grammatisch trennbare Normen wegen ihres inneren Zusammenhanges als einheitlicher Prüfungsgegenstand betrachtet wurden.

So führt das BVerfG beispielsweise aus: „Unmittelbar erheblich ist dem Ausgangsgerichtsverfahren zwar nur der § 17 III FestG... Doch ist sein Zusammenhang mit den auf den gleichen Rechtsgedanken beruhenden Bestimmungen des § 293 II 3 LAG und § 16 III 2 FestG... so eng, daß er ohne sie nicht denkbar ist. Die verfassungsrechtliche Prüfung muß deshalb diese Bestimmungen mitumfassen[11]."

Zu einer ähnlichen Zusammenfassung von Normen kam es auch dann, wenn ein ganzer Normenkomplex einheitlich für verfassungswidrig angesehen wurde[12].

---

in E 14, 42 (50): der Begriff „Vertretung" wird eingeengt in „Vertretung durch einen Rechtsanwalt im Verfahren vor den Verwaltungsgerichten", obwohl die Rechtsanwaltseigenschaft des Vertreters an sich unbeachtlich war; vgl. zu dieser Untergliederung *Sigloch*, in: BVerfGG zu § 80, einerseits S. 172 Anm. 3, andererseits S. 106 Anm. 1.

[9] So in E 13, 261 (267); 18, 429 (436) — hier wird in der Begründung gesagt: „§ 52... ist nichtig, soweit er kraft Art. IV... rückwirkend gilt", während im Tenor nur die Geltungsvorschrift Art. IV genannt wird —; 19, 187 (194) — hier wird ein Teil der Geltungsdauer als verfassungsmäßig angesehen, über die weitere Geltung wird keine Aussage gemacht —; 21, 117 (126 f.) — hier war die Rückwirkung von einer besonderen Anerkennung abhängig —.

[10] So in E 2, 232 (237) — der Sachverhalt des Ausgangsverfahrens lag vor einem gewissen Zeitpunkt, der möglicherweise eine Änderung der Rechtslage herbeigeführt hat; also angeblich keine Entscheidungserheblichkeit der Weitergeltung über diesen Zeitpunkt hinaus —; ähnlich die Begründung der zeitlichen Einschränkung in 14, 76 (87); 19, 177 (180).

[11] E 11, 64 (68); ähnlich E 4, 387 (396 ff.) — Zusammengehörigkeit von Verfahrensvorschriften —; 14, 56 ohne Begründung; E 21, 391 (398 f.) erstreckte die Prüfung und Entscheidung auf alle Laufbahnstrafen, obwohl das vorlegende Gericht nur die „nicht-reinigenden" Disziplinarstrafen betrachtet wissen wollte, der Ausgangssachverhalt darüber hinaus nur eine dieser Strafen betraf. Im Verfassungsbeschwerdeverfahren wurde in E 10, 200 (220) unter Berufung auf „die innere Ausgewogenheit des Systems" das Gesetz, das in „seinem Kernbestand als verfassungswidrig erkannt worden ist... als Ganzes beseitigt". Zur abstrakten Normenkontrolle vgl. 9, 305 (333).

[12] Aus dem Vorwurf der Verfassungswidrigkeit gegen ein ganzes Gesetz folgte die Prüfung des gesamten Normenkomplexes in E 7, 342 — Kompe-

Diese Ausdehnung des Gegenstandes der verfassungsrechtlichen Prüfung auf einen Normenkomplex kann nicht mit § 78 Satz 2 BVerfGG begründet werden. Gemäß dieser Vorschrift besteht zwar die Möglichkeit, die Entscheidung unter bestimmten Voraussetzungen auf weitere Normen auszudehnen, aber bevor eine solche Ausdehnung in Erwägung zu ziehen ist, muß der Gegenstand der verfassungsrechtlichen Prüfung festliegen[13]. Die Fälle des § 78 Satz 2 BVerfGG bleiben daher hier außer Betracht[14].

Das BVerfG äußerte sich erst im 17. Bande[15] über die Grundsätze, von denen es sich bei der Eingrenzung leiten ließ. Es berichtigte dort eine Vorlage des BGH, die ihm allzu begrenzt erschien, und begründete die Erweiterung der vorgelegten Frage:

> „Bei der Entscheidung über die Frage, ob eine Vorschrift des Strafrechts mit einer Vorschrift des Grundgesetzes vereinbar ist, kann der Umfang der Prüfung nicht beliebig eingeschränkt werden. Voraussetzung einer Einschränkung der Prüfung im Normenkontrollverfahren ist, ob die zu prüfende Vorschrift oder die als Prüfungsmaßstab dienende Vorschrift nach ihrem Wortlaut und Sinngehalt zwischen verschiedenen Tatbeständen (beispielsweise zwischen verschiedenen Personenkreisen) unterscheidet[16]."

Eine Trennung von Tatbeständen, die „nach ihrem Wortlaut" unterschieden werden, ist unproblematisch. Fragwürdig ist aber die zweite vom BVerfG angeführte Schranke der Eingrenzung, denn was eine

---

tenzwidrigkeit —; 8, 274 — Erstreckung auf weitere Verlängerungsgesetze wegen gleichartiger Form der Bundesratszustimmung —; 10, 141 (159) — Verteilung der Zuschüsse mitgeprüft, obwohl lediglich die Aufbringung im Streit war, da ein einheitlicher Kompetenzverstoß gerügt wurde —. Lediglich in einem Text zusammengefaßte, aber grammatisch trennbare Normen wurden einheitlich behandelt in E 13, 290 (318).

[13] Richtig etwa die Argumentation in E 10, 118 (124); 18, 366 (380).

[14] Vgl. dazu unten § 20 nach Anm. 29.

[15] E 17, 155.

[16] E 17, 155 (163); vgl. auch E 2, 380 (405 f.): hier waren zulässige und unzulässige Wiederaufnahmegründe in einer Generalklausel zusammengefaßt; ihre differenzierte Betrachtung hätte erfordert, „die zulässigen Wiederaufnahmegründe neu zu formulieren, mit anderen Worten, an die Stelle einer gesetzlichen Vorschrift inhaltlich eine andere Vorschrift zu setzen. Damit aber wären die Grenzen der Gerichtsbarkeit überschritten und ein Akt der Rechtsetzung vorgenommen worden, der nur dem Gesetzgeber zukommt." In E 21, 329 (338 f.) beanstandete das vorlegende Gericht lediglich die Verfassungswidrigkeit eines Teiles des mehrgliedrigen Tatbestandes; das BVerfG lehnte es ab, die verfassungsrechtliche Prüfung auf diesen Teil zu begrenzen: „Die Einbeziehung ist schon deshalb geboten, weil bei der Überprüfung der Verfassungsmäßigkeit einer Gesetzesvorschrift deren gesamter, für das Ausgangsverfahren bedeutsamer Inhalt ins Auge gefaßt und insbesondere untrennbare Sinnzusammenhänge berücksichtigt werden müssen... Die begrenzte Überprüfung eines bestimmten Teils der beanstandeten, insgesamt aber entscheidungserheblichen Gesetzesvorschrift kann dem Bundesverfassungsgericht nicht aufgezwungen werden."

Trennung von Tatbeständen nach „Sinngehalt" eigentlich meint, bleibt unklar. Auch die Eingrenzung der vorgelegten Norm aufgrund von Tatbestandsunterscheidungen der als Prüfungsmaßstab dienenden Verfassungsnorm erscheint nicht sehr praktikabel, was sich schon daran zeigt, daß das BVerfG dieses Abgrenzungskriterium niemals selbst verwendet hat.

Der Wortlaut der einschlägigen Gesetze hilft bei dem Abgrenzungsproblem nicht weiter: in Art. 100 I 1 GG wird der Ausdruck „Gesetz", in Art. 100 I 2 GG „Landesrecht" und „Landesgesetz", in § 80 II 1 BVerfGG „Rechtsvorschrift", in § 78 Satz 1 „Bundesrecht", in § 78 Satz 2 BVerfGG der Ausdruck „Bestimmungen eines Gesetzes" für den Gegenstand der verfassungsrechtlichen Prüfung und Entscheidung benutzt, ohne daß irgendwelche sachlichen Unterschiede ersichtlich wären[17]; es werden vielmehr wahllos unterschiedliche Ausdrücke für die gleiche Sache verwendet[18]. Die verschiedenen Termini machen nur deutlich, daß die vorlegenden Gerichte und das BVerfG in der Formulierung der vorgelegten Frage und der Eingrenzung des Gegenstandes der verfassungsrechtlichen Prüfung nicht völlig frei sind.

Will man sich bei der Eingrenzung nicht auf die zufällige Umschreibung des Tatbestandes in der Rechtsvorschrift, die die beanstandete Verknüpfung mit der Rechtsfolge herstellt, zurückziehen, so gilt es nach einem Eingrenzungskriterium zu suchen, das sich objektiv aus dem positiven Recht herleiten läßt. Mit der Feststellung eines solchen Kriteriums ist definiert, was die entscheidungserhebliche Norm eigentlich ist; da nur über die entscheidungserhebliche Norm judiziert werden darf, muß die Prüfung auf diese Norm beschränkt werden. Daß die vorgelegte Norm so eng wie möglich eingegrenzt werden soll, wird vom BVerfG unter Berufung auf die vom Einzelfall ausgehende Aufgabe der Normenkontrolle immer wieder gefordert, wobei die „für das vorliegende Verfahren maßgebliche Rechtsfrage" als Kriterium herausgestellt wird[19]. Dieser Rückgriff auf das Ausgangsverfahren und den zu entscheidenden Sachverhalt unterstreicht die enge Verbindung von Rechtsnorm, Rechtsentscheidung und Rechtsfall.

Der Obersatz des juristischen Subsumtionsschlusses als generelle Verknüpfung eines Tatbestandes mit einer Rechtsfolge ist zwar das logische prius der Rechtsentscheidung mit Hilfe des Subsumtionsschlus-

---

17 Vgl. auch § 13 Ziff. 11 BVerfGG mit den Ausdrücken „Bundesgesetz", „Landesgesetz", „sonstiges Landesrecht".

18 Vgl. die Auslegungsversuche des BVerfG in E 1, 184 (189 ff.).

19 Vgl. etwa E 3, 187 (196); 3, 208 (211); 10, 55 (58); 13, 31 (36); 14, 263 (273).

ses[20], er ist aber keineswegs und notwendigerweise unabhängig von dem Untersatz, der die Feststellung und rechtliche Qualifizierung eines Sachverhaltes in Form eines singulären Satzes enthält. Wenn also das BVerfG bei der Eingrenzung der Vorlagefrage beispielsweise[21] argumentiert: „Der dem Vorlagebeschluß zugrunde liegende Fall betrifft die Umwandlung einer AG auf eine andere AG; die Entscheidung ist ... auf diesen Fall zu beschränken", so wird damit der Untersatz des Subsumtionsschlusses herangezogen, um den Obersatz, die entscheidungserhebliche Norm, von anderen Normen abzugrenzen.

Die richtige Bildung des Untersatzes hat nach *Engisch* folgende Voraussetzungen: „1. Die Vorstellung des konkreten Lebensfalles, des ‚Sachverhaltes', 2. die Feststellung, daß dieser Sachverhalt sich tatsächlich zugetragen hat, 3. die Würdigung des Sachverhaltes als eines solchen, der die Merkmale des Gesetzes, d. h. genauer des Vordersatzes des Obersatzes bzw. ‚Mittelbegriffes' aufweist[22]." Die Bildung des Untersatzes erschöpft sich also „nicht im Wirklichkeitsgedanken (etwas war, ist oder wird sein)"[23], sondern ist ein Akt juristischer Qualifikation. Geht man davon aus, daß jedes Erkennen auf der Einordnung des zu Erkennenden in ein begriffliches Schema beruht[24], so kann die Wirklichkeit entweder in natürlichen Begriffen oder in Rechtsbegriffen erkannt werden. Jeder Tatbestandsbegriff einer Rechtsnorm ist ein Rechtsbegriff, da er seine Bedeutung erst aus der Rechtsordnung erhält[25]: natürliche Begriffe und Begriffe in Rechtsnormen mögen synonym sein; aus der Synonymität folgt jedoch nicht ihre inhaltliche Identität. Die Annahme der Identität überschätzt „die Schärfe und Bestimmtheit der vorrechtlichen Begriffe und bringt das Gesetz in eine Abhängigkeit von den Lebensverhältnissen, die seiner Ordnungsaufgabe zuwiderläuft"[26].

---

[20] *Engisch,* Logische Studien zur Gesetzesanwendung 2. Aufl. (1960) S. 27; vgl. auch *Klug,* Juristische Logik 3. Aufl. (1966) S. 93; *Kuchinke,* Grenzen der Nachprüfung tatrichterlicher Würdigungen und Feststellungen in der Revisionsinstanz (1964) S. 116.

[21] E 14, 263 (273).

[22] *Engisch* a.a.O. S. 19.

[23] *Kuchinke* a.a.O. S. 82; zu den Gegenmeinungen vgl. *Engisch* a.a.O. S. 20.

[24] *Engisch,* Einführung in das juristische Denken 3. Aufl. (1964) S. 3, 56; *Henke,* Die Tatfrage (1966) S. 143 f.; *Kuchinke* a.a.O. S. 109, 114 f.; *Larenz,* Methodenlehre der Rechtswissenschaft 2. Aufl. (1969) S. 234; *Scheuerle,* AcP 157, 20 ff.

[25] So auch *Larenz* a.a.O. S. 209 f. Anm. 1: „In einem weiteren Sinne sind schließlich alle Tatbestandselemente ‚normativ'. Sie sind, eben als Tatbestandselemente, auf den Sinn der Rechtsnorm bezogen." *Heller,* Logik und Axiologie der analogen Rechtsanwendung (1961) S. 93, weist darauf hin, daß vom Rechtlich-Logischen her gesehen Tatbestand und Rechtsfolge miteinander vertauschbar sind, in ihrem Charakter als Rechtsbegriffe logisch kein Unterschied gesehen werden kann.

[26] So *Henke* a.a.O. S. 154; ausführlich zur Synonymität S. 150 ff. mit Nachw.

Die Bildung des Untersatzes, die Zuordnung eines Sachverhaltes zu einem Tatbestand, ist also nicht ein Prozeß der Identifikation von Begriffen, in dessen Verlauf der Sachverhalt zunächst in natürlichen Begriffen erkannt und diese dann im Wege einer Zuordnungsdefinition mit Rechtsbegriffen verkoppelt werden[27]; die rechtliche Qualifikation eines Sachverhaltes ist vielmehr „Zuweisung eines konkreten Einzelfalles zur Klasse der durch das Gesetz gemeinten Fälle“[28]. Eine solche Zuweisung setzt voraus, daß der konkrete Fall „dem rechtlichen Begriffssystem schon eingeordnet und das heißt, rechtlich gewürdigt worden“ ist.

Damit wird der Tatbestandsbegriff als eine Klasse aufgefaßt, deren Elemente die realen Sachverhalte sind. Die Umschreibung dieser Klasse im Prozeß der Auslegung ist von der Subsumtion nicht zu trennen: durch die Bezeichnung des Sachverhaltes als ein Element der durch den Tatbestand umschriebenen Klasse wird gleichzeitig die Definition der Klasse ergänzt und damit ein Beitrag zur Auslegung geleistet[29].

Der Tatbestandsbegriff des Obersatzes, also die Klasse aller Sachverhalte, die die Norm regelt, kann unterteilt werden, indem man die in dem Tatbestandsbegriff herausgehobenen Eigenschaften der Elemente dazu benutzt, Teilklassen des Tatbestandsbegriffes zu bilden. Gemäß der üblichen Gesetzestechnik enthält der Tatbestandsbegriff der Norm nicht nur „Naturtatsachen oder Naturvorgänge“ oder „eine bestimmte Wertbeurteilung“ einer Tatsache oder eines Vorganges als Elemente, sondern in vielen Fällen ein besonderes „rechtliches Verhältnis“[30]; dieses „rechtliche Verhältnis“ ist Rechtsfolge einer anderen Norm, durch die es normiert wird; durch Einsetzen gelangt man schließlich zu der Norm, die einen nicht-normierten Tatbestandsbegriff hat, also auf Außerrechtliches verweist.

So kann beispielsweise in § 142 BGB — „Wird ein anfechtbares Rechtsgeschäft angefochten, so ist es als von Anfang an nichtig anzusehen“ — der

---

[27] So insbes. *Scheuerle,* AcP 157, 35, 39 f. Nach *Engisch,* Logische Studien zur Gesetzesanwendung (1960) S. 96, steht das Erkennen in natürlichen Begriffen im Vordergrund, „wenn der Gesetzgeber selbst genügend bestimmte, mit klaren Tatsachenbegriffen identifizierbare Begriffe gebraucht oder wenn sich die unbestimmten Begriffe des Gesetzes im Wege der Definition auf genügend bestimmte natürliche und realitätsbezogene Begriffe reduzieren, in solche auflösen lassen“. *Henke,* a.a.O. S. 142 ff., trennt nach Subsumtion unter „natürliche Obersätze“ und „juristische Obersätze“, sieht aber besondere Komplikationen des Trennungsproblems nur in den Grenzfällen. Ähnlich *Larenz* a.a.O. S. 245 ff.

[28] *Kuchinke* a.a.O. S. 81 f.; vgl. auch *Engisch,* Einführung in das juristische Denken (1964) S. 56, und *Klug* a.a.O. S. 89, 93.

[29] *Engisch,* Logische Studien zur Gesetzesanwendung (1960) S. 26; *Kriele,* Theorie der Rechtsgewinnung (1967) S. 195 ff., 225; *Scheuerle,* AcP 157, 40.

[30] Vgl. *Larenz* a.a.O. S. 209 ff.

Tatbestandsbegriff „anfechtbares Rechtsgeschäft" mit Hilfe der einzelnen Anfechtungsgründe gemäß §§ 119 I, II, 120 und 123 BGB unterteilt werden. Die Anfechtbarkeit wegen Täuschung ist ein der Anfechtbarkeit schlechthin untergeordneter Begriff, was bedeutet, daß die Klasse der wegen Täuschung anfechtbaren Rechtsgeschäfte als Teilklasse in der Klasse der anfechtbaren Rechtsgeschäfte enthalten ist. Jedes einzelne anfechtbare Rechtsgeschäft ist ein Element einer der durch die Anfechtungsklage gebildeten Teilklassen, und es ist ein Element der sogenannten Vereinigungsklasse der anfechtbaren Rechtsgeschäfte schlechthin.

Man kann also einen gesetzlichen Tatbestandsbegriff einengen, indem man seiner Umschreibung weitere Eigenschaften hinzufügt. Die so gewonnene Teilklasse enthält weniger Elemente; ihre Extension wird eingeengt, ihre Intension dagegen durch zusätzliche Eigenschaften vermehrt.

Zum Zwecke der Subsumtion denkt man sich üblicherweise § 142 BGB ersetzt durch: „Wird eine Willenserklärung, zu deren Abgabe der Erklärende durch arglistige Täuschung bestimmt worden ist, angefochten, so ist sie als von Anfang an nichtig anzusehen." In ähnlicher Weise kann man die anderen gesetzlichen Anfechtungsgründe einsetzen. Damit erweist sich § 142 BGB als Kurzfassung der Regelung der einzelnen vom Gesetz angeführten Anfechtungsfälle.

Ebenso kann man mit dem Begriff des § 123 BGB — „durch arglistige Täuschung bestimmt" — verfahren und etwa differenzieren in Täuschung durch Vorspiegeln falscher Tatsachen und Täuschung durch Verschweigen von aufklärungspflichtigen Tatsachen. Diese Aufgliederung ist jedoch nicht aus dem geformten Recht zu begründen, da der Tatbestandsbegriff „Täuschung" nicht weiter normiert ist.

Bei der Rechtsfindung und der Systematisierung des Rechts ist aber eine derartige Aufteilung des Tatbestandsbegriffes über die Teilklassen des positiven Rechtes hinaus eine häufige Praxis. Der Abstieg vom Tatbestandsbegriff zur singulären Entscheidung vollzieht sich oftmals über Zwischenstufen, richterliche Zwischensätze, die um so notwendiger sind, je größer die Extension des Tatbestandsbegriffes der anzuwendenden Norm ist[31]. Am deutlichsten zeigt sich dies in dem Bestreben, die Generalklauseln in einzelne Fallgruppen aufzugliedern.

Eine vollständige Norm — wie man sie auch im einzelnen definiert — hat in jedem Falle einen Tatbestand, dessen Elemente reale Sachverhalte sind; die vollständige Norm hat einen nicht-normierten Tatbestand. Die einer solchen vollständigen Rechtsnorm notwendigerweise

---

[31] Vgl. hierzu *Engisch,* Die Idee der Konkretisierung 2. Aufl. (1968) S. 146 ff.; *Hanack,* Der Ausgleich divergierender Entscheidungen in der oberen Gerichtsbarkeit (1962) S. 111 ff.; *Schweizer,* Freie richterliche Rechtsfindung intra legem als Methodenproblem (1959) S. 76 ff.

zuzuordnende Rechtsfolge hängt davon ab, wen man als richtigen Adressaten der vollständigen Rechtsnorm auffaßt[32].

Diese letzte Rechtsfolge ist für das Normenkontrollverfahren nicht relevant; aus der Kette der Normen, die den Tatbestand als Rechtsfolge wieder aufnehmen, ist nur das Glied bedeutsam, das den Tatbestand in verfassungswidriger Weise mit der Rechtsfolge verknüpft. Man kann sich also grundsätzlich mit den Normen begnügen, die durch die gesetzestechnische Zerlegung einer gedachten vollständigen Rechtsnorm entstehen, wobei vom Standpunkt der vollständigen Norm aus diese Normen nur „Normenteile"[33], „unselbständige" Rechtsnormen[34], „mittelbare" Rechtsnormen[35] darstellen. Die in den Texten außerdem noch enthaltenen Sätze, die keine Verknüpfung von Tatbestand und Rechtsfolge darstellen — erläuternde, einschränkende, verweisende Sätze[36] —, können für die Normenkontrolle nur bedeutsam werden, wenn sie in Tatbestand oder Rechtsfolge einer Norm übernommen werden[37].

Werden an die Stelle des normierten — ein- oder mehrgliedrigen[38] — Tatbestandsbegriffes die positiv-rechtlichen nicht-normierten — wiederum ein- oder mehrgliedrigen — Tatbestandsbegriffe eingesetzt, so wird der Normteil ersetzt durch ebenso viele Normteile mit nicht-normierten Tatbestandsbegriffen. Diese nicht-normierten Tatbestandsbegriffe sind in ihrer Extension gegenüber dem übergeordneten normierten Tatbestandsbegriff eingeengt. Das gleiche Verfahren läßt sich auf der Rechtsfolgenseite der Norm oder des Normteiles durchführen, worauf hier nicht gesondert eingegangen zu werden braucht. Eine weitere Ein-

[32] *Engisch*, Einführung in das juristische Denken (1964) S. 21 ff. und Anm. 9a S. 195; *Kelsen*, Reine Rechtslehre 2. Aufl. (1960) S. 55; *Larenz* a.a.O. S. 186; *Nawiasky*, Allgemeine Rechtslehre 2. Aufl. (1948) S. 14.

[33] So die wohl treffendste Bezeichnung bei *Walter*, Der Aufbau der Rechtsordnung (1964) S. 20. An anderer Stelle kommt *Walter*, Über den Widerspruch von Rechtsvorschriften (1955) S. 70 ff., zu dem Ergebnis, daß für die Betrachtung von Normen verschiedener Stufen die Betrachtung von Normteilen genügt, in praxi auch die Regel ist.

[34] So *Engisch* a.a.O. S. 22; *Kelsen* a.a.O. S. 55.

[35] So *Bucher*, Das subjektive Recht als Normsetzungsbefugnis (1965) S. 51.

[36] Vgl. hierzu *Larenz* a.a.O. S. 193 ff.; *Heller* a.a.O. S. 61 f.

[37] Ein instruktives Beispiel ist hier E 16, 306: der Tatbestandsbegriff „Abgabe zum unmittelbaren Verzehr" wird im Gesetz gesondert definiert: „Als Abgabe zum unmittelbaren Verzehr gilt ... bei Speiseeis jede Abgabe an Verbraucher im Gemeindegebiet." Der Text hätte sich verfassungsmäßig auslegen lassen, wäre lediglich die gesetzliche Definition gestrichen worden; dies lehnte das BVerfG (S. 329) ausdrücklich ab mit der Begründung, es „wäre eine Änderung des Gesetzes, zu der das BVerfG nicht befugt ist". Man hätte hier auch argumentieren können, daß eine Entscheidung allein über die Legaldefinition deshalb unzulässig sei, weil es sich um keine Norm handelt.

[38] Mehrgliedrigkeit soll heißen, daß mehrere Tatbestandsbegriffe kumulativ die Rechtsfolge implizieren. Eine alternative Verknüpfung dagegen ist ohne weiteres in alternative Normen zu zerlegen.

engung kann aus dem positiven Recht nicht gefolgert werden. Mit dieser Einsetzung ist also die Grenze der am positiven Recht orientierten Ausdifferenzierung der Normmenge erreicht, indem dann in der von dem jeweiligen Begriff umschriebenen Klasse keine Elemente enthalten sind, die durch die Rechtsordnung erst an anderer Stelle definiert werden, d. h. die Sachverhalte können unmittelbar unter nicht-normierte Tatbestandsbegriffe subsumiert werden[39].

Auch Normen ohne unmittelbar korrespondierenden Text, die erst aus der besonderen Formulierung eines Textes erschlossen werden müssen — so etwa die oben als Lückenausfüllungsverbote charakterisierten Normen —, enthalten einen Tatbestandsbegriff, der vom positiven Recht bestimmt wird. Dies ist evident in den Fällen der angeführten Formulierungstypen I, II und III[40]: hier gibt das positive Recht durch ausdrückliche Bezeichnung des ausgeschlossenen Tatbestandsbereiches einen Anhaltspunkt. Schwieriger wird die Abgrenzung im Falle IV: wieweit das Lückenausfüllungsverbot hier reicht, ergibt sich aus dem Tatbestandsbegriff der Verfassungsnorm, aus der die Pflicht zur Regelung des Ausgangssachverhaltes gefolgert wird[41]. Das Lückenausfüllungsverbot teilt den Tatbestand der Verfassungsnorm auf in den gemäß der Verfassung geregelten und den dazu komplementären Bereich, der positiv-rechtlich nicht benannt ist.

So wurde durch das G 131[42] von dem in Art. 131 GG genannten Personenkreis die Gruppe abgeteilt, die nach G 131 versorgungsberechtigt ist; übrig bleibt der nicht berücksichtigte, aber dennoch aufgrund des Art. 131 GG berechtigte Personenkreis: dies ist der Tatbestandsbegriff des Lückenausfüllungsverbotes, der sozusagen subtraktiv gewonnen wird. Auch ein so gewonnener Tatbestandsbegriff kann wieder auf andere positiv-rechtliche Normen verweisen. So gibt es im Falle des Art. 131 GG Normen, denen etwa zu entnehmen ist, was als „öffentlicher Dienst" im Sinne von Art. 131 GG zu verstehen ist; möglicherweise finden sich auch Normen, in denen das Tatbestandsmerkmal „aus anderen als beamten- oder tarifrechtlichen Gründen ausgeschieden" wiederum Rechtsfolge ist. So kann die verfassungsrechtliche Prüfung des Lückenausfüllungsverbotes in diesem Fall auf eine bestimmte Institution beschränkt werden, wie auch im Verfassungsbeschwerdeverfahren die Prüfung auf den „von Rohdich'schen Legatenfonds" beschränkt war; damit wird ein bestimmter, durch gesetzliche Differenzierung abgrenzbarer Bereich des öffentlichen Dienstes erfaßt[43].

---

[39] Ebenso *Sigloch,* in: BVerfGG RdNr. 128, 254 zu § 80; den von *Sigloch* herausgehobenen Ausnahmen wird hier jedoch nicht gefolgt.

[40] Vgl. oben § 16.

[41] Damit wird hier in den Fällen des Lückenausfüllungsverbotes die Prüfungs- und Ausfüllungsnorm der Verfassung als Maßstab der Tatbestandseingrenzung verwendet, wie das BVerfG in E 17, 155 (163) vorgeschlagen hat.

[42] Vgl. oben § 15 bei Anm. 27.

[43] Vgl. E 15, 46 (61): damit ergibt sich die Abgrenzung des Merkmals „öffentlicher Dienst" in Art. 131 GG nicht von der Tätigkeit her, sondern von der

Die Eingrenzung einer jeden Norm auf die dem Gesetz zu entnehmenden Untergliederungen des Tatbestandsbegriffes ist praktisch ohne weiteres möglich; der Weg über diese Unterbegriffe muß immer gewählt werden, wenn man einen Sachverhalt unter einen Tatbestand subsumiert, der in anderen Normen erst definiert wird.

Ein Beispiel soll dies verdeutlichen: das „Umwandlungsgesetz[44] erlaubt es, Vermögen einer Kapitalgesellschaft auf eine Personalgesellschaft oder aber auf einen einzelnen Gesellschafter im ganzen unter Ausschluß der Liquidation zu übertragen“[45]. Sozusagen als Beispiel ist im Gesetz der Fall geregelt, daß eine OHG Eigentümerin der Aktien der AG ist, deren Vermögen übertragen werden soll; hierbei wird der Fall unterschieden, daß die OHG alleinige (§§ 3—8), und der Fall, daß die OHG zu mehr als 75 % des Nennwertes Eigentümerin der Aktien ist (§§ 9—14). § 15 I bestimmt: „Wird das Vermögen einer AG auf einen Gesellschafter übertragen, so finden, wenn sich alle Aktien in der Hand des Gesellschafters (Alleingesellschafter) befinden, §§ 3—8, wenn sich mehr als $^3/_4$ des Grundkapitals in der Hand des Gesellschafters (Hauptgesellschafter) befinden, §§ 9—14 mit der Maßgabe entsprechende Anwendung, daß an die Stelle der OHG und der geschäftsführenden Gesellschafter der übernehmende Gesellschafter tritt[46].“ Damit wird an die Stelle der OHG als Aktionärin der allgemeine Begriff „Gesellschafter“ gesetzt.

Wer Gesellschafter sein kann, läßt sich nicht empirisch feststellen; es ergibt sich erst aus anderen Normen. So folgt aus § 54 AktG zusammen gelesen mit der Überschrift des 3. Teils, daß die Aktionäre der AG ihre Gesellschafter sind; wer aber Aktionär sein kann, ergibt sich aus verstreuten Vorschriften über die Rechtsfähigkeit — etwa §§ 1, 21 BGB, § 1 AktG —, wonach also auch eine AG Gesellschafter einer AG sein kann.

Damit läßt sich der positivierte Begriff „Gesellschafter“ etwa unterteilen in natürliche und juristische Personen, letztere wieder in AG, GmbH, eGmbH usw. Was diese einzelnen Begriffe wiederum bedeuten, ergibt sich aus anderen Vorschriften, so daß eine vollständige Einsetzung der den Begriff „Gesellschafter“ definierenden Vorschriften in § 15 I bedeuten würde, daß erhebliche Teile des AktG dort untergebracht werden müßten. Das Ergebnis ist aber eindeutig: der allgemeine Begriff Gesellschafter kann gegliedert werden in die Unterbegriffe: AG und übrige Gesellschafter im Sinne des Umwandlungsgesetzes. „Der dem Vorlagebeschluß zugrunde liegende Fall betrifft die Umwandlung einer AG auf eine andere AG; die Entscheidung ist deshalb weiter auf diesen Fall zu beschränken[47].“ Damit ist der Gegenstand der verfassungsrechtlichen Prüfung ermittelt, indem der Begriff Gesellschafter durch den Begriff der AG in ihrer Eigenschaft als Aktionärin ersetzt wurde. Die AG als Aktionärin kann positiv-rechtlich nicht weiter untergliedert werden.

Rechtsform des Dienstherren; diese in G 131 vorgenommene Abgrenzung ist auch für eine verfassungsrechtlich gebotene, analoge Anwendung dieses Gesetzes auf nicht erfaßte Bereiche maßgeblich.

[44] BGBl I 1956 S. 844.

[45] E 14, 263 (264).

[46] E 14, 263 (265).

[47] E 14, 263 (273).

Eine solche dichotomische Gliederung in zwei Unterbegriffe — den für den Sachverhalt entscheidenden und den dazu komplementären — hat den Vorteil, daß Überlegungen über Abgrenzung und Inhalt des Komplementärbegriffes nicht notwendig sind. Man braucht also im Beispielsfall nicht zu erwägen, ob in § 15 I Umwandlungsgesetz alle denkbaren Eigentümer von Aktien gemeint sind und ob für alle diese die verfassungsrechtlichen Bedenken zutreffen, sondern kann diese Frage auf die Klasse der Gesellschafter in der Rechtsform der AG beschränken.

Die Frage, ob man den Tatbestandsbegriff „AG" weiter untergliedern sollte, hat das BVerfG selbst verneint:

„Die Weite des vom Gesetzgeber abgesteckten Rahmens hat es... ermöglicht, daß in der Rechtsform der AG heute soziale Gebilde sehr verschiedener Struktur auftreten... Da alle diese verschiedenartigen Gebilde sich nicht durch klare Merkmale voneinander abheben..., ist es schwierig, ja nahezu unmöglich, je auf ihre Eigenart zugeschnittenes besonderes Recht zu schaffen... Die Vorschriften des Aktienrechts bleiben im großen Umfang im Bereich des Organisatorisch-Formalen. Im Hinblick auf den Inhalt sind sie ambivalent; sie decken sowohl einwandfreie wie bedenkliche Beschlüsse[48]."

Daß rechtswissenschaftliche Systematik oder ständiger Gerichtsgebrauch einen gesetzlichen Tatbestandsbegriff weiter untergliedern und daß gerade im Bereich von generalklauselartigen Tatbestandsbegriffen eine solche Untergliederung notwendig ist, sollte nicht dazu führen, die Norm im Normenkontrollverfahren über die positivierte Differenzierung hinaus zu zergliedern. Wollte man von der positiv-rechtlichen Gliederung abgehen, so könnte die Untergliederung des nicht-normierten Tatbestandsbegriffes bis hin zu dem individuellen Sachverhaltsbegriff stufenlos vorgenommen werden, ohne daß es irgendeine sachlich begründete Grenze gäbe[49]. Das Ergebnis einer derartigen Eingrenzung wäre die vollständige Verwischung des Unterschiedes zwischen der verselbständigten und der inzidenten Normenkontrolle, denn ein derartig eingegrenzter Prüfungsgegenstand wäre nur sehr beschränkt fähig, über das Ausgangsverfahren hinaus zu wirken. Die Anknüpfung des Prüfungsgegenstandes an das „Gesetz" in Art. 100 I GG und die

[48] E 14, 263 (273 ff.).

[49] Denkbar wäre immerhin, in Fällen der Generalklauseln anerkannte Zwischensätze des Gerichtsgebrauchs als entscheidungserhebliche Normen i. S. von Art. 100 I GG anzusehen: etwa das Verbot der vergleichenden Werbung als Unterfall von § 1 UWG ist in seiner Tatbestandsweite durchaus anderen, vom Gesetzgeber selbst geschaffenen Tatbestandsbegriffen äquivalent und wird in der Rechtsfindung wie eine positive Norm behandelt, unter die lediglich zu subsumieren ist; dennoch ist es eine Norm, die völlig zur Verfügung der Rechtsprechung steht — von einer möglichen Qualifizierung als Gewohnheitsrecht abgesehen —, die jederzeit durch andere, aus § 1 UWG hergeleitete Zwischensätze ersetzt werden könnte.

Gesetzeskraft von Normenkontrollentscheidungen gemäß Art. 94 II GG, § 31 II BVerfGG verlangen aber die Ausrichtung am positiven Recht[50] und die Verallgemeinerungsfähigkeit der verfassungsgerichtlichen Normprüfungsentscheidung.

Mit der Abgrenzung des Tatbestandsbegriffes liegt auch der richtige Umfang des Gegenstandes der verfassungsrechtlichen Prüfung fest; die verfassungsrechtliche Prüfung kann nicht nur auf diesen Gegenstand beschränkt werden, sie muß sich darauf beschränken. Man kann daher nicht aus der engen Zusammengehörigkeit von Normen in einem Regelungszusammenhang[51] oder aus einem einheitlichen Plan des Gesetzes eine Erstreckung des Prüfungsgegenstandes im Verfahren der konkreten Normenkontrolle folgern[52]. Denn die Frage nach dem richtigen Gegenstand der Prüfung, nach der entscheidungserheblichen Norm, darf nicht verquickt werden mit der Frage danach, welche anderen Normen durch die Feststellung der Nichtigkeit der entscheidungserheblichen Norm gegenstandslos werden[53]; ebensowenig darf sie mit der Frage verquickt werden, welche anderen Normen aus den gleichen verfassungsrechtlichen Erwägungen, aus denen die Nichtigkeit der entscheidungserheblichen Norm festgestellt wurde, nichtig sind. Auch wenn die verfassungsrechtlichen Bedenken ein ganzes Gesetz fragwürdig machen — wie etwa Verstöße gegen die Kompetenzvorschriften —, so kann das nicht zu einer Erweiterung des Gegenstandes über die entscheidungserhebliche Norm hinaus führen.

Lediglich im Rahmen der Anschlußkompetenz gemäß § 78 Satz 2 BVerfGG kann die Entscheidung über den Gegenstand der Prüfung

---

[50] Daher hat E 24, 170 (173) mit Recht die Vorlage einer, vom vorlegenden Gericht ausdrücklich aus der Rechtsprechung des BGH hergeleiteten Norm als unzulässig zurückgewiesen.

[51] So sieht das BVerfG bei der Prüfung von Zustimmungsgesetzen zu völkerrechtlichen Verträgen mit Recht nicht den ganzen Vertrag, sondern die einzelne, aus dem Vertrag zu entnehmende und durch das Zustimmungsgesetz innerstaatlich wirksam gewordene Norm als Prüfungsgegenstand an; vgl. E 22, 134 (151 f.) mit Hinweis auf E 12, 205 (240) bezüglich Staatsverträgen zwischen den Ländern der Bundesrepublik.

[52] Vgl. oben Anm. 12, 13. Die nachträgliche Eingrenzung des Prüfungsgegenstandes von E 12, 264 durch E 22, 387 (404 f.), die die entscheidungserhebliche Norm aus dem Zusammenhang der Gründe erschloß und die neuerliche Vorlage des gleichen Textes für zulässig hielt, hat daher eine gewisse Berechtigung. Vgl. hierzu *Rupp*, Festschr. Kern (1968) S. 414 ff.

[53] Vgl. hierzu etwa E 11, 30 (49); 19, 330 (342); 21, 117 (125); 22, 134 (152). Das BVerfG meint offenbar, daß gegenstandslose Normen auch nichtig seien, also keine juristische Geltung haben; vgl. z. B. E 8, 71 (79): „Aus der Nichtigkeit... folgt zugleich die Nichtigkeit der damit gegenstandslos gewordenen übrigen Vorschriften dieser Anordnung." Anders aber E 24, 1 (14). Zum Bereich derartiger Nichtigkeit vgl. E 8, 274 (300 f.); 21, 117 (125); *Müller*, DVBl 1964, 104; *Sigloch*, in: BVerfGG RdNr. 128 zu § 80; *Eckfelder*, Das fehlerhafte Gesetz (1953) S. 122 f.

hinaus erweitert werden. Dafür aber, daß auch im allgemeinen der Gegenstand des Verfahrens soweit erstreckt wird, wie die Begründung reicht, gibt es keinen Anhaltspunkt[54]. Andernfalls müßte vor Abgrenzung des Prüfungsgegenstandes im Rahmen der Zulässigkeitsprüfung zunächst sachlich geprüft werden, ob die behauptete Verfassungswidrigkeit oder ein anderer Verstoß gegen die Verfassung auch zutreffen; erst nach dieser vorläufigen sachlichen Prüfung könnte festgestellt werden, ob nur die entscheidungserhebliche Norm oder ein ganzer Normenkomplex Gegenstand des Verfahrens ist.

Ebensowenig wie aus den Rechtsgeltungsnormen der Verfassung eine erweiterte Fassung des Prüfungsgegenstandes gefolgert werden kann, ebensowenig läßt sich die Entscheidungserheblichkeit durch die Prüfungsnorm enger begrenzen, indem etwa in einer Norm verfassungsmäßige und verfassungswidrige Sachverhaltsgruppen unterschieden werden.

So stellte sich bei der verfassungsrechtlichen Würdigung der Zusammenveranlagung von Ehegatten zur Einkommensteuer heraus, daß sich infolge der Progression der Steuersätze die Steuerlasten typischerweise gegenüber einer getrennten Veranlagung erhöhen. Hat aber in dem Veranlagungszeitraum ein Ehegatte einen Gewinn, der andere einen Verlust, so kann sich die Zusammenveranlagung auch vorteilhaft auswirken. Art. 6 I GG verbietet nur eine „Beeinträchtigung von Ehe und Familie durch störende Eingriffe des Staates ... Die Schlechterstellung der Ehegatten durch Zusammenveranlagung zur Einkommensteuer ... stellt einen solchen störenden Eingriff dar“[55]. Mit Recht stellte aber das BVerfG fest, daß es sich bei der in § 26 EStG 1956 enthaltenen Norm um eine einheitliche Regelung handelt, „die nur im ganzen gültig oder nichtig sein kann“[56].

Wollte das BVerfG also die Prüfung auf den Tatbestandsbereich beschränken, der nur die Ehegatten umfaßt, bei denen Gewinn des einen mit Verlust des anderen zusammentrifft, so müßte es eine Differenzierung des gesetzlichen Tatbestandes vornehmen, die der Gesetzgeber

---

[54] Daher kann *Sigloch,* in: BVerfGG RdNr. 256 zu § 80, nicht gefolgt werden. In den von ihm in Anm. 1 (S. 173) angeführten Entscheidungen hat das BVerfG den Prüfungsgegenstand auch nicht mit der von ihm gegebenen Begründung erstreckt, vielmehr lediglich die sonst regelmäßig vorgenommene Eingrenzung unterlassen. Wenn man, wie auch *Sigloch,* davon ausgeht, daß die Entscheidung des BVerfG „durch eine konkrete Veranlassung gedeckt“ sein muß (RdNr. 256 zu § 80), so gibt es keinen Grund, diese Abgrenzung der Prüfungskompetenz dann aufzugeben, wenn die verfassungsrechtlichen Bedenken „als solche ... das ganze Gesetz nichtig machen müssen“. Es findet sich auch keine Begründung dafür, daß bei einer so angenommenen Erstrekkung der Prüfungsgegenstand gerade, wie *Sigloch* meint, auf ein Gesetz „im formellen Sinne des verkündeten Aktes der Gesetzgebung“ beschränkt sein soll.

[55] E 6, 55 (LS 5).

[56] E 6, 55 (84); vgl. auch oben Anm. 16 und E 21, 12 (39 f.) Zu der besonderen Problematik des nur teilweisen Verfassungsverstoßes vgl. oben § 5.

nicht vorgenommen hat[57]. Auch die Prüfungsnorm der Verfassung kann bei einer solchen Aufgliederung nicht helfen, denn dazu müßte vor Abgrenzung des Prüfungsgegenstandes die Sachfrage geklärt werden, mit deren Hilfe dann erst der Umfang des Prüfungsgegenstandes zu bestimmen wäre[58].

Die zeitliche Aufgliederung einer Norm[59], die durch eine Rückwirkungsklausel möglich erscheint, ist ebenso bedenklich: diese Rückwirkungsklausel erweckt nur den Anschein einer abtrennbaren Regelung, einer zweiten Norm; sie bestimmt aber lediglich den Zeitpunkt des Inkrafttretens der Norm, so daß die Norm, deren rückwirkende Geltung angeordnet wird, nicht in zwei Normen, die verschiedene Zeiträume regeln, aufgeteilt werden kann; die Norm gilt vielmehr kontinuierlich von dem in der Rückwirkungsklausel bestimmten Zeitpunkt an. Das gleiche gilt für Verlängerungsgesetze: die Norm, die die Geltungsdauer einer sachlichen Regelung ändern soll, setzt sie nicht neu, sondern hebt nur die Norm auf, die die Geltung der Regelung zeitlich begrenzt[60].

---

[57] Unrichtig ist daher die Zurückweisung der Vorlage in E 20, 35 (39) als unzulässig mit der Begründung, es sei nicht ersichtlich, daß der Sachverhalt des Ausgangsverfahrens zu einer Verurteilung über ein verfassungsrechtlich zulässiges Maß hinaus führt, obwohl die vorgelegte Norm eine derartige Verurteilung ermöglicht und keinerlei weitere Differenzierung enthält. Hier folgert das BVerfG daraus, daß der Ausgangssachverhalt — mehr oder weniger zufällig — nicht zu einer verfassungswidrigen Rechtslage führen wird, daß die Prüfung der Norm überhaupt unterbleiben müsse. Dabei kann die Tatsache, daß aufgrund einer Norm auch Sachverhalte verfassungsmäßig geregelt werden können, weder dazu führen, die Norm insgesamt für verfassungsmäßig zu halten, noch dazu, die Vorlage in diesem Fall als unzulässig zurückzuweisen.

[58] *Sigloch*, in: BVerfGG RdNr. 128 zu § 80, weist mit Recht darauf hin, daß das Problem eines verfassungsmäßigen und eines verfassungswidrigen Sachverhaltsbereiches sich nicht selten durch eine verfassungskonforme Auslegung sachgerecht lösen lassen wird, indem sich bei der Auslegung richtigerweise ergibt, daß der verfassungswidrige Bereich von dem Text und der daraus entnommenen Norm nicht erfaßt wird. Typisches Beispiel hierfür ist E 17, 155: das BVerfG folgte zwar bei der Feststellung des Prüfungsgegenstandes nicht dem Vorschlag des BGH, nur die Strafbarkeit der einfachen Mitgliedschaft in einer politischen Partei für verfassungswidrig zu erklären; durch Auslegung des Wortes „Vereinigung" in § 129 StGB erreichte es aber nahezu das gleiche Ergebnis, indem aufgrund dieser Auslegung die einfache Mitgliedschaft nicht mehr nach § 129 StGB strafbar war; daher war es nicht notwendig, § 129 StGB zu streichen; es genügte, die vorgelegte Norm für nichtig zu erklären. Vgl. dazu oben § 10.

[59] Vgl. die Beispiele oben in Anm. 9, 10. Mit Recht sprach daher E 22, 330 die Vereinbarkeit der Norm für den ganzen Zeitraum aus, obwohl lediglich die Rückwirkung verfassungsrechtlich angezweifelt und nachgeprüft wurde. E 25, 142 dehnte den Ausspruch der Vereinbarkeit auf die vor der verfassungsrechtlich zweifelhaften Periode aus: „... ist auch nach dem 31. Dezember 1963 mit Bundesrecht vereinbar ..."

[60] Vgl. *Quaritsch*, Das parlamentslose Parlamentsgesetz 2. Aufl. (1961) S. 28, gegen E 8, 274 (290). Daher hat das BVerfG in E 8, 51 (71) mit Recht eine Regelung, die mehrfach für jeweils einen Zeitraum „neu gefaßt und neu be-

Regelt die vorgelegte Norm nicht unmittelbar den Sachverhalt, sondern begründet sie die Geltung der eigentlich entscheidungserheblichen Norm, so ist sie nur mittelbar entscheidungserheblich. Während es in den bislang erörterten Fällen möglich und notwendig war, aus getrennten Gesetzestexten eine einheitliche Norm zusammenzusetzen, mehrere Texte also nur getrennte Fixierung der einen, entscheidungserheblichen Norm bedeuten, muß man in den Fällen der mittelbaren Entscheidungserheblichkeit von zwei verschiedenen Normen ausgehen, die sich nicht auf Bestandteile einer Norm reduzieren lassen[61].

Zwei Fallgruppen sind in der Rechtsprechung des BVerfG aufgetreten: einmal die Vorlage einer die Rechtsetzungsbefugnis gemäß Art. 80 I 1 GG delegierenden Norm[62], wobei nach der Verfassungsmäßigkeit der Delegation insbesondere im Hinblick auf Art. 80 I 2 GG gefragt wurde; zum anderen die Vorlage eines Zustimmungsgesetzes zu einem völkerrechtlichen Vertrag, der die Befugnis zur Setzung von innerstaatlich wirksamem Recht auf supranationale Institutionen überträgt[63].

Im Unterschied dazu ist das Zustimmungsgesetz, das lediglich die Transformation von Vertragsrecht zu innerstaatlich bindendem Recht bewirkt, nur als der formelle Gesetzgebungsakt für die in dem Vertrag enthaltenen materiellen Normen anzusehen[64]; das BVerfG hat in diesem Fall nachzuprüfen, „ob die gesetzgebende Körperschaft einem Vertrag dieses Inhaltes zustimmen durfte", also die im Vertrag enthaltenen materiellen Normen innerstaatlich verbindliches Recht werden können[65]. Unter diese materiellen Normen wird der Sachverhalt unmittelbar subsumiert. Einziger Unterschied zu den sonstigen Fällen des normierten Tatbestandes ist, daß der Tatbestand des Zustimmungsgesetzes nicht auf ein anderes Gesetz, sondern auf den Vertrag verweist; eine mittelbare Erheblichkeit liegt aber nicht vor.

---

kannt gemacht worden" ist, als eine einheitliche Norm aufgefaßt und die Nichtigkeit aller Fassungen festgestellt. Wird eine Norm in mehreren Texten wiederholt, so liegt dennoch nur ein einheitlicher Gegenstand der verfassungsrechtlichen Prüfung vor.

[61] Es sei denn, man nimmt alle Rechtsgeltungsnormen mit in die vollständige Norm hinein; das wäre aber wenig sinnvoll, weil die Rechtsgeltungsnormen lediglich die Eigenschaft der Geltung bestimmen, nicht aber zu Tatbestand oder Rechtsfolge einer Norm gerechnet werden können.

[62] Vgl. E 7, 282 (291); auch E 2, 341 (345). In späteren Entscheidungen wurde in der mittelbaren Entscheidungserheblichkeit kein Problem mehr gesehen; so etwa in E 18, 52 (58); 19, 17 (27); 20, 296 (303).

[63] E 22, 134 (147).

[64] Nach E 14, 1 (6) ist Gegenstand der Normenkontrolle „formal das Zustimmungsgesetz zu dem Überleitungsvertrag", materiell aber die aus dem Vertrag entnommene entscheidungserhebliche — auch mittelbar entscheidungserhebliche, vgl. E 18, 353 (360 f.) — Norm.

[65] E 12, 281 (288); vgl. hierzu auch *Boehmer*, Der völkerrechtliche Vertrag im deutschen Recht (1965) S. 72 ff., und *Zacher*, DVBl 1955, 649.

Das Problem der Bestimmung des Gegenstandes der verfassungsrechtlichen Prüfung stellt sich bei mittelbarer Entscheidungserheblichkeit in etwas anderer Form, denn die vorgelegte Norm, die an der Verfassung zu prüfen ist, ist nicht identisch mit der Norm, unter die der Sachverhalt subsumiert wird. Als neues Element der Entscheidungserheblichkeit tritt die Verknüpfung dieser beiden Normen auf. Vereinfachend läßt sich die unmittelbar entscheidungserhebliche Norm, unter die der Ausgangssachverhalt zu subsumieren ist, für die Ermittlung und Abgrenzung des Prüfungsgegenstandes als Sachverhalt ansehen: die Ermächtigung ist insoweit entscheidungserheblich, als sich die untergesetzliche Norm, unter die der Ausgangssachverhalt zu subsumieren ist, auf diese Ermächtigung stützt.

So wurde die Bundesregierung in einem Gesetz ermächtigt, Rechtsverordnungen über „die nähere Bestimmung der im Beförderungssteuergesetz verwendeten Begriffe“ zu erlassen[66]. Diese generelle Ermächtigung zur näheren Bestimmung der Begriffe des Gesetzes kann in Einzelermächtigungen zur Bestimmung der jeweiligen Begriffe zerlegt werden. In der Sachprüfung hat das BVerfG die generelle Ermächtigung für verfassungswidrig gehalten, weil aus ihr nicht zu ersehen war, welche Begriffe im einzelnen vom Verordnungsgeber zu erläutern sind; zudem hat das BVerfG auch die Einzelermächtigung wegen Verstoßes gegen Art. 80 I 2 GG für nichtig erachtet[67].

Die Norm der Rechtsverordnung, unter die der Ausgangssachverhalt zu subsumieren war, bestimmte aber lediglich den in § 11 I Ziff. 2 b des Beförderungssteuergesetzes[68] benutzten Begriff „Tonnenkilometer“. Das BVerfG hätte sich hier auf die Prüfung der Ermächtigung bezüglich dieses besonderen Begriffes beschränken müssen. Das gleiche gilt für die in Ziff. 4 desselben Gesetzes ausgesprochene Ermächtigung, den „Umfang der Besteuerungsgrundlage“ näher zu bestimmen. Im Gesetz finden sich zwei mögliche Besteuerungsgrundlagen, der „Beförderungspreis“ und der „Tonnenkilometer“[69]. Auch bei der Prüfung dieser Ermächtigung wurde die Vorlagefrage nicht weiter eingeschränkt, obwohl in der Sachprüfung lediglich die Delegation bezüglich des Tonnenkilometers als verfassungswidrig angesehen worden war, die Ermächtigung bezüglich des Beförderungspreises aber als verfassungsgemäß.

Dem oben charakterisierten nicht-normierten Tatbestandsbegriff entspricht also im Falle der mittelbaren Entscheidungserheblichkeit der einzelne Tatbestand, auf den die Ermächtigung verweist, wobei dieser Tatbestand durch die unmittelbar entscheidungserhebliche, aufgrund der Ermächtigung gesetzte Norm bestimmt wird. Nur in diesem Umfang ist die Ermächtigung mittelbar entscheidungserheblich und damit zulässiger Gegenstand der verfassungsrechtlichen Prüfung.

---

[66] Vgl. E 18, 52 (54); Abschnitt II Art. 3 I Nr. 1 des Verkehrsfinanzgesetzes (BGBl I 1955, 166).

[67] E 18, 52 (60 f.).

[68] BGBl I 1955, 366.

[69] E 18, 52 (62 f.).

Teil IV

Die Normenkontrollentscheidung

§ 18 Die Normenkontrollentscheidung als gerichtliche Entscheidung

Eine beim BVerfG gemäß § 23 I BVerfGG eingereichte Vorlage hat der Vorsitzende des für die Normenkontrolle nach Art. 100 I GG zuständigen Senates[1] unverzüglich den gemäß §§ 82 II, 77 BVerfGG zum Beitritt berechtigten Verfassungsorganen[2] zuzuleiten und eine Frist zur Äußerung zu setzen. Damit ist die Vorlage angenommen. Welche Voraussetzungen eine Vorlage zu erfüllen hat, um als Antrag im Sinne von § 23 I BVerfGG zu gelten und damit das Verfahren überhaupt einleiten zu können, ist nicht geregelt. Fehlen jedoch Mindestvoraussetzungen — so z. B. bei mündlicher Vorlage, bei Vorlage eines lediglich am Ausgangsverfahren Beteiligten oder Vorlage in fremder Sprache (§ 184 GVG) —, so kann das BVerfG von einer Entscheidung völlig absehen, da ein zur Entscheidung verpflichtender Antrag gar nicht vorliegt[3].

Das Verfahren der Normenkontrolle nach Art. 100 I GG vor dem BVerfG ist ein gerichtliches Verfahren. Positiv-rechtlich ergibt sich dies aus der Stellung des BVerfG als „selbständiger und unabhängiger Gerichtshof" gemäß Art. 92, 93 und 94 GG und § 1 BVerfGG; materiell folgt dies aus der Aufgabe, die vorgelegte Norm in Bindung an das geltende Recht, nicht anhand von Zweckmäßigkeitsüberlegungen, zu prüfen, also aus der rechtsbewahrenden Funktion der Normenkontrolltätigkeit[4]; historisch gesehen gehört die Prüfung von Normen auf ihre

---

[1] Vgl. hierzu E 23, 85 (89 f.); *Böckenförde*, DÖV 1968, 566; *Lechner*, BVerfGG 2. Aufl. (1967) Anm. zu § 14, und den Beschluß des BVerfG in BGBl I 1959, 673.

[2] Der Ausdruck „Beteiligter" ist also in § 23 II anders zu verstehen als in § 25 I BVerfGG; st. Rspr. seit E 2, 213 (LS, 217); die Beteiligten des Ausgangsverfahrens sind nicht zum Beitritt berechtigt, daher auch keine Beteiligten i. S. von § 23 II BVerfGG.

[3] So auch die Praxis im Zivilprozeß; vgl. *Blomeyer*, Zivilprozeßrecht (1963) § 43 I 2: elementare Mängel der Klage verpflichten nicht zu einer Terminbestimmung nach § 216 II ZPO. *Lechner*, a.a.O. Anm. 5 zu § 23 I, und *Klein*, in: BVerfGG RdNr. 7 zu § 23, fordern ohne Rücksicht auf die Qualität des Mangels eine Prozeßentscheidung.

[4] Vgl. hierzu *Laufer*, Festschr. Leibholz II (1966) S. 443 f.; *Leibholz*, in: Das Bundesverfassungsgericht (1963) S. 61; *Karl*, Die Grenzen zwischen Recht-

Anwendbarkeit und ihre Geltung traditionell[5] in den Bereich der Rechtsprechung.

Die überragende Stellung des BVerfG im Bereiche der Verfassungsauslegung kann nicht zu einer anderen Einordnung führen: gerade wegen deren Bedeutung für den politischen Willensbildungsprozeß in einer Demokratie ist es notwendig[6], von der grundgesetzlichen Einordnung des zur unabhängigen und kaum kontrollierbaren Verfassungsauslegung berufenen Organs in den Bereich der Rechtsprechung auszugehen. Die Einordnung in diesen oder jenen Bereich der Staatsfunktionen hat auf normativen, nicht auf begrifflichen Erwägungen zu beruhen, wobei die Zuweisung der Normenkontrolle zur Rechtsprechung nicht so sehr wegen der Verfahrensgarantien, sondern wegen der Begrenztheit richterlicher Funktionen in einer Demokratie angemessen ist[7]. Aus dieser Einordnung ergeben sich Voraussetzungen und Wirkungen der Normenkontrollentscheidung als einer gerichtlichen Entscheidung.

---

sprechung und Gesetzgebung in der Bundesrepublik (1966) passim, insbes. S. 127; Franz *Klein*, DÖV 1964, 471; Friedrich *Klein*, BVerfG und richterliche Beurteilung politischer Fragen (1966); *Roellecke*, Politik und Verfassungsgerichtsbarkeit (1961) passim, insbes. S. 119 ff.; speziell zur Normenkontrolle *Friesenhahn*, ZSR N. F. Bd. 73 (1954) S. 156 f.;*Müller*, Die Zuständigkeit zur Gesetzeskontrolle nach dem GG (1960) S. 15 ff.; Rolf *Schäfer*, Gesetzeskraft richterlicher Entscheidungen (1955) S. 11 ff.; *Schmidt*, Der Rechtscharakter der richterlichen Normenkontrolle (1968); *Seuffert*, NJW 1969, 1369; *Stern*, in: Kommentar zum Bonner Grundgesetz (1967) RdNr. 32 ff. zu Art. 100 GG mit Nachw. A. A. *Henke*, Staat 3 (1964) S. 449 ff.; *Kafka*, Der gesetzgebende Richterspruch (1967) S. 53 ff.; *Krüger*, Festgabe für Smend (1962) S. 160 ff. mit Nachw. Aus der Stellung des BVerfG als Verfassungsorgan — vgl. hierzu insbes. *Laufer* a.a.O. S. 453 ff. mit Nachw. — kann für die Qualifikation seiner Tätigkeit generell nichts gefolgert werden. Soweit also Rechtsprechung ausgeübt wird, bleibt das BVerfG auch als Verfassungsorgan ein Gericht; vgl. hierzu *Werner*, Recht im Wandel (1965) S. 110 f.

[5] Zur Bedeutung der Tradition bei der Ausfüllung des Begriffes der Rechtsprechung im materiellen Sinne vgl. E 22, 49 (77 f.). Zu einer solchen Tradition vgl. *von Hippel*, in: HDStR II S. 546; seine Darlegung zeigt, daß schon immer ein Kernbestand der richterlichen Prüfungszuständigkeit anerkannt wurde, über deren Umfang allerdings keine in der Tradition begründete Klarheit besteht.

[6] Hierzu neben den in Anm. 5 Genannten: *Drath*, VVDStRL 9, 90 ff.; *Laufer*, Verfassungsgerichtsbarkeit und politischer Prozeß (1968) passim, insbes. S. 335 ff.; *Massing*, Der CDU-Staat (1967) S. 123 ff.; *Nef*, Mélanges Bridel (1968) S. 309 ff.; *Ridder*, Festschr. Arndt (1969) S. 326 f.; *Steffani*, Aus Politik und Zeitgeschichte Nr. 21 (1968) S. 1 ff.; *Wildenmann*, Die Rolle des Bundesverfassungsgerichts und der Deutschen Bundesbank in der politischen Willensbildung (1969) passim; *Wittig*, Staat 8 (1969) S. 137 ff., mit Nachw. S. 139 f. Anm. 12, 13.

[7] Vgl. zu dem Problem des unabhängigen Richters in der Demokratie insbes. *Eichenberger*, Die richterliche Unabhängigkeit als staatsrechtliches Problem (1960) S. 103 ff. mit Nachw.; auch *Schneider*, Richterrecht, Gesetzesrecht und Verfassungsrecht (1969) S. 30 ff.

Elementare Voraussetzung einer jeden richterlichen Tätigkeit ist der von außen kommende Antrag; auch das BVerfG ist insoweit ein Gericht, als es nicht von Amts wegen tätig wird[8]. Die Bindung an einen Antrag führt auch dazu, daß das Verfahren nicht fortgeführt werden kann, sobald dieser Antrag wirksam zurückgenommen worden ist[9].

Vom Ausgangsverfahren und der Ausgangsentscheidung her gesehen ist eine Zurücknahme der Vorlage und eine Aufhebung des Vorlagebeschlusses nur dann sinnvoll, wenn die vorgelegte Norm nicht oder nicht mehr entscheidungserheblich ist, wenn das vorlegende Gericht seine Ansicht über die Sperrwirkung der Norm geändert hat oder wenn es die Norm nicht mehr für verfassungswidrig hält. In allen anderen Fällen folgt aus dem Zwang, die Ausgangsentscheidung zu fällen, die Notwendigkeit, den Vorlagebeschluß aufrecht zu erhalten, weil anders die als Sperre wirkende Norm nicht beseitigt werden kann[10]. Die Fälle, in denen eine Rücknahme sinnvoll erscheint, sind also gleichzeitig die Fälle, in denen die Vorlage eine ihrer Zulässigkeitsvoraussetzungen nicht mehr besitzt; eine weiterhin zulässige Vorlage kann daher gar nicht zurückgenommen werden, ohne die Pflicht des Ausgangsgerichtes aus Art. 100 I GG zu verletzen.

Es ist unbestritten, daß eine sachliche Entscheidung über die Vorlage unzulässig wird, wenn die Entscheidungserheblichkeit entfällt. Eine prozessuale Bindung mit der Folge, jede unzulässige Vorlage förmlich zurückzuweisen, ist sinnlos. Daher ist die Aufhebung des Vorlagebeschlusses und die Rücknahme der Vorlage jedenfalls zulässig, wenn sich die Vorlage erledigt hat[11], weil die Entscheidungserheblichkeit der

---

[8] Vgl. *Friesenhahn,* in: Verfassungsgerichtsbarkeit in der Gegenwart (1962) S. 182; *Lechner* a.a.O. Vorbem. B II 1 vor § 17; *Schmitz,* Die Bedeutung der Anträge für die Einleitung und Beendigung des Verfassungsprozesses (1968) S. 1 ff.; *Wolf,* DVBl 1966, 885.

[9] Voraussetzung ist allerdings, daß der Antrag überhaupt zurückgenommen werden kann; so kann etwa nach § 156 StPO die öffentliche Klage nach Eröffnung der Hauptverhandlung nicht mehr zurückgenommen werden. Es gibt keinen allgemeinen prozeßrechtlichen Grundsatz, der besagt, daß Anträge grundsätzlich zurücknehmbar sind. Daher ist die Argumentation von *Friesenhahn* a.a.O. S. 182, aus der Abhängigkeit der verfassungsgerichtlichen Tätigkeit von einem Antrag folge, dieser Antrag müsse zurücknehmbar sein, nicht überzeugend; andererseits genügen, worauf *Friesenhahn* hinweist, wohl auch nicht „Gesichtspunkte des öffentlichen Interesses", um die prozessuale Unwirksamkeit der Zurücknahme des Antrags zu begründen. So aber E 1, 396 (414); 8, 183 (184); 24, 299 (300) mit grundsätzlich zustimmender Anm. von *Rupprecht,* NJW 1969, 413 ff.; 25, 308 (309); *Lechner* a.a.O. Vorbem. B II 2 dd vor § 17; kritisch *Schmitz* a.a.O. S. 69 ff.

[10] *Lechner,* a.a.O. Vorbem. B II 2 dd vor § 17, weist mit Recht darauf hin, daß die Rücknahme des Vorlagebeschlusses den Wegfall der Vorlagepflicht voraussetzt. Das ist der entscheidende Unterschied zum Antrag nach Art. 93 I Ziff. 2 GG; die Rücknahme eines zulässigen Antrags auf abstrakte Normenkontrolle ist ohne Verletzung einer Rechtspflicht möglich.

[11] Vgl. BGH, NJW 1968, 503 mit Nachw.; a. A. wohl nur Herbert *Huber,* Die

vorgelegten Norm nicht mehr gegeben ist[12]. Fraglich ist aber, ob die Zurücknahme einer sonst zulässigen Vorlage prozessual möglich ist, wenn das vorlegende Gericht lediglich seine Rechtsansicht über die Bindungswirkung oder über die Verfassungswidrigkeit der vorgelegten Norm geändert hat, entweder aufgrund einer veränderten Rechts- oder Sachlage oder aufgrund einer veränderten Rechtsanschauung[13]. Mit den verfassungsrechtlichen Bedenken des Ausgangsgerichts entfällt letztlich eine der Zulässigkeitsvoraussetzungen der Normenkontrollentscheidung[14]. Der spätere Wegfall der — vom vorlegenden Gericht aus gesehen — subjektiven Voraussetzungen der Zulässigkeit wäre ohne Auswirkung auf das Normenkontrollverfahren, wenn das Gericht nach Abgabe des Vorlagebeschlusses die Sache endgültig weitergegeben hätte[15]. Aber schon der Hinweis auf § 24 Satz 2 BVerfGG zeigt, daß die Sache durch den Vorlagebeschluß nicht vollständig dem Ausgangsgericht entzogen sein soll[16]; vielmehr geht das BVerfGG mit dem Institut des Belehrungsschreibens davon aus, daß das vorlegende Gericht auch noch später mit der Sache befaßt wird und Konsequenzen aus diesem Schreiben ziehen, also bei überzeugender Argumentation die Vorlage zurücknehmen kann[17]. Eine Bindung des Ausgangsgerichts an einen einmal

---

konkrete Normenkontrolle gemäß Art. 100 Abs. 1 GG in der Gerichtspraxis (1954) S. 83.

[12] Vgl. die Fallgruppen bei *Sigloch*, in: BVerfGG RdNr. 323 ff. zu § 80; *Pohle*, Kommentar zur ZPO 19. Aufl. (1967) Anm. III 1 c zu § 148. Mit Recht unterscheidet der BGH, NJW 1968, 503, zwischen Aussetzungs- und Vorlagebeschluß: der Aussetzungsbeschluß kann auch schon dann aufgehoben werden, wenn das Ausgangsverfahren mit dem Ziel fortgesetzt wird, das Verfahren zu beendigen, die Entscheidung also zu vermeiden. Ist dieses Ziel erreicht, kann der Vorlagebeschluß aufgehoben und die Vorlage zurückgenommen werden, weil die Vorlage damit gegenstandslos geworden ist. Bis Ende 1967 erledigten sich 587 von insgesamt 1168 Normenkontroll- (und Normenqualifikations)vorlagen „auf sonstige Weise"; vgl. *Leibholz-Rupprecht*, BVerfGG (1968) S. 463.

[13] Eingehend hierzu Herbert *Huber* a.a.O. S. 80 ff. mit Nachw.; vgl. auch *Sigloch*, in: BVerfGG RdNr. 322 ff. zu § 80; *Stern* a.a.O. RdNr. 179 zu Art. 100; VG Gelsenkirchen, NJW 1967, 2278.

[14] Das BVerfG hat in E 1, 396 (414) für das abstrakte Normenkontrollverfahren die These aufgestellt, daß ein einmal zulässiger Antrag das BVerfG auf jeden Fall zu einer Entscheidung berechtige; es hat damit aber sicherlich nicht gemeint, daß die einmal gegebene Zulässigkeit auch dann eine Sachentscheidung rechtfertige, wenn der Antrag später unzulässig geworden ist; ein derartiger Bruch mit prozeßrechtlichen Grundsätzen hätte deutlich zum Ausdruck kommen müssen.

[15] So *Huber*, a.a.O. S. 83, der daraus die generelle Unwiderruflichkeit des einmal verkündeten Beschlusses herleitet; ähnlich *Sigloch*, in: BVerfGG RdNr. 327 zu § 80: „ein gegenständlich beschränkter Abgabebeschluß"; a. A. *v. Landsberg-Velen*, Die konkrete Normenkontrolle nach Art. 100 Abs. 1 GG (1963) S. 95 f.

[16] Als praktisches Beispiel siehe den Beschluß des VG Gelsenkirchen, NJW 1967, 2277.

[17] Vgl. *Pohle* a.a.O. Anm. III 1 c 3. Absatz zu § 148.

gefaßten Vorlagebeschluß dient weder der Prozeßökonomie noch wird sie durch prozessuale[18] oder gar verfassungsrechtliche[19] Vorschriften erzwungen: hält das vorlegende Gericht[20] die Norm später für verfassungsmäßig, so sind damit Anlaß und Rechtfertigung für eine verfassungsgerichtliche Entscheidung entfallen. Daher ist die Aufhebung des Vorlagebeschlusses und die Rücknahme der Vorlage — unabhängig von der Zustimmung des BVerfG — immer dann zulässig, wenn eine der Voraussetzungen der Vorlage später entfällt[21].

Eine Entscheidung des BVerfG ist nur dann möglich, wenn zum Zeitpunkt der Entscheidung der Vorlagebeschluß aufrecht erhalten wird[22].

---

[18] Vgl. § 150 ZPO zur Aufhebbarkeit eines Aussetzungsbeschlusses; diese Vorschrift liegt sachlich näher als der von *Sigloch*, in: BVerfGG RdNr. 327 zu § 80, angeführte § 318, der das Prozeßgericht an die in End- und Zwischenurteil enthaltene Entscheidung bindet.

[19] Der Hinweis *Siglochs*, in: BVerfGG RdNr. 327 zu § 80, auf Art. 101 I 2 GG überzeugt nicht, da es sich bei der Vorlage um einen gerichtsinternen Akt ohne Mitwirkung der Parteien handelt. Es ist auch nicht ersichtlich, wie die Zustimmung des BVerfG die Problematik aus Art. 101 I 2 GG verändern kann, denn wenn man mit *Sigloch* nach dem Vorlagebeschluß den gesetzlichen Richter im BVerfG sieht, kann nicht die Zustimmung des BVerfG zur Zurücknahme des Vorlagebeschlusses das Ausgangsgericht zum gesetzlichen Richter machen; vom Standpunkt *Siglochs* aus müßte daher die — von ihm in RdNr. 328 für entscheidend gehaltene — Zustimmung des BVerfG unerheblich sein.

[20] Daß die Änderung der Besetzung des Gerichts für die Zulässigkeit der Rücknahme der Vorlage relevant sein soll, worauf *Sigloch*, a.a.O. RdNr. 319 Anm. 10 und RdNr. 321, abstellt, überzeugt nicht: der Vorlagebeschluß wird, wie auch jede andere Prozeßhandlung, regelmäßig dem Gericht als Spruchkörper, nicht aber den einzelnen Richtern zugerechnet. Dies entspricht dem allgemeinen Prinzip, daß die Handlungen eines Staatsorgans in ihrer Außenwirkung nicht Handlungen der jeweils mit der Organtätigkeit beauftragten Personen sind, die Bestandskraft von Staatsakten also nicht von einem Personenwechsel beeinflußt werden kann; so auch *Schmitz* a.a.O. S. 54 f. mit Nachw.

[21] So *Blomeyer* a.a.O. § 28 III 4; *Friesenhahn* a.a.O. S. 182 f.; *Lechner* a.a.O. Vorbem. B II 2 a dd vor § 17; *Pohle* a.a.O. Anm. III 1 e zu § 148; vgl. auch E 24, 63 (67), wo die Möglichkeit der Rücknahme vorausgesetzt wird; *Schmitz*, a.a.O. S. 56 f., hält in Analogie zu §§ 52 I, 58 BVerfGG eine Rücknahme der Vorlage in jedem Falle für zulässig, ohne dabei die aus dem Ausgangsverfahren folgenden Beschränkungen in Betracht zu ziehen. A. A. *Sigloch*, a.a.O. RdNr. 327 f. zu § 80; *Stern* a.a.O. RdNr. 179 zu Art. 100; VG Gelsenkirchen, NJW 1967, 2277. Der BGH hat in NJW 1968, 503, die Frage offengelassen. *Rupprecht*, NJW 1969, 414, hält — entgegen dem begrenzten Zweck des Vorlageverfahrens — ein öffentliches Interesse an der Sachentscheidung auch dann für möglich, wenn das rechtsanwendende Gericht die ursprünglich angezweifelte Norm für verfassungsmäßig hält.

[22] Das Ergebnis kann damit gestützt werden, daß auch für die Ausgleichsverfahren beim BGH die Zulässigkeit einer Ausgleichsentscheidung davon abhängt, ob der mit dem Ausgleichsverfahren erstrebte Zweck überhaupt noch erreicht werden kann; eingehend hierzu *Hanack*, Der Ausgleich divergierender Entscheidungen in der oberen Gerichtsbarkeit (1962) S. 326 ff. Zum allgemeinen Prozeßrecht vgl. *Schmitz* a.a.O. S. 65 f., zum Verfahren nach Art. 177 EWGV *Tomuschat*, Die gerichtliche Vorabentscheidung nach den Verträgen über die europäischen Gemeinschaften (1964) S. 165 f.

Wird die Vorlage zurückgenommen, so erledigt sich das Normenkontrollverfahren in der Hauptsache durch die einseitige Erklärung des Vorlagegerichts[23]; die Erledigung in der Hauptsache führt zur Beendigung des Verfahrens, da an der Prüfung von Normen unabhängig von einem Anlaßfall kein öffentliches Interesse besteht; die Fortführung, etwa durch Übernahme des Antrags durch einen Verfassungsanwalt, erscheint angesichts der umfassenden prozessualen Möglichkeiten nicht notwendig[24]. Ein besonderer Beschluß des BVerfG über die Erledigung ist nicht notwendig, da das Verfahren weder Parteien kennt noch eine Kostenentscheidung zu treffen ist[25]. Unterbleibt die Zurücknahme der Vorlage, obwohl die zur Vorlage führende Entscheidung nicht mehr zu treffen ist, so wird die Vorlage unzulässig, da die Entscheidungserheblichkeit fehlt[26]; dagegen wird die Zulässigkeit nicht berührt, wenn das Vorlagegericht zwar seine Rechtsansicht ändert, aber keine Konsequenzen daraus zieht; in subjektiver Hinsicht ist nur maßgebend, daß die Vorlage den Voraussetzungen des § 80 II BVerfGG genügt.

Die Entscheidung des BVerfG im Normenkontrollverfahren ist immer eine Feststellungsentscheidung. In der Prozeßentscheidung wird die Unzulässigkeit der Vorlage aus einem bestimmten Unzulässigkeitsgrund festgestellt; die positive Normenkontrollentscheidung stellt fest, daß die vorgelegte Norm mit dem GG vereinbar ist; die Beschränkung auf eine bloße Feststellung bei der negativen Normenkontrollentscheidung folgt aus der anfänglichen Nichtigkeit verfassungswidriger Normen[27]: die verfassungswidrige Norm kann die Qualität einer Rechtsnorm, die Eigenschaft der juristischen Geltung nicht besitzen; es bedarf daher keines Gestaltungsaktes, der verfassungswidrigen Norm die Geltung abzusprechen. Dies gilt auch für die Normenkontrollentscheidung, die lediglich eine zeitlich begrenzte Geltung feststellt[28]; die dort ausgesprochene Geltungsdauer ist keine Gestaltung der Rechtsordnung, denn auch ohne Normenkontrollentscheidung ist die Norm, die einen

---

[23] Vgl. *Klein*, in: BVerfGG RdNr. 17 vor § 17.

[24] Siehe hierzu *Lechner* a.a.O. Anm. 1 zu § 30 I; *Wolf*, DVBl 1966, 888 ff. Zum Verfassungsanwalt vgl. *Kelsen*, VVDStRL 5, 75, und *Zuck*, DÖV 1966, 855.

[25] Vgl. § 271 III 3 ZPO; § 102 SGG; anders aber § 92 VerwGO. Für das abstrakte Normenkontrollverfahren hat das BVerfG einen ausdrücklichen Einstellungsbeschluß erlassen in E 8, 183; dagegen E 7, 75 (76): die Beschwerdeführer haben erklärt, „daß sie die Hauptsache für erledigt ansehen. Hierüber bedarf es keines besonderen gerichtlichen Ausspruchs." Vgl. auch *Friesenhahn* a.a.O. S. 186 f.; *Rupprecht*, NJW 1969, 415; *Schmitz* a.a.O. S. 68 f., 94.

[26] Vgl. oben § 12 und E 13, 165 (166 f.); 14, 140 — hier verwendete das BVerfG die Urteilsformel: „Die Vorlage ist gegenstandslos." Vgl. auch E 24, 63 (67) und *Schmitz* a.a.O. S. 146 ff.

[27] Vgl. dazu oben § 1.

[28] Vgl. dazu oben § 5.

sachlichen Richtsatz der Verfassung nur schlecht erfüllt, lediglich für begrenzte Zeit geltendes Recht; nach Ablauf dieser Zeit verliert die Norm unabhängig von einer Normenkontrollentscheidung ihre Geltung, falls sie nicht durch den Gesetzgeber ergänzt wird oder vom Richter ergänzt werden kann.

Die materiell-rechtliche Funktion der Normenkontrollentscheidung erschöpft sich in der endgültigen Feststellung der zweifelhaften oder bezweifelten Rechtslage[29]. Während ein rechtsgestaltendes Urteil ebenso verbindlich ist wie jede Änderung des materiellen Rechtes[30], gibt es keine Bindung an die Normenkontrollentscheidung im Sinne einer Bindung an die materielle Rechtslage, da ein feststellendes Urteil die Rechtslage nicht ändert. Der Ausdruck „Gesetzeskraft" in § 31 II BVerfGG kann also bestenfalls bildhafte Bedeutung haben.

Der negativen Normenkontrollentscheidung kommt eine der materiell-rechtlichen Wirkung ähnliche Tatbestandswirkung zu, indem sie als Tatbestand gemäß § 79 I BVerfGG Voraussetzung eines strafprozessualen Wiederaufnahmeverfahrens oder — kraft besonderer gesetzlicher Regelung gemäß § 79 II BVerfGG — Voraussetzung eines Angriffs auf andere Hoheitsakte ist. Für diese in § 79 BVerfGG geregelten Angriffsmöglichkeiten auf bestimmte Hoheitsakte ist die negative Normenkontrollentscheidung tatbestandsmäßige Voraussetzung und hat damit eine der Rechtsgestaltung durch ein Gestaltungsurteil vergleichbare Veränderung der materiellen Rechtslage zur Folge[31]. Diese Tatbestandswirkung der Entscheidung ist jedoch nicht die eigentliche Urteilswirkung[32], nicht das Ziel des Normenkontrollprozesses[33] und daher nicht geeignet, den prozessualen Charakter eines Feststellungsurteils aufzuheben.

Als feststellende gerichtliche Entscheidungen erwachsen auch die Normenkontrollentscheidungen in Rechtskraft[34]. Die Rechtskraft in ihrer Beschränkung auf die Parteien eines Rechtsstreites hat jedoch für

---

[29] Vgl. *Niese*, Doppelfunktionelle Prozeßhandlungen (1950) S. 33.

[30] Eingehend hierzu *Bötticher*, Hundert Jahre deutsches Rechtsleben I (1960) S. 514.

[31] Derartige Tatbestandswirkungen sind auch im sonstigen Prozeßrecht nicht selten; vgl. die Aufstellung bei *Blomeyer*, Zivilprozeßrecht (1961) § 86 III 1.

[32] Wenn sie auch praktisch und für den einzelnen Rechtsunterworfenen die wichtigere Folge des Urteils ist.

[33] Vgl. zu dieser Differenzierung *Bötticher* a.a.O. S. 515; *Blomeyer*, ZZP 75, 4.

[34] Hierüber herrscht kein Streit mehr: vgl. E 20, 56 (86 f.) für die abstrakte Normenkontrolle; *Friesenhahn* a.a.O. S. 189; *Lechner* a.a.O. Anm. zu § 31 I; *Maunz*, in: BVerfGG RdNr. 8 zu § 31; eingehend *Eckl*, Der Streitgegenstand im Verfassungsprozeß (1956) S. 139 ff.

das konkrete Normenkontrollverfahren schon allein deswegen keine Bedeutung, weil weder das vorlegende Gericht noch die Beteiligten als Parteien angesehen werden können; auch wenn man die Normenkontrollentscheidung als verselbständigten Teil des Ausgangsverfahrens betrachtet, folgt daraus keine Rechtskraft inter partes, da für die Ausgangsentscheidung die Normenkontrollentscheidung lediglich präjudiziell ist, an der Rechtskraft der Ausgangsentscheidung also nicht teilnimmt. Die materielle Rechtskraft kann für die Normenkontrollentscheidung nur dann relevant werden, wenn ihre subjektive Begrenzung wegfällt: dies bewirkt die in § 31 I BVerfGG angeordnete Bindung aller rechtsanwendenden Staatsorgane an die Normenkontrollentscheidung[35]. Die Erweiterung der subjektiven Grenzen der Rechtskraft rechtfertigt sich prozessual aus dem Untersuchungsgrundsatz, der das Normenkontrollverfahren beherrscht[36]; außerdem auch daraus, daß nicht nur die Beteiligten im Sinne von § 82 II und III BVerfGG, sondern eine unbestimmte Vielzahl Dritter in Beziehung zu der im Urteil festgestellten Rechtslage stehen oder stehen können[37].

Faßt man die Bindungswirkung nach § 31 I BVerfGG als eine in ihren subjektiven Grenzen auf alle rechtsanwendenden Staatsorgane erstreckte Rechtskraft auf[38], so folgt daraus, daß auch das BVerfG selbst an seine Entscheidung soweit gebunden ist, wie die Bindung reicht[39]. Das BVerfG unterscheidet jedoch den Umfang der Selbstbindung von dem der Bindung anderer Staatsorgane; das beruht aber darauf, daß es die Bindung nach § 31 I BVerfGG über die objektiven Grenzen der Rechtskraft hinaus erstreckt: nicht nur die Entscheidung über den Gegenstand des Verfahrens, sondern auch die für diese Entscheidung präjudiziellen Gründe, insbesondere die Ansichten zur Verfassungsauslegung, sollen gemäß § 31 I BVerfGG alle Staatsorgane bin-

---

[35] Da ein bloßes Feststellungsurteil im Grunde keiner Vollstreckung fähig ist, kann man mit *Spanner*, Die richterliche Prüfung von Gesetzen und Verordnungen (1951) S. 75, die subjektive Erstreckung der Rechtskraft auch als eine spezifische Vollstreckungsform ansehen. Zur Notwendigkeit der Rechtskrafterstreckung bei Normenkontrollentscheidungen vgl. die Diskussion im Rahmen von Art. 19 IV GG: einerseits *Friesenhahn*, Festschr. Hundert Jahre Verfassungsgerichtsbarkeit (1968) S. 126; E 24, 33 (50 f.), andererseits *Maurer*, Festschr. Kern (1968) S. 310 f.

[36] Die Geltung des Untersuchungsgrundsatzes im Normenkontrollverfahren folgt aus § 26 I BVerfGG; vgl. *Klein*, in: BVerfGG RdNr. 1 zu § 26.

[37] Vgl. hierzu *Blomeyer*, ZZP 75, 8 ff.; H. *Schäfer*, NJW 1954, 1465. Speziell zur Normenkontrolle R. *Schäfer*, Gesetzeskraft richterlicher Entscheidungen (1955) S. 34 ff.

[38] So mit eingehenden Nachw. *Kadenbach*, AöR 80, S. 385 ff., 419; R. *Schäfer* a.a.O. S. 97 ff.; *Stern*, in: Kommentar zum Bonner Grundgesetz (1967) RdNr. 139 zu Art. 100; *Zeuner*, DÖV 1955, 338.

[39] Vgl. E 20, 56 (87); 21, 12 (26) mit Rechtsprechungsnachw. Zur Selbstbindung vgl. auch *Maunz*, in: BVerfGG RdNr. 18 zu § 31; *Bullert*, Die Gesetzeskraft und die bindende Wirkung der Entscheidungen des Bundesverfassungsgerichts (1965) S. 105 ff. mit Nachw. Vgl. auch die nachträgliche Eingrenzung in E 22, 387 (404 f.).

den[40]. Sinn einer derartig weitreichenden Bindung soll sein, daß „die in der Entscheidung geklärte verfassungsrechtliche Meinungsverschiedenheit ... in der Praxis des Verfassungslebens nicht mehr entstehen kann, weil die Behörden usw. alle der verfassungsgerichtlichen Auffassung zu folgen verpflichtet sind“[41]. Das BVerfG modifizierte allerdings seine These: „Ein allgemeiner verfahrensrechtlicher Grundsatz, demzufolge derselbe Antragsteller dieselbe verfassungsrechtliche Frage erneut nur dann vorlegen kann, wenn neue rechtliche Gesichtspunkte vorgetragen werden oder wenn ein grundlegender Wandel der Lebensverhältnisse oder der allgemeinen Rechtsauffassung eingetreten ist, besteht nicht ... Ein sich hiernach ergebender Verbrauch der Antragsberechtigung eines bestimmten Antragstellers im Normenkontrollverfahren über die allgemeine Rechtskraftwirkung hinaus ist dem Verfassungsprozeß fremd[42].“ Hiernach ist also eine in den Gründen behandelte Verfassungsfrage, offenbar selbst wenn sie zu den tragenden Gründen gehört, nicht ein für allemal entschieden; sie kann dem BVerfG wiederholt vorgelegt werden.

Dies ist auch durchaus sinnvoll; denn überzeugt eine in den Gründen geäußerte Ansicht des BVerfG die übrigen Staatsorgane so wenig, daß sie sich darüber hinwegsetzen, so ist dies ein berechtigter Anlaß, die Argumentation erneut zu überprüfen. Mit der Versteinerung der Verfassungsauslegung, zu der die Bindung an die tragenden Gründe zwangsläufig führt, ist niemandem gedient[43]. Eine solche Bindung wäre auch ein Fremdkörper im Prozeßrecht. Die weitergehende prozessuale Bindung, auf die *Geiger* besonders hinweist[44], kann nicht als Gegenbeispiel dienen, denn die innerprozessuale Bindung bezieht sich nur auf das Verfahren, innerhalb dessen eine Vorlage oder eine Zurückweisung erfolgt. Will ein Untergericht oder ein Senat des BGH von der Ansicht des übergeordneten Spruchkörpers abweichen, so besteht die

---

[40] Vgl. E 20, 56 (87); eingehend E 19, 377 (391 f.). Zustimmend BVerwGE 18, 177 (179); 24, 1 (2); *Friesenhahn*, Festschr. Ambrosini (1969) unter III 1 c und 2; *Geiger*, Wandlungen der rechtsstaatlichen Verwaltung (1962) S. 120 f.; *Maunz*, in: BVerfGG RdNr. 12 f. zu § 31. Von der wohl überwiegenden Meinung wird der Umfang der Bindung nach den objektiven Grenzen der Rechtskraft bestimmt; vgl. BGHZ 13, 265 (271 ff.) mit Anm. von *Jesch* in JZ 1954, 522; neben den in Anm. 38 Genannten vgl. *Bargou*, Untersuchungen zur Normenprüfung nach dem Bonner Grundgesetz und dem Bundesverfassungsgerichtsgesetz (1954) S. 43 ff.; *Bullert* a.a.O. S. 109 ff.; *Imboden*, Festschr. Huber (1961) S. 143 ff.; *v. Landsberg-Velen* a.a.O. S. 114 ff.; *Lechner* a.a.O. Anm. zu § 31 I; *Rupp*, Festschr. Kern (1968) S. 404 ff. Ein vergleichbares Ergebnis mit anderer Begründung vertritt *Kriele*, Theorie der Rechtsgewinnung (1967) S. 290 ff. Zur zivilprozessualen Lehre vom objektiven Umfang der Rechtskraft vgl. die Darstellung des Streitstandes bei *Zeuner*, Die objektiven Grenzen der Rechtskraft im Rahmen rechtlicher Sinnzusammenhänge (1959) S. 5 ff.

[41] *Geiger* a.a.O. S. 120.

[42] E 20, 56 (88 f.): das BVerfG äußert sich nicht dazu, wie dies mit der wenige Zeilen vorher nochmals bestätigten Bindung an die tragenden Gründe vereinbart werden kann. In E 24, 289 (297) wird nochmals bestätigt, „daß Gerichte, Verwaltungsbehörden usw. auch an die Entscheidungsgründe gebunden seien“. Der folgende Satz relativiert diese Aussage: „Auch in diesem Fall kann sich die Bindung also nur auf den Streitgegenstand beziehen, über den das Urteil entschieden hat.“ Damit ist Umfang der Bindung dem objektiven Umfang der Rechtskraft gleichgesetzt. Vgl. auch E 15, 105 (111).

[43] Vgl. hierzu insbes. die Bedenken von *Imboden*, Festschr. Huber S. 143 f.; auch *Beyer*, JZ 1967, 745 f. Speziell zur Bindung der Verwaltung vgl. *Ossenbühl*, AöR 92, 478 ff. mit Nachw.

[44] a.a.O. S. 120 f.

Pflicht, eine Vorlage zu beschließen und damit die Diskussion über die Frage wieder in Gang zu setzen. Die Vorlageverfahren und auch Art. 100 III GG setzen damit im Gegenteil voraus, daß jederzeit von der Rechtsansicht übergeordneter Gerichte abgewichen werden darf, daß also die Diskussion durch eine in den tragenden Gründen geäußerte Ansicht nicht abgeschlossen sein soll. Der „Selbstwiderspruch", den *Geiger* vermeiden will[45], wird durch die erneute verfassungsgerichtliche Behandlung der Streitfrage und durch das Gewicht verfassungsgerichtlicher Entscheidungen überzeugender verhindert als durch eine gesetzliche Bindung[46].

Es besteht demnach kein Anlaß, für das Normenkontrollverfahren von allgemeinen prozeßrechtlichen Grundsätzen abzugehen und aufgrund von § 31 I BVerfGG die objektiven Grenzen der Rechtskraft zu erweitern. Die Bindungswirkung nach § 31 I BVerfGG ist also eine lediglich in ihren subjektiven Grenzen erweiterte Rechtskraftwirkung; alle Staatsorgane haben von der in der Entscheidung festgestellten Rechtslage auszugehen und sind durch § 31 I BVerfGG gehindert, an die Stelle der verfassungsgerichtlichen Entscheidung eine eigene abweichende Entscheidung zu setzen. Damit ist letztlich auch jeder einzelne der Normenkontrollentscheidung unterworfen.

Von der Gesetzeskraft der Normenkontrollentscheidung gemäß Art. 94 II GG, § 31 II BVerfGG wurde wiederholt behauptet, sie bedeute eine über die Rechtskraftwirkung inter omnes hinausgehende Wirkung, ohne daß bislang gezeigt werden konnte, worin diese weitergehende Wirkung eigentlich besteht.

Daß in § 31 I BVerfGG der einzelne nicht direkt angesprochen ist[47], kann keinen Unterschied machen, denn eine abweichende Ansicht wäre nicht durchsetzbar. Der objektive Umfang der Gesetzeskraft beschränkt sich nach allgemeiner Ansicht auf den Tenor, wird also dem Umfang der Rechtskraft gleichgesetzt. Besteht damit weder in der objektiven noch in der subjektiven Reichweite der Gesetzeskraft ein Unterschied zur Rechtskraft in ihrer durch § 31 I BVerfGG definierten Erstreckung[48], so kann die Anordnung der Gesetzeskraft

---

[45] a.a.O. S. 121; zum Selbstwiderspruch vgl. auch *Ossenbühl*, AöR 92, 483 ff.

[46] So konnte *Bachof*, Verfassungsrecht, Verwaltungsrecht, Verfahrensrecht II (1967) S. 145, feststellen, daß die Bindungsproblematik sich praktisch erledigt hat; vgl. auch *Lechner* a.a.O. Anm. zu § 31 I.

[47] Damit begründen *Leibholz-Rupprecht*, BVerfGG Anm. 3 zu § 31; *Maunz*, in: BVerfGG RdNr. 23 zu § 31, und *Bullert*, a.a.O. S. 113, den Unterschied; vgl. auch *Bargou* a.a.O. S. 21 f.; *Kadenbach*, AöR 80, 420; *Lechner* a.a.O. Anm. 2 zu § 31 II, der zugleich feststellt, daß die Gesetzeskraft „praktisch" nicht weiter als die Bindungswirkung reicht.

[48] Eingehend *Friesenhahn* a.a.O. unter III 2; vgl. auch *Bettermann*, ZZP 72, 35; *Goessl*, Organstreitigkeiten innerhalb des Bundes (1961) S. 72; H. *Schäfer*, NJW 1954, 1466; R. *Schäfer* a.a.O. S. 48 ff., 55; *Scheuner*, DVBl 1952, 617; *Schreiber*, Zu den Reaktionen von Legislative und Regierung auf verfassungsgerichtliche Normenkontrollentscheidungen (1965) S. 25 ff. Ebenso schon zu Art. 13 II WRV und § 3 III des Ausführungsgesetzes (RGBl 1920, 510): *Bötticher*, LZ 1926, Sp. 882 f.; *Jerusalem*, Die Staatsgerichtsbarkeit (1930) S. 173 ff.; *Triepel*, Streitigkeiten zwischen Reich und Ländern (Nachdruck 1965) S. 112.

nur als Reminiszenz an überholte Anschauungen von der Gesetzgeberfunktion der Normenkontrolle angesehen werden[49], gemäß denen das Urteil im Normenkontrollverfahren zumindest dieselbe Qualität haben müßte wie die geprüfte Norm[50]. Derartige Thesen sind aber mit der rechtsprechenden Tätigkeit des Normenkontrollgerichts und der bloßen Feststellungswirkung der Normenkontrollentscheidung nicht vereinbar; sie sind nur dann sinnvoll, wenn von der Geltung verfassungswidriger Normen ausgegangen wird[51], die durch ein kassatorisches Urteil beseitigt werden muß.

Geht man von der Anschauung aus, daß verfassungswidrige Normen keine Rechtsnormen, kein geltendes Recht sind, so kommt der Anordnung der Gesetzeskraft in Art. 94 II GG, § 31 II BVerfGG keine selbständige Bedeutung zu; in diesen Vorschriften ist lediglich eine Bestätigung der auch aus § 31 I BVerfGG folgenden Erstreckung der subjektiven Grenzen der Rechtskraft zu sehen.

Damit ist auch die Streitfrage entschieden, ob Bindungswirkung nach § 31 I und Gesetzeskraft nach § 31 II BVerfGG sich nur auf Sachentscheidungen oder gar nur auf bestimmte Sachentscheidungen erstrekken[52]: jeder Entscheidung des BVerfG kommt Rechtskraft zu; es hängt vom jeweiligen Gegenstand der Entscheidung ab, ob sie auf Rechtslagen Dritter einwirken kann und damit eine Rechtskraft inter omnes überhaupt Wirkungen hat. Inhalt und Umfang der Normenkontrollentscheidungen, die subjektiven und objektiven Grenzen der Rechtskraft sind je nach Art der Entscheidung — Prozeßentscheidung, negative oder positive Normenkontrollentscheidung — und je nach dem Adressaten der Rechtskrafterstreckung unterschiedlich; die Wirkung der Entscheidungen im Verfahren nach Art. 100 I GG kann nur für die einzelne Entscheidung und nur für das jeweils betroffene Staatsorgan erörtert werden.

---

[49] Vgl. etwa den Ausschußbericht von *Ludewig* bei den Beratungen zum Ausführungsgesetz zu Art. 13 II WRV in der Sitzung der Nationalversammlung vom 12. März 1920 (in: Die Deutsche Nationalversammlung, hrsg. von *Heilfron*, Bd. IX S. 225); vgl. auch die Literaturangaben oben Anm. 5 und *Schick*, Mélanges Bridel (1968) S. 526 f.

[50] So etwa *Hamann*, Das Grundgesetz 2. Aufl. (1960) Anm. B 6 zu Art. 94, während *Hamann* sonst zu den entschiedensten Verfechtern der These von der anfänglichen Nichtigkeit verfassungswidriger Gesetze zählt; vgl. etwa NJW 1959, 1467. Ähnlich auch *Henke*, Staat 3 (1964) S. 451, und *Seuffert*, NJW 1969, 1370, der der Normenkontrollentscheidung die „Gesetzeskraft eines grundsätzlich abänderlichen Gesetzes" zuerkennt. Das BVerfG spricht in E 2, 79 (86 f.) von „rechtssatzähnlicher Kraft", ohne daß es aus dieser Bezeichnung etwas folgert. Vgl. auch die Diskussion bei *Bullert* a.a.O. S. 64 f., mit Nachw.

[51] Folgerichtig sehen die Vertreter der Lehre von der Anfechtbarkeit verfassungswidriger Gesetze in § 31 II BVerfGG in Verbindung mit Art. 94 II GG eine gesetzliche Grundlage für die kassatorische Wirkung der negativen Normenkontrollentscheidung; vgl. etwa *Windisch*, Die Gesetzeskraft der Entscheidungen des Bundesverfassungsgerichts (1956) passim, insbes. S. 216 ff.

[52] Vgl. hierzu *Bullert* a.a.O. S. 67 f., 99 f. mit Nachw.

Materielle Rechtskraft, Bindungswirkung und Gesetzeskraft nach § 31 BVerfGG stellen das positiv-rechtliche Minimum der Verbindlichkeit der Normenkontrollentscheidung dar. Darüber hinaus gehende Wirkungen der Normenkontrollentscheidungen und deren tragende Grundsätze insbesondere zur Verfassungsauslegung auf das BVerfG selbst oder auf andere Bereiche ergeben sich aus der Stellung des BVerfG innerhalb des politischen Entscheidungsprozesses[53]. Diese faktisch-politische Bindung steht aber — eben als politische Bindung — grundsätzlich zur Disposition, um unter besonderen Umständen eine offene Evolution zu ermöglichen, die bei einer starren rechtlichen Bindung nicht einmal immer durch Verfassungsänderung möglich wäre.

Von anderer Qualität als die Bindungs- und Rechtskraftwirkung ist die Auswirkung der verfassungsgerichtlichen Entscheidung auf das Ausgangsverfahren: die Rechtskraftwirkung ist auf zukünftige Prozesse ausgerichtet; das Ausgangsverfahren ist vom Blickpunkt der Vorlage und der Normenkontrollentscheidung aus gesehen aber kein künftiger Prozeß[54], so daß die materielle Rechtskraft nicht die geeignete Rechtsfigur ist, die Beziehungen zwischen Ausgangsverfahren und Normenkontrollverfahren zu regeln. Bei der Bindung des Ausgangsgerichts handelt es sich vielmehr um eine Art innerprozessualer Bindung[55], die etwa der Bindung gemäß §§ 138 III GVG, 318, 565 II ZPO vergleichbar ist. Als Modell für die Bindung des vorlegenden Gerichtes an die Entscheidung des BVerfG im Ausgangsverfahren kann die Bindung des Berufungsgerichtes an die Revisionsentscheidung gemäß § 565 II ZPO dienen: diese Bindung soll verhindern, daß die Fehler, die zur Aufhebung des Urteils in der Revisionsinstanz führten, vom Berufungs-

---

[53] Zur politischen Bedeutung der Selbstbindung vgl. insbes. *Friesenhahn*, Festschrift Ambrosini (1969) unter III 1 c und 2; *Rupp*, Festschrift Kern (1968) S. 413 ff. Eine Übersicht über möglicherweise nicht endgültig entschiedene Verfassungsfragen bietet *Thierfelder*, DÖV 1968, 271.

Zur Stellung des BVerfG innerhalb des politischen Prozesses vgl. die Nachw. oben Anm. 4 und 6.

[54] Die Einheit des Verfahrens wird betont in E 7, 87 (88) mit Blick auf die Kostenfrage; E 1, 108 (109) bezeichnet das Normenkontrollverfahren als ein „besonderes Zwischenverfahren". Vgl. auch *Ipsen*, Beiträge zum öffentlichen Recht (1950) S. 36; *Pohle* a.a.O. Anm. III 1 a zu § 148; *Stern*, AöR 91, 229 f.

[55] Siehe die Fallgruppen bei *Götz*, JZ 1959, 681; vgl. auch *Sigloch*, in: BVerfGG RdNr. 22 zu § 81; es ist allerdings nicht richtig, wenn *Sigloch* diese innerprozessuale Bindung gerade für das Problem der verfassungskonformen Auslegung heranzieht; vgl. dazu unten § 20. *Schäffer*, Österr. Zs. f. öffentl. Recht Bd. XVIII (1968) S. 216, trennt für das Normenkontrollverfahren vor dem VfGH innerprozessuale Bindung und allgemeinverbindliche Aufhebung in „zwei in verschiedenen Verfahren erzeugte und an verschiedene Adressaten gerichtete, wenngleich in einem inneren Bezug stehende Normen". Der nach dem österr. B.-VG. (Art. 140 III B.-VG.) anzunehmende zeitliche Unterschied im Eintritt der Urteilsfolgen besteht nach § 31 BVerfGG nicht; vgl. *Leibholz-Rupprecht*, BVerfGG (1968) Anm. 3.

gericht wiederholt werden. Eine Abgrenzung des Umfanges der Bindung nach dem objektiven Umfang der Rechtskraft ist danach nicht sinnvoll; vielmehr binden auch die für die Aufhebung des Berufungsurteils ursächlichen präjudiziellen Rechtsansichten des Revisionsgerichtes[56], da in dieser Beziehung Revisions- und Berufungsverfahren ein einheitliches Verfahren sind. Die innerprozessuale Bindung besteht aber — wie auch die Bindung an eine Entscheidung des Großen Senates nach § 138 III GVG — nur für die „vorliegende Sache", ist also auch in dieser Hinsicht mit einer Rechtskraft inter omnes nicht zu vergleichen.

§ 19 Die Prüfung der Zulässigkeit und die Abweisung wegen Unzulässigkeit

Im Verfassungsbeschwerdeverfahren unterläßt das BVerfG die Prüfung der Zulässigkeit nicht selten[1], wenn die Verfassungsbeschwerde offensichtlich unbegründet ist und daher im Verfahren nach § 24 BVerfGG durch einstimmigen Beschluß verworfen werden kann. Mit dieser Praxis wird ohne zwingende Notwendigkeit von einem „Fundamentalsatz des Prozeßrechts" abgewichen[2]. Obwohl auch für die konkrete Normenkontrolle das Verfahren nach § 24 BVerfGG gewählt wurde[3], hat das BVerfG in zwei Fällen, in denen eine Vorlage als offensichtlich unbegründet verworfen wurde, nicht auf die Prüfung der Zulässigkeit verzichtet, in einem dritten dahinstehen lassen, ob die Vorlage unzulässig ist[4].

---

[56] Vgl. BGHZ 3, 321. Das BVerfG vertritt in E 2, 181 (191) dagegen die Ansicht, daß sich „diese Bindung nicht auf die zu Inzidentfragen entwickelten Rechtsansichten, die das BVerfG zur Abweisung eines Antrags aus prozessualen Gründen bestimmen", erstreckt; die Begründung, die Freiheit des Richters werde unzulässig eingeschränkt, kann nicht ganz überzeugen, müßte doch zunächst nachgewiesen werden, daß zwischengerichtliche Bindungen innerhalb eines mehrere Instanzen durchlaufenden Verfahrens, die im allgemeinen Prozeßrecht in weitem Umfang anerkannt werden, im Verhältnis von Normenkontrollverfahren zu Ausgangsverfahren gerade ausgeschlossen sind.

[1] Vgl. z.B. E 19, 64 (68); 19, 93 (95); 19, 323 (326). Begründet wurde diese Rspr. in E 6, 7 (11 f.). Andererseits hat das BVerfG auch trotz offensichtlicher Unbegründetheit die Zulässigkeit geprüft, so z. B. in E 13, 174 (175); 19, 129 (132).

[2] Vgl. *Bettermann*, Anm. zu E 6, 7 in NJW 1957, 338, der letztlich, wenn auch unter Bedenken, dem BVerfG zustimmt. A. A. *Grundmann*, JZ 1957, 613 f.; *Klein*, in: BVerfGG RdNr. 3 zu § 24. Daß dieser „Fundamentalsatz" nicht so absolut gilt, zeigt etwa BVerwG, DÖV 1968, 214; andererseits etwa BAG, NJW 1967, 648.

[3] Bereits die erste Normenkontrollentscheidung erging aufgrund von § 24 BVerfGG; vgl. E 1, 80; aus neuerer Zeit vgl. E 21, 148; 22, 175.

[4] In E 18, 302 wurde die Zulässigkeit ausdrücklich bejaht; in E 9, 334 jedenfalls nicht ausdrücklich offengelassen; in der E, NJW 1969, 1623, blieb die Zulässigkeit unentschieden. Alle anderen Normenkontrollentscheidungen aufgrund von § 24 BVerfGG ergingen wegen Unzulässigkeit der Vorlage.

Kann die Zulässigkeitsprüfung bei Verfassungsbeschwerden möglicherweise aus den vom BVerfG entwickelten Gründen unterbleiben, so ließe sich dies für die konkrete Normenkontrolle keinesfalls vertreten: die Verfassungsbeschwerde ist ein Rechtsbehelf, der außerhalb der sonstigen gerichtlichen Verfahren steht, so daß seine Abweisung auf andere Verfahren keinerlei Auswirkung hat; die konkrete Normenkontrolle dagegen ist ein verselbständigter Teil eines gerichtlichen Verfahrens; in dieses Verfahren und in die von Art. 100 I GG unberührt gebliebene Kompetenz des vorlegenden Gerichts würde eingegriffen, wenn eine sachliche Entscheidung aufgrund einer unzulässigen Vorlage erginge[5]. So würde das BVerfG die allgemeine richterliche Verwerfungskompetenz einschränken, wenn es — falls die Vorlage offensichtlich unbegründet ist — eine vorkonstitutionelle Norm ohne Zulässigkeitsprüfung für verfassungsmäßig erklärte. Daher kann auf die Prüfung der Zulässigkeit nicht verzichtet werden. Dagegen ist es nicht notwendig, eine bestimmte logische Reihenfolge der Zulässigkeitsgründe bei der Prüfung einzuhalten; ein evidenter Abweisungsgrund kann einem weniger evidenten vorgezogen werden, um eine überflüssige Prozeßverlängerung zu vermeiden. In aller Regel ist es naheliegend, zunächst die formellen Voraussetzungen der Vorlage als eines Antrages im Sinne von § 23 I BVerfGG[6] und die des zugrunde liegenden Vorlagebeschlusses[7] zu überprüfen.

Die Nachprüfung der Entscheidungserheblichkeit und der Eingrenzung der Vorlagefrage auf die entscheidungserhebliche Norm, die die von Art. 100 I GG geforderte „Gesetzes"-Qualität haben muß, setzt eine weitergehende Prüfung voraus, deren Umfang davon abhängt, wie die Entscheidungserheblichkeit als Zulässigkeitsvoraussetzung definiert wird. Einerseits kann die Prüfung der Entscheidungserheblichkeit nicht dazu führen, in die Zulässigkeitsprüfung das gesamte Ausgangsverfahren miteinzubeziehen, weil dies einer ökonomischen Abgrenzung von verselbständigtem Normenkontrollverfahren und Ausgangsverfahren zuwiderliefe. Andererseits kann man aus der Tatsache, daß die Nachprüfung der Entscheidungserheblichkeit notwendig über die Prüfung der Vorlage selbst hinausgeht, nicht folgern, daß diese Frage dem BVerfG überhaupt entzogen ist[8], denn dies hätte zur Folge, daß das

---

[5] Daher überzeugt der Hinweis von *Grundmann*, DVBl 1959, 273, auf das Zuständigkeitsmonopol gerade für das Normenkontrollverfahren nicht.

[6] Vgl. dazu *Klein*, in: BVerfGG RdNr. 6 ff. zu § 24.

[7] Vgl. oben § 12.

[8] Diese extreme Ansicht wird von *Sigloch*, in: BVerfGG RdNr. 275, 281 zu § 80, vertreten; um nachteilige Folgen zu vermeiden, verlagert *Sigloch* die Nachprüfung von der Entscheidungserheblichkeit selbst auf die Nachprüfung der Begründung der Entscheidungserheblichkeit, die gemäß § 80 II BVerfGG der Vorlage beizufügen ist. Zustimmend *Stern*, in: Kommentar zum Bonner

BVerfG auch dann über eine Vorlage entscheiden muß, wenn die vorgelegte Norm den Ausgangssachverhalt gar nicht regelt.

Die Frage nach der Nachprüfbarkeit der Entscheidungserheblichkeit und ihrer Elemente ist die Frage danach, wer Adressat der Klausel des Art. 100 I GG, die den Gegenstand der verfassungsrechtlichen Prüfung abgrenzt, ist: das vorlegende Gericht oder das BVerfG; es ist die Frage danach, ob die Entscheidungserheblichkeit der Norm eine Zulässigkeitsvoraussetzung des Vorlagebeschlusses oder eine des Normenkontrollverfahrens selbst ist. Im ersteren Falle hätte das BVerfG im Normenkontrollverfahren jede vorgelegte Norm auf ihre Vereinbarkeit mit der Verfassung zu untersuchen, wenn nur ein Vorlagebeschluß ergangen ist; im letzteren Falle dürfte es trotz des Vorlagebeschlusses nur dann in die sachliche Prüfung eintreten, wenn die Entscheidungserheblichkeit objektiv, d. h. auch nach Meinung des BVerfG, gegeben ist. Im ersteren Falle wäre das Normenkontrollverfahren gegenüber dem Ausgangsverfahren völlig selbständig, im letzteren relativ eng mit ihm verknüpft.

Für die Frage der Entscheidungserheblichkeit folgerte das BVerfG[9] aus Art. 100 I GG eine Einschränkung der — an sich jedem Gericht obliegenden — Pflicht, „vor der Sachentscheidung die Zulässigkeit der gestellten Anträge in vollem Umfange nachzuprüfen“. Es hielt sich vielmehr für grundsätzlich an die Rechtsansicht des vorlegenden Gerichtes gebunden, solange es diese nicht als offensichtlich unhaltbar qualifizierte. Sind aber bestimmte Voraussetzungen eines Antrags nicht nachprüfbar, so können diese keine Zulässigkeitsvoraussetzungen sein; das BVerfG hätte daher eher darauf abstellen sollen, ob die Entscheidungserheblichkeit der vorgelegten Norm überhaupt und in welchem Umfang eine Zulässigkeitsvoraussetzung ist. Im übrigen subsumiert das BVerfG unter den Begriff der Entscheidungserheblichkeit und die gemäß § 80 II BVerfGG dazu gehörende Begründung allzu heterogene Voraussetzungen: die Angabe des Gegenstandes der verfassungsrechtlichen Prüfung[10], der bisherige Prozeßverlauf vor dem Ausgangsgericht[11], die verfassungsrechtliche Qualifikation der vorgelegten Norm[12], sogar die Begründung der Annahme der Verfassungswidrigkeit[13] werden als Pro-

Grundgesetz (1967) RdNr. 164 f. zu Art. 100; kritisch hierzu *Menger*, VerwArch 52 (1961) S. 310 ff., der die These *Siglochs*, die mangelnde Entscheidungserheblichkeit führe in der Regel auch zu einer unzureichenden Begründung, mit Recht eine Fiktion nennt.

[9] Begründet in E 2, 181, (190 f.).

[10] Vgl. oben § 8 bei Anm. 9 ff.

[11] Vgl. unten Anm. 18.

[12] Vgl. unten Anm. 70.

[13] Vgl. unten Anm. 59.

bleme der Entscheidungserheblichkeit betrachtet und nach dem gleichen Schema behandelt. Die Frage, ob Bindung oder Nachprüfung im Zulässigkeitsverfahren anzunehmen ist, setzt eine Differenzierung voraus.

Von der Entscheidungserheblichkeit der vorgelegten Norm ist diese Norm selbst zu trennen: die Entscheidungserheblichkeit kann nur behandelt werden, wenn man von der vorgelegten Norm ausgeht und fragt, ob sie entscheidungserheblich ist. Ob sie dagegen ein richtiges Auslegungsergebnis darstellt, ist keine Frage der Entscheidungserheblichkeit. Die Bestimmung, welche Norm an der Verfassung geprüft werden soll, obliegt dem vorlegenden Gericht, denn die Abhängigkeit des Normenkontrollverfahrens von einem Antrag bedeutet auch Abhängigkeit von dem Inhalt dieses Antrages[14]. Dem vorlegenden Gericht muß auch überlassen bleiben, ob die vorgelegte Norm für die Entscheidung bindend und nicht etwa aufgrund anderer Rechtsgeltungsvorschriften unanwendbar ist[15], denn sonst würde der sachliche Umfang der Prüfungskompetenz des BVerfG über den sich aus Art. 100 I GG ergebenden Rahmen ausgedehnt[16]. Das BVerfG hat also bei der Prüfung der Zulässigkeit und der Entscheidungserheblichkeit von der vorgelegten Norm auszugehen.

Die behauptete Sperrwirkung der vorgelegten Norm muß jedoch im Zulässigkeitsverfahren daraufhin überprüft werden, ob die Angabe des formellen Geltungsgrundes den Anforderungen des Tatbestandsmerkmals „Gesetz" im Sinne von Art. 100 I GG genügt[17]. Liegt ein solches Gesetz nicht vor, so ist die Vorlage unzulässig.

Man könnte schlechthin jede Entscheidung des Ausgangsgerichtes, ohne die es im Verlauf des Verfahrens zum Vorlagebeschluß gar nicht

---

[14] Dazu eingehend oben §§ 8, 9, 10.

[15] Vgl. einerseits E 4, 74 (82), andererseits E 4, 331 (342), wo die Frage sonstiger Nichtigkeitsgründe als Frage der Entscheidungserheblichkeit behandelt wird, also gemäß der Lehre des BVerfG unter dem Vorbehalt der offensichtlichen Unrichtigkeit steht. Dagegen wurde in E 8, 99 (102) die Vorlage mit Recht als unzulässig zurückgewiesen, weil sich schon aus der Begründung des Vorlagebeschlusses ergab, daß das vorlegende Gericht die vorgelegte Norm nicht nur für verfassungswidrig, sondern auch aus anderen Gründen für nichtig hielt.

[16] Das BVerfG hat daher zu prüfen, ob das vorlegende Gericht die Norm nicht nur für verfassungswidrig, sondern auch aus anderen Gründen für nichtig hält; so ist die Vorlage unzulässig, wenn die vorgelegte Norm auch nach Ansicht des vorlegenden Gerichts keine Sperrwirkung enthält; vgl. E 8, 99 (101). Ebenso ist nachzuprüfen, ob die Norm vom vorlegenden Gericht selbst als bindend angesehen wird; legt das Gericht ein von ihm als unrichtig bezeichnetes Auslegungsergebnis vor, so könnte es dies durch eine andere Auslegung beiseite schieben, eine Vorlage ist unzulässig; vgl. E 24, 170 (173 f.).

[17] Vgl. hierzu § 11. Diese Zulässigkeitsvoraussetzung hat das BVerfG regelmäßig überprüft.

hätte kommen können, als ein Element der Entscheidungserheblichkeit bezeichnen, weil davon die Entscheidungserheblichkeit der vorgelegten Norm indirekt abhängt: daß aber das Ausgangsverfahren bis zum Vorlagebeschluß überhaupt geführt werden durfte, kann nicht nachprüfbar sein; andernfalls müßte man konsequenterweise zu einer vollständigen Nachprüfung des Prozeßverlaufes, also zur Wiederholung des ganzen Ausgangsprozesses kommen. Nur indirekt entscheidungserhebliche Vorfragen des Vorlagebeschlusses sind daher aus der Entscheidungserheblichkeit im Sinne von Art. 100 I GG auszugliedern. Für die dem Vorlagebeschluß prozessual vorgelagerten Entscheidungen besteht also eine echte Kognitionsbindung des BVerfG; eine nur grundsätzliche Bindung, die bei offensichtlicher Unrichtigkeit entfallen würde — so die Lehre des BVerfG[18] — kann hier jedenfalls nicht angenommen werden.

Damit ist das Ausgangsverfahren bis zu der Entscheidung, die den Vorlagebeschluß auslöste, der Nachprüfung durch das BVerfG generell entzogen. Die Frage der Entscheidungserheblichkeit der vorgelegten Norm reduziert sich also auf die den Vorlagebeschluß auslösende Entscheidung, das heißt auf die Frage nach der richtigen Bildung des Untersatzes und des Subsumtionsschlusses.

Voraussetzung für eine richtige Subsumtion und damit für die Entscheidungserheblichkeit ist zunächst die Existenz des vom Gericht angenommenen Sachverhalts[19]. Diese Tatsachenfeststellung ist mit der Subsumtion selbst derart verbunden, daß es keine logische Grenze zwischen der Feststellung der Tatsachen und ihrer rechtlichen Würdigung gibt. Daß aber die Nachprüfung der Entscheidungserheblichkeit nicht bis zur Beweisfrage selbst gehen kann, folgt schon aus § 81 BVerfGG, wonach das BVerfG nur die Rechtsfrage zu entscheiden hat, was auch für die Beurteilung der Zulässigkeit gelten muß.

Die teleologische Methode im Prozeßrecht hat Kriterien zur Trennung von Rechts- und Tatfrage herausgearbeitet, die von der begrifflichen, logischen Untrennbarkeit beider Fragen ausgehen: nur die „individualisierenden Momente"[20] sind bei der Sachverhaltsfeststellung unabhängig von den Rechts-

[18] Vgl. E 2, 380 (388); 20, 351 (355) — Zulässigkeit des Rechtsweges —; E 9, 194 (197) — zulässige Klageart —; 17, 155 (163) — die Frage, ob die Klage nicht schon wegen Rücknahme eines Rechtsmittels unbegründet oder unzulässig ist —; 19, 370 (375) — Sachdienlichkeit der Klageänderung —; 20, 238 (247 f.) — Rechtsschutzbedürfnis des Ausgangsklägers —; 25, 142 (147) — Teilbarkeit des Streitgegenstandes —; E vom 16. 7. 1969 (2 BvL 2/69) — örtliche Zuständigkeit —. Bezeichnenderweise gab es unter diesen indirekt entscheidungserheblichen Vorfragen keine, bei der das BVerfG zu der Qualifikation der offenbaren Unrichtigkeit kam, so daß hier die Praxis auf eine echte Bindung hinausläuft.

[19] Vgl. dazu oben § 17 bei Anm. 20.

[20] Vgl. *Kuchinke*, Grenzen der Nachprüfbarkeit tatrichterlicher Würdigungen und Feststellungen in der Revisionsinstanz (1964) S. 117 ff. 126.

begriffen, obwohl auch schon hier die Rechtsbegriffe die Auswahl der „relevanten Fakten" bestimmen[21]. Diese Momente beschreiben den Sachverhalt als einen singulären Ausschnitt aus der Wirklichkeit und reproduzieren ihn für den Rechtsanwender, der ihn nicht durch Augenschein wahrgenommen hat. Diese Reproduktion der Wirklichkeit kann das BVerfG aus den gemäß § 80 II 2 BVerfGG beizufügenden Akten des Ausgangsverfahrens entnehmen; von diesem Bild hat es auszugehen.

Bei der Prüfung des Untersatzes der Subsumtion ist aber ohne weiteres nachprüfbar, ob das vorlegende Gericht einen Sachverhalt, der die Bildung dieses Untersatzes rechtfertigt, überhaupt[22] und mit der für die Entscheidung notwendigen Sicherheit[23] festgestellt hat.

Nachprüfbar ist weiterhin, ob der festgestellte Sachverhalt richtigerweise als Element der durch den Tatbestandsbegriff umschriebenen Klasse aufgefaßt wurde. Hier ergeben sich allerdings Abgrenzungsschwierigkeiten, weil der Vorgang der Subsumtion sich nicht völlig von dem der Auslegung trennen läßt: mit der Behauptung, der Sachverhalt sei ein Element der Tatbestandsklasse, wird im Grunde diese Klasse selbst umschrieben. Die Norm als Gegenstand der verfassungsrechtlichen Prüfung wird erst durch die Beschreibung des Tatbestandes und der Rechtsfolge deutlich; diese Beschreibung ist aber Aufgabe des vor-

---

[21] Vgl. hierzu *Hruschka*, Die Konstitution des Rechtsfalles (1965) passim.

[22] So wurde die Vorlage des Abschöpfungserhebungsgesetzes in E 22, 134 (152 ff.) mit Recht als unzulässig angesehen, weil die Frage der Abschöpfungserhebung gar nicht Gegenstand der Ausgangsentscheidung war, der Gegenstand der Ausgangsentscheidung wiederum nicht unter das vorgelegte Gesetz subsumiert werden konnte. In E 22, 175 (176) wurde gerügt, daß das vorlegende Gericht nicht alle kumulativen Voraussetzungen des Tatbestandes geprüft hat.

Pohle, Anm. zu E 11, 330 in JZ 1961, 377, der im übrigen eine Bindung an die Ansicht des vorlegenden Gerichts annimmt, gibt dem BVerfG die Kompetenz zur Nachprüfung, ob bereits die prozessuale Lage, die zu einer Entscheidung zwingt, erreicht ist. Auch *Sigloch*, in: BVerfGG RdNr. 170, 262 ff. zu § 80, scheint in den Fällen, in denen nach seiner Lehre die Zulässigkeit der Vorlage aus Gründen der Prozeßökonomie, des öffentlichen Interesses und der grundsätzlichen Bedeutung der Frage erweitert werden soll, eine Kompetenz des BVerfG zur Entscheidung über diese Ausnahmen vorauszusetzen; in diesen Fällen kann die Behauptung des vorlegenden Gerichts nicht bindend sein. Für die vorgeschlagene Ausdehnung der Zulässigkeit der Vorlage auch auf nicht entscheidungserhebliche Normen hat sich allerdings bis jetzt noch keine Notwendigkeit ergeben; bloße Erwägungen der Prozeßökonomie können auch eine Abweichung von den gesetzlich fixierten Zulässigkeitsvoraussetzungen kaum rechtfertigen.

[23] Vgl. etwa E 11, 330 (335); 15, 211 (213); 22, 369 (371); in den Entscheidungen hat sich das BVerfG bezeichnenderweise auch nicht auf die „Offensichtlichkeit" des Mangels der Entscheidungserheblichkeit berufen; die zweite Vorlage wurde zusätzlich wegen unzureichender Begründung gemäß § 80 II BVerfGG zurückgewiesen. Die Nachprüfung des Untersatzes der Subsumtion setzt aber voraus, daß die tatsächlichen Feststellungen des vorlegenden Gerichts im Vorlagebeschluß aus sich heraus verständlich dargelegt sind; das Fehlen der Angaben macht die Vorlage unzulässig: E 25, 213 (214 f.).

legenden Gerichts. Dient die Subsumtion des Sachverhalts unter den Mittelbegriff dazu, diesen erst zu beschreiben, die Norm zu verdeutlichen, so ist eine Nachprüfung nicht sinnvoll[24]. Dies gilt insbesondere dann, wenn erst aus der Subsumtion erschlossen werden kann, mit welchem nicht-normierten Tatbestandsbegriff[25] die Rechtsfolge verknüpft wird.

So ist im oben referierten Fall[26] des Umwandlungsgesetzes die Behauptung des vorlegenden Gerichts, § 15 I regele den Fall der AG für Papier- und Zellstoffinteressen, eine Behauptung, durch die der in § 15 I enthaltene Tatbestandsbegriff „Gesellschafter" ausgelegt wird: indem diese spezielle AG als Gesellschafter im Sinne des § 15 I aufgefaßt wurde — dies folgt aus dem Vorlegungsbeschluß —, war klargestellt, daß nach Meinung des vorlegenden Gerichts die Aktiengesellschaften eine Teilklasse der in § 15 I gemeinten Gesellschafter darstellen. Daher kann diese Subsumtion nicht dahingehend nachgeprüft werden, ob es richtigere Auslegungsmöglichkeiten gibt[27], die die Aktiengesellschaften überhaupt oder bestimmte Aktiengesellschaften als Gesellschafter im Sinne von § 15 I ausschließen. Mit einer solchen Auslegung würde an die Stelle der vom Gericht vorgelegten Norm eine andere gesetzt, auf das Begehren des vorlegenden Gerichts zur verfassungsrechtlichen Prüfung somit nicht geantwortet. Nachprüfbar ist hier nur die Einordnung der konkreten Erscheinung „AG für Papier- und Zellstoffinteressen" unter den Rechtsbegriff „Aktiengesellschaft".

Wird die Norm, was üblicherweise der Fall ist, vom vorlegenden Gericht in anderer Weise als durch Subsumtion umschrieben — etwa durch Hinweise auf üblichen Gerichtsgebrauch oder eine allgemeine Auslegung — oder ist der Text hinreichend klar, so kann die rechtliche Beurteilung des Sachverhaltes nachgeprüft werden[28]. Einer solchen Nach-

---

[24] So etwa die Subsumtion des Sachverhaltes unter die Regel des § 110 BBG, nicht aber unter die Ausnahme von dieser Regel in § 181 XII BBG in E 11, 203 (210); vgl. auch 18, 305 (308).

[25] Vgl. oben § 17.

[26] Vgl. oben § 17 bei Anm. 44.

[27] Eine derartige Auslegung hat z. B. *Kronstein*, Recht und wirtschaftliche Macht (1962) S. 93 ff., 100, vorgeschlagen.

[28] Vgl. z. B. E 16, 80 (81); 22, 39 (41). In E 13, 178 (180) und 19, 138 (142) — vgl. hierzu die Wiedervorlage aufgrund veränderter Auslegung in E vom 9. 7. 1969 (2 BvL 20/65) — wurde vom vorlegenden Gericht ausdrücklich offengelassen, ob der festgestellte Sachverhalt unter die vorgelegte Norm subsumiert werden kann; in beiden Fällen wurde die Vorlage ohne Begründung dafür, warum die Rechtsansicht offensichtlich unrichtig war, als unzulässig zurückgewiesen. Die Zurückweisung wurde zusätzlich mit der Rüge mangelhafter Begründung gerechtfertigt. E 25, 129 (136) betraf die Vorlage von § 3 Nr. 12 Satz 1 EStG, obwohl der Sachverhalt des Ausgangsverfahrens nur unter Satz 2 dieser Vorschrift zu subsumieren war; gegen beide Sätze sprechen die gleichen verfassungsrechtlichen Bedenken, da sie jeweils unterschiedlichen Personenkreisen die gleiche — systemwidrige — Steuervergünstigung gewähren. Es hätte hier nahegelegen, den Vorlagebeschluß sinngemäß auszulegen, statt die Vorlage wegen Unzulässigkeit zurückzuweisen.

Der übliche Weg, eine falsche Subsumtion zu korrigieren, ist offenbar die formlose Anregung des BVerfG, den Vorlagebeschluß zu ändern; E 8, 28 (31); 15, 80 (90).

prüfungsmöglichkeit soll auch die Begründungspflicht gemäß § 80 II BVerfGG dienen.

Für den Sonderfall der mittelbaren Entscheidungserheblichkeit[29] bedeutet Nachprüfung der Subsumtion die Überprüfung der Ermächtigungskette.

So hat das BVerfG mit Recht die Vorlage von Art. 1 des Zustimmungsgesetzes zu dem Vertrag zur Gründung der Europäischen Wirtschaftsgemeinschaft (EWGV) als unzulässig zurückgewiesen[30], weil sie auf einer unrichtigen Auslegung von Art. 18 der Verordnung Nr. 19 des Rates der EWG beruhte. Die Entscheidungserheblichkeit des Zustimmungsgesetzes folgte für das vorlegende Gericht daraus, daß seiner Ansicht nach die unmittelbar entscheidungserhebliche Norm aufgrund der Ermächtigung in Art. 189 I EWGV erlassen wurde, wobei die innerstaatliche Wirksamkeit gemäß Art. 189 II EWGV auf das Zustimmungsgesetz zurückzuführen ist. Wird nun nachgewiesen, daß die unmittelbar entscheidungserhebliche Norm nicht auf der Ermächtigung beruht, so entfällt die mittelbare Entscheidungserheblichkeit der vorgelegten Norm, also des Zustimmungsgesetzes zur supranationalen Ermächtigung.

Indem das BVerfG Art. 18 der Verordnung Nr. 19 neu auslegte und zu einem anderen Auslegungsergebnis als das vorlegende Gericht kam, wies es nach, daß der vorgelegten Norm die Entscheidungserheblichkeit fehlte, weil die unmittelbar entscheidungserhebliche Norm — so wie sie vom Ausgangsgericht angenommen wurde — jedenfalls nicht aufgrund der Ermächtigung gesetzt worden war.

Das BVerfG wies daher die Vorlage als unzulässig zurück. Die Entscheidungen allerdings, auf die sich das BVerfG statt einer Begründung berief[31], haben mit diesem Verfahrensproblem wenig zu tun.

An die Begründung selbst stellt das BVerfG keine großen Anforderungen: es genügt, „daß es sich aus dem Zusammenhang des Beschlusses ergibt, weshalb das Gericht die Vorlagefrage für entscheidungserheblich hält“[32]. Bisweilen wurde das Fehlen einer Begründung gerügt[33]; in diesen Fällen hätte das BVerfG aber auch das Fehlen der Entscheidungserheblichkeit selbst bemängeln können. Genügt es zur Begründung der Entscheidungserheblichkeit, daß die Begründung aus dem

---

[29] Vgl. oben § 17 nach Anm. 61.

[30] E 22, 134.

[31] So verwies das BVerfG auf E 18, 274 (280 f.) — vgl. hierzu unten Anm. 69 —; 19, 282 (286) — hier betraf die Auslegung den Gegenstand der verfassungsrechtlichen Prüfung, also die vorgelegte Norm selbst —; 7, 59 ff. — die Entscheidung betraf eine Vorlage nach Art. 126 GG, die sich durch eine frühere Entscheidung erledigt hatte —; 10, 1 (3) — eine völlig unklare Vorlage, die als offensichtlich unhaltbar qualifiziert wurde —; 13, 165 (167) — ein Vorlagebeschluß gemäß Art. 100 III GG, der sich durch Zeitablauf erledigt hatte —.

[32] E 18, 305 (308) mit Nachw.; vgl. auch E 10, 340 (344); 21, 117 (126).

[33] So die in Anm. 22 und 28 angeführten Entscheidungen; vgl. auch E 7, 171 (173 f.); 9, 250 (254); 10, 258 (261); 22, 175 (177).

Vorlagebeschluß, also aus der Angabe von Sachverhalt und Norm folgt, so sind fehlende Begründung und fehlerhafte Begründung an sich gleichwertig[34].

Begründung der Entscheidungserheblichkeit ist also keine besondere Zulässigkeitsvoraussetzung: eine richtige Begründung ist überflüssig, da der Vorlagebeschluß die Entscheidungserheblichkeit evident macht; eine falsche Begründung kann den Mangel der Entscheidungserheblichkeit nicht kompensieren[35]. Der Vorlagebeschluß und die beigefügten Akten enthalten das Material, das zur Nachprüfung der Entscheidungserheblichkeit im Sinne einer Nachprüfung der richtigen Bildung des Untersatzes notwendig ist: die vorgelegte Norm und den zu entscheidenden Sachverhalt[36].

Die Aufstellung des generellen Obersatzes für die Ausgangsentscheidung ist — wie oben bereits erwähnt — Aufgabe des vorlegenden Gerichts. Die Vorlage kann nur insoweit verfassungsrechtlich geprüft werden, als sie die für den Untersatz maßgebliche Norm enthält. Enthält sie einen ganzen Komplex von Normen, so ist sie auf die für den Untersatz relevante Norm einzugrenzen[37]. Dies setzt die Nachprüfung des Untersatzes voraus, denn wenn kein Sachverhalt festgestellt oder der Sachverhalt nicht unter den Tatbestand der vorgelegten Norm zu subsumieren ist, ist eine Eingrenzung auf den dem Untersatz entsprechenden Tatbestandsbegriff nicht möglich. Die Eingrenzung des in der vorgelegten Norm beschriebenen normierten Tatbestandsbegriffes auf den dem singulären Untersatz entsprechenden nicht-normierten Bereich läßt sich ohne weiteres von der Auslegung trennen:

So genügt es beispielsweise im angeführten Umwandlungsfall, daß das vorlegende Gericht die Aktiengesellschaft des Ausgangssachverhaltes als Gesellschaft im Sinne des § 15 I Umwandlungsgesetz bezeichnet hat, um auf der Grundlage der Ansicht des vorlegenden Gerichts aus dem normierten Oberbegriff „Gesellschafter" den Unterbegriff „Aktiengesellschaft" herauszugreifen und den Gegenstand des Verfahrens entsprechend zu begrenzen.

---

[34] Vgl. *Sigloch,* in: BVerfGG RdNr. 281 zu § 80, der in der Rüge mangelhafter Begründung einen Ausweg bei der Bindung des BVerfG an die Ansicht des vorlegenden Gerichts sieht. Wendet man aber die Grundsätze des BVerfG über die Art und Weise der Begründung an, so läuft die Lösung *Siglochs* auf eine generelle Nachprüfbarkeit hinaus.

[35] Dies machen die Abweisungen in E 10, 258 (261); 22, 39 (41 f.); 23, 146 (149 f.) deutlich; hier widerlegt das BVerfG die Begründung des vorlegenden Gerichts.

[36] Zum bindenden Gehalt einer Abweisung wegen mangelnder Entscheidungserheblichkeit und wegen mangelhafter Begründung siehe unten bei Anm. 72. Auf diesen Unterschied baut *Sigloch* seine These auf.

[37] Vgl. oben § 17.

Eine weitergehende Vorlage ist unzulässig; eine Bindung an den Umfang der Vorlage ist weder geboten noch sinnvoll. Das BVerfG hat daher auch ohne nähere Begründung ein Recht zur Eingrenzung des Gegenstandes der verfassungsrechtlichen Prüfung für sich in Anspruch genommen[38], wobei es nur in den Gründen die weitergehende Vorlage zurückweist, ohne eine ausdrückliche Entscheidung darüber zu fällen[39]. Daß diese Eingrenzung der vorgelegten Norm anhand des Ausgangssachverhaltes die Nachprüfung des Untersatzes voraussetzt, also mit der vom BVerfG angenommenen Bindung an die Ansicht des vorlegenden Gerichts schwer zu vereinbaren ist, wird dabei nicht beachtet.

Einige Bereiche der Bildung des Untersatzes — die ausreichende Sachverhaltsfeststellung und die richtige Subsumtion unter die vorgelegte Norm — können also vom BVerfG nachgeprüft werden, ohne das Normenkontrollverfahren auszuweiten, womit überflüssige Normenkontrollverfahren vermieden werden. Die Entscheidungserheblichkeit in dem hier dargestellten Umfang ist also eine echte Zulässigkeitsvoraussetzung, die in jedem Stadium des Verfahrens gegeben sein muß.

Diese Auslegung des Art. 100 I GG[40] entspricht auch der Praxis in den Ausgleichsverfahren der ordentlichen Gerichtsbarkeit, die eine Bindung der Ausgleichsinstanz an eine nicht entscheidungserhebliche Vorlage ablehnt[41].

---

[38] St. Rspr. seit E 2, 181 (192). *Sigloch,* in: BVerfGG RdNr. 254, 257 zu § 80, zählt die Eingrenzung der Norm zur Entscheidungserheblichkeit, wobei das BVerfG die richtige Abgrenzung selbständig nachprüfen muß, obwohl sich die Entscheidungserheblichkeit sonst nach seiner These „grundsätzlich nach dem Standpunkt des vorlegenden Gerichtes" bestimmt (vgl. RdNr. 275 zu § 80); dabei geht auch *Sigloch* davon aus, daß es für diese Abgrenzung auf das „auszusetzende Verfahren" ankommt (vgl. RdNr. 254). Damit richtet sich die Feststellung, ob eine Normenkontrollvorlage „durch die konkrete Veranlassung gedeckt" ist (vgl. RdNr. 256), nach *Siglochs* These teils nach der objektiven Rechtslage, teils nach der Ansicht des vorlegenden Gerichts.

[39] Mit wenigen Ausnahmen — vgl. etwa E 21, 117 (124).

[40] Der Wortlaut des Art. 100 I GG kann offenbar keine Entscheidung in der Streitfrage bringen: mit der gleichen Überzeugung, mit der *Pohle*, Kommentar zur ZPO 19. Aufl. (1967) Anm. II 1 c zu § 148, den Wortlaut für eindeutig hält und daraus die Maßgeblichkeit der Ansicht des vorlegenden Gerichts ableitet, hält auch *Menger*, VerwArch Bd. 52 (1961) S. 311, den Wortlaut für klar und folgert daraus die Nachprüfungspflicht des BVerfG.

[41] Eingehend *Hanack,* Der Ausgleich divergierender Entscheidungen in der oberen Gerichtsbarkeit (1962) S. 314 ff. mit Nachweisen. Der Meinung von *Stern,* AöR 91, 232, das BVerfG folge dem Vorlageverfahren gemäß § 137 GVG, wenn es die Bindung an fehlerhafte Vorlagen annimmt, kann daher nicht zugestimmt werden.

Dagegen stellt Art. 177 EWGV seinem Wortlaut nach ausdrücklich auf die Ansicht des vorlegenden Gerichtes zur Entscheidungserheblichkeit ab; er kann daher nicht für einen Analogieschluß herangezogen werden, obwohl zwischen beiden Vorlageverfahren prozessuale Ähnlichkeiten bestehen; vgl. hierzu die

So ist der Große Senat des BGH lediglich an die Ermessensentscheidung des vorlegenden Gerichts gemäß § 137 GVG gebunden, die vorgelegte Frage sei von grundsätzlicher Bedeutung und „die Fortbildung des Rechtes oder die Sicherung einer einheitlichen Rechtsprechung“ erfordere die Vorlage; hier stellt auch § 137 GVG ausdrücklich auf die Auffassung des vorlegenden Gerichts ab[42]. Dagegen ist die in § 137 GVG nicht ausdrücklich erwähnte Entscheidungserheblichkeit[43] der Rechtsfrage vom Großen Senat nachzuprüfen. Nach der Geschäftsordnung des BGH kann der Beschluß des Großen Senats lauten, „daß die Entscheidung der Rechtsfragen mangels Voraussetzungen der §§ 136, 137 GVG abgelehnt wird“[44]. Auch im Parallelfall des § 121 GVG muß der BGH „die Sache, ohne über die Rechtsfrage zu entscheiden, an das OLG zurückleiten, wenn es zur Entscheidung über die Revision der Beurteilung der Rechtsfragen nicht bedarf“[45].

Mit dieser Praxis wird also der Zweck des abgesonderten und einer anderen Instanz übertragenen Verfahrens höher bewertet als die Beurteilungsfreiheit des vorlegenden Gerichts. Das BVerfG hatte dagegen seine Lehre von der grundsätzlichen Bindung gerade mit der Notwendigkeit der Beurteilungsfreiheit des vorlegenden Gerichts begründet: „Die gegenteilige Auffassung würde zu unerträglichen praktischen Ergebnissen führen. Denn dann könnte das BVerfG eine Sachentscheidung nach Art. 100 I GG nicht treffen, wenn es s e i n e r Ansicht nach auf die Gültigkeit des angegriffenen Gesetzes bei der Entscheidung des vorlegenden Gerichts nicht ankommt; der vorlegende Richter würde aber ohne die von i h m als notwendig angesehene Sachentscheidung

---

Schlußanträge des Generalanwaltes, RsprGH VIII (1962) S. 130 f. Der Gerichtshof prüft daher die Entscheidungserheblichkeit der vorgelegten Frage überhaupt nicht, vgl. RsprGH IX (1963) S. 24 mit Anm. von *Ehle* in NJW 1963, 974. *Ehle* meint allerdings, die Entscheidungserheblichkeit sei eine grundsätzliche Voraussetzung des Vorlageersuchens, über die die nationalen Instanzen, also wohl die mit der Beschwerde gegen den Aussetzungs- und Vorlagebeschluß befaßten Instanzen, zu befinden haben; Voraussetzung ist hier allerdings die Zulässigkeit einer Beschwerde; vgl. dazu *Uhle*, DVBl 1967, 9. *Tomuschat*, Die gerichtliche Vorabentscheidung nach den Verträgen über die europäischen Gemeinschaften (1964) S. 123 ff., 154 ff., differenziert eingehend die Nachprüfungsmöglichkeiten der Entscheidungserheblichkeit. Auch der EurGH muß von dem Ausgangssachverhalt ausgehen, wenn er die vorgelegte Frage konkretisieren und abgrenzen will; vgl. RsprGH XII (1966) S. 301; er muß also zwangsläufig in Schwierigkeiten geraten, wenn der Ausgangssachverhalt schlechthin ungeeignet ist, die Vorlagefrage zu bestimmen.

[42] Vgl. *Schick*, NJW 1965, 733 bei Anm. 11, mit Nachw.

[43] BGH, NJW 1954, 1073, der die Notwendigkeit der Entscheidungserheblichkeit vorausgesetzt; a. A. zu § 28 II FGG BGH, NJW 1968, 1477.

[44] § 9 VI 2 der GeschO des BGH in BAnz 1952, Nr. 83, 9.

[45] So BGH, JZ 1952, 150, zu § 121 II GVG; vgl. auch E. *Schmidt*, Lehrkommentar zur Strafprozeßordnung und zum Gerichtsverfassungsgesetz Teil III, RdNr. 39 zu § 121 GVG.

Aus der Aufgabe der Ausgleichsinstanz folgt aber die Bindung an den Teil der Vorlage, die die Divergenzfrage enthält; hier arbeitet auch der BGH mit dem fragwürdigen Kriterium der Vertretbarkeit; vgl. BGHStE 19, 242 f.; BGH, NJW 1968, 1234 f.

des BVerfG eine Entscheidung in seinem Verfahren nicht treffen können[46]."

Die schwerwiegenden Konsequenzen eines positiven oder negativen Normenkontrollurteils sollten gegenüber der Freiheit des vorlegenden Gerichts stärker ins Gewicht fallen. Wohl aus dieser Überlegung heraus hat das BVerfG seine eigene These nicht selten durchbrochen und in den Fällen „offensichtlicher" Unrichtigkeit die Vorlage dennoch — ohne Rücksicht auf die Beurteilungsfreiheit des vorlegenden Gerichts — wegen Unzulässigkeit verworfen. Diese Lehre von der nur grundsätzlichen Bindung[47] bedeutet, daß die Entscheidungserheblichkeit im Grunde immer nachgeprüft werden muß[48]; wird festgestellt, daß die Rechtsansicht über die Entscheidungserheblichkeit dem objektiven Recht entspricht, ist die Vorlage insoweit zulässig. Ist die Rechtsansicht falsch, so hat das BVerfG nach dieser These entweder die Möglichkeit, dennoch in die sachliche Prüfung einzutreten oder aber, wenn es die Rechtsansicht für offensichtlich unhaltbar ansieht, die Vorlage als unzulässig zurückzuweisen. Diese Ermessensfreiheit bei der Zulässigkeitsprüfung fand keinerlei Zustimmung[49], ist doch schon der Maßstab der offensichtlichen Unrichtigkeit oder Unhaltbarkeit viel zu vage[50]. Die Zuständigkeit eines Gerichts darf auch keine Ermessensfrage sein; dies folgt aus Art. 101 I 2 GG: „Seinen Richter bekommt jedermann durch die Rechtsordnung, also rechtssatzmäßig zugeteilt[51]."

Wird die Entscheidungserheblichkeit als Zulässigkeitsvoraussetzung richtig eingegrenzt, so sind auch die Fälle eines Konflikts mit der Beurteilungsfreiheit des vorlegenden Gerichts stark reduziert. Ein Vergleich mit der Praxis der Rechtsprechung zeigt auch, daß sich das BVerfG in den Bereichen, die hier zur Entscheidungserheblichkeit ge-

---

[46] E 2, 181 (191). Zu den Besonderheiten dieses Falles vgl. oben § 8 bei Anm. 9 und unten bei Anm. 58.

[47] Die Entwicklung der Rspr. ist dargestellt bei *Sigloch*, in: BVerfGG RdNr. 275 S. 181 Anm. 9.

[48] So mit Recht *Zacharias*, JBl Jg. 80 (1958) S. 500, zu der zeitweilig vergleichbaren Praxis des österr. VfGH.

[49] Vgl. insbes. *Sigloch*, in: BVerfGG RdNr. 277 zu § 80; *Pohle* a.a.O. Anm. II 1 c zu § 148 ZPO, anders noch JZ 1961, 377; wohl auch *Stern*, AöR 91, 233 Anm. 42.

[50] Kritisch zum Maßstab der offensichtlichen Unhaltbarkeit *Hanack*, a.a.O. S. 320, der darauf hinweist, daß dieser Maßstab nur bei Vorrangigkeit des Individualschutzes überhaupt sinnvoll ist.

[51] *Bettermann*, in: Die Grundrechte III 2 S. 563; vgl. auch E. *Schmidt* a.a.O. Teil I 2. Aufl. RdNr. 560 b f.; *Kern*, in: HDStR II S. 492. Ebenso auch E 6, 45; 9, 223; 17, 294. Daß das BVerfG auch das Vorlageverfahren als gesetzlichen Richter ansieht, folgt aus E 18, 441 (447), wo unter Hinweis auf E 3, 359 (363); 9, 213 (215 f.); 13, 132 (143) angenommen wird, daß die Versäumung einer gebotenen Vorlage den Entzug des gesetzlichen Richters bedeutet.

rechnet werden, in nahezu allen Fällen letztlich über die grundsätzliche Bindung hinwegsetzte, indem es entweder die Ansicht als offensichtlich unrichtig qualifizierte oder das Fehlen einer ausreichenden Begründung rügte und damit die Vorlage als unzulässig zurückwies. Die richtig abgegrenzte Entscheidungserheblichkeit im Sinne von Art. 100 I GG ist also eine echte Zulässigkeitsvoraussetzung; ist sie nach Ansicht des BVerfG nicht gegeben, so ist die Vorlage wegen Unzulässigkeit zu verwerfen[52].

Behauptung[53] und Begründung[54] der Verfassungswidrigkeit der vorgelegten Norm bilden eine weitere Zulässigkeitsvoraussetzung der Vorlage. Die Verfassungswidrigkeit kann mit der Auslegung des Verfassungsrechts oder des sonstigen Rechts, also mit der Annahme einer bestimmten Rechtsordnung, aber auch mit der Annahme von tatsächlichen Verhältnissen und schließlich mit einer bestimmten verfassungsrechtlichen Qualifikation der vorgelegten Norm begründet werden. Die Prüfung der Richtigkeit dieser Begründung ist — neben der Prüfung weiterer möglicher Gründe für die Verfassungswidrigkeit — die eigentliche Sachfrage des Normenkontrollverfahrens; sie kann daher nicht Inhalt der Zulässigkeitsprüfung sein. Im Rahmen der Zulässigkeitsprüfung kann lediglich untersucht werden, ob eine Begründung überhaupt vorhanden ist und ob sie — ihre Richtigkeit unterstellt — die Schlußfolgerung der Verfassungswidrigkeit der vorgelegten Norm zu tragen vermag. Unzulässig als Begründung der Verfassungswidrigkeit ist lediglich die Berufung auf eine formelle Änderung der Rechtsgeltungsnormen — also auf eine Verfassungsänderung oder eine Änderung der

---

[52] Ebenso *Menger*, VerwArch Bd. 52 (1961) S. 311 und Anm. zu E 18, 241 in JuS 1966, 67 f.; H. *Schäfer*, NJW 1954, 412. Ähnlich die wenn auch schwankende Praxis des österr. VfGH zur Anwendung von § 57 II Verfassungsgerichtsgesetz 1953; vgl. *Zacharias* a.a.O. S. 498 ff. A. A. *Sigloch*, in: BVerfGG RdNr. 279 zu § 80; *Pohle* a.a.O. Anm. III 1 c zu § 148 ZPO; *Stern*, in: Kommentar zum Bonner Grundgesetz (1967) RdNr. 161 ff. zu Art. 100. Eine Zwischenmeinung vertreten *Lechner*, BVerfGG 2. Aufl. (1967) Anm. 3 b zu § 13 Ziff. 11, und *Schlitzberger*, NJW 1963, 1901 f., die zwischen Nachprüfbarkeit der Entscheidungserheblichkeit selbst und Bindung an den gewählten rechtlichen Ausgangspunkt oder die tatsächliche Würdigung des vorlegenden Gerichts unterscheiden; es darf aber bezweifelt werden, ob man mit *Lechner* und *Schlitzberger* eine derartige Differenzierung aus der Rspr. des BVerfG entnehmen kann.

[53] Verfassungsrechtliche Bedenken reichen für die Zulässigkeit der Vorlage nicht aus; in E 1, 184 (188 f.) wird diese, vom Wortlaut des Art. 100 I GG gestützte Rspr. begründet; vgl. auch E 9, 237 (240 f.); 16, 188 (189 f.); 22, 373 (378); *Sigloch*, in: BVerfGG RdNr. 21 zu § 80; anders zu Art. 100 II GG E 23, 288 (315 ff.). E 24, 170 (173) wies die Vorlage als unzulässig ab, weil nicht die vorgelegte Norm selbst, sondern ihre Herleitung durch den BGH als Verstoß gegen das GG angesehen wurde.

[54] Daß eine Begründungspflicht besteht, wird nicht bestritten; vgl. *Schick*, NJW 1965, 732; *Sigloch*, in: BVerfGG RdNr. 293 zu § 80, mit Nachw. Unzulässigkeit wegen unzureichender Begründung in E 23, 321 (325).

Kompetenzteilung auf der Gesetzesstufe; die Nachprüfung, ob und welche Normen durch ausdrückliche Änderung von Rechtsgeltungsnormen ihre Geltung verloren haben, fällt nicht in die Kompetenz des BVerfG, sondern in die eines jeden rechtsanwendenden Staatsorgans; eine Vorlage nach Art. 100 I GG wäre unzulässig[55].

An die Verfassungsauslegung in der Begründung der Vorlage stellt das BVerfG keine großen Anforderungen[56]. Auch die Auslegung sonstigen Rechts durch das vorlegende Gericht wurde im Zulässigkeitsverfahren meist nicht nachgeprüft. Widerlegte das BVerfG durch verfassungskonforme Auslegung gesetzlicher Vorschriften[57] die verfassungsrechtlichen Bedenken gegen die vorgelegte Norm, so wurde diese Frage mit Recht lediglich in der Sachprüfung erörtert, die Zulässigkeit der Vorlage also nicht davon abhängig gemacht, daß die Auslegung einfachen Rechts richtig oder zumindest nicht offensichtlich unhaltbar ist.

Als ein Beispiel aus der Rechtsprechung möge E 22, 28 dienen: unmittelbare und mittelbare ArbN des öffentlichen Dienstes sind nach § 7 I Ziff. 3 und 4 des Bundeskindergeldgesetzes (BKGG) vom Kindergeld ausgeschlossen; soweit keine tarifrechtlichen, den beamtenrechtlichen entsprechende Kinderzuschläge vorgesehen werden, gibt § 7 VI den unmittelbaren ArbN einen Ersatzanspruch gegen den ArbG. Die mittelbaren ArbN werden in § 7 VI in der dem BVerfG vorgelegten Fassung des Gesetzes nicht genannt. Das vorlegende Gericht legte § 7 VI im Sinne eines Lückenausfüllungsverbotes aus und hielt den Ausschluß vom Kindergeld nach § 7 I Ziff. 4 BKGG für unvereinbar mit Art. 3 I GG. Dieser Argumentation stimmte das BVerfG grundsätzlich zu, stellte dann aber in einer eigenen Untersuchung fest, daß sich aus § 7 VI BKGG ein derartiges Lückenausfüllungsverbot nicht ergibt, daß vielmehr eine analoge Anwendung des Ersatzanspruchs auch auf die mittelbaren ArbN zwingend aus dem Sinn der gesamten Kindergeldregelung und des § 7 insbesondere folge; bei einer derartigen Auslegung war der Ausschluß vom Kindergeld durch § 7 I Ziff. 4 vom Richter korrigierbar. Die Vorlage war unbegründet.

Die Auslegung einfachen Rechts als Grundlage der verfassungsrechtlichen Bedenken wurde aber bei Vorlage von Normen, die andere Normen aufheben, vom BVerfG auch als Problem der Zulässigkeit behandelt. Bestehen gegen die rückwirkende Aufhebung einer Norm verfassungsrechtliche Bedenken, so können diese Bedenken durch den Nach-

---

[55] Vgl. oben § 11 bei Anm. 41.

[56] In diesem Zusammenhang braucht das vorlegende Gericht sogar die Verfassungsnormen, gegen die die vorgelegte Norm verstoßen soll, nicht ausdrücklich zu nennen; vgl. E 13, 167 (169).

[57] Das ist nicht zu verwechseln mit der Methode des BVerfG, die verfassungsrechtlichen Bedenken gegen die vorgelegte Norm dadurch zu widerlegen, daß es den vom vorlegenden Gericht bezeichneten Text neu auslegt und damit eine von der vorgelegten Norm abweichende an der Verfassung prüft; vgl. dazu oben § 8.

weis, daß die Norm, die aufgehoben werden soll, gar nicht mehr bestand, beseitigt werden.

Eine derartige Situation lag dem oben bereits referierten[58] Fall des Märzgesetzes zugrunde, an dem das BVerfG seine These von der Bindung an die — nicht offensichtlich unhaltbare — Ansicht des vorlegenden Gerichts über die Entscheidungserheblichkeit der vorgelegten Norm entwickelte, obwohl der Fall dazu keinen Anlaß bot, denn die Entscheidungserheblichkeit der Norm war gegeben: der Sachverhalt des Ausgangsverfahrens war unter die vorgelegte Norm zu subsumieren, da der Ausgangskläger weitergehende Versorgungsansprüche erhob; diese weitergehenden Ansprüche schnitt ihm die vorgelegte Norm ab. Ob der Ausgangskläger überhaupt weitergehende Ansprüche gehabt hatte, war von der vorgelegten Norm unabhängig.

Die Auswirkung der vorgelegten Norm und damit die Entscheidung über die Frage ihrer Verfassungsmäßigkeit war dagegen davon abhängig, welche Rechtsordnung vorausgesetzt wurde. Das BVerfG untersuchte in der Sachprüfung eingehend, ob die vorgelegte Norm Ansprüche rückwirkend abschnitt, indem sie anspruchsbegründende Normen beseitigte, und kam zu dem negativen Ergebnis: „Das Märzgesetz hat es hiernach, was die Wirksamkeit der Kürzungen für die zurückliegende Zeit anlangt, nur bei der bestehenden Rechtslage belassen. Damit entfällt die rechtliche Möglichkeit, daß diese Bestimmung wegen Verletzung von Grundrechten der Beamten verfassungswidrig sein könnte.“ Die Verfassungsmäßigkeit der vorgelegten Norm konnte also ohne weitere Prüfung festgestellt werden[59].

Das BVerfG hat sich mit Recht auf den Standpunkt gestellt, daß es „bei der materiellen Beurteilung der vorgelegten Verfassungsfrage ... die tragenden Inzidentfragen unabhängig von der Rechtsansicht des vorlegenden Gerichts prüfen (müsse), da die eigene Sachentscheidung des BVerfG von ihnen abhängt“[60]. Hiermit ist aber nicht zu vereinbaren, daß das BVerfG in der Zulässigkeitsprüfung eine Bindung an eben diese Rechtsansichten solange annimmt, als sie nicht offensichtlich unrichtig sind. Vielmehr ist die Auslegung einfachen Rechts ebenso wie die Auslegung von Verfassungsrecht ein Bestandteil der Begründung der Vorlage und damit ein Teil der eigentlichen Sachfrage, die das BVerfG zu entscheiden hat. Eine Bindung ist in diesem Falle wenig sinnvoll.

---

[58] Vgl. die Darstellung des Falles oben § 8 bei Anm. 9; zur Bindungsthese oben bei Anm. 46.

[59] Auch in den entsprechenden Fällen E 10, 332 (335); 11, 245 (249); 15, 80 (90) erörterte das BVerfG die Frage der Bindung und verneinte sie teils, weil dies eine Voraussetzung der Sachprüfung sei — so in E 10, 332 (335) —, teils, weil es die Ansicht des vorlegenden Gerichts für nicht offensichtlich unhaltbar ansah — so in E 11, 245 (249); 15, 80 (90) —. In allen Fällen beschränkte sich die sachliche Prüfung auf die Frage der Geltung der angeblich aufgehobenen Norm, also auf die Auswirkung der vorgelegten Norm im Rahmen der Rechtsordnung; eine Prüfung anhand von Verfassungsnormen wurde dagegen nicht vorgenommen.

[60] E 2, 181 (193).

Welche Anforderungen an die Begründung zu stellen sind, ist in den Fällen problematisch geworden, in denen die Verfassungswidrigkeit der vorgelegten Norm auf bestimmte tatsächliche Gegebenheiten gestützt wurde. Das BVerfG hat mehrere Vorlagen als unzulässig zurückgewiesen, weil die Begründung der Verfassungswidrigkeit unzureichend erschien[61]. Die Ausgangsgerichte hatten sich damit begnügt, gewisse tatsächliche Auswirkungen, die von den Ausgangsklägern behauptet worden waren, zu unterstellen, und auf dieser Basis die Verfassungswidrigkeit für gegeben erachtet. Das BVerfG verlangte demgegenüber von den vorlegenden Gerichten eine eigene Beweiserhebung; es war der Meinung, daß die „eigene Sachkunde eines Gerichtes kaum" ausreicht, komplizierte tatsächliche Fragen selbständig „unter Berufung auf seine aus der freien Beweiswürdigung geschöpfte richterliche Überzeugung" zu klären[62].

Ebenso wie der vorlegende Richter von der Richtigkeit seiner Verfassungsauslegung und der Richtigkeit der sonstigen Gesetzesauslegung überzeugt sein muß, um daraus die notwendige Überzeugung von der Verfassungswidrigkeit ableiten zu können, ebenso muß er auch von der Wirklichkeit des tatsächlichen Sachverhalts überzeugt sein[63], wenn er damit seine Überzeugung von der Verfassungswidrigkeit der vorgelegten Norm begründen will. „Der Richter kann von der Wirklichkeit eines Sachverhaltes überzeugt sein, wenn im Einzelfall ein erfahrener und besonnener Beurteiler nach den vorliegenden Überzeugungsgründen diese Überzeugung gewinnen könnte. Nicht kommt es darauf an, daß auch tatsächlich jeder erfahrene Beurteiler diese Überzeugung gewinnen müßte[64]."

Die freie Würdigung von tatsächlichem Material setzt zumindest ein solches Material voraus[65]; welches Material das vorlegende Gericht da-

---

[61] So in E 17, 135 (137); 18, 186 (192); DVBl 1968, 554 f.; in E 14, 76 (104 f.) wurde die Vorlage als teilweise nicht zur Entscheidung reif bezeichnet, weil die tatsächliche Wirkung nicht ausreichend geklärt war; das BVerfG lehnte es ab, die Klärung selbst vorzunehmen; in E 16, 82 (88) war die Vorlage unzulässig, weil das vorlegende Gericht es offengelassen hatte, ob die Tatsache, aus der es die Verfassungswidrigkeit folgerte, wirklich vorlag. Abgesehen von E 16, 82 befassen sich alle Entscheidungen mit dem Komplex der „Erdrosselungssteuer" auf Spielautomaten; einen eingehenden Überblick über die heillose Verwirrung gibt *Wacke*, DVBl 1968, 537 ff.

[62] E 18, 186 (191 f.).

[63] So mit Recht E 16, 82 (88); daraus folgt auch, daß bei tatsächlichen Gegebenheiten, deren Existenz oder Feststellbarkeit bestritten wird, eine Methode zur Feststellbarkeit wenigstens angedeutet werden muß; vgl. E 18, 274 (286).

[64] So *Kuchinke*, in: Freiheit und Bindung des Zivilrichters in der Sachaufklärung (1966) S. 40, vgl. auch S. 26 f.

[65] In E 17, 135 (138) stützte sich das vorlegende Gericht auf tatsächliche Erhebungen, die lediglich der Ausgangskläger beigebracht hatte. In E 18, 186

gegen als ausreichend für seine Überzeugungsbildung ansieht, muß ihm überlassen bleiben[66]. Es wird aber für die notwendige Überzeugungsbildung kaum ausreichen, wenn das vorlegende Gericht sich grundsätzlich nur auf das Beweisergebnis des konkreten Prozesses stützt, auf Sachaufklärung und Beweiserhebung aber verzichtet, wenn es andere Tatsachen zur Begründung der Verfassungswidrigkeit heranziehen will[67]; denn daß der Ausgangssachverhalt nicht der Verfasung gemäß geregelt wird, erweist noch nicht die Verfassungswidrigkeit einer Norm, die viele Sachverhalte regelt. Die Begründung der Vorlage muß immer, wenn die Verfassungswidrigkeit der vorgelegten Norm auf Tatsächliches gestützt wird, dessen Existenz so wahrscheinlich machen, daß die Begründung die Überzeugung von der Verfassungswidrigkeit zu tragen vermag[68].

Die Verfassungswidrigkeit der Norm kann schließlich mit einer bestimmten verfassungsrechtlichen Qualifikation dieser Norm begründet werden:

Die Bezeichnung einer eigentumsbeschränkenden Maßnahme im Rahmen der Umlegung von Bauland als eine Enteignung im Sinne von Art. 14 GG ist nicht eine Frage der Entscheidungserheblichkeit, sondern eine, die die Sachfrage der Vereinbarkeit der vorgelegten Norm mit der Verfassung betrifft[69];

---

(189) hatte das vorlegende Gericht keinerlei Material beigebracht, auf das es seine Überzeugung hätte stützen können. In E, DVBl 1968, 554 f., wird gerügt, daß das vorlegende Gericht nicht einen „repräsentativen Durchschnitt aus der großen Zahl der aufgestellten Apparate" untersucht hat.

[66] So auch *Paulick*, Steuer und Wirtschaft 1968, S. 92 ff.; *Wacke*, DVBl 1968, 542.

[67] So *Schick*, NJW 1965, 732: „Eigene Beweiserhebungen zu dieser Frage muß es grundsätzlich nicht anstellen." Mit Recht kritisiert *Schick* auf S. 731 allerdings die Begründung des BVerfG, das seine eigene — aus § 26 I BVerfGG folgende — Untersuchungspflicht aus prozeßökonomischen Gründen einschränken will, um zu einer Teilung der Aufgaben bei tatsächlichen Feststellungen zu gelangen. Diese Argumentation des BVerfG steht im Widerspruch zu seiner ständigen Praxis, die die Sachentscheidung tragenden Inzidentfragen selbst und unabhängig zu ermitteln. Eingehend hierzu *Wacke*, DVBl 1968, 542 f.

[68] Vgl. *Pohle* a.a.O. Anm. III 1 c zu § 148. Daß an die Qualität der Begründung des BVerfG größere Anforderungen zu stellen sind als an die des vorlegenden Gerichts, folgt schon aus der unterschiedlichen Bedeutung von Vorlagebeschluß und Normenkontrollentscheidung; dies betont *Sigloch*, in: BVerfGG RdNr. 298, 22 zu § 80, zu Recht. Diese Betonung erscheint aber gegenüber den doch sehr zurückhaltenden Anforderungen des BVerfG an die tatsächlichen Grundlagen der Überzeugungsbildung des vorlegenden Gerichts nicht als notwendig; man kann kaum davon sprechen, daß das Verlangen in E 17, 135 (137), „über die tatsächliche Wirkung der erhöhten Vergnügungssteuer" Ermittlungen anzustellen, weil die Verfassungswidrigkeit aus einer — vom Ausgangskläger lediglich behaupteten — Erdrosselungswirkung der Steuer gefolgert wird, das Ausgangsgericht überfordert, wie *Stern*, AöR 91, 232 Anm. 39, meint.

[69] Dagegen E 11, 294 (299): „Der dem Vorlagebeschluß zugrundeliegende Sachverhalt ergibt also nichts, was als ‚Enteignung' des Klägers qualifiziert

der Nachweis, daß der vom vorlegenden Gericht als Enteignung angesehene Vorgang keine Enteignung darstellt, widerlegt die Annahme der Verfassungswidrigkeit, entscheidet also die Sachfrage[70] und kann nicht dazu dienen, die Zulässigkeit der Vorlage zu widerlegen.

Liegt eine der Zulässigkeitsvoraussetzungen nicht vor, so muß die Vorlage zurückgewiesen werden; das BVerfG entscheidet mit der Formel „Die Vorlage ist unzulässig"[71] und gibt damit das Verfahren, ohne die vorgelegte Frage entschieden zu haben, an das Ausgangsgericht zurück.

Die Prozeßentscheidung ist eine gerichtliche Entscheidung und erwächst daher in Rechtskraft. Die Wirkung der Prozeßentscheidung hängt naturgemäß von dem jeweiligen Abweisungsgrund ab[72]; damit lassen sich drei Wirkungsformen unterscheiden: wird die Vorlage wegen formaler Mängel oder wegen unzureichender Begründung der Verfassungswidrigkeit zurückgewiesen, so bezieht sich der Abweisungsgrund auf die konkrete Vorlage und ihre Begründung; wird die Vorlage zurückgewiesen, weil der vorgelegten Norm die Elemente der Entscheidungserheblichkeit fehlen, so bezieht die Prozeßabweisung das Ausgangsverfahren mit ein; der Abweisungsgrund erstreckt sich über die Vorlage und über das Ausgangsverfahren hinaus, wenn die Vorlage unzulässig ist, weil der Norm die in Art. 100 I GG vorausgesetzte Qualität des formellen Geltungsgrundes fehlt.

Da Prozeßabweisung bedeutet, daß das vorlegende Gericht das Verfahren fortzusetzen hat, ohne daß die vorgelegte Frage entschieden wurde, steht die innerprozessuale Bindung an die Prozeßentscheidung im Vordergrund. Wird lediglich ein Mangel der Vorlage gerügt, so hindert die innerprozessuale Bindung das Vorlagegericht nicht an einem

---

werden könnte. § 71 I AufbauG ist offensichtlich nicht erheblich." Ähnlich auch E 18, 274 (280 f.).

[70] Die in Anm. 69 angeführten Vorlagen hätten also als unbegründet, nicht aber als unzulässig abgewiesen werden müssen, denn auch das BVerfG ging davon aus, daß entschädigungslose Eingriffe in das Eigentum vorlagen, die Überzeugung von der Verfassungswidrigkeit also durchaus begründet war.

[71] So zuerst E 6, 222; in der Anfangszeit wurde die Formel „Der Antrag ist unzulässig" verwendet; vgl. E 1, 184, zuletzt E 4, 45. Daneben wurde auch verwendet „Der Antrag wird als unzulässig verworfen"; vgl. E 1, 80; 10, 129, ohne daß diese Formel konsequent auf Beschlüsse gemäß § 24 BVerfGG angewendet wurde. Ein sachlicher Unterschied zwischen den Entscheidungsformeln ist nicht ersichtlich; es sollte wohl eine formelle Unterscheidung zum Antrag gemäß Art. 93 I Ziff. 2 GG getroffen werden.

[72] Bei der Prüfung der einzelnen Zulässigkeitsvoraussetzungen ist das BVerfG nicht an eine bestimmte Reihenfolge gebunden, so daß beispielsweise aus der Entscheidung, die vorgelegte Norm sei vorkonstitutionelles Recht, nicht geschlossen werden kann, daß die Vorlage formgerecht oder daß die Norm für das Ausgangsverfahren entscheidungserheblich ist; die Wirkung der Prozeßentscheidung beschränkt sich auf den konkret angeführten Abweisungsgrund.

erneuten Vorlagebeschluß und an einer Wiedervorlage; wird der gerügte Mangel bei der Wiedervorlage vermieden, so ist sie insoweit zulässig[73], da die Bindung an die Elemente der Prozeßentscheidung auf das BVerfG in demselben Verfahren zurückwirkt[74]. Hatte das BVerfG eine Vorlage als verfrüht zurückgewiesen, so kann die Vorlage zum richtigen Zeitpunkt wiederholt werden. Wurde die Vorlage zurückgewiesen, weil die Begründung der Verfassungswidrigkeit unzureichend war, so kann die Norm mit einer verbesserten Begründung erneut vorgelegt werden. Die innerprozessuale Bindung bedeutet hier also lediglich das Verbot, den Fehler zu wiederholen, der zur Prozeßabweisung geführt hat.

Wird die Vorlage als unzulässig angesehen, weil der vorgelegten Norm die Entscheidungserheblichkeit im Ausgangsverfahren fehlt, so hat das vorlegende Gericht auf der Grundlage der vom BVerfG geäußerten Rechtsansicht das Ausgangsverfahren weiter zu betreiben[75], soweit diese Ansicht für die Abweisung der Vorlage ursächlich war. Das vorlegende Gericht ist gehalten, von der als unrichtig angesehenen Subsumtion des Ausgangssachverhaltes unter die vorgelegte Norm abzusehen, die Entscheidung also auf eine andere Norm zu stützen. Es ist durch die Urteilswirkung gehindert, die von ihm als verfassungswidrig angesehene Norm für die Ausgangsentscheidung zu verwenden[76]. Damit beseitigt letztlich auch die Zulässigkeitsentscheidung — wenn auch nicht durch Feststellung der Nichtigkeit — die Sperre, die das vorlegende Gericht zu einer seiner Ansicht nach verfassungswidrigen Entscheidung gezwungen hätte. Man kann also nicht sagen, daß die Bindung an die Zulässigkeitsentscheidung zu „unerträglichen praktischen Ergebnissen“ führt.

Stellt das BVerfG fest, daß der vom vorlegenden Gericht bezeichnete Text nicht auf einem formellen nachkonstitutionellen Geltungsgrund beruht, die vorgelegte Norm damit nicht die von Art. 100 I GG geforderte Qualität besitzt, so berechtigt die Prozeßentscheidung das Gericht, die vorgelegte Norm selbständig zu verwerfen.

Ob eine Prozeßentscheidung Rechtskraftwirkung inter omnes entfalten kann, hängt davon ab, ob von der festgestellten Rechtslage Rechts-

---

[73] Ebenso *Sigloch*, in: BVerfGG RdNr. 28 zu § 81.

[74] Vgl. § 565 II ZPO, wenn das Revisionsgericht zum zweiten Male tätig wird; vgl. E 4, 1 (5); *Blomeyer*, Zivilprozeßrecht (1963) § 102 II 3; *Hanack* a.a.O. S. 343 ff.; zu den Grenzen der Selbstbindung vgl. BSG, NJW 1968, 1800.

[75] So auch *Kafka*, Der gesetzgebende Richterspruch (1967) S. 46, für das österr. Vorlegungsverfahren.

[76] Vgl. hierzu die E vom 9. 7. 1969 — 2 BvL 20/65 —, der die Wiedervorlage der in E 19, 138 als unzulässig zurückgewiesenen Vorlage zugrunde lag; in der Wiedervorlage legte das Ausgangsgericht die ursprünglich offen gelassene Bedeutung des vorgelegten Textes eindeutig fest.

verhältnisse von Staatsorganen oder einzelnen überhaupt berührt werden können. So kann eine auf die konkrete Vorlage beschränkte Abweisung nur innerprozessuale Wirkung haben: Inhalt der Entscheidung ist der Formfehler der zu beurteilenden Vorlage, nicht aber die abstrakte Rechtsfrage der richtigen Form einer Vorlage. Das gleiche gilt auch für die Abweisung einer Vorlage wegen mangelnder Entscheidungserheblichkeit und unzureichender Begründung: nur das jeweilige Ausgangsverfahren wird in Zusammenhang mit der vorgelegten Norm gebracht, und nur für dieses Ausgangsverfahren wird festgestellt, daß die Ausgangsentscheidung — jedenfalls im Zeitpunkt der Aussetzung des Verfahrens — nicht von der vorgelegten Norm abhängt; die Zurückweisung der Vorlage hat auch für die Parteien des Ausgangsverfahrens keine Bedeutung, weil sie lediglich ein — den Parteien entzogenes — innerprozessuales Zwischenverfahren abschließt.

Wird aber die Vorlage als unzulässig abgewiesen, weil der Norm die aus dem Gesetzesbegriff des Art. 100 I GG entnommenen Qualitäten fehlen, so wird damit die Grenze des selbständigen Verwerfungsrechts in Bezug auf die vorgelegte Norm bindend festgelegt. Außerdem hat die Qualifikation einer Norm als untergesetzliches Recht Einfluß auf die Möglichkeit ihrer Aufhebung und Änderung; die Qualifikation als vorkonstitutionelles Recht hat insofern Bedeutung, als sich der bundesstaatliche Rang der Norm nicht aus der Qualität des handelnden Staatsorgans[77], sondern aus Art. 124, 125 GG ergibt; damit beeinflußt die Qualifikation den Bestand der Norm. Diese Bindungswirkung erstreckt sich allerdings nur auf die Feststellung, daß die vorgelegte Norm keine formelle nachkonstitutionelle Rechtsnorm ist; ob sie ihren formellen Geltungsgrund in Art. 123 GG oder in einer gesetzlichen Ermächtigung findet, wird ebensowenig entschieden wie die Frage der Geltung überhaupt[78]. Das BVerfG selbst ist im Falle einer erneuten Vorlage derselben Norm an die in der Prozeßentscheidung erfolgte Qualifikation gebunden.

§ 20 Gegenstand und Tenorierung der Sachentscheidung

Hat die Vorlage das Filter der Zulässigkeitsprüfung durchlaufen — hierüber kann gemäß § 25 III BVerfGG eine Zwischenentscheidung ergehen —, so liegt der Gegenstand der verfassungsrechtlichen Prüfung

---

[77] Vgl. E 18, 407 (413 ff.).

[78] Im Gegensatz dazu wird bei der Entscheidung nach Art. 126 GG die Geltung im Sinne der Übereinstimmung mit den grundgesetzlichen Rechtsgeltungsnormen notwendig vorausgesetzt, soll die Fortgeltung als Bundesrecht positiv festgestellt werden können; vgl. hierzu E 16, 82 (89) mit Nachw.

fest, über den sachlich zu entscheiden ist. Ziel des Verfahrens ist die Beantwortung der Frage nach der Verfassungsmäßigkeit der vorgelegten Norm. Die Verfassungsmäßigkeit einer Norm im Sinne ihrer Übereinstimmung mit den Rechtsgeltungsnormen des GG ist notwendige, aber nicht allein hinreichende Voraussetzung ihrer juristischen Geltung[1], so daß Gegenstand des Verfahrens nicht die Frage der Rechtsgeltung schlechthin ist[2]. Das BVerfG hat nur für bestimmte Rechtsgeltungsvoraussetzungen eine Entscheidungskompetenz, während die Beurteilung der übrigen in der Kompetenz des rechtsanwendenden Gerichtes bleibt[3]. Gegenstand des Normenkontrollverfahrens ist also die Frage der Vereinbarkeit der zulässigerweise vorgelegten Norm mit den — vom Zeitpunkt der behaupteten Rechtserzeugung bis zum Zeitpunkt der Entscheidung[4] — geltenden Rechtsgeltungsnormen des GG unter Berücksichtigung der Sachlage zum Zeitpunkt der Entscheidung[5]. Diese Frage wird vom BVerfG ohne Beschränkung auf die vom Vorlagegericht oder von den Beteiligten vorgetragenen Gründe entschieden[6].

---

[1] Vgl. oben §§ 1 und 7.

[2] Allgemeine Ansicht; vgl. *Friesenhahn*, in: Verfassungsgerichtsbarkeit in der Gegenwart (1962) S. 135; *Sigloch*, in: BVerfGG RdNr. 110 f. zu § 80; *Stern*, in: Kommentar zum Bonner Grundgesetz (1967) RdNr. 134 zu Art. 100; eingehend *Günter*, Das richterliche Prüfungsrecht nach Art. 100 I des Grundgesetzes und sein Prüfungsmaßstab (1964), passim. Gegen die Ansicht, im Normenkontrollverfahren werde über Bestehen oder Nichtbestehen von objektivem Recht entschieden — so *Bachof-Jesch*, JbÖffR NF 6 (1957) S. 51; *Menger*, System des verwaltungsgerichtlichen Rechtsschutzes (1954) S. 89 f. und Anm. 10 S. 88; *Otto*, Die abstrakte Normenkontrolle im verfassungsgerichtlichen Verfahren (1962) S. 4 — spricht schon der Wortlaut von Art. 100 I GG.

[3] So billigt das BVerfG den Gerichten ausdrücklich die Prüfungs- und Verwerfungskompetenz im Verhältnis von innerstaatlichem und europäischem Gemeinschaftsrecht zu; vgl. E 22, 134 (146) und Anm. von *Meier* hierzu in NJW 1967, 2109; a. A. *Emrich*, Das Verhältnis des Rechts der Europäischen Gemeinschaften zum Recht der Bundesrepublik Deutschland (1969) S. 132 f., mit der Begründung, die Rechtsetzung in Bereichen, die kraft Integrationsgesetzgebung „ausgeordnet" seien, führe zur Unklarheit („... was denn nun eigentlich gelten soll") und sei daher rechtsstaatswidrig; aus der Rechtsstaatswidrigkeit folgt die Vorlagepflicht.

Zur Prüfung der Kollision mit Besatzungsrecht vgl. E 4, 74 (82); 4, 331 (342); 8, 99 (101).

[4] Bei der Prüfung sind auch die Umstände zu berücksichtigen, die etwa einen Verfassungsverstoß lediglich zu einem bestimmten Zeitpunkt herbeiführen; damit verliert die Norm ihre Geltung; die später wieder mögliche Vereinbarkeit kann der Norm nicht zu einer erneuten Geltung verhelfen.

[5] St. Rspr. seit E 1, 396 (414); vgl. auch E 1, 208 (220). Bei Vorlage von „Landesrecht" im Sinne von Art. 100 I 2 GG hat der Verfahrensgegenstand den gleichen Umfang, da Bundesrechtswidrigkeit einer landesrechtlichen Norm gleichbedeutend ist mit Grundgesetzwidrigkeit; vgl. oben § 4. Schon aus diesem Grunde kann der Ansicht *Siglochs*, in: BVerfGG RdNr. 115 zu § 80, für eine Vorlage nach Art. 100 I 2 GG sei der Gegenstand des Normenkontrollverfahrens einzuschränken, nicht zugestimmt werden; vgl. auch oben § 4 Anm. 8.

[6] Vgl. *Stern* a.a.O. RdNr. 135; vgl. auch *Sigloch*, in: BVerfGG RdNr. 114, 119 ff. zu § 80, mit Nachw.

Die Kompetenz gemäß Art. 100 I 2 GG, landesrechtliche Normen an unterverfassungsrechtlichem Bundesrecht zu prüfen, läuft leer, da ein Verstoß gegen sonstiges Bundesrecht ohne gleichzeitigen Verstoß gegen Rechtsgeltungsnormen des GG nicht möglich ist[7].

Kommt das BVerfG in der Sachprüfung zu dem Ergebnis, daß die vorgelegte Norm den Rechtsgeltungsnormen des GG nicht entspricht, so muß dieses Ergebnis in der Entscheidungsformel zum Ausdruck kommen. Während Art. 100 I GG nur ganz allgemein davon spricht, daß das BVerfG „entscheidet", fordern §§ 78 Satz 1, 82 I BVerfGG, daß in der Entscheidung die Nichtigkeit festzustellen ist[8]. Aus der Erstreckung der Urteilswirkung und der Veröffentlichungspflicht gemäß § 31 BVerfGG folgt, daß die vorgelegte und geprüfte Norm möglichst vollständig aus dem Entscheidungstenor zu entnehmen sein muß. Da der Gegenstand des Verfahrens eine Norm, also das Ergebnis der Auslegung von Texten ist, kann der Hinweis auf den Text im Tenor meist nicht genügen; der komplexe Zusammenhang von Norm und Text[9] verursacht in aller Regel erhebliche Schwierigkeiten bei der Kennzeichnung des Gegenstandes im Tenor.

Der Ausspruch der Nichtigkeit eines Textes im Entscheidungstenor ist im Grunde nur dann unproblematisch, wenn in der Sachprüfung ein Verstoß gegen formelle Rechtsgeltungsnormen festgestellt wurde; hier ergeben sich keine inhaltlichen Abgrenzungsschwierigkeiten, denn der Text scheidet als auslegungsfähiges Material schlechthin aus.

Hält das BVerfG die vorgelegte Norm dagegen für materiell verfassungswidrig, so muß es primär die Nichtigkeit dieser Norm feststellen. Die Norm kann nur dann mit Hilfe des Textes dargestellt werden, wenn eine eindeutige Beziehung zwischen Norm und Text besteht, der Text also weder einer anderen Auslegung fähig ist noch Hinweise auf andere Normen oder Normteile enthält. Damit ist der Text bei Nichtigkeit der Norm ohne Bedeutung für die weitere Rechtsfindung. In solchen Fällen genügt die vom BVerfG meist gewählte Formel: „§ ... ist nichtig[10]". Mit dieser Entscheidung wird einerseits festgestellt, daß die vorgelegte Norm keine Rechtsnorm ist, andererseits aber auch, daß

---

[7] Vgl. oben § 4.

[8] Nicht notwendig ist es, die Rechtsgeltungsnorm, gegen die die vorgelegte Norm verstößt, anzugeben, wie in E 11, 203 Art. 33 V GG; in E 11, 77 Art. 80 I GG und in E 7, 282 (283); 10, 251 und 18, 52 Art. 80 I 2 GG. Diese konkrete Begründung hat keine verallgemeinerungsfähige Bedeutung. Zum Sonderproblem der Prüfung von kirchlichen Normen vgl. E 19, 248 (253); 19, 268 (281) und *Hollerbach,* AöR 92, 126.

[9] Vgl. hierzu oben §§ 9 f.

[10] Vgl. E 6, 55; 10, 59 (60); 13, 290 (291); 17, 1; 17, 62; 18, 97; 21, 292. Wird die Norm in mehreren Gesetzestexten erwähnt, so sind alle Texte zu streichen; vgl. etwa E 9, 39; für das Verlängerungsgesetz vgl. E 5, 25 (34).

der angeführte Text nicht geeignet ist, eine Grundlage für die Rechtsfindung zu bieten, daß er also aus der Menge der auslegungsfähigen Texte ausscheidet.

Wie ein Blick in die Entscheidungssammlung zeigt, ist eine eindeutige Beziehung zwischen Text und Norm jedoch nur selten anzutreffen. Die einfache Angabe eines Textes im Tenor wäre in der Praxis noch seltener, wenn das BVerfG die Entscheidung immer auf den zulässigen Gegenstand der verfassungsrechtlichen Prüfung eingegrenzt hätte[11].

In zahlreichen Entscheidungsformeln wird lediglich ein Textteil, der entweder vom vorlegenden Gericht bezeichnet oder vom BVerfG aufgrund der Eingrenzung des Prüfungsgegenstandes ermittelt wurde, für die Darstellung des Entscheidungsgegenstandes herangezogen. Die Fälle, in denen die Entscheidungsformel einen grammatisch abtrennbaren Satzteil, einige Wörter, nennen kann[12], gleichen den unproblematischen Textentscheidungen insofern, als das auslegungsfähige Material durch Streichen von Text vermindert wird. Voraussetzung ist hierbei, daß sich die Satzteile aus den Texten herauslösen lassen, ohne daß der verbleibende Rest sinnlos wird. Die auslegungsfähigen Texte sind in diesen Fällen so anzusehen, als hätten sie die im Tenor angeführten Buchstabenverbindungen nie enthalten.

Aber bei einer ganzen Reihe von Entscheidungen ist es unmöglich, den „verfassungswidrigen" Text von dem „verfassungsgemäßen" zu trennen. Hier wird offensichtlich, daß der eigentliche Gegenstand der verfassungsrechtlichen Prüfung nicht ein bestimmter Textteil ist, sondern eine Norm, die zwar mit einem Text in Verbindung gebracht werden muß[13], die aber die Bedeutung dieses Textes nicht immer ausschöpft. In solchen Fällen hat das BVerfG zu der „insoweit-Formel"[14] gegriffen und damit z. B. gesetzliche Verweisungen ausdrücklich[15] oder der Bedeutung nach[16] angeführt oder lediglich einen Bedeutungsteil des Textes[17] herausgehoben. In diesen Fällen beschränkt sich die Ent-

---

[11] Vgl. etwa E 17, 1, Ziff. 2 der Entscheidungsformel: entscheidungserheblich war § 44 II AnVNG nur im Hinblick auf die ehelichen Kinder der versicherten Ehefrau.

[12] Vgl. etwa E 4, 219 (220); 4, 331; 12, 144; 17, 38 (39); 17, 306; 19, 370; 20, 374; dabei nennen E 4, 219 (220); 12, 144; 19, 370; 20, 374 eine bestimmte Verfassungsvorschrift, gegen die die Norm verstößt.

[13] Das folgt aus dem Tatbestandsmerkmal „Gesetz" in Art. 100 I GG; vgl. oben § 11.

[14] Vgl. hierzu *Heck*, in: Verfassungsgerichtsbarkeit in der Gegenwart (1962) S. 874.

[15] E 7, 282 (283); 15, 153; 18, 52.

[16] E 15, 328; 18, 38; 19, 330; 22, 163.

[17] E 7, 320; 11, 168; 13, 31; 14, 42; 20, 379; in zeitlicher Hinsicht 13, 261. Inwieweit ein solcher Bedeutungsteil herausgehoben werden kann, wurde oben § 17 näher erläutert.

scheidung auf die Norm selbst; eine Feststellung über den Text wird nicht getroffen. Gleichzeitig kann der Hinweis auf den Text die eigentliche Aufgabe des Tenors nur noch unvollkommen erfüllen, denn der Gegenstand der verfassungsrechtlichen Prüfung geht aus der Entscheidungsformel nur dann einigermaßen klar hervor, wenn die Norm zusätzlich umschrieben wird. Der Tenor muß in diesen Fällen eine formelmäßige Wiedergabe der Norm enthalten, die den Hinweis auf Paragraphen oder Textteile ergänzt. Zur Auslegung der formelmäßigen Umschreibung im Tenor, also zur Ermittlung der Norm, deren Unvereinbarkeit mit der Verfassung festgestellt wurde, sind die Gründe der Entscheidung unentbehrlich. Aus ihnen ergibt sich, welche Bedeutung dem Gesetzestext oder dem bezeichneten Textteil im Rahmen der Entscheidung beigelegt wurde. Für die Auslegung sind besonders der Ausgangssachverhalt und die Ausgangsentscheidung bedeutsam, da von der Anwendung der geprüften Norm aus eine inhaltliche Abgrenzung des Prüfungsgegenstandes wesentlich erleichtert wird; auch die Darstellung der Rechtslage in den Gründen ist zur Auslegung des Tenors geeignet[18].

Bei der verfassungsgerichtlichen Entscheidung über Lückenausfüllungsverbote[19] liegt eine Formulierung des Tenors nahe, die gerade die Ausschlußfunktion des positiven Rechts hervorhebt: „§ ... ist insoweit nichtig, als er ... Entschädigungsansprüche solcher Verfolgten ausschließt, die ...[20]." Dadurch wird gleichzeitig zum Ausdruck gebracht, daß die schlechterfüllende Regelung nur unter Voraussetzung ihrer Ergänzung geltendes Recht ist[21] und die Entscheidung sich lediglich auf das Lückenausfüllungsverbot beschränkt.

Besonders problematisch ist die Bezugnahme auf den Text, wenn das BVerfG zwar die vorgelegte Norm für verfassungswidrig hält, den bezeichneten Text aber anders, verfassungskonform auslegen kann. In der Praxis wird die Entscheidung über die vorgelegte Frage im Tenor nicht zum Ausdruck gebracht; es wird lediglich die Vereinbarkeit des Textes mit dem GG festgestellt[22]. Daß der vom vorlegenden Gericht an-

---

[18] Üblicherweise verwendet das BVerfG für diese, den Gegenstand der Prüfung näher beschreibenden Teile der Gründe die Bezeichnungen A I und A II; unter B im Rahmen der Zulässigkeitsprüfung wird nicht selten aus A I und II gefolgert, daß der vom vorlegenden Gericht angezogene Text nur in einem geringeren als in der Vorlage vorgeschlagenen Umfang in das Verfahren einzubeziehen ist oder daß nur ein Bedeutungsteil dieses Textes der vorgelegten Norm entspricht.

[19] Vgl. dazu oben § 16.

[20] So E 13, 31; ähnlich 18, 366; 22, 163. Vgl. auch E 17, 122 (123); 22, 349; 25, 236.

[21] Vgl. dazu oben § 5.

[22] So E 2, 266; 7, 45; 8, 210; 9, 194; 10, 340; 10, 372; 12, 45; 12, 151; 12, 264; 16, 246; 17, 155; 18, 70.

gezogene Text einer anderen Auslegung fähig ist, berechtigt aber das Normenkontrollgericht nicht, die zur Prüfung gestellte Norm gegen eine andere, nicht vorgelegte Norm auszutauschen und über diese zu entscheiden[23]. Daß der Text verfassungsmäßig ausgelegt werden kann, führt lediglich dazu, den Text nicht in die negative Entscheidung einzubeziehen. Der Tenor muß sich daher auf die Feststellung der Nichtigkeit der Norm beschränken; zur Klarstellung sollte noch auf den Text hingewiesen werden, aus dem das vorlegende Gericht die Norm entnommen hat, da die vorgelegte Deutung des Textes regelmäßig nicht aus der Luft gegriffen ist. So könnte in der Entscheidungsformel die vom vorlegenden Gericht angenommene Textbedeutung als mit der Verfassung unvereinbar und daher nichtig herausgestellt werden: „§ 6 a II 1 erste Alternative StVG ... ist insoweit nichtig, als er die Verurteilung wegen einer Übertretung von der Eintragung in die Kartei dann nicht freistellt, wenn lediglich die materiellen, nicht aber die formellen Voraussetzungen für die Erteilung einer gebührenpflichtigen Verwarnung nach § 22 StVG vorliegen[24].“ Diese Entscheidungsformel läßt den Gesetzestext unberührt und hebt nur die vom vorlegenden Gericht angenommene, vom BVerfG aber nicht als einzig möglich angesehene Textbedeutung hervor. Dagegen besteht kein Anlaß, den Text generell für verfassungsmäßig zu erklären; dazu wäre es überdies notwendig, andere, auf den Text zurückführbare Normen zu ermitteln und verfassungsrechtlich zu prüfen.

Ergibt die verfassungsrechtliche Prüfung der Norm, daß die Nichtigkeit erst von einem bestimmten Zeitpunkt an besteht, so wird dies in der Entscheidungsformel zum Ausdruck gebracht: „§ 6 des Rabattgesetzes ... ist, jedenfalls seit dem 9. 7. 1963, nichtig[25].“ Sind die Gesetzestexte, auf die sich die Vorlage bezieht, inzwischen formell aufgehoben, so wird die Formulierung „... war nichtig“ verwendet[26].

Für die Entscheidung über Landesrecht gelten keine Besonderheiten; auch hier lassen sich die oben aufgezeigten Fallgruppen unterscheiden. Relativ häufig wurden in nicht ausdrücklich hervorgehobener — schon gar nicht begründeter — Erweiterung des Gegenstandes der verfas-

---

[23] Vgl. hierzu oben § 10.

[24] Vgl. E 21, 329 f.; die Vorschläge von *Bogs*, Die verfassungskonforme Auslegung von Gesetzen (1966) S. 105 f., und die dort angegebene Praxis des BayVfGH.

[25] E 21, 292. Der im Tenor ausgesprochene Zeitpunkt des Nichtigwerdens kann nur vor der Entscheidung des BVerfG liegen. Die zeitlich begrenzte Geltung im oben charakterisierten Sinne (vgl. § 5) erscheint daher im Tenor nicht; nur in den Gründen wird — als nicht bindendes obiter dictum — die begrenzte Geltung herausgestellt.

[26] Vgl. E 17, 148; 23, 62; 23, 208 (209); zum Landesrecht E 7, 244; 7, 330; 18, 241.

sungsrechtlichen Prüfung ganze Normenkomplexe in der Entscheidungsformel genannt[27], was zum Teil daraus resultiert, daß aufgrund von Kompetenznormen jeweils ganze Sachgebiete gegen das GG verstoßen.

Auch bei einer negativen Entscheidung über landesrechtliche Normen ist es nicht notwendig, die grundgesetzlichen Rechtsgeltungsnormen, gegen die die vorgelegte Norm verstößt, in den Tenor aufzunehmen[28]; insbesondere ist es überflüssig, einen Verstoß gegen sonstiges Bundesrecht eigens zu kennzeichnen, da die Entscheidung lediglich auf einem Verstoß gegen das GG beruht[29].

Ist das BVerfG bei der sachlichen Prüfung der vorgelegten Norm zu einem negativen Ergebnis gelangt, so kann es gemäß §§ 82 I, 78 Satz 2 BVerfGG „weitere Bestimmungen des gleichen Gesetzes ... gleichfalls für nichtig erklären", wenn sie aus denselben Gründen wie die vorgelegte Norm mit dem GG unvereinbar sind. Mit dieser Kompetenz des BVerfG, den Gegenstand des Verfahrens und der Entscheidung zu erweitern, wird von dem allgemeinen prozeßrechtlichen Grundsatz, wonach das Gericht an den inhaltlichen Umfang des Antrags gebunden ist, abgewichen; das BVerfGG läßt zudem im unklaren, unter welchen Voraussetzungen das BVerfG diese Anschlußkompetenz ausüben darf oder gar muß.

Eine enge Bindung an den Antrag folgt aus der Verknüpfung von Normenkontrollverfahren und Ausgangsverfahren; so hat das BVerfG denn auch den Gegenstand der Prüfung in aller Regel möglichst eng abgegrenzt und erklärt, eine über die entscheidungserhebliche Norm hinausgehende Prüfung „würde dem Bundesverfassungsgericht bei der vom Einzelfall ausgehenden Normenkontrolle nach Art. 100 I GG eine Aufgabe übertragen, die vom Sinn und Zweck dieses Verfahrens nicht gefordert wird"[30]. Aus dieser Argumentation und daraus, daß § 82 I BVerfGG nur von einer entsprechenden Anwendbarkeit des § 78 BVerfGG spricht, kann aber nicht geschlossen werden, daß die Anschlußkompetenz im Verfahren der konkreten Normenkontrolle generell nicht anwendbar ist. Dies verbietet sich schon im Hinblick auf die ursprüngliche Fassung des § 82 I, der ausdrücklich gerade die Anwendbarkeit von § 78 Satz 2 BVerfGG anordnete; die neue Fassung enthält keine Einschränkung, sondern nur eine Klarstellung oder Erweiterung des geltenden Rechtes.

---

[27] Vgl. etwa E 2, 380 (382); 4, 60; 7, 244; 10, 118. Vgl. hierzu oben § 17 bei Anm. 12.

[28] So in E 7, 244; 7, 330; 8, 260; 14, 56; 16, 306; 18, 241; 20, 238; 21, 106; 21, 329.

[29] In E 7, 244; 7, 330; 8, 260 wurde ein Verstoß gegen bundesgesetzliche Bestimmungen ausdrücklich festgestellt, jedoch immer im Zusammenhang mit einer grundgesetzlichen Rechtsgeltungsnorm. Vgl. hierzu oben § 4.

[30] E 3, 208 (211); ähnlich zurückhaltend E 2, 181 (192); 4, 387 (398); 7, 282 (289).

Es erscheint notwendig, Kriterien für die Anwendung der Anschlußkompetenz im Verfahren nach Art. 100 I GG herauszuarbeiten, die auf der typischen Begrenzung des Verfahrens auf die vorgelegte Norm beruhen[31]. Daß sich die Anschlußkompetenz durch Hinweis auf die „Wahrung der Rechtsordnung“[32] oder auf die enge Verbindung von Normen[33] konkretisieren läßt, ist nicht ersichtlich. Es ist schon unklar, warum diese beiden Gesichtspunkte gerade und nur dann zu einer Erweiterung des Entscheidungsgegenstandes führen sollen, wenn weitere Bestimmungen desselben Gesetzes gegen dieselben Rechtsgeltungsnormen des GG verstoßen. Die Aufgabe der „Wahrung der Rechtsordnung“ müßte folgerichtig immer dann zu einer Erweiterung führen, wenn während eines Verfahrens irgendwelche verfassungsrechtlichen Bedenken gegen weitere Normen auftreten; insbesondere müßten vergleichbare Vorschriften anderer Gesetze einbezogen werden können. So hätten etwa die Bedenken gegen die Ausgestaltung der Kirchensteuer sinnvollerweise dazu führen können, auch vergleichbare Gesetze anderer Länder für nichtig zu erklären; im Sozialrecht sind zahlreiche Parallelentscheidungen ergangen, die sich unter Anwendung dieses Gesichtspunktes hätten vermeiden lassen. Der Gesichtspunkt der engen Verbindung von Normen läßt nicht verständlich erscheinen, warum die Anschlußkompetenz nur bei einer negativen Normenkontrollentscheidung gegeben ist.

Die notwendige Eingrenzung der Anschlußkompetenz kann nur aus einer Auslegung des § 78 Satz 2 BVerfGG gewonnen werden, die alle drei Voraussetzungen — gleiches Gesetz, gleiche Rechtsgeltungsnorm, negative Normenkontrollentscheidung — berücksichtigt. Der Ausdruck „weitere Bestimmungen des gleichen Gesetzes“ soll auf einen bestimmten und einheitlichen Akt des Gesetzgebers hindeuten, bringt also eine formale Begrenzung; hat der Hinweis auf dieselben verfassungsrecht-

---

[31] Die Begründungen, die das BVerfG bei der — bislang seltenen — Anwendung von § 78 Satz 2 BVerfGG anführte, können nicht ganz überzeugen: so ließ es in E 7, 305 (310 f.) die Anregung einer Landesregierung, die lediglich zu hören war, als Grund genügen; in E 4, 178 (186) und 8, 186 (195) — Vorlagen nach Art. 126 GG — verwies es auf bestehende Meinungsverschiedenheiten über die Fortgeltung als Bundesrecht auch bezüglich nicht vorgelegter Normen; in E 21, 292 (305 f.) begründete es die Ausdehnung damit, daß „nach allgemeiner Meinung die übrigen in § 6 genannten Unternehmen heute im Wirtschaftsleben keine große Rolle mehr spielen und überdies keine Gründe ersichtlich sind, sie anders zu behandeln als Warenhäuser“; lediglich auf die gleichen verfassungsrechtlichen Bedenken, also auf eine Voraussetzung der Ausdehnung, wurde statt einer Begründung verwiesen in E 10, 118 (124); 18, 366 (380); 20, 379 (382); 24, 75 (103); E vom 9. 7. 1969 — 2 BvL 25, 26/64 — unter B II 3. Ohne jede Begründung wurde die Ausdehnung als „geboten“ behauptet in E 17, 38 (62); 18, 288 (300).

[32] *Lechner*, BVerfGG 2. Aufl. (1967) Anm. 2 zu § 78.

[33] *Eckl*, Der Streitgegenstand im Verfassungsprozeß (1956) S. 116.

lichen Gründe im Zusammenhang mit der formalen Begrenzung der Anschlußkompetenz eine Bedeutung, so kann sie nur darin liegen, daß diese Gründe sich gerade auf den formalen Akt beziehen; hiermit gewinnt auch die Einschränkung auf die negative Entscheidung ihre Bedeutung: verfassungsrechtliche Fehler des Gesetzgebungsaktes führen immer zur Nichtigkeit aller Normen, die durch diesen Gesetzgebungsakt gesetzt werden sollen; ist aber das Gesetzgebungsverfahren ordnungsgemäß, so folgt daraus keineswegs die Verfassungsmäßigkeit des ganzen Gesetzes. Die Eingrenzung der Anschlußkompetenz auf formelle Verstöße wird auch sachlich dadurch gerechtfertigt, daß es nicht Sinn des § 78 Satz 2 BVerfGG sein kann, das BVerfG zu einer Prüfung weiterer Normen zu veranlassen, sondern daß es nur in die Lage gebracht werden soll, die Verfassungswidrigkeit von Normen, die aus der Prüfung des Gegenstandes von selbst folgt, auch in der Entscheidungsformel auszusprechen. Von selbst ergibt sich die Nichtigkeit aber nur dann, wenn ein Normenkomplex wegen formeller Fehlerhaftigkeit des Gesetzgebungsverfahrens nicht wirksam wurde. In allen anderen Fällen müßte das BVerfG die nicht vorgelegten „weiteren Bestimmungen des gleichen Gesetzes" erst auslegen, also die zu beurteilenden Normen in ihrer Tragweite ermitteln, wozu im Regelfall das Anschauungsmaterial des Sachverhaltes fehlt. Bei der Begrenzung auf formelle Mängel erübrigt sich eine Auslegung.

Stellt mithin das BVerfG fest, daß eine Norm deshalb nichtig ist, weil der Gesetzgebungsakt formell fehlerhaft war, so kann und muß es den Ausspruch der Nichtigkeit auf den ganzen Textkomplex ausdehnen, der aufgrund des fehlerhaften Aktes als Gesetz intendiert war.

Innerprozessual hebt die Normenkontrollentscheidung, die die Nichtigkeit einer Norm feststellt, die Sperre auf: das Ausgangsgericht kann eine Entscheidung fällen, ohne die vorgelegte Norm zu berücksichtigen. Ihrem Umfang nach geht die innerprozessuale Bindung über die objektiven Grenzen der Rechtskraft hinaus, so daß das vorlegende Gericht bei der Ausgangsentscheidung weitergehenden Bindungen unterliegen kann: stützt das BVerfG etwa die Verfassungswidrigkeit der vorgelegten Norm auf eine bestimmte Auslegung einfachen Gesetzesrechtes[34] und ist dieses — von dem BVerfG in einer bestimmten Weise ausgelegte — Recht für das Ausgangsverfahren präjudiziell, so ist das vorlegende Gericht insoweit an die tragenden Gründe der Feststellung gebunden. Diese Bindung gilt jedoch lediglich für das Ausgangsverfahren. Soweit sich die negative Normenkontrollentscheidung auf den Text bezieht, hat sie innerprozessual keinerlei Bedeutung, da nur die

---

[34] Vgl. dazu oben § 19 nach Anm. 57.

Norm, nicht aber der Text für die Ausgangsentscheidung erheblich sein kann.

Die materielle Rechtskraft des negativen Normenkontrollurteils, die Bindungswirkung nach § 31 I und die Gesetzeskraft nach § 31 II BVerfGG haben den gleichen objektiven und subjektiven Umfang. Die Wirkung wird objektiv durch den Gegenstand des Verfahrens umgrenzt; Gegenstand des Verfahrens ist die Frage, ob die vorgelegte Norm — Gegenstand der verfassungsrechtlichen Prüfung — mit den Rechtsgeltungsnormen des GG übereinstimmt. Die Rechtskraft inter omnes bewirkt, daß kein Staatsorgan eine als Rechtsnorm verworfene Norm zur Grundlage eines Rechtsanwendungsaktes machen darf. Damit verstößt auch jede erneute Vorlage bereits gegen die Bindung und ist vom BVerfG als unzulässig abzuweisen[35]. Tritt die Frage der Geltung der verworfenen Norm in einem späteren verfassungsgerichtlichen Verfahren als Vorfrage auf, so bindet die rechtskräftige Feststellung das BVerfG, so daß es ohne erneute Prüfung von der Nichtigkeit der Norm auszugehen hat.

Die Verwerfung eines Textes oder Textteiles hat zur Folge, daß kein Staatsorgan diesen Text zur Grundlage einer Auslegung zum Zwecke der Rechtsfindung machen darf: alle Gesetzestexte sind so anzusehen, als enthielten sie den in der Entscheidungsformel genannten Text nicht. Wird dagegen lediglich die Nichtigkeit eines Bedeutungsteiles des Textes festgestellt, so bewirkt diese Feststellung, daß nur die geprüfte Norm nicht mehr als richtiges Auslegungsergebnis und damit als Rechtsnorm behauptet werden darf. Der Text wird in diesen Fällen also nicht aus der Menge der auslegungsfähigen Texte ausgeschieden, denn es besteht kein Anlaß, andere — verfassungsmäßige oder vom Normenkontrollverfahren überhaupt nicht erfaßte — Bedeutungen eines Textes oder gar den Text schlechthin mit allen nur denkbaren Bedeutungen in die Entscheidungswirkung einzubeziehen. Ihre Einbeziehung würde eine Erweiterung des Gegenstandes der verfassungsrechtlichen Prüfung darstellen, die nur in den Ausnahmefällen des § 78 Satz 2 BVerfGG zulässig ist.

Die Wirkung der Normenkontrollentscheidung beschränkt sich also — wie die Wirkung jeder gerichtlichen Entscheidung — auf den Gegenstand des Verfahrens. Daher beziehen sich die Entscheidungswirkungen nicht auf inhaltlich gleiche Normen, die in einem anderen Lande gesetzt

---

[35] Zur Wiedervorlage bei neuem formellen Geltungsgrund vgl. unten bei Anm. 58.
Eine Folge der Bindung ist auch, daß die Gerichte, die eine Vorlage der gleichen Norm beschlossen haben, nach dem negativen Normenkontrollurteil verpflichtet sind, die Vorlagen zurückzunehmen, weil sie unzulässig geworden sind; zur Zurücknahme vgl. oben § 18 nach Anm. 10.

worden sind, da der Adressatenkreis ein anderer ist[36], und auch nicht auf Normen, die mit der verfassungswidrigen Norm eng zusammenhängen und mit der Nichtigkeit dieser Norm gegenstandslos sind. Daß beispielsweise die Feststellung der Verfassungswidrigkeit von landesrechtlichen Kirchensteuerregelungen dazu führt, daß vergleichbare Bestimmungen in anderen Ländern nicht mehr angewendet werden, ist zwar eine legitime Wirkung der Normenkontrollentscheidung, aber nicht eine, die auf prozessuale Wirkungen oder auf die Anordnung von § 31 I oder II BVerfGG zurückgeführt werden kann[37].

Die negative Normenkontrollentscheidung hat keinerlei Wirkung auf den Bestand der übrigen Rechtsnormen: durch die Feststellung der Nichtigkeit einer Norm wird weder anderen Normen Geltung verliehen, noch verändert sich der Wirkungsbereich von Normen[38]. Es ist daher zumindest ungenau, von der verfassungsgerichtlichen Normenkontrolle als „Ursache von Gesetzeslücken" zu sprechen[39]; Ursache der Gesetzeslücke ist das Scheitern des Rechtserzeugungsaktes. Die Feststellung der Nichtigkeit ist eine mittelbare Ursache insofern, als sie zu einer neuen und richtigeren Erkenntnis der Rechtsordnung geführt hat. Die verfassungsgerichtliche Feststellung ist in dieser Hinsicht einer neuen wissenschaftlichen Einsicht vergleichbar; aufgrund dieser Einsicht hat der Richter die „Auslegung der neu geprägten Gesamtkonzeption" vorzunehmen[40], weil bei jeder Rechtsanwendung die festgestellte Nichtigkeit beachtet werden muß. Die Bindung erstreckt sich aber nur auf den Gegenstand der verfassungsrechtlichen Prüfung selbst; die neuen Aus-

---

[36] So *Jerusalem*, Die Staatsgerichtsbarkeit (1930) S. 175.

[37] *Maunz*, in: BVerfGG RdNr. 21 zu § 31, folgert aus der Bindungswirkung der Entscheidung die Pflicht anderer Länder, vergleichbare Normen aufzuheben. Nimmt man mit *Maunz* eine Bindung an die Gründe und damit an die Entscheidung über strittige verfassungsrechtliche Fragen schlechthin an, so erscheint diese Pflicht überflüssig, denn sind die Staatsorgane insoweit gebunden, als auch vergleichbare Normen anderer Länder nicht angewendet werden dürfen, so sind diese Normen schon deshalb außer Anwendung. Eine Aufhebung erübrigt sich außerdem aufgrund der anfänglichen Nichtigkeit verfassungswidriger Gesetze. Durch eine Normenkontrollentscheidung kann aber die Verfassungswidrigkeit vergleichbarer Bestimmungen so offensichtlich werden, daß die Staatsorgane mit selbständigem Verwerfungsrecht verpflichtet sind, bei der Rechtsanwendung diese Normen unbeachtet zu lassen; vgl. *Bachof*, AöR 87, 25.

[38] Vgl. dagegen Art. 140 IV des österr. Bundesverfassungsgesetzes; *Spanner*, Die richterliche Prüfung von Gesetzen und Verordnungen (1951) S. 80 f.. Zur Wirkung der Feststellung der Nichtigkeit von abrogierenden und derogierenden Normen vgl. *Schima*, Österr. JZ 1961, 534 und Anm. 10; *Weissauer*, DÖV 1966, 114; *Wobst*, Verfassungswidrige Gesetze und Normenkontrolle (1967) S. 116 f.

[39] So *Knittel*, JZ 1967, 79.

[40] So BVerwGE 22, 264 (269 f.); vgl. hierzu das einprägsame Beispiel bei *Knittel*, JZ 1967, 81 f.

legungsergebnisse aufgrund richtigerer Einsicht werden von der Bindung nicht erfaßt, sondern nur veranlaßt[41].

Es kann daher auch keine „Bindung der Rechtsanwendungsbehörden an eine verfassungskonforme Gesetzesauslegung in den Gründen einer Normenkontrollentscheidung“[42] geben. Im Normenkontrollverfahren wird die verfassungskonforme Gesetzesauslegung in zwei zu unterscheidenden Argumentationsketten verwendet. Um die Frage zu klären, inwieweit der vom vorlegenden Gericht bezeichnete Text in die negative Entscheidung einzubeziehen ist, prüft das BVerfG nach, ob der Text anders, verfassungsmäßig ausgelegt werden kann. Diese Auslegung — die erste typische Erscheinungsform der verfassungskonformen Auslegung im Normenkontrollverfahren — dient also nur dazu, die Erstreckung der negativen Entscheidung auf den Text zu prüfen. Eine Bindung an dieses neue, von dem des vorlegenden Gerichtes abweichende Auslegungsergebnis kommt nicht in Betracht, weil es sich hier um eine Hilfserwägung handelt, die mit der eigentlichen Sachentscheidung über die vorgelegte Norm nur lose verknüpft ist[43]. Die neu gewonnene Norm könnte nur dann Bedeutung haben, wenn über ihre Vereinbarkeit mit dem GG entschieden würde. Das BVerfG ist aber an die Vorlage gebunden und nicht kompetent, eine andere als die vorgelegte Norm zum Gegenstand der Prüfung zu machen[44]. Allerdings kommt das BVerfG in der Praxis in diesen Fällen der verfassungskonformen Auslegung zu einer positiven Normenkontrollentscheidung, weil es sich über die Vorlage und die vorgelegte Norm hinwegsetzt und eine andere Norm prüft, die weder vorgelegt noch notwendigerweise für den Ausgangssachverhalt erheblich ist[45].

---

[41] Dafür bietet die Argumentation in der BVerwGE 22, 264 ein gutes Beispiel, weil sich hier das BVerwG zu einer Lückenausfüllung — von ihm allerdings verfassungskonforme Auslegung genannt — durch die bindende Feststellung des BVerfG veranlaßt sieht.

[42] So *Bogs* a.a.O. S. 97 mit Nachw. Anm. 18 daselbst.

[43] Die von *Sigloch,* in: BVerfGG RdNr. 22 — insbesondere Anm. 6 — zu § 81, zur innerprozessualen Bindung vertretene Auffassung, das vorlegende Gericht sei an die neue Auslegung gebunden, ist nicht haltbar. Das Ergebnis der verfassungskonformen Auslegung kommt für die Ausgangsentscheidung keineswegs schon deshalb in Betracht, weil derselbe Text beiden Auslegungen zugrunde liegt; insbesondere aber ist die neue — von der Ansicht des vorlegenden Gerichts abweichende — Auslegung nicht maßgebend für die Entscheidung über den Gegenstand der verfassungsrechtlichen Prüfung, denn die Entscheidung über die Vereinbarkeit der vorgelegten Norm ist völlig unabhängig von den Auslegungsmöglichkeiten des in der Vorlage bezeichneten Texts.

[44] Daher kann der Argumentation von *Friesenhahn,* a.a.O. S. 144, nicht zugestimmt werden.

[45] Vgl. hierzu oben §§ 8, 9, 10. Die Ansicht, es gebe eine Bindung an die verfassungskonforme Auslegung, beruht, soweit nicht Bindung an die Auslegung mit Bindung an tragende Gründe gleichgesetzt wird — vgl. *Friesenhahn* a.a.O. S. 144; *Geiger,* Wandlungen der rechtsstaatlichen Verwaltung (1962) S. 121; *Rupp,* Festschr. Kern (1968) S. 407 —, im wesentlichen darauf, daß die „Auslegungsentscheidung“ als positive Entscheidung, als Feststellung der Vereinbarkeit einer Norm mit dem GG, mißverstanden wird. Dies ist besonders deutlich bei *Sigloch,* in: BVerfGG RdNr. 24 zu § 81, und seiner Kritik an *Bogs* in Anm. 1 S. 15 daselbst. Die eingehende Argumentation von *Bogs,* a.a.O. S. 95 und DVBl 1965, 633 f., der im wesentlichen zugestimmt wird, kann

Legt das BVerfG im Rahmen der Sachprüfung Gesetzestexte aus, weil die Entscheidung in der Sachfrage von einer Auslegung einfachen Rechts abhängt[46] — die zweite typische Erscheinungsform der verfassungskonformen Auslegung im Normenkontrollverfahren —, so gehört diese Auslegung zu den Entscheidungsgründen, wie etwa auch die Auslegung der Verfassung; sie ist damit ebensowenig bindend wie die anderen Entscheidungsgründe.

Ein Sonderproblem stellt die Wirkung der Rechtskraft auf die an der Rechtsschöpfung beteiligten Staatsorgane dar. Es besteht im wesentlichen Übereinstimmung darüber[47], daß die Entscheidung den Gesetzgebungsorganen, von denen der wirkungslose Gesetzgebungsakt ausging, verbietet, die für verfassungswidrig befundene Norm nochmals zu erlassen.

Der Erlaß einer inhaltsgleichen Norm kann allerdings nur dann verboten sein, wenn die neu erlassene Norm wiederum gegen die gleichen Rechtsgeltungsnormen verstoßen würde. Formelle Mängel des Gesetzgebungsverfahrens hindern also eine erneute Gesetzgebung nicht, wenn nicht der Verfahrensfehler wiederholt wird; bestimmte materielle Mängel können durch Änderung des GG[48] beseitigt werden. Die Verfassungswidrigkeit einer Norm kann aber auch deshalb entfallen, weil sich die Rechtsgeltungsnormen des GG nach einem gewissen Zeitraum ohne ausdrückliche Änderung gewandelt haben; beruht die Verfassungswidrigkeit auf tatsächlichen Gegebenheiten, so können diese Fakten, soweit sie die rechtliche Beurteilung beeinflußt hatten, später nicht mehr

---

seine oben (bei Anm. 42) zitierte weitergehende Feststellung nicht tragen, sondern nur das auch hier vertretene Ergebnis, nämlich daß — wie auch *Bogs* an anderer Stelle (S. 95) feststellt — „eine bestimmte verfassungswidrige Bedeutung einer Vorschrift" betroffen wird. Daher ist auch eine Verfassungsbeschwerde, die die Anwendung der — nach der Praxis des BVerfG nicht explizite — für nichtig erklärten Norm rügt, mit Recht als begründet angesehen worden; vgl. E 12, 177 (180).

[46] Vgl. hierzu E 12, 264 mit Anm. von *Tietgen* in DVBl 1962, 373. Auch die Entscheidung in E 22, 28 (35) beruht auf einer von der des vorlegenden Gerichts abweichenden Auslegung anderer Gesetzestexte. Vgl. dazu oben § 18 bei Anm. 57.

[47] Vgl. E 1, 14 (LS 5, 37); *Maunz*, in: BVerfGG RdNr. 20 zu § 31; *Bullert*, Die Gesetzeskraft und die bindende Wirkung der Entscheidungen des BVerfG (1965) S. 62 f., 104 f.; *Schreiber*, Zu den Reaktionen von Legislative und Regierung auf verfassungsgerichtliche Normenkontrollentscheidungen (1965) S. 40 ff.; jeweils mit Nachw.; a. A. *Imboden*, Festschr. Huber (1961) S. 147; *Eckl* a.a.O. S. 167 ff.; *Windisch*, Die Gesetzeskraft der Entscheidungen des BVerfG (1956) S. 211 f. Zweifelnd *Lechner*, BVerfGG 2. Aufl. (1967) Anm. 3 zu § 31 II.

[48] Vgl. hierzu *Scheffler* und *Melichar*, in: Verfassungsgerichtsbarkeit in der Gegenwart (1962) S. 785 f., mit dem Hinweis auf die Grenzen einer derartigen Verfassungsänderung; *Drath*, VVDStRL 9 (1952) S. 85 f.; *Schreiber* a.a.O. S. 45 ff.. *Spanner*, DÖV 1961, 485, verkennt die demokratische Legitimation des Verfassungsgebers, wenn er eine Verfassungsänderung wegen einer der Mehrheit nicht genehmen Entscheidung als Gefährdung der „Stabilität der Verfassung" bezeichnet.

gegeben sein[49]. In allen diesen Fällen hindert die rechtliche Bindung des Gesetzgebers eine erneute Gesetzgebung nicht. Die Bedenken *Krügers*, daß „die Gesetzgebungsmöglichkeiten in der betreffenden Frage ... praktisch für alle Zeit verspielt“ seien, sind aber wegen der politischen Wirkung verfassungsgerichtlicher Normenkontrolle und Verfassungsauslegung nicht unberechtigt[50].

Die rechtliche Bindung des Gesetzgebers wird nicht selten auf die in § 31 II BVerfGG angeordnete Gesetzeskraft gestützt. Besteht aber Einigkeit darüber[51], daß sich die Gesetzeskraft auf den Tenor beschränkt, der Tenor aber nur die vorgelegte, mit einem ganz bestimmten positiven Gesetzestext verknüpfte Norm umfaßt, so folgt schon aus dem sachlichen Umfang der Gesetzeskraft, daß sie die Setzung einer neuen Norm in einem neuen Verfahren nicht umfassen kann[52]. Auch eine Wortinterpretation der „Gesetzeskraft“ würde nur dazu führen, daß „die Entscheidung, indem sie ‚Gesetzeskraft‘ hat, wie ein beliebiges Reichsgesetz durch ein später ergehendes Reichsgesetz beseitigt werden könnte“[53]. Ebenfalls nicht überzeugend — und auf deutsches Recht im übrigen kaum übertragbar — ist der Versuch *Kafkas*, die Bindung aus einer Verfahrensbeteiligung der Gesetzgebungsorgane herzuleiten[54].

Will man das Wiederholungsverbot aus der Rechtskraft rechtfertigen, so müssen die objektiven Grenzen der Rechtskraft erweitert werden[55], da sich die Normenkontrollentscheidung dann nicht in der Feststellung der Nichtigkeit der Norm erschöpft, sondern verbindlich feststellt[56], daß ein inhaltsgleicher und mit den gleichen rechtlichen Mängeln be-

---

[49] Vgl. z. B. E 21, 292 (301 ff.); *Scheuner*, DVBl 1952, 617 Anm. 51; *Bullert* a.a.O. S. 62 ff.

[50] Allgemeine Staatslehre (1964) S. 900 f.; vgl. auch *Ridder*, Festschr. Arndt (1968) S. 323 ff.

[51] Vgl. die Angaben bei *Bullert* a.a.O. S. 94 Anm. 2; *Maunz*, in: BVerfGG RdNr. 29 zu § 31.

[52] Insoweit sind die Einwände *Windischs*, a.a.O. S. 213, gegen eine Bindung des Gesetzgebers berechtigt.

[53] So schon *Jerusalem*, a.a.O. S. 173, zu Art. 13 II WRV; ähnlich auch *Drath*, VVDStRL 9 (1952) S. 85; *Seuffert*, NJW 1969, 1370. Vgl. auch *Zeuner*, DÖV 1955, 339.

[54] *Kafka*, Der gesetzgebende Richterspruch (1967) S. 60 ff.; er hat selbst Mühe, seine These auf das konkrete Normenkontrollverfahren zu übertragen, bei dem es auch im österreichischen Recht keine Partei gibt. Vgl. auch *Kafka*, AöR 88, 458 ff.

[55] Es ist nicht uninteressant, daß das BVerfG die Bindungswirkung nach § 31 I BVerfGG zunächst nur deshalb auf die tragenden Gründe ausgedehnt hat, weil es die Bindung auch der Gesetzgebungsorgane im Sinne eines Wiederholungsverbots erreichen wollte; vgl. E 1, 14 (LS 5, 37). Erst später wurden auch die übrigen Staatsorgane für an die Gründe gebunden erachtet; vgl. hierzu *Bargou*, Untersuchungen zur Normenprüfung nach dem Bonner Grundgesetz und dem Bundesverfassungsgerichtsgesetz (1954) S. 48 f.

[56] Insoweit sind die Gründe der Normenkontrollentscheidung beachtlich. Das bedeutet aber nicht, daß diese Gründe auch für die Beurteilung anderer Normen verbindlich sind; die Erstreckung der Rechtskraft auf die Gründe ist somit gegenständlich beschränkt.

hafteter Akt ohne erneute sachliche Prüfung als rechtswidrig angesehen wird. *Zeuner*[57] hat für die prozessualen Parallelprobleme — die Wiederholung einer anfechtbaren Kündigung, eines anfechtbaren oder nichtigen Hauptversammlungsbeschlusses einer AG oder die Wiederholung eines rechtswidrigen Verwaltungsaktes — herausgestellt, daß das Ziel eines Urteils darin liegt, eine Ordnung herbeizuführen, „in der ein solcher Akt ... nicht mehr besteht"; nur wenn dies erreicht wird, könne die gerichtliche Entscheidung ihre Funktion erfüllen; sie enthält also in Fällen, in denen der für rechtswidrig erachtete Akt jederzeit wieder in die Welt gesetzt werden kann, notwendig ein negatorisches Element.

Wendet man diese von *Zeuner* entwickelte Lehre von den objektiven Grenzen der Rechtskraft auf die negative Normenkontrollentscheidung an, so umfaßt die rechtskräftige Feststellung der Nichtigkeit einer Norm auch die inhaltsgleiche, mit den gleichen Fehlern behaftete Norm, gleichgültig, auf welchen formellen Geltungsgrund sie zurückgeführt wird. Dieses Wiederholungsverbot gilt sinngemäß für alle Staatsorgane, denen eine Rechtsetzungsgewalt im weitesten Sinne zukommt: wird die Nichtigkeit einer Norm festgestellt, so darf der Gesetzgeber diese Norm, solange sie mit den gleichen Fehlern behaftet ist, nicht nochmals erlassen; kein rechtsanwendendes Staatsorgan darf eine inhaltsgleiche Norm — etwa gestützt auf die Auslegung von Texten, die bei der Normenkontrollentscheidung unbeachtet geblieben sind, oder aufgrund von Rechtsfindung praeter legem — aus der Rechtsordnung herleiten und anwenden.

Aus diesem, auf der Rechtskraft inter omnes gründendem Verbot folgt allerdings nicht, daß die Vorlagepflicht bei Verstoß gegen dieses Verbot entfiele[58]. Ebenso wie ein Verwaltungsakt, der unter Verstoß gegen das Wiederholungsverbot erneut erlassen wurde, nicht unbeachtlich ist, sondern angefochten werden muß, folgt aus der der Rechtssicherheit dienenden Funktion der Normenkontrolle, daß eine erneute Sachentscheidung des BVerfG herbeigeführt werden muß, wenn die Norm auf einen neuen formellen Geltungsgrund — also entweder auf ein neu erlassenes Gesetz oder auf ein neu ausgelegtes Gesetz — zurückgeführt wird. Die Rechtskraft bringt es aber mit sich, daß bei gleicher Rechts- und Sachlage ohne erneute Sachprüfung die gleiche Nor-

---

[57] Vgl. *Zeuner*, Die objektiven Grenzen der Rechtskraft im Rahmen rechtlicher Sinnzusammenhänge (1959) S. 116 ff., 120. Vgl. auch *Schick*, Mélanges M. Bridel (1968) S. 528 ff., mit erheblich weiter gezogenen Grenzen. Lehnt man allerdings, wie *Eckl* a.a.O. S. 167 ff., diese allgemeine prozeßrechtliche Lehre ab, so muß man folgerichtig den Gesetzgeber von jeder Bindung freistellen.

[58] Vgl. *Zeuner* a.a.O. S. 123.

menkontrollentscheidung ergehen muß[59], weil es sich um den gleichen Gegenstand des Verfahrens handelt.

Kommt das BVerfG in der Sachprüfung zu dem Ergebnis, daß die vorgelegte Norm mit den Rechtsgeltungsnormen des GG zu vereinbaren ist, so wird die Vorlage nicht als unbegründet zurückgewiesen, sondern die Vereinbarkeit mit dem GG festgestellt. Diese ständige Praxis[60] wurde vom BVerfG nicht näher begründet, kann aber aufgrund von § 81 BVerfGG, wonach das BVerfG die Rechtsfrage entscheidet, gerechtfertigt werden; Gegenstand der verfassungsgerichtlichen Entscheidung sind nicht Antrag, Vorlage oder Begehren des vorlegenden Gerichts, sondern die Rechtsfrage der Vereinbarkeit[61].

Die Formulierung des Tenors und die Umschreibung der geprüften Norm erfolgen in gleicher Weise wie bei der negativen Entscheidung; auch hier kann man zwischen den Fällen einer Identifizierung von Text und Norm[62], von Textteil und Norm[63] und den Fällen, in denen lediglich über einen Bedeutungsteil des Textes entschieden wird[64], differenzieren.

Für die Feststellung der Vereinbarkeit wird die Formulierung gewählt[65]: „§ ... des Gesetzes ... ist mit dem Grundgesetz vereinbar." Ist

---

[59] Vgl. zur ähnlich liegenden Problematik des wiederholten Verwaltungsaktes *Bachof*, Verfassungsrecht, Verwaltungsrecht, Verfahrensrecht Bd. II (1967) S. 199 f.

[60] Formulierung seit E 2, 181; im Verfahren der abstrakten Normenkontrolle seit E 1, 117. Anders noch die erste Normenkontrollentscheidung, die — über die Kompetenz des BVerfG hinausgehend — schlechthin die „Gültigkeit" der Norm aussprach; vgl. E 1, 14 (LS 7, 64). Dort wurde die offenbar später aufgegebene Meinung vertreten, das BVerfG habe „*alle* denkbaren Nichtigkeitsgründe nachzuprüfen". Vgl. oben bei Anm. 2.

[61] St. Rspr.; vgl. E 20, 56 (86). A. A. nur *Eckl* a.a.O. S. 89 ff., der aber dennoch nicht zu anderen Ergebnissen kommt.

[62] Derartige Entscheidungen sind sehr zahlreich ergangen; im einzelnen müßte aber nachgeprüft werden, ob die Zitierung eines ganzen Paragraphen oder Satzes von der Vorlage her berechtigt war.

[63] Vgl. etwa E 8, 274 (276 f.); 14, 245; 14, 312; 18, 70; 22, 241; 23, 135 (136).

[64] So E 3, 187; 3, 208; 7, 129; 13, 21; 13, 39; 14, 34; 14, 263; 15, 313; 24, 1; 24, 220; E vom 7. 5. 1969 — 2 BvL 15/67 —. Besonders deutlich ist die Problematik bei der Prüfung von Vertragsgesetzen, über die bislang nur positiv entschieden wurde: E 12, 281; 14, 1; 18, 353. Beispiele für die positive Entscheidung über ein Lückenausfüllungsverbot bieten E 14, 288; 14, 306.

[65] Die Entscheidungsformeln in E 7, 183 und 9, 334, die lediglich die Vereinbarkeit mit einer Rechtsgeltungsnorm des GG feststellen, dürften wohl auf einem Versehen beruhen. Auch das summarische Verfahren nach § 24 BVerfGG, aufgrund dessen die Entscheidung E 9, 334 erging, verpflichtet zur vollständigen Erledigung des Verfahrensgegenstandes; so ausdrücklich E 3, 187 (LS 2). *Friesenhahn*, Festschrift Ambrosini (1969), meint dagegen unter 2., es sei zweifellos richtiger, „stets die Vereinbarkeit nur mit den Bestimmungen der Verfassung usw. festzustellen, an Hand deren effektiv die Vereinbarkeit geprüft worden ist, da ja gerade wegen der Möglichkeit anderer Mängel die ausdrückliche Feststellung der Gültigkeit vermieden wird". Eine solche Be-

das Gesetz inzwischen formell aufgehoben, so wird die Formulierung „... war mit dem Grundgesetz vereinbar" benutzt[66]. Die positive Entscheidung über Landesrecht stellt die Vereinbarkeit der vorgelegten landesrechtlichen Norm mit den Rechtsgeltungsnormen des GG fest. Die Tenorierung von positiven Entscheidungen über Landesnormen sollte daher der über Bundesnormen angeglichen werden, da Verfahrens- und damit Entscheidungsgegenstand übereinstimmen.

Die bestehende Praxis ist jedoch verwirrend: so wurde häufig die auch bei Bundesrecht verwendete Formulierung gebraucht[67]; teilweise wurden im Tenor neben dem GG bestimmte Bundesgesetze oder das gesamte Bundesrecht genannt[68], teilweise lediglich die Vereinbarkeit mit Bundesrecht festgestellt[69]; schließlich beschränkte sich in einigen Entscheidungen die Feststellung auf die Vereinbarkeit mit bestimmten bundesrechtlichen Normen[70].

Innerprozessual bewirkt die positive Normenkontrollentscheidung, daß das vorlegende Gericht für die Ausgangsentscheidung von der Vereinbarkeit der vorgelegten Norm mit den grundgesetzlichen Rechtsgeltungsnormen ausgehen muß. Das Gericht hat auch dann von der Verfassungsmäßigkeit der Norm auszugehen, wenn ihm andere Bedenken kommen, die es in der Begründung der Vorlage nicht genannt hatte und die auch vom BVerfG nicht erörtert wurden: die Rechtsfrage ist endgültig für die bei der Entscheidung bestehende Rechts- und Sachlage entschieden; auf die Begründung kommt es nicht an. Dagegen bedeutet die positive Normenkontrollentscheidung keine Bindung des vorlegenden Gerichtes dahin, daß die vorgelegte Norm auch der Ausgangsentscheidung zugrunde gelegt werden muß, da über ihre Geltung schlechthin nicht entschieden worden ist[71]. So könnte das Gericht später etwa zu der Überzeugung kommen, daß der vorgelegten Norm Normen des europäischen Gemeinschaftsrechts derogieren.

Die materielle Rechtskraft, also die Bindung und Gesetzeskraft nach § 31 BVerfGG, kommt auch den positiven Normenkontrollentscheidungen zu[72]. Für das BVerfG selbst bedeutet die materielle Rechtskraft eine

---

schränkung erscheint jedoch schon im Hinblick auf die dann noch schwierigere Abgrenzung der Bindung gemäß § 31 I BVerfGG problematisch.

[66] Vgl. E 13, 153; 18, 257; 19, 17; 22, 28 (29); 22, 106; 22, 330; 23, 62; 23, 353.

[67] E 2, 232; 4, 74 (75); 7, 89; 7, 155; 7, 342; 8, 332; 9, 194; 10, 264; 10, 332; 13, 167; 15, 105; 16, 64 (65); 17, 172; 20, 351; vgl. auch E 2, 181. In der auch für Bundesrecht üblichen Formulierung „war mit dem Grundgesetz vereinbar" wurde die Entscheidungsformel in E 8, 95; 11, 23; 14, 76; 16, 6 gefaßt. In E 13, 356 wurde lediglich die Vereinbarkeit mit Art. 3 GG festgestellt.

[68] E 15, 80; 15, 167; 16, 254; „sonstiges Bundesrecht" in E 10, 141 (142).

[69] E 7, 29; 8, 229; 8, 240; 18, 159; 18, 305; 25, 142.

[70] E 7, 120; 7, 358; 9, 185.

[71] Zur weitergehenden Bindung vgl. oben bei Anm. 34.

[72] Das ist heute allgemein anerkannt; vgl. *Bullert* a.a.O. S. 87 ff. zur Gesetzeskraft, S. 99 ff. zur Bindungswirkung mit Nachw.; *Lechner*, BVerfGG

Bindung dahin, daß es den Gegenstand des Verfahrens nicht nochmals oder — falls der Gegenstand als Vorfrage in einem anderen Verfahren zu behandeln ist — nicht anders entscheiden darf[73]. Eine nochmalige Entscheidung über die Norm, die Gegenstand der verfassungsrechtlichen Prüfung war, ist aber immer dann zulässig, wenn dem Verfahren ein anderer Verfahrensgegenstand zugrunde liegt[74], wenn sich etwa das Verfassungsrecht gewandelt[75] oder wenn sich die tatsächliche Sachlage verändert hat[76].

So ist insbesondere immer dann eine erneute Vorlage zulässig, wenn in den Gründen der positiven Normenkontrollentscheidung auf die begrenzte Weitergeltung der — noch — für verfassungsmäßig erklärten Norm hingewiesen wurde. Eine bindende Aussage für einen in der Zukunft liegenden Zeitpunkt ist dem BVerfG nicht möglich; die Angabe des Zeitpunktes in den Gründen, etwa der Ablauf der nächsten Legislaturperiode, hat immer hypothetischen Charakter. Ob die Nichtigkeit zu dem prognostizierten Zeitpunkt eingetreten ist, kann erst nach Ablauf der gesetzten Frist in einer erneuten Untersuchung festgelegt werden[77].

---

2. Aufl. (1967) Anm. zu § 31 I und Anm. 1 zu § 31 II BVerfGG. Vgl. auch die Bedenken *Imbodens*, Festschr. Huber S. 148 ff., und oben § 18 bei Anm. 62.

[73] Das BVerfG spricht in E 20, 56 (86 f.) recht allgemein davon, daß „bei einem grundlegenden Wandel der Lebensverhältnisse oder der allgemeinen Rechtsauffassung" möglicherweise eine Wiedervorlage zulässig werden könne. Die Normenkontrollentscheidung stellt die Vereinbarkeit der Norm aufgrund einer bestimmten Rechts- und Sachlage fest; ein anderer Gegenstand des Verfahrens und der Entscheidung liegt vor, wenn aufgrund einer anderen Rechts- oder Sachlage zu entscheiden ist; vgl. *Zeuner*, DÖV 1955, 337. Die bloße Änderung von Rechtsauffassungen kann aber einer Rechtsänderung nicht schlechthin gleichgestellt werden; vgl. hierzu die Ablehnung der Ansicht von BVerwGE 17, 256 (260 f.), die Änderung der Rechtsprechung käme einer Änderung der Rechtslage gleich, durch *Bachof*, Verfassungsrecht, Verwaltungsrecht, Verfahrensrecht II (1967) Nr. 206 S. 201; *Bullinger*, DÖV 1964, 381 f.; *Franz*, DVBl 1964, 757 f.; dazu auch BVerwG, NJW 1968, 316.

[74] In E 24, 63 (67) (vgl. auch E 11, 64 (68)) hat das BVerfG die Vorlage als gegenstandslos bezeichnet, weil die Vereinbarkeit der vorgelegten Norm bereits in einem anderen Verfahren festgestellt worden war; richtiger wäre wohl, eine derartige Vorlage wegen Unzulässigkeit zurückzuweisen, jedenfalls dann, wenn sie nach der bindenden Entscheidung erfolgt.

[75] Eine formelle Verfassungsänderung macht dagegen eine Wiedervorlage nicht zulässig; vgl. oben § 11 bei Anm. 41. Zum Begriff Verfassungswandlung im Gegensatz zu Verfassungsänderung vgl. *Hesse*, Grundzüge des Verfassungsrechts 3. Aufl. (1969) S. 16 f.; *Krüger*, Festgabe Smend (1962) S. 151 ff.; *Maunz*, Deutsches Staatsrecht 16. Aufl. (1968) S. 50 f.; jeweils mit Nachw. Vgl. auch E 2, 380 (401); 3, 407 (422) und *Beyer*, JZ 1967, 745.

[76] Vgl. hierzu H. H. *Klein*, BVerfG und Staatsraison (1968) S. 16 ff.; *Schick*, Mélanges M. Bridel (1968) S. 524 f.; J. *Wolff*, DB 1969, 911 ff. mit Nachw.

[77] Da es sich bei den zeitlich begrenzt geltenden Normen bislang überwiegend um Reste übernommenen und noch nicht angeglichenen Rechtes handelte, war eine erneute Vorlage nicht notwendig, da vorkonstitutionelles Recht vom Richter selbst verworfen werden kann. Vgl. zu diesen Fragen *Dieckmann*, FamRZ 1969, 299 f.

Soweit wie das BVerfG selbst gebunden ist, erstreckt sich auch die Rechtskraft inter omnes: die Normenkontrollentscheidung verbietet es, die Anwendung einer Norm, deren Verfassungsmäßigkeit festgestellt wurde, mit der Begründung zu unterlassen, sie widerspreche den zur Zeit der Entscheidung geltenden Rechtsgeltungsnormen des GG. Die Rechtskraft erstreckt sich dagegen nicht auf den in der Entscheidung genannten Gesetzestext. So ist eine Vorlage einer anderen Norm unter nochmaliger Bezugnahme auf einen Gesetzestext, der bereits für „verfassungsmäßig" erklärt wurde, immer zulässig, denn ein positives Normenkontrollurteil entscheidet nicht über die Auslegungsmöglichkeiten und Bedeutungsgehalte von Texten. Auch das BVerfG selbst ist nicht dadurch, daß es eine Norm unter Bezugnahme auf einen Text für verfassungsmäßig erklärt hat, daran gehindert, unter Bezugnahme auf den gleichen Text die Nichtigkeit einer anderen Norm festzustellen.

So folgt auch aus der rechtskräftigen Feststellung der Vereinbarkeit der vorgelegten Norm mit dem GG nicht, daß die Norm die einzige oder auch die richtige Bedeutung des in der Entscheidung bezeichneten Textes darstellt, denn die Auslegung von Gesetzestexten ist nicht Gegenstand des Normenkontrollverfahrens; der Hinweis auf einen Text dient lediglich der Beschreibung der Norm. Die Bindung an die Normenkontrollentscheidung bedeutet also nicht Bindung an eine bestimmte Auslegung; die als verfassungsmäßig erkannte Norm kann von einem Gericht deshalb verworfen werden, weil das Gericht dem Text eine andere Auslegung gibt, die geprüfte Norm zwar als verfassungsgemäße, aber nicht als bindende, positive Rechtsnorm anerkennt; denn soweit sich die Entscheidung auf den Text bezieht, besagt sie nur, daß der Text ordnungsgemäß zustande gekommen ist, also auslegungsfähiges Material für die Rechtsgewinnung darstellt, und daß eine verfassungsmäßige Auslegung des Textes möglich ist. Daraus folgt weder, daß eine Auslegung — eben die vorgelegte Norm — die richtige oder allein richtige ist, noch, daß jede andere Auslegung verfassungsmäßig ist. Der Rechtsnormsatz, von dem oben ausgegangen wurde, wird im Normenkontrollverfahren bei negativer Entscheidung falsifiziert, mit der positiven Entscheidung jedoch nicht verifiziert, weder in der Hinsicht, daß alle übrigen Rechtsgeltungsvoraussetzungen gegeben sind, noch in der speziellen Hinsicht, daß die Norm die richtige Auslegung des Textes ist.

Literaturverzeichnis

Achterberg, Norbert: Die Entscheidung über das Bedürfnis für die Bundesgesetzgebung (Art. 72 II GG). In: DVBl 1967, 213

— Antinomien verfassungsgestaltender Grundentscheidungen. In: Der Staat 8 (1969) S. 159

Anschütz, Gerhard: Lücken in den Verfassungs- und Verwaltungsgesetzen. In: VerwArch Bd. 14 (1906) S. 315

— Die Verfassung des Deutschen Reiches vom 11. August 1919. Nachdruck der 14. Aufl. von 1933. Darmstadt 1960

Arndt, Adolf: Staatshaftung für gesetzliches Unrecht? In: BB 1960, 1351

Babel, Gisela: Probleme der abstrakten Normenkontrolle. Berlin 1965

Bachof, Otto: Zur Auslegung des Art. 100 I GG (Ein Beitrag zur richterlichen Prüfungszuständigkeit nach dem Grundgesetz). In: DVBl 1951, 13, 110

— Die Prüfungs- und Verwerfungskompetenz der Verwaltung gegenüber dem verfassungswidrigen und dem bundesrechtswidrigen Gesetz. In: AöR 87, 1

— Die richterliche Kontrollfunktion im westdeutschen Verfassungsgefüge. In: Verfassungsrecht und Verfassungswirklichkeit. Festschrift für Hans Huber. Bern 1961, S. 26

— Verfassungsrecht, Verwaltungsrecht, Verfahrensrecht in der Rechtsprechung des Bundesverwaltungsgerichts. Bd. 1 (3. Aufl.), Bd. 2, Tübingen 1966—67

— Der Verfassungsrichter zwischen Recht und Politik. In: Universitas 21. Jg. (1966) S. 137

— Verfassungswidrige Verfassungsnormen? Tübingen 1951

Bachof, Otto, und Dietrich *Jesch:* Die Rechtsprechung der Landesverfassungsgerichte in der Bundesrepublik Deutschland. In: JbÖffR NF 6 (1957) S. 47

Badura, Peter: Die Rechtsprechung des Bundesverfassungsgerichts zu den verfassungsrechtlichen Grenzen wirtschaftspolitischer Gesetzgebung im sozialen Rechtsstaat. In: AöR 92, 382

Barbey, Günther: Bundesrecht bricht Landesrecht. Eine Betrachtung zu den Kommentierungen des Art. 31 GG in den Kommentaren von v. Mangoldt-Klein und Maunz-Dürig. In: DÖV 1960, 566

Bargou, Ernst: Untersuchungen zur Normenprüfung nach dem Bonner Grundgesetz und dem Bundesverfassungsgerichtsgesetz. Wesen, Wirkungen, Zuständigkeiten. Erlanger jur. Diss. von 1954

Baring, Martin: Die allgemeinen Grundsätze des Verwaltungsrechts eine Rechtsquelle? In: JuristenJb Bd. 6 (1965/66) S. 27

Bender, Bernd: Inhalt und Grenzen des Gebots der verfassungskonformen Gesetzesauslegung. In: MDR 1959, 441

Berner Kommentar. Kommentar zum schweizerischen Privatrecht. Hrsg. von Arthur Meier-Hayoz. Bern 1966

Bettermann, Karl August: Über richterliche Normenkontrolle. In: ZZP Bd. 72 (1959) S. 32

— Zur Verfassungsbeschwerde gegen Gesetze und zum Rechtsschutz des Bürgers gegen Rechtsetzungsakte der öffentlichen Gewalt. Beiträge zu Artikel 19 IV, 93, 100 des Grundgesetzes, §§ 90—95 des BVerfGG und § 47 der VerwGO. In: AöR 86, 129

— Der gesetzliche Richter in der Rechtsprechung des Bundesverfassungsgerichts. In: AöR 94, 263

Beyer, Wilhelm R.: Prozessuale Chancen einer als verfassungswidrig erklärten Partei. In: JZ 1967, 744

Blaeser, Wolfgang: Die Beiziehung und Verwertung von Behördenakten durch das Bundesverfassungsgericht. Frankfurter jur. Diss. von 1966

Blomeyer, Arwed: Rechtskrafterstreckung infolge zivilrechtlicher Abhängigkeit. In: ZZP Bd. 75 (1962) S. 1

— Zivilprozeßrecht. Erkenntnisverfahren. Berlin 1963

Böckenförde, Christoph: Die sogenannte Nichtigkeit verfassungswidriger Gesetze. Eine Untersuchung über Inhalt und Folgen der Rechtssatzkontrollentscheidungen des Bundesverfassungsgerichts. Berlin 1966

— Verfassungsinterpretation oder fiskalische Rücksichten? Zum Umsatzsteuerurteil des BVerfG vom 20. 12. 1966. In: DÖV 1967, 157

— Sicherung der Normenkontrolle — aber wie? Zur gescheiterten Neufassung des § 79 BVerfGG. In: ZRP 1969, 130

— Der „gesetzliche Richter" beim Bundesverfassungsgericht. In: DÖV 1968, 566

Böckenförde, Ernst-Wolfgang: Entstehung und Wandel des Rechtsstaatsbegriffes. In: Festschrift für Adolf Arndt zum 65. Geburtstag. Frankfurt 1969, S. 53

Boehmer, Gerhard: Der völkerrechtliche Vertrag im deutschen Recht. Köln 1965

Bötticher, Eduard: Die Bindung der Gerichte an Entscheidungen anderer Gerichte. In: Hundert Jahre deutsches Rechtsleben. Bd. I, Karlsruhe 1960, S. 511

— Das Reichsgesetz vor dem Richterstuhl. In: LZ 1926, Sp. 882

Bogs, Harald: Die Bindung des Fallrichters an eine verfassungskonforme Gesetzesauslegung des Normenkontrollrichters. Ein Beitrag zur Auslegung des § 31 Abs. 2 BVerfGG. In: DVBl 1965, 633

— Die verfassungskonforme Auslegung von Gesetzen. Stuttgart 1966

Brinckmann, Hans: Sonderrecht für Geldleistungspflichten? Zur geplanten Änderung von § 79 des Bundesverfassungsgerichtsgesetzes. In: BB 1969, 642

Bucher, Eugen: Das subjektive Recht als Normsetzungsbefugnis. Tübingen 1965

Bullert, Hans Günther: Die Gesetzeskraft und die bindende Wirkung der Entscheidungen des Bundesverfassungsgerichts. Kieler jur. Diss. von 1965

Das Bundesverfassungsgericht. Hrsg. vom Bundesverfassungsgericht. Karlsruhe 1963

Bundesverfassungsgerichtsgesetz mit Nebengesetzen. Kommentar von Th. Maunz, H. Sigloch, B. Schmidt-Bleibtreu und Fr. Klein. München 1965 ff.

Burckhardt, Walther: Eidgenössisches Recht bricht kantonales Recht. In: Festgabe für Fritz Fleiner. Tübingen 1927, S. 59

— Methode und System des Rechts. Zürich 1936

Burmeister, Joachim: Die Verfassungsorientierung der Gesetzesauslegung. Verfassungskonforme Auslegung oder vertikale Normendurchdringung. Berlin 1966

— Das Bundesverfassungsgericht als Revisionsinstanz. In: DVBl 1969, 605

Canaris, Claus-Wilhelm: Die Feststellung von Lücken im Gesetz. Eine methodologische Studie über Voraussetzungen und Grenzen der richterlichen Rechtsfortbildung praeter legem. Berlin 1964

Coing, Helmut: Die juristischen Auslegungsmethoden und die Lehren der allgemeinen Hermeneutik. Köln 1959

Contiades, Jon: Verfassungsgesetzliche Staatsstrukturbestimmungen. Stuttgart 1967

Cornelius, Joachim: Gesetzesauslegung und verfassungsmäßige Wertordnung. Kölner jur. Diss. von 1968

Cornelius, Joachim, und Rudolf *Schneider*: Richterliche Lückenausfüllung bei Verfassungswidrigkeit von Normen. Gedanken zur Witwerpensionsentscheidung des BVerfG vom 14. 5. 1964. In: DVBl 1966, 130

Denninger, Erhard: Verfassungsauftrag und gesetzgebende Gewalt. In: JZ 1966, 767

Dieckmann, Albrecht: Bemerkungen zum Beschluß des Bundesverfassungsgerichts vom 29. 1. 1969, 1 BvR 26/66, FamRZ 1969, 196, betreffend die Neuordnung des Unehelichenrechts. In: FamRZ 1969, 297

Dilcher, Hermann: Rechtsgeschäfte auf verfassungswidriger Grundlage. In: AcP Bd. 163 (1964) S. 193

Dimitrijević, Vojin: Verfassungsgerichtsbarkeit in Jugoslawien. In: ZaöRV Bd. 28 (1968) S. 170

Drath, Martin: Die Grenzen der Verfassungsgerichtsbarkeit. In: VVDStRL 9 (1952) S. 17

— Grundgesetz und pluralistische Gesellschaft. Wie weit dürfen weltanschauliche Tendenzen in der Rechtsprechung Berücksichtigung finden? In: Weltanschauliche Hintergründe in der Rechtsprechung. Karlsruhe 1968, S. 85

— Die Gewaltenteilung im heutigen deutschen Staatsrecht. In: Faktoren der Machtbildung. Wissenschaftliche Studien zur Politik. Berlin 1952, S. 99

Eckfelder, Hans: Das fehlerhafte Gesetz. Freiburger jur. Diss. von 1953

Eckhardt, Wolf-Dieter: Die verfassungskonforme Gesetzesauslegung. Ihre dogmatische Berechtigung und ihre Grenzen im deutschen Recht. Berlin 1964

Eckl, Peter: Der Streitgegenstand im Verfassungsprozeß. Münchner jur. Diss. von 1956

Ehmke, Horst: Prinzipien der Verfassungsinterpretation. In: VVDStRL 20 (1963) S.53

Eichenberger, Kurt: Die richterliche Unabhängigkeit als staatsrechtliches Problem. Bern 1960

Emrich, Dieter: Das Verhältnis des Rechts der Europäischen Gemeinschaften zum Recht der Bundesrepublik Deutschland. Marburg 1969

Engelhardt, Dieter: Das richterliche Prüfungsrecht im modernen Verfassungsstaat. Eine vergleichende Untersuchung über die Nachprüfung allgemeiner Rechtsnormen durch die Gerichte. In: JbÖffR NF Bd. 8 (1959) S. 101

Engisch, Karl: Der Begriff der Rechtslücke. Eine analytische Studie zu Wilhelm Sauers Methodenlehre. In: Festschrift für Wilhelm Sauer. Berlin 1949, S. 85

— Einführung in das juristische Denken. 3. Aufl., Stuttgart 1964

— Die Einheit der Rechtsordnung. Heidelberg 1935

— Die Idee der Konkretisierung in Recht und Rechtswissenschaft unserer Zeit. 2. Aufl., Heidelberg 1968

— Logische Studien zur Gesetzesanwendung. 2. Aufl., Heidelberg 1960

Engler, Helmut: Die Rechtsprechung des Bundesverfassungsgerichts zum Grundgesetz für die Bundesrepublik Deutschland in den Jahren 1959 bis 1965. In: JbÖffR NF 15 (1966) S. 137

Ermacora, Felix: Verfassungsrecht durch Richterspruch — Weiterbildung des Verfassungsrechts durch die Rechtsprechung der Verfassungsgerichte. Karlsruhe 1960

— Der verfassungsrechtliche Gesetzesvorbehalt. Eine Diskussionsgrundlage. In: DÖV 1960, 561

Esser, Josef: Richterrecht, Gerichtsgebrauch und Gewohnheitsrecht. In: Festschrift für Fritz von Hippel. Tübingen 1967, S. 95

Esser, Josef, und Erwin *Stein*: Werte und Wertewandel in der Gesetzesanwendung. Frankfurt 1966

Federer, Julius: Aufbau, Zuständigkeit und Verfahren des Bundesverfassungsgerichts. In: Das Bundesverfassungsgericht. Karlsruhe 1963, S. 39

Flume, Werner: Allgemeiner Teil des Bürgerlichen Rechts. 2. Bd. Das Rechtsgeschäft. Berlin 1965

— Richter und Recht. In: Verh. d. 46. DJT (1967) S. K 5

— Richterrecht im Steuerrecht. In: Steuerberater-Jahrbuch 1964/65, S. 55

— Der gesetzliche Tatbestand und die Grenztatbestände in Steuerrecht und Steuerpraxis. In: Steuerberater-Jahrbuch 1967/68, S. 63

Forsthoff, Ernst: Der introvertierte Rechtsstaat und seine Verortung. In: Der Staat, Bd. 2 (1963) S. 385

Freiheit und Bindung des Zivilrichters in der Sachaufklärung. Von Josef Esser u. a. Frankfurt 1966

Friauf, Karl Heinrich: Rechtsfolgen der Verfassungswidrigkeit von Steuergesetzen. Zum Entwurf eines Vierten Gesetzes zur Änderung des Gesetzes über das Bundesverfassungsgericht. In: FR 1969, 184, 319.

Friesenhahn, Ernst: Aufgabe und Funktion des Bundesverfassungsgerichts. In: Aus Politik und Zeitgeschichte, Beil. zu Das Parlament 1965, 6, S. 3

— Zum Prüfungsrecht des Bundespräsidenten. In: Die moderne Demokratie und ihr Recht. Festschrift für Gerhard Leibholz. Bd. II, Tübingen 1966, S. 679

Friesenhahn, Ernst: Zum Verhältnis von Bundes- und Landesverfassungsgerichtsbarkeit. 1956 (unveröffentl. Referat)

— Wesen und Grenzen der Verfassungsgerichtsbarkeit. In: Zeitschr. für Schweizer. Recht NF Bd. 73 (1954) S. 129

— Zum Inhalt und zur Wirkung der Entscheidungen des Bundesverfassungsgerichts. Festschrift Ambrosini (erscheint demnächst)

— Zur richterlichen Kontrolle von Rechtsverordnungen nach dem Recht der Bundesrepublik Deutschland. In: Hundert Jahre Verfassungsgerichtsbarkeit, fünfzig Jahre Verfassungsgerichtshof in Österreich. Wien 1968, S. 103

Fuss, Ernst-Walter: Normenkontrolle und Gleichheitssatz. Die Rechtsprechung des Bundesverfassungsgerichts zu Art. 3 I GG. In: JZ 1962, 565, 595, 737

— Zur richterlichen Prüfung von Gesetz und Gesetzesanwendung. In: Hamburger Festschrift für Friedrich Schack. Hamburg 1966, S. 11

Geiger, Willi: Bindungen der Verwaltung durch verfassungsgerichtliche und verwaltungsgerichtliche Urteile. In: Wandlungen der rechtsstaatlichen Verwaltung. Berlin 1962, S. 115

— Gesetz über das Bundesverfassungsgericht. Berlin 1952

Germann, Oscar Adolf: Zum Verhältnis zwischen Rechtsquellen und Rechtsfindung. In: Festschrift Hans Lewald. Basel 1953, S. 485

Giacometti, Zaccaria: Allgemeine Lehren des rechtsstaatlichen Verwaltungsrechts. Bd. 1, Zürich 1960

Goessl, Manfred: Organstreitigkeiten innerhalb des Bundes. Eine Untersuchung des Art. 93 Abs. 1 Nr. 1 des Grundgesetzes und der zu seiner Ausführung ergangenen Bestimmungen des Bundesverfassungsgerichtsgesetzes. Berlin 1961

Götz, Heinrich: Die innerprozessuale Bindungswirkung von Urteilen im Zivil-, Arbeits- und Verwaltungsprozeß. In: JZ 1959, 681

Gross, Gerhard: Inzidente Normenkontrolle durch die Exekutive? Münchner jur. Diss. von 1967

Grossart, Hansgeorg: Richterliches Prüfungsrecht und Artikel 100 Absatz 1 des Bonner Grundgesetzes. Marburger jur. Diss. von 1959

Grosskreutz, Peter: Normwidersprüche im Verfassungsrecht. Köln 1966

Grünwald, Gerald: Bedeutung und Begründung des Satzes „nulla poena sine lege". In: ZStrW 76 (1964) S. 1

Grundmann, Werner: Zum Streitgegenstand bei monopolisierter Zuständigkeit. In: DVBl 1959, 272

— Zulässigkeit und Begründetheit im Verfahren nach § 24 BVerfGG. In: JZ 1957, 613

Die Grundrechte. Handbuch der Theorie und Praxis der Grundrechte. Hrsg. von Karl August Bettermann, Hans Carl Nipperdey und Ulrich Scheuner. Berlin 1954 ff.

Gruson, Michael: Die Bedürfniskompetenz. Inhalt und Justiziabilität des Art. 72 Abs. 2 des Grundgesetzes. Berlin 1967

Günter, Hans Helmut: Das richterliche Prüfungsrecht nach Art. 100 I des Grundgesetzes und sein Prüfungsmaßstab. Kölner jur. Diss. von 1964

Haak, Volker: Normenkontrolle und verfassungskonforme Gesetzesauslegung des Richters. Eine rechtsvergleichende Untersuchung. Bonn 1963

Häberle, Peter: Die Wesensgehaltgarantie des Art. 19 Abs. 2 Grundgesetz. Zugleich ein Beitrag zum institutionellen Verständnis der Grundrechte und zur Lehre vom Gesetzesvorbehalt. Karlsruhe 1962

Hall, Karl Heinrich: Historische Anmerkungen zum Prüfungsrecht der Verwaltungsbeamten gegenüber dem Gesetz. In: DVBl 1965, 556

— Zum Problem der Prüfung von Gesetzen durch die Verwaltung. In: DÖV 1968, 641

Hamann, Andreas: Aussetzung der Vollziehung von Steuerbescheiden bei verfassungsrechtlich zweifelhaften Steuergesetzen. In: NJW 1959, 1465

— Das Grundgesetz für die Bundesrepublik Deutschland vom 23. 5. 1949. 2. Aufl., Neuwied 1960

Hanack, Ernst-Walter: Der Ausgleich divergierender Entscheidungen in der oberen Gerichtsbarkeit. Hamburg 1962

Handbuch des Deutschen Staatsrechts. Hrsg. von Gerhard Anschütz und Richard Thoma. Bd. I, II, Tübingen 1930—1932

Harbig, Jürgen: Der Bundesstaat und seine Unantastbarkeit. Berlin 1965

Hartz, Wilhelm: Steuergerichte und Verfassung. In: Die Auslegung der Steuergesetze in Wissenschaft und Praxis. Eine Sammlung von Beiträgen sowie Auszüge aus der Rechtsprechung zum Andenken an Armin Spitaler. Köln 1965, S. 89

Haueisen, Fritz: Zum Schließen von Gesetzeslücken durch den Richter. Unter besonderer Berücksichtigung der Rechtsprechung des Bundessozialgerichts und des Bundesverwaltungsgerichts. In: Sozialrecht und Sozialpolitik. Festschrift für Kurt Jantz zum 60. Geburtstag. Stuttgart 1968, S. 193

Hauser, Raimund: Norm, Recht und Staat. Überlegungen zu Hans Kelsens Theorie der Reinen Rechtslehre. Wien 1968

Heller, Theodor: Logik und Axiologie der analogen Rechtsanwendung. Berlin 1961

Henke, Horst-Eberhard: Die Tatfrage. Der unbestimmte Begriff im Zivilrecht und seine Revisibilität. Berlin 1966

Henke, Wilhelm: Verfassung, Gesetz und Richter. (Das Normenkontrollverfahren.) In: Der Staat 3 (1964) S. 433

Hennis, Wilhelm: Verfassung und Verfassungswirklichkeit. Ein deutsches Problem. Tübingen 1968

Herschel, Wilhelm: Rechtssicherheit und Rechtsklarheit. In: JZ 1967, 727

Herzog, Roman: Bundes- und Landesstaatsgewalt im demokratischen Bundesstaat. In: DÖV 1962, 81

— Die Vollstreckung von Entscheidungen des Bundesverfassungsgerichts. In: Der Staat 4 (1965) S. 37

— Grundrechte und Gesellschaftspolitik. In: Berliner Festschrift für Ernst E. Hirsch. Berlin 1968, S. 63

Hesse, Ernst: Die Bindung des Gesetzgebers an das Grundrecht des Art. 2 I GG bei der Verwirklichung einer „verfassungsmäßigen Ordnung". Eine Untersuchung über die Rechtsprechung des Bundesverfassungsgerichts zu Art. 2 I GG. Berlin 1968

Hesse, Konrad: Grundzüge des Verfassungsrechts der Bundesrepublik Deutschland. 3. Aufl., Karlsruhe 1969

von Hippel, Ernst: Untersuchungen zum Problem des fehlerhaften Staatsakts. Beitrag zur Methode der teleologischen Rechtsauslegung. 2. Aufl., Berlin 1960

Hoffmann, Gerhard: Die Verwaltung und das verfassungswidrige Gesetz. In: JZ 1961, 193

Hollerbach, Alexander: Das Staatskirchenrecht in der Rechtsprechung des Bundesverfassungsgerichts. In: AöR 92, 99

Hruschka, Joachim: Die Konstitution des Rechtsfalles. Studien zum Verhältnis von Tatsachenfeststellung und Rechtsanwendung. Berlin 1965

— Zum Problem der Verbindlichkeit von Rechtsnormen. Die Thesen Rupert Schreibers von der „Unverbindlichkeit der Verbindlichkeit". In: ARSP LIV (1968) S. 159

Huber, Hans: Die Bedeutung der Grundrechte für die sozialen Beziehungen unter den Rechtsgenossen. In: Zeitschr. für Schweizer. Recht NF Bd. 75 (1955) S. 202

Huber, Herbert: Die konkrete Normenkontrolle gemäß Artikel 100 Abs. 1 des Grundgesetzes in der Gerichtspraxis. Münchner jur. Diss. von 1954

Imboden, Max: Bundesrecht bricht kantonales Recht. Zürcher jur. Diss. von 1940

— Normenkontrolle und Verfassungsinterpretation. In: Verfassungsrecht und Verfassungswirklichkeit. Festschrift für Hans Huber. Bern 1961, S. 133

Ipsen, Hans Peter: Die Nachprüfung der Verfassungsmäßigkeit von Gesetzen. In: Beiträge zum öffentlichen Recht. Berlin 1950, S. 19. (Teilweise erschienen unter dem Titel) Grundgesetz und richterliche Prüfungszuständigkeit. In: DtVerw 1949, 486

Jaenicke, Günther: Haftung des Staates für rechtswidriges Verhalten seiner Organe — Bundesrepublik Deutschland. In: Haftung des Staates für rechtswidriges Verhalten seiner Organe. Köln 1967, S. 69

Jahrreiss, Hermann: Verfassungsrechtsprechung und Verfassungsgericht. In: Recht, Staat, Wirtschaft. Bd. 4, Düsseldorf 1953, S. 203

Jerusalem, Franz W.: Die Staatsgerichtsbarkeit. Tübingen 1930

Jesch, Dietrich: Gesetz und Verwaltung. Eine Problemstudie zum Wandel des Gesetzmäßigkeitsprinzips. Tübingen 1961

— Unbestimmter Rechtsbegriff und Ermessen in rechtstheoretischer und verfassungsrechtlicher Sicht. In: AöR 82, 163

Kabisch, Dieter: Prüfung formeller Gesetze im Bereich der Exekutive. Ein Beitrag zur Dogmatik des Verhältnisses zwischen Legislative und Exekutive (Art. 93 Abs. 1 Nr. 2 GG). Berlin 1967

Kägi, Werner: Zur Entwicklung des Schweizerischen Rechtsstaates seit 1848. In: Hundert Jahre Schweizerisches Recht. Jubiläumsausg. der Zeitschr. f. Schweizer. Recht NF Bd. 71, 1. Halbbd. (1952) S. 173

— Rechtsstaat und Demokratie (Antinomie und Synthese). In: Demokratie und Rechtsstaat. Festgabe zum 60. Geburtstag von Zaccaria Giacometti. Zürich 1953, S. 107

Kafka, Gustav E.: Der Fall Dr. Otto Habsburg. In: AöR 88, 451

Kafka, Gustav E.: Der gesetzgebende Richterspruch. Grundprobleme der verfassungsgerichtlichen Normenkontrolle in Österreich. Graz 1967

Kalkbrenner, Helmut: Verfassungsauftrag und Verpflichtung des Gesetzgebers. In: DÖV 1963, 41

— Verfassungswidrige Rechtsverordnungen im gerichtlichen Verfahren. In: DVBl 1962, 695

Karl, Georg: Die Grenzen zwischen Rechtsprechung und Gesetzgebung in der Bundesrepublik. Eine rechtstheoretische Untersuchung eines Problems der Verfassungsgerichtsbarkeit in der Bundesrepublik Deutschland. Kieler jur. Diss. von 1966

Kaufmann, Erich: Die Grenzen der Verfassungsgerichtsbarkeit. In: VVDStRL 9 (1952) S. 1

— Normenkontrollverfahren und völkerrechtliche Verträge. In: Forschungen und Berichte aus dem öffentlichen Recht. Gedächtnisschrift für Walter Jellinek. München 1955, S. 445

Keller, Adolf: Die Kritik, Korrektur und Interpretation des Gesetzeswortlautes. Winterthur 1960

Kelsen, Hans: Vom Geltungsgrund des Rechts. In: Völkerrecht und rechtliches Weltbild. Festschrift für Alfred Verdross. Wien 1960, S. 157

— Reine Rechtslehre. 2. Aufl., Wien 1960

— Wesen und Entwicklung der Staatsgerichtsbarkeit. In: VVDStRL 5 (1929) S. 30

— Wer soll Hüter der Verfassung sein? In: Die Justiz, Bd. 6 (1930/31) S. 576

Kipp, Heinrich: Die Rechtsfolgen verfassungswidriger Gesetze. Unter näherer Berücksichtigung des Bonner Grundgesetzes. In: Gegenwartsprobleme des Rechts. Bd. 1 (1950) S. 85

Klein, Franz: Zum Begriff und zur Grenze der Verfassungsgerichtsbarkeit. In: DÖV 1964, 471

Klein, Friedrich: Der Beschluß des Bundesverfassungsgerichts zur Ehegattenbesteuerung in verfassungsrechtlicher Sicht. In: DÖV 1957, 567

— Bundesverfassungsgericht und richterliche Beurteilung politischer Fragen. Münster 1966

Klein, Hans H.: Bundesverfassungsgericht und Staatsraison. Über Grenzen normativer Gebundenheit des Bundesverfassungsgerichts. Frankfurt 1968

Klug, Ulrich: Juristische Logik. 3. Aufl., Berlin 1966

— Rechtslücke und Rechtsgeltung. In: Festschrift für Hans Carl Nipperdey zum 70. Geburtstag. Bd. I, München 1965, S. 71

Knauss, Werner: Der Entscheidungsausspruch bei der abstrakten Rechtskontrolle des Bundesverfassungsgerichts. Ein Beitrag zur Abgrenzung zwischen Kassation und bloßer Feststellung der Verfassungswidrigkeit eines Zustandes. Tübinger jur. Diss. von 1964

Knemeyer, Franz-Ludwig: Unmittelbare Anwendung des Art. 13 Abs. 2 GG nur für eine Übergangszeit. In: DÖV 1968, 790

Kneser, Andreas: Der Einfluß der Nichtigerklärung von Normen auf unanfechtbare Entscheidungen — § 79 BVerfGG —. In: AöR 89, 129

Knittel, Wilhelm: Die verfassungsgerichtliche Normenkontrolle als Ursache von Gesetzeslücken. Zu den Auswirkungen der Verfassungswidrigkeit der §§ 1628, 1629 I BGB. In: JZ 1967, 79

Knöpfle, Franz: Bundesverfassungsgericht und Staatsraison. In: DVBl 1969, 442

Kommentar zum Bonner Grundgesetz (Bonner Kommentar). Bearb. von H. J. Abraham u. a. Hamburg 1950 ff.

Kriele, Martin: Theorie der Rechtsgewinnung entwickelt am Problem der Verfassungsinterpretation. Berlin 1967

Krohn, Günter: Zur Zulässigkeit der Verfassungsbeschwerde im Bereich ungleich belastender steuerlicher Regelungen. Verfahrensrechtliche Probleme in der Vermögenssteuerentscheidung des BVerfG. In: BB 1968, 1072

Kronstein, Heinrich: Recht und wirtschaftliche Machtentfaltung. In: Kronstein, Recht und wirtschaftliche Macht. Ausgewählte Schriften. Karlsruhe 1962, S. 93

Krüger, Herbert: Allgemeine Staatslehre. Stuttgart 1964

— Zur Auslegung des Art. 131 des Bonner Grundgesetzes. In: NJW 1950, 161

— Verfassungswandlung und Verfassungsgerichtsbarkeit. In: Staatsverfassung und Kirchenordnung. Festgabe für R. Smend. Tübingen 1962, S. 151

Kuchinke, Kurt: Grenzen der Nachprüfbarkeit tatrichterlicher Würdigungen und Feststellungen in der Revisionsinstanz. Ein Beitrag zum Problem von Rechts- und Tatfrage. Bielefeld 1964

von Landsberg-Velen, Wilfried: Die konkrete Normenkontrolle nach Art. 100 Abs. 1 des Grundgesetzes. Bonner jur. Diss. von 1963

Lange, Hans-Richard: Das Bundesverfassungsgericht und die „Willensaufnahme durch den Gesetzgeber". In: NJW 1962, 893

Larenz, Karl: Methodenlehre der Rechtswissenschaft. 2. Aufl., Heidelberg 1969

— Das Problem der Rechtsgeltung. Berlin 1929

— Richterliche Rechtsfortbildung als methodisches Problem. In: NJW 1965, 1

— Über das Verhältnis von Interpretation und Rechtsfortbildung. In: Festskrift tillägnad Karl Olivecrona. Stockholm 1964, S. 384

Laufer, Heinz: Typus und Status des Bundesverfassungsgerichts. In: Die moderne Demokratie und ihr Recht. Festschrift für Gerhard Leibholz. Bd. II, Tübingen 1966, S. 427

— Verfassungsgerichtsbarkeit und politischer Prozeß. Studien zum Bundesverfassungsgericht der Bundesrepublik Deutschland. Tübingen 1968

Laux, Manfred: Die Verfassungsgerichtsbarkeit und die Entscheidung abstrakter Rechtsfragen. Würzburger jur. Diss. von 1964

Lechner, Hans: Bundesverfassungsgerichtsgesetz. 2. Aufl., München 1967

— Zur Zulässigkeit der Verfassungsbeschwerde gegen Unterlassungen des Gesetzgebers. In: NJW 1955, 1817

Leibholz, Gerhard: Der Status des Bundesverfassungsgerichts. In: Das Bundesverfassungsgericht. Karlsruhe 1963, S. 61

Leibholz, Gerhard, und H. J. *Rinck:* Grundgesetz für die Bundesrepublik Deutschland. Kommentar an Hand der Rechtsprechung des BVerfG. Köln 1966

Leibholz, Gerhard, und Reinhard *Rupprecht:* Bundesverfassungsgerichtsgesetz. Rechtsprechungskommentar. Köln 1968

Leisner, Walter: Von der Verfassungsmäßigkeit der Gesetze zur Gesetzmäßigkeit der Verfassung. Tübingen 1964

Lerche, Peter: Das Bundesverfassungsgericht und die Verfassungsdirektiven. Zu den „nicht erfüllten Gesetzgebungsaufträgen". In: AöR 90, 341

— Übermaß und Verfassungsrecht. Zur Bindung des Gesetzgebers an die Grundsätze der Verhältnismäßigkeit und der Erforderlichkeit. Köln 1961

Majer, Diemut: Die Folgen verfassungswidriger Gesetze im öffentlichen Recht. Freiburger jur. Diss. von 1966

Makkonen, Kaarle: Zur Problematik der juridischen Entscheidung. Eine strukturanalytische Studie. Turku 1965

von Mangoldt, Hermann: Das Bonner Grundgesetz. Berlin 1953

von Mangoldt, Hermann, und Friedrich *Klein:* Das Bonner Grundgesetz. 2. Aufl., Bd. I, II, Berlin 1957—1964

Marcic, René: Verfassung und Verfassungsgericht. Berlin 1963

— Verfassungsgerichtsbarkeit als Sinn der Reinen Rechtslehre. In: Die moderne Demokratie und ihr Recht. Festschrift für Gerhard Leibholz. Bd. II, Tübingen 1966, S. 481

— Verfassung und Verfassungsgericht. Wien 1963

Massing, Otwin: Recht als Korrelat der Macht. Überlegungen zu Status und Funktion der Verfassungsgerichtsbarkeit. In: Der CDU-Staat. Studien zur Verfassungswirklichkeit der Bundesrepublik. München 1967, S. 123

Maunz, Theodor: Deutsches Staatsrecht. 16. Aufl., München 1968

Maunz, Theodor, Günter *Dürig* und Roman *Herzog:* Grundgesetz. Kommentar. München 1958 ff.

Maurer, Hartmut: Das richterliche Prüfungsrecht zur Zeit der Weimarer Verfassung. Ein Beitrag zum historischen Vorverständnis des Art. 100 GG. In: DÖV 1963, 683

— Rechtsschutz gegen Rechtsnormen. In: Tübinger Festschrift für Eduard Kern. Tübingen 1968, S. 275

— Die verfassungswidrige Bundestagswahl. Zu den Rechtsfolgen eines verfassungswidrigen Wahlgesetzes und einer ungültigen Wahl zum Bundestag. Bad Homburg 1969

Meier-Hayoz, Arthur: Der Richter als Gesetzgeber. Eine Besinnung auf die von den Gerichten befolgten Verfahrensgrundsätze im Bereiche der freien richterlichen Rechtsfortbildung gemäß Art. 1 Abs. 2 des Schweizerischen ZGB. Zürich 1951

Menger, Christian-Friedrich: System des verwaltungsgerichtlichen Rechtsschutzes. Eine verwaltungsrechtliche und prozeßvergleichende Studie. Tübingen 1954

— Höchstrichterliche Rechtsprechung zum Verwaltungsrecht. In: VerwArch Bd. 51 (1960) S. 64, Bd. 52 (1961) S. 305

— Moderner Staat und Rechtsprechung. Eine historische und systematische Studie über die Stellung und Bedeutung der Dritten Gewalt im modernen Staate. Tübingen 1968

Müller, Gebhard: Die Grundrechte — ihr Wesen und ihre Grenzen. In: FamRZ 1969, 4

Müller, Hanswerner: Unter welchen Voraussetzungen macht Nichtigkeit eines Gesetzteiles das ganze Gesetz nichtig? In: DVBl 1964, 104

— Handbuch der Gesetzgebungstechnik. 2. Aufl., Köln 1968

Müller, Horst Joachim: Nochmals: Rechtsverordnungen als Gegenstand landesverfassungsgerichtlicher Normenkontrolle. In: DVBl 1963, 54

— Subjektive und objektive Auslegungstheorie in der Rechtsprechung des Bundesverfassungsgerichts. In: JZ 1962, 471

— Verfassungswidrige Rechtsverordnungen im gerichtlichen Verfahren. In: DVBl 1962, 158

— Die Zuständigkeit zur Gesetzeskontrolle nach dem Grundgesetz. Untersuchungen über Umfang und Maßstäbe des richterlichen Prüfungsrechts unter Berücksichtigung der Rechtsprechung des BVerfG. Hamburger jur. Diss. von 1960

Nawiasky, Hans: Allgemeine Rechtslehre als System der rechtlichen Grundbegriffe. 2. Aufl., Einsiedeln 1948

— Allgemeine Staatslehre. Teil 1—4, Einsiedeln 1945—1958

Nef, Hans: Das akzessorische Prüfungsrecht. In: Mélanges Marcel Bridel. Lausanne 1968, S. 295

Neumann-Duesberg, Horst: Neuregelung der Sozialversicherung von Ehegatten-Arbeitnehmern. Ausführung der Entscheidung des BVerfG durch den Gesetzgeber. In: BB 1966, 1231

Niese, Werner: Doppelfunktionelle Prozeßhandlungen. Ein Beitrag zur allgemeinen Prozeßrechtslehre. Göttingen 1950

Novak, Richard: Die Fehlerhaftigkeit von Gesetzen und Verordnungen. Zugleich ein Beitrag zur Gesetzes- und Verordnungskontrolle durch den Verfassungsgerichtshof. Wien 1967

Obermayer, Klaus: Gedanken zur Methode der Rechtserkenntnis. In: NJW 1966, 1885

von Olshausen, Henning: Die Wirksamkeit des Gesetzes und der Geltungsanspruch der Verfassung. In: JZ 1967, 116

Ophüls, Carl Friedrich: Ist der Rechtspositivismus logisch möglich? In: NJW 1968, 1745

Ossenbühl, Fritz: Die Bindung der Verwaltung an die höchstrichterliche Rechtsprechung. In: AöR 92, 478

Otto, Walter: Die abstrakte Normenkontrolle im verfassungsgerichtlichen Verfahren nach Bundesrecht und Bayerischem Landesrecht. Würzburger jur. Diss. von 1962

Paulick, Heinz: Der Umfang der Prüfungspflicht der Gerichte nach Art. 100 Abs. 1 GG. In: Steuer und Wirtschaft 1968, 587

Peters, Hans: Verwaltung ohne gesetzliche Ermächtigung? In: Verfassungsrecht und Verfassungswirklichkeit. Festschrift für Hans Huber. Bern 1961, S. 206

Philipps, Lothar: Sinn und Struktur der Normlogik. In: ARSP LII (1966) S. 195

Pohle, Rudolf: Kommentar zur Zivilprozeßordnung. Begr. von Stein-Jonas. 19. Aufl., Tübingen 1967

Preiser, Friedrich: Rechtsstaatswidrige Rechtsunsicherheit (Vorschläge zur Erzielung von Rechtssicherheit). In: DVBl 1968, 545

Puppe, Dietrich: „Rechtsstaatswidrige Rechtsunsicherheit?" Eine Entgegnung auf den Aufsatz von Preiser, DVBl 1968, 545. In: DVBl 1968, 873

Quaritsch, Helmut: Das parlamentslose Parlamentsgesetz. 2. Aufl., Hamburg 1961

Rädle, Hans: Die Beschränkung der Vorlagepflicht nach Art. 100 Abs. 1 GG auf förmliche Gesetze und die Grundlagen dieser Auslegung in kritischer Sicht. Heidelberger jur. Diss. von 1963, 2. Aufl. 1964

Raether, Joachim: Das Prinzip des Rechtsstaats in der Rechtsprechung des Bundesverfassungsgerichts und der oberen Bundesgerichte. Hamburger jur. Diss. von 1967

Raiser, Ludwig: Grundgesetz und Privatrechtsordnung. In: Verh. des 46. DJT (1967) S. B 5

Ridder, Helmut: In Sachen Opposition: Adolf Arndt und das Bundesverfassungsgericht. In: Festschrift für Adolf Arndt. Frankfurt 1969, S. 323

Ritter, Ernst-Hasso: Verfassungsrechtliche Gesetzgebungspflichten. Bonner jur. Diss. von 1967

Roellecke, Gerd: Politik und Verfassungsgerichtsbarkeit. Über immanente Grenzen der richterlichen Gewalt des Bundesverfassungsgerichts. Heidelberg 1961

— Der Begriff des positiven Gesetzes und das Grundgesetz. Mainz 1969

Rudolf, Walter: Zum System der staatlichen Rechtsordnungen in der Bundesrepublik Deutschland. In: DÖV 1966, 73

Rüfner, Wolfgang: Überschneidungen und gegenseitige Ergänzungen der Grundrechte. In: Der Staat 7 (1968) S. 41

Rüpke, Giselher: Gesetzgeberisches Ermessen und richterliches Prüfungsrecht in der Rechtsprechung des Bundesverfassungsgerichts zum Gleichheitssatz. Göttinger jur. Diss. von 1961

Rupp, Hans G.: Zur Bindungswirkung der Entscheidungen des Bundesverfassungsgerichts. In: Tübinger Festschrift für Eduard Kern. Tübingen 1968, S. 403

Rupp, Hans Heinrich: Grundfragen der heutigen Verwaltungsrechtslehre. Verwaltungsnorm und Verwaltungsrechtsverhältnis. Tübingen 1965

— Das Grundrecht der Berufsfreiheit in der Rechtsprechung des Bundesverfassungsgerichts. In: AöR 92, 212

— Die Nichtigkeit eines verfassungswidrigen Gesetzes und die Entscheidungsfunktion des Bundesverfassungsgerichts — BVerfG, NJW 1963, 947, 1243, 1600. In: JuS 1963, 469

— Die finanzielle Benachteiligung verheirateter gegenüber ledigen Beamtenkindern und Art. 6 I GG — VG Gelsenkirchen, FamRZ 1967, 45 und 575. In: JuS 1968, 166

Rupp, Traugott: Wesen und Bedeutung der rechtlichen Bindung der Gesetzgebung an das Grundgesetz. Heidelberger jur. Diss. von 1966

Salzwedel, Jürgen: Gleichheitsgrundsatz und Drittwirkung. In: Festschrift für Hermann Jahrreiss. Köln 1964, S. 339

Sandtner, Walter: Die abgestufte Nichtigkeit eines Rechtssatzes. In: BayVBl 1969, 232

Sax, Walter: Das strafrechtliche „Analogieverbot". Eine methodologische Untersuchung über die Grenzen der Auslegung im geltenden deutschen Strafrecht. Göttingen 1953

Schack, Friedrich: Ersatzpflicht des Staates bei „legislativem Unrecht". In: MDR 1968, 186

— Redaktionsfehler, formelle Verfassungswidrigkeit und Irrtum und Täuschung des Gesetzgebers. Bemerkungen zum Beschluß des BVerfG vom 7. 5. 1963 — 2 BvL 8/63 —. In: DÖV 1964, 469

— Richterliche Textkritik und Prüfung der formellen Verfassungswidrigkeit. In: Festschrift für Rudolf Laun zu seinem 80. Geburtstag. Göttingen 1962, S. 383

Schack, Friedrich, und Helmut *Michel*: Die verfassungskonforme Gesetzesauslegung. In: JuS 1961, 269

Schäfer, Hans: Gesetzeskraft und bindende Wirkung der Entscheidungen des Bundesverfassungsgerichts. In: NJW 1954, 1465

— Verfahrensfragen der konkreten Normenkontrolle nach Art. 100 Abs. 1 GG. In: NJW 1954, 409

— Zwischenbilanz der konkreten Normenkontrolle nach Art. 100 Abs. 1 GG. In: NJW 1954, 1

Schäfer, Rolf: Die Gesetzeskraft richterlicher Entscheidungen. Bonner jur. Diss. von 1954

Schäffer, Heinz: Die Exekution der Erkenntnisse des österreichischen Verfassungsgerichtshofes. In: Österr. Zeitschr. f. öffentl. Recht Bd. XVIII (1968) S. 185

Schaumann, Wilfried: Gleichheit und Gesetzmäßigkeitsprinzip. In: JZ 1966, 721

Scheuerle, Wilhelm: Beiträge zum Problem der Trennung von Tat- und Rechtsfrage. In: AcP 157 (1957) S. 1

— Finale Subsumtionen. Studien über Tricks und Schleichwege in der Rechtsanwendung. In: AcP 167 (1967) S. 305

Scheuner, Ulrich: Die Einwirkung der verfassungsgerichtlichen Feststellung der Nichtigkeit von Rechtsnormen auf vorgängige Hoheitsakte. Zur „Rückwirkung" und „Vorwirkung" der Nichtigerklärung von Rechtsnormen. In: BB 1960, 1253

— Die neuere Entwicklung des Rechtsstaats in Deutschland. In: Hundert Jahre deutsches Rechtsleben. Bd. 2, Karlsruhe 1960, S. 229

— Pressefreiheit. In: VVDStRL 22 (1965) S. 1

— Die Rechtsprechung des Bundesverfassungsgerichts und das Verfassungsrecht der Bundesrepublik. In: DVBl 1952, 613

Schick, Walter: Die Sachaufklärungspflicht des nach Art. 100 Abs. 1 Satz 1 GG vorlegenden Gerichts. In: NJW 1965, 730

— Verfassungsgewohnheitsrecht, Verfassungsrechtsprechung und „soziologische Betrachtungsweise". In: Mélanges Marcel Bridel. Lausanne 1968, S. 515

— Verfassungswidrige, aber „gültige" Steuergesetze? In: JZ 1969, 371

Schima, Johann: Der Derogationsbegriff und seine Bedeutung für die verfassungsgerichtliche Normenkontrolle. In: Österr. JZ 1961, 533, 561

Schlitzberger, Egbert: Beschwerdegrund und Prüfungsmaßstab im Verfassungsbeschwerdeverfahren. In: NJW 1965, 10

— Die Entscheidungserheblichkeit des Gesetzes bei einer Vorlage nach Art. 100 Abs. 1 GG. In: NJW 1963, 1901

Schmidt, Eberhard: Lehrkommentar zur Strafprozeßordnung und zum Gerichtsverfassungsgesetz. Teil I, 2. Aufl., 1964, Teil II—III 1952. Tübingen 1952 ff.

Schmidt, Jörg R.: Der Rechtscharakter der richterlichen Normenkontrolle. Zugleich ein Beitrag zur Bestimmung eines materiellen Rechtsprechungsbegriffes. Mannheimer jur. Diss. von 1968

Schmidt, Walter: Die Freiheit vor dem Gesetz. Zur Auslegung des Art. 2 Abs. 1 des Grundgesetzes. In: AöR 91, 42

Schmidt-Salzer, Joachim: Vorkonstitutionelle Gesetze, verfassungskonforme Auslegung und ungeschriebene unbestimmte Rechtsbegriffe. In: DÖV 1969, 97

Schmitz, Günter: Die Bedeutung der Anträge für die Einleitung und Beendigung des Verfassungsprozesses. Münchner jur. Diss. von 1968

Schneider, Hans: Der Gegenstand der Normenkontrolle. In: Festschrift für Hermann Jahrreiss. Köln 1964, S. 385

Schneider, Hans Peter: Richterrecht, Gesetzesrecht und Verfassungsrecht. Bemerkungen zum Beruf der Rechtsprechung im demokratischen Gemeinwesen. Frankfurt 1969

Schneider, Rudolf: Rechtsschutz gegen verfassungswidriges Unterlassen des Gesetzgebers. In: AöR 89, 24

Schreiber, Godehard: Zu den Reaktionen von Legislative und Regierung auf verfassungsgerichtliche Normenkontrollentscheidungen. Kölner jur. Diss. von 1965

Schreiber, Rupert: Die Geltung von Rechtsnormen. Berlin 1966

Schulz-Schaeffer, Helmut: Die Staatsform der Bundesrepublik Deutschland. Versuch einer Theorie des materialen Rechtsstaats. Berlin 1966

Schumann, Ekkehard: Die Problematik der Urteils-Verfassungsbeschwerde bei gesetzgeberischem Unterlassen. In: AöR 88, 331

— Zur Prüfungspflicht des Bundesverfassungsgerichts bei Verfassungsbeschwerden. Das Beruhen gerichtlicher Entscheidungen auf dem Grundrechtsverstoß. In: DRiZ 1963, 388

— Verfassungs- und Menschenrechtsbeschwerde gegen richterliche Entscheidungen. Berlin 1963

— Das Rechtsverweigerungsverbot. Historische und methodologische Bemerkungen zur richterlichen Pflicht, das Recht auszulegen, zu ergänzen und fortzubilden. In: ZZP Bd. 81 (1968) S. 79

Schweda, Joachim: Nicht erfüllte Aufträge des Verfassungsgebers an den Gesetzgeber, insbesondere diejenigen im Bonner Grundgesetz. Münsteraner jur. Diss. von 1968

Schweizer, Otto: Freie richterliche Rechtsfindung intra legem als Methodenproblem. Basel 1959

Seiwerth, Jacob: Die Zulässigkeit der Verfassungsbeschwerde gegenüber Grundrechtsverletzungen des Gesetzgebers durch Unterlassen. Berlin 1962

Selmer, Peter: Der Vorbehalt des Gesetzes. In: JuS 1968, 489

Seufert, Leo: Die nicht erfüllten Gesetzgebungsgebote des Grundgesetzes und ihre verfassungsgerichtliche Durchsetzung. Ein Beitrag zum Problem gesetzgeberischen Unterlassens. Würzburger jur. Diss. von 1969

Seuffert, Walter: Die Abgrenzung der Tätigkeit des Bundesverfassungsgerichts gegenüber der Gesetzgebung und der Rechtsprechung. In: NJW 1969, 1369

Sigloch, Heinrich: Die gerichtliche Überprüfung von Landesrecht am Maßstab des Bundesrechts. In: BayVBl 1966, 154

— Ist eine Vorlage gemäß Art. 100 Abs. 1 Satz 1 GG unzulässig, wenn die zur Prüfung gestellte Rechtsnorm nach der Auffassung des BVerfG für die Entscheidung des Ausgangsverfahrens offensichtlich unerheblich ist? In: JZ 1961, 118

Simitis, Spiros: Zur „Aktualisierung" des Art. 6 Abs. 5 GG. In: JZ 1969, 227

Sommer, Max: Die verfassungsgerichtliche Nachprüfung von Unterlassungen des Gesetzgebers. Würzburger jur. Diss. von 1960

Spanner, Hans: Rechtliche und politische Grenzen der Verfassungsgerichtsbarkeit. Verh. des 1. Österr. JT, Bd. 1, Teil 2, Wien 1961

— Die richterliche Prüfung von Gesetzen und Verordnungen. Eine rechtsvergleichende Untersuchung über die Hauptaufgaben der Verfassungsgerichtsbarkeit. Wien 1951

— Die verfassungskonforme Auslegung in der Rechtsprechung des Bundesverfassungsgerichts. In: AöR 91, 503

— Verfassungsprozeß und Rechtsschutzbedürfnis. In: Festschrift für Hermann Jahrreiss. Köln 1964, S. 411

— Zur Normenkontrolle durch das Bundesverfassungsgericht und den Bundesfinanzhof. In: FR 1968, 425

— Der Steuerbürger und das Bundesverfassungsgericht. Eine systematische Darstellung der Spruchpraxis des Bundesverfassungsgerichts in Steuersachen. Berlin 1967

— Zur Rechtskontrolle des bundesfreundlichen Verhaltens. In: DÖV 1961, 481

Stahler, Konrad: Verfassungsgerichtliche Nachprüfung gesetzgeberischen Unterlassens. Münchner jur. Diss. von 1966

Stauder, Bernd: Gleichheitssatz, Normenkontrolle und subjektive Methode des historischen Gesetzgebers. In: ZStaatswiss. 123 (1967) S. 148

Steffani, Winfried: Verfassungsgerichtsbarkeit und demokratischer Entscheidungsprozeß. In: Aus Politik und Zeitgeschichte. Beilage zu Das Parlament, Nr. 21, 1968

Stein, Ekkehart: Lehrbuch des Staatsrechts. Tübingen 1968

Stein, Erwin: Die verfassungsrechtlichen Grenzen der Rechtsfortbildung durch die Rechtsprechung. In: NJW 1964, 1745

Stern, Klaus: Das Bundesverfassungsgericht und die sog. konkrete Normenkontrolle nach Art. 100 Absatz 1 GG. In: AöR 91, 223

— Gesetzesauslegung und Auslegungsgrundsätze des Bundesverfassungsgerichts. Münchner jur. Diss. von 1956

Störmer, Heinz: Das nicht erlassene Ausführungsgesetz. Heidelberger jur. Diss. von 1968

Thierfelder, Hans: Zur Geltungsdauer verfassungsgerichtlicher Erkenntnisse. In: DÖV 1968, 271

— Kann sich der Bürger gegen ein verfassungswidriges Unterlassen des Gesetzgebers mit rechtlichen Mitteln wehren? In: Die Verwaltungspraxis 1965, S. 13

Tomandl, Theodor: Der Einbau sozialer Grundrechte in das positive Recht. Tübingen 1967

Tomuschat, Christian: Die gerichtliche Vorabentscheidung nach den Verträgen über die europäischen Gemeinschaften. Köln 1964

Triepel, Heinrich: Streitigkeiten zwischen Reich und Ländern. Beiträge zur Auslegung des Art. 19 der Weimarer Reichsverfassung. (Neudruck) Darmstadt 1965

Ule, Carl Hermann: Der Europäische Gerichtshof und die deutsche Verwaltungsgerichtsbarkeit. In: DVBl 1967, 1

Usteri, Martin: Theorie des Bundesstaates. Ein Beitrag zur allgemeinen Staatslehre, ausgearbeitet am Beispiel der Schweizerischen Eidgenossenschaft. Zürich 1954

Vaulont, Nikolaus: Grundrechte und bundesstaatliches Homogenitätsprinzip. Eine Untersuchung zu Art. 142 des Grundgesetzes. Bonner jur. Diss. von 1968

Verfassungsgerichtsbarkeit in der Gegenwart. Länderberichte und Rechtsvergleichung. Intern. Kolloquium veranstaltet vom Max-Planck-Institut für ausländisches öffentliches Recht und Völkerrecht 1961. Hrsg. von Hermann Mosler. Köln 1962

Vogel, Klaus: Gesetzgeber und Verwaltung. In: VVDStRL 24 (1966) S. 125

Voigt, Lieselotte: Entscheidungen gegen den klaren Wortlaut des Gesetzes. Göttinger jur. Diss. von 1967

Walter, Robert: Der Aufbau der Rechtsordnung. Eine rechtstheoretische Untersuchung auf Grundlage der Reinen Rechtslehre. Graz 1964

— Über den Widerspruch von Rechtsvorschriften. Wiener staatswiss. Diss. von 1955

Weissauer, Walter: Verfassungswidrige nachkonstitutionelle Rechtsnormen und vorkonstitutionelles Recht. In: DÖV 1966, 114

Welzel, Hans: An den Grenzen des Rechts. Die Frage nach der Rechtsgeltung. Köln 1966

Werner, Fritz: Organisationsrechtliche Fragen der Bundesgerichtsbarkeit. In: Recht im Wandel. Festschrift 150 Jahre Carl Heymanns Verlag KG. Köln 1965, S. 91

Werner, Peter: Wesensmerkmale des Homogenitätsprinzips und ihre Ausgestaltung im Bonner Grundgesetz. Berlin 1967

Widmer, Peter: Normkonkurrenz und Kompetenzkonkurrenz im schweizerischen Bundesstaat (Die Bundestreue als Schranke der kantonalen Kompetenzausübung). Zürcher rechtswiss. Diss. von 1966

Wieacker, Franz: Gesetz und Richterkunst. Zum Problem der außergesetzlichen Rechtsordnung. Karlsruhe 1958

Wienholtz, Ekkehard: Normative Verfassung und Gesetzgebung. Die Verwirklichung von Gesetzgebungsaufträgen des Bonner Grundgesetzes. Freiburg 1968

Wildenmann, Rudolf: Die Rolle des Bundesverfassungsgerichts und der Deutschen Bundesbank in der politischen Willensbildung. Ein Beitrag zur Demokratietheorie. Stuttgart 1969

Windisch, Ernst: Die Gesetzeskraft der Entscheidungen des Bundesverfassungsgerichts. Frankfurter jur. Diss. von 1956

Winkler, Günther: Die absolute Nichtigkeit von Verwaltungsakten. Tübingen 1960

Wittig, Peter: Zum Standort des Verhältnismäßigkeitsgrundsatzes im System des Grundgesetzes. In: DÖV 1968, 817

— Politische Rücksichten in der Rechtsprechung des Bundesverfassungsgerichts. In: Der Staat 8 (1969) S. 137

Wobst, Helmut: Verfassungswidrige Gesetze und Normenkontrolle. Würzburger jur. Diss. von 1967

Wolf, Gerhard: Allgemeine Prozeßgrundsätze im Verfahren vor dem Bundesverfassungsgericht. In: DVBl 1966, 884

Wolff, Hans Julius: Rechtsgrundsätze und verfassungsgestaltende Grundentscheidungen als Rechtsquellen. In: Forschungen und Berichte aus dem öffentlichen Recht. Gedächtnisschrift für W. Jellinek. München 1955, S. 33

— Verwaltungsrecht. Bd. I, 6. Aufl. 1965, Bd. II, 2. Aufl. 1967, Bd. III, 2. Aufl. 1967, München 1965—1967

Wolff, Jürgen: Möglichkeiten einer erneuten Überprüfung vom Bundesverfassungsgericht für verfassungskonform erachteter Gesetze. In: DB 1969, 911

Zacharias, Josef Kurt: Zur Antragslegitimation im Verordnungsprüfungsverfahren. In: Juristische Blätter Jg. 80 (1958) S. 498

Zacher, Hans F.: Ratifizierungsgesetz und Normenkontrolle. In: DVBl 1955, 649, 696

— Soziale Gleichheit. Zur Rechtsprechung des Bundesverfassungsgerichts zu Gleichheitssatz und Sozialstaatsprinzip. In: AöR 93, 341

Zeuner, Albrecht: Über die Geltungsdauer der Entscheidungen des Bundesverfassungsgerichts und die Möglichkeit späterer abweichender Entscheidungen. In: DÖV 1955, 335

— Die objektiven Grenzen der Rechtskraft im Rahmen rechtlicher Sinnzusammenhänge. Zur Lehre über das Verhältnis von Rechtskraft und Entscheidungsgründen im Zivilprozeß. Tübingen 1959

Zimmer, Karl-Otto: Zur Frage der Entscheidungserheblichkeit eines für verfassungswidrig gehaltenen Gesetzes. In: NJW 1960, 1892

Zitelmann, Ernst: Lücken im Recht. Leipzig 1903

Zuck, Rüdiger: Brauchen wir einen Verfassungsanwalt? In: DÖV 1966, 855

Die Abkürzungen sind, soweit nicht aus sich heraus verständlich, aus *Kirchner,* Hildebert: Abkürzungsverzeichnis der Rechtssprache, 2. Aufl., Berlin 1968, entnommen.

Kolibri 360 GmbH
Ferdinand-Jühlke-Straße 7
99095 Erfurt, Deutschland
produktsicherheit@kolibri360.de

Druck:
CPI Druckdienstleistungen GmbH
im Auftrag der
Kolibri 360 GmbH
Ferdinand-Jühlke-Str. 7
99095 Erfurt